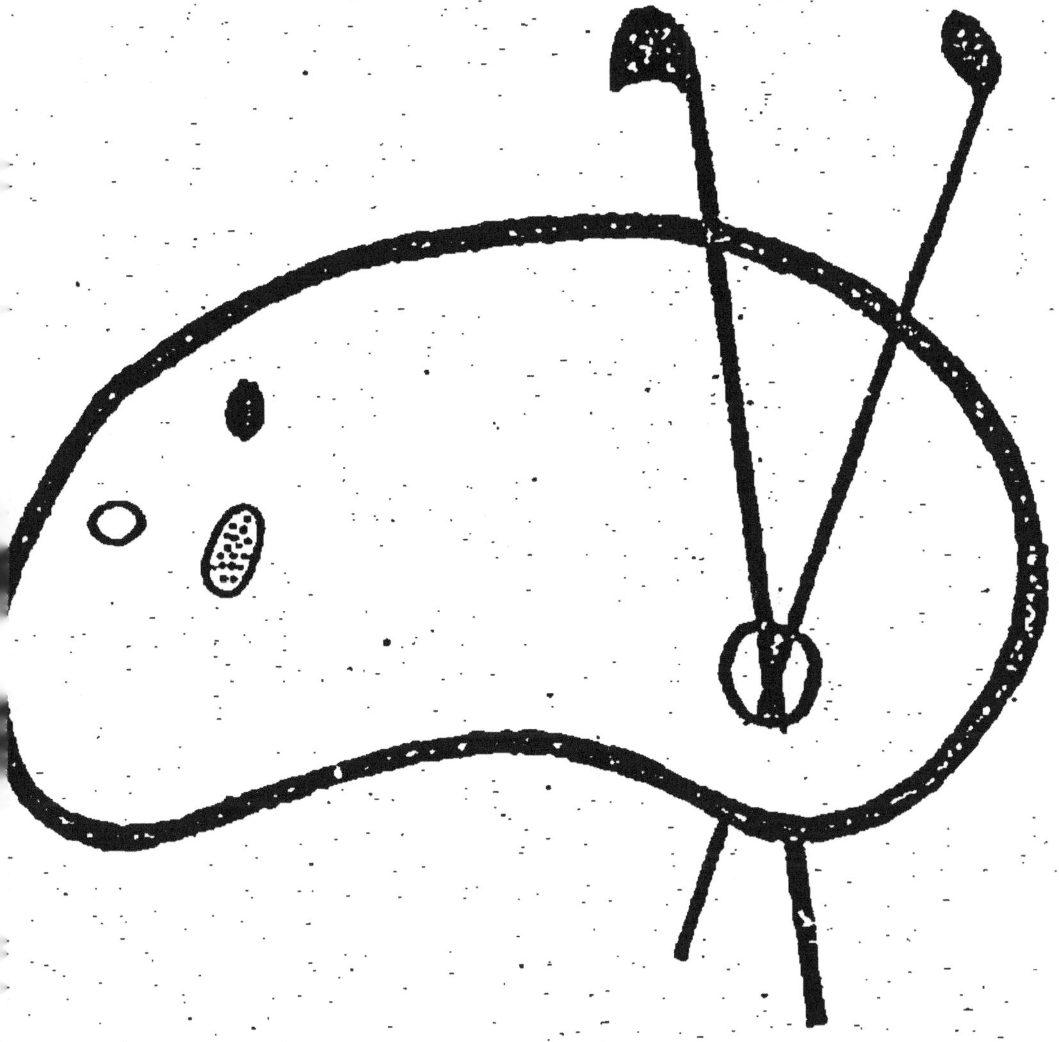

COUVERTURE SUPERIEURE ET INFERIEURE EN COULEUR

XÉNOPHON

MÉMOIRES SUR SOCRATE

TEXTE GREC

A LA MÊME LIBRAIRIE.

L. A. SENECÆ De Vita beata. — Texte latin, avec une notice sur la vie de Sénèque, des notes littéraires et philosophiques et un appendice, par E. Maillet, docteur ès lettres, professeur de philosophie au lycée Louis-le-Grand. In-12, cart. » 75

SÉNÈQUE. De la Vie heureuse. — Traduction française, par le même. In-12, br. » 75

M. T. CICERONIS De Legibus (liber primus). — Texte latin, avec une notice sur la vie et les ouvrages philosophiques de Cicéron, des notes littéraires et philosophiques et un appendice, par le même. In-12, cart. » 75

CICÉRON. Les Lois (livre premier). — Traduction française, par le même. In-12, br. » 75

PLATON. La République (livre VIII). — Texte grec, avec une notice sur la vie et la doctrine de Platon, des notes et un appendice, par le même. In-12, cart. 1 fr. 20

PLATON. La République (livre VIII). — Traduction française, par le même. In-12, br. 1 fr. 20

ERRATA

DES PRÉCÉDENTES ÉDITIONS

Dans le De Vita beata :

Pag. 2, lin. 4. Au lieu de : *Tristissima quæque via et celeberrima*, lire : *Tritissima*.

Pag. 56, lin. 14. Au lieu de : *Itas, inquit*, lire : *Ista*.

Dans la République :

Introduction, pag. xxxv, lin. 13-15. Au lieu de : *Le naturel du philosophe se pervertit, à cause des mauvaises influences qu'elle reçoit*, lire : *L'âme du philosophe*.

Pag. xlviii, lin. 36. Au lieu de : *potée*, lire : *poète*.

Dans le De Legibus :

Au chapitre XXIV, rétablir le titre : *La dialectique. — Conclusion*.

XÉNOPHON

MÉMOIRES SUR SOCRATE

(ENTRETIENS MÉMORABLES)

TEXTE GREC

D'APRÈS LES ÉDITIONS LES PLUS RÉCENTES
ACCOMPAGNÉ DE NOTES LITTÉRAIRES ET PHILOSOPHIQUES
ET PRÉCÉDÉ D'UNE INTRODUCTION SUR LE CARACTÈRE DE SOCRATE

PAR

Eugène MAILLET

AGRÉGÉ DES LETTRES ET DE PHILOSOPHIE, DOCTEUR ÈS LETTRES,
PROFESSEUR DE PHILOSOPHIE AU LYCÉE LOUIS-LE-GRAND.

PARIS
LIBRAIRIE CLASSIQUE EUGÈNE BELIN
Vᵉ EUGÈNE BELIN ET FILS
RUE DE VAUGIRARD, N° 52

Toutes mes éditions sont revêtues de ma griffe.

Eug. Belin

INTRODUCTION[*]

On a remarqué bien souvent que les grands hommes, en raison même de leur supériorité, échappent à notre juste appréciation. Comme nous ne sommes pas à leur taille, nous ne les saisissons pas tout entiers. Chacun de nous se place, pour les juger, à un point de vue exclusif et personnel, ne découvre qu'une face de leur caractère et de leur génie, ignore ou altère tout le reste. Par là s'expliquent, même chez leurs biographes les plus sincères, tant de jugements superficiels. A plus forte raison en est-il ainsi, lorsque la haine ou les préjugés aveuglent leurs contemporains, ou lorsque, fût-ce 2000 ans après leur mort, des esprits systématiques veulent les faire entrer de force dans le cadre de quelque conception *à priori*.

Socrate n'a point échappé à cette double loi. De son vivant, il a été bafoué sur le théâtre d'Athènes; à notre époque, il a été plus ou moins défiguré par des gens à système, qui ont voulu trouver dans quelques faits isolés de sa vie, dans quelques traits accessoires de son caractère, la justification de théories hasardeuses.

Nous nous contenterons de signaler quelques-unes de ces appréciations erronées dont Socrate a été victime, pour mieux faire comprendre la valeur du témoignage si simple et si net que Xénophon a rendu en sa faveur.

I

De tous les faux portraits que nous avons de Socrate, le plus étrange, la plus inexplicable, c'est celui qui a été tracé, dans la comédie des *Nuées*, par son contemporain, le poète comique Aristophane.

Le sentiment qu'on éprouve en lisant ce portrait, c'est celui d'une profonde surprise. Nous en sommes encore à nous demander comment un homme a pu passer sa vie entière au grand jour de la place publique, conversant familièrement avec ses concitoyens, ne leur cachant rien de ses sentiments et de ses pensées, habitant, comme on a dit, une maison de verre, et, malgré cela, être livré à la moquerie du peuple sous des traits directement opposés à ceux de sa véritable nature.

[*] Pour les détails de la vie même et de la doctrine de Socrate, consulter la notice placée en tête de la traduction de Gail, revue par M. Gérard (librairie Belin).

Cet étonnement s'accroît encore si l'on songe qu'Aristophane appartenait, comme Socrate, au parti de l'aristocratie, et que, malgré le continuel démenti d'une expérience journalière, les accusations qu'il avait lancées contre Socrate en 423 ont pu, 23 ans plus tard, être reprises à peu près textuellement par Anitus et Mélètus.

Tout nous atteste, en effet, avec la plus complète certitude que Socrate, raillé par Aristophane comme physicien, comme athée et comme sophiste, a été toute sa vie l'adversaire acharné des physiciens, des sophistes et des athées.

Il a d'abord soutenu contre les physiciens, contre les *physiologues* de l'école d'Ionie, un genre de polémique qui porte véritablement la marque d'une inspiration personnelle. Les termes par lesquels Xénophon résume cette polémique ont un tel caractère de précision qu'on peut les regarder comme étant l'écho fidèle des paroles mêmes de son maître. Socrate enseignait tous les jours, non pas entre les murs d'une école, mais dans les carrefours et les marchés, que ceux qui se livrent à des spéculations sur les choses célestes et se creusent la cervelle pour deviner le mouvement des astres sont à la fois des insensés et des impies. « Il ne discourait point, dit Xénophon, comme la plupart des autres philosophes, sur la nature de l'univers, sur l'origine et le développement de ce que les sages appellent le *cosmos*, sur les lois nécessaires qui régissent les phénomènes du ciel; mais, au contraire, il prouvait la folie de ceux qui se livrent à de pareilles spéculations[1]. » Il leur reprochait de négliger ce qui est du domaine de l'homme pour empiéter sur les droits de la divinité, et il leur demandait avec ironie « s'ils croyaient avoir assez approfondi les connaissances humaines pour s'occuper de semblables matières. » Ainsi Socrate avait la plus profonde aversion pour ces physiciens qui se flattaient d'expliquer l'origine de l'univers; ils lui faisaient à la fois horreur et pitié.

Et cependant Aristophane nous présente Socrate suspendu dans un panier entre ciel et terre, et s'écriant avec une emphase bouffonne : « Je marche dans les airs et je contemple le soleil[2]. »

A ce révélateur de la spiritualité de l'âme, à cet adversaire des théories matérialistes qui expliquaient grossièrement la connaissance par une action des éléments matériels de la nature sur les éléments similaires de l'esprit, il fait dire : « Je ne pourrais jamais comprendre les choses célestes, si je ne confondais mon esprit avec elles et si je ne mêlais la subtilité de

---

1. Pour cette citation, comme pour celles qui viennent plus loin, nous avons suivi, sauf quelques légères modifications, la traduction de M. Talbot.
2. Traduction de M. Artaud.

mes pensées avec l'air similaire. Si je restais sur la terre pour contempler les régions inférieures, je ne découvrirais rien ; car la terre attire à elle l'humidité de la pensée, etc., etc. »

D'autre part, la polémique de Socrate contre les sophistes était encore de celles qui se résument dans des formules parfaitement nettes, au sujet desquelles Xénophon n'aurait pu donner le change à ceux qui avaient entendu bien souvent Socrate discourir sur les places publiques. Nous avons donc toute raison de croire que Xénophon nous a conservé à peu près les paroles mêmes de Socrate. Or les sophistes enseignaient que le bien et le vrai sont choses essentiellement relatives et que, n'étant connues que par les sens, chacun de nous en est juge ; ainsi la vérité et l'erreur, comme la moralité, changent avec les races, les circonstances et les intérêts. Socrate, en même temps qu'il rétablissait contre cette relativité universelle les droits de l'absolu, adressait à ses adversaires les reproches les plus durs et les plus flétrissants. Nous voyons par le *Gorgias* de Platon qu'il les appelait des *flatteurs* et les accusait de rechercher auprès de la multitude une honteuse popularité, comme serait, auprès d'enfants malades, celle du cuisinier discutant contre le médecin. Quant à Xénophon, il met dans la bouche de Socrate contre les sophistes une épithète tellement injurieuse que nous n'avons pu lui donner place dans notre texte. Le désaccord était donc bien profond ; mais il se concentrait sur la question de la justice. Les sophistes déclaraient qu'il n'y a pas de justice absolue et qu'il appartient à l'orateur, en modifiant les associations d'idées et les habitudes d'esprit, de déplacer les limites du juste et de l'injuste. Socrate, au contraire, enseignait qu'il y a des lois non écrites, les mêmes dans tous les pays et dans tous les temps, et qui ne s'accommodent point aux intérêts et aux caprices. Cependant, Aristophane nous le montre, d'un bout à l'autre de sa comédie, apprenant à ses disciples l'art de violer leur parole et d'appeler à l'aide le *raisonnement faible* pour échapper à leurs obligations et ne point payer leurs dettes.

Enfin, Socrate ne combattait dans une certaine mesure la croyance aux dieux d'Athènes que pour épurer et pour agrandir la notion de la divinité en la dépouillant de toute trace du naturalisme primitif. Il voulait faire considérer les dieux comme des êtres bienfaisants qui aiment les hommes et disposent tout en vue du plus grand bien possible. Or, Aristophane le dépeint précisément comme un impie vulgaire qui ne rejette les dieux que pour mettre à leur place les forces brutales de la nature.

« *Strepsiade* : Dis-moi, au nom de la terre, Jupiter Olympien n'est-il pas dieu ? — *Socrate* : Quel Jupiter ? Ne badine pas ! Il n'y a pas de Jupiter. — Que dis-tu là ? Mais qui fait pleuvoir? Apprends-moi cela avant tout. — Ce sont les Nuées, et je t'en donnerai des preuves certaines. Où as-tu jamais vu pleuvoir sans nuées? Si c'était lui, il faudrait qu'il fît pleuvoir par un ciel serein, en l'absence des nuées. — Mais, dis-moi, qui produit le tonnerre? — Les Nuées. — Comment cela, esprit audacieux? — Lorsqu'elles sont remplies d'eau et forcées de se mouvoir, la pluie dont elles sont pleines les entraîne nécessairement en bas; leur poids les pousse les unes sur les autres; elles se choquent et crèvent avec fracas. — Mais qui les contraint de se précipiter ainsi? N'est-ce pas Jupiter? — Pas du tout; c'est le Tourbillon éthéréen. — Le Tourbillon! vraiment j'ignorais qu'il n'y eût plus de Jupiter et que le Tourbillon régnât à sa place. »

Assurément, une pareille méconnaissance du caractère de Socrate par les hommes qui le rencontraient tous les jours est bien singulière. Cependant, quelques faits signalés par Xénophon et habilement commentés par M. Grote[1] nous permettent dans une certaine mesure de nous en rendre compte.

Ainsi, pour ce qui concerne la confusion avec les physiciens, Xénophon nous raconte que Socrate, tout en rejetant leurs doctrines, n'était pas sans en avoir une certaine connaissance et même une certaine pratique, οὐκ ἄπειρός γε, οὐκ ἀνήκοος τούτων ἦν. On le voit bien par la discussion contre les idées d'Anaxagore (IV, VII), où Socrate ne se contente pas d'invoquer, comme dans le *Phédon*, le droit supérieur des causes finales, mais suit son adversaire sur son propre terrain, et réfute, d'ailleurs d'une manière assez superficielle et assez grossière, chacune de ses affirmations.

Le passage est curieux et vaut la peine d'être rappelé: « Lorsque Anaxagore, dit Socrate, prétendait que le soleil est la même chose que le feu, *il ignorait*, ἠγνόει, que les hommes regardent facilement le feu et qu'ils ne peuvent regarder le soleil en face, et de plus que les rayons du soleil noircissent la peau, effet que le feu ne produit pas. Il ignorait aussi que la chaleur du soleil est nécessaire à la vie et à l'accroissement des productions de la terre, tandis que celle du feu les fait périr. Quand il disait que le soleil est une pierre enflammée, il ignorait encore que la pierre, exposée au feu, ne donne pas de flamme et ne résiste pas longtemps, tandis que le soleil ne cesse pas d'être en tout temps le plus brillant de tous les corps. »

On le voit: Socrate, de l'aveu même de Xénophon, combattait les physiciens avec leurs propres armes, et cherchait quelquefois à leur opposer non des arguments de philosophe, mais des arguments de physicien. Il n'est donc pas étonnant que le peuple, incapable d'apprécier le fond même des doctrines, l'ait confondu avec des hommes contre lesquels on l'entendait discuter en employant le même langage, en invoquant les mêmes formules.

1. *Histoire de la Grèce*, traduction De Sadous : tome XII.

Ainsi s'explique également l'erreur des Athéniens sur les idées religieuses de Socrate, et la légèreté avec laquelle ils prirent le plus pieux de tous les hommes pour un de ces sceptiques qui ébranlaient la croyance à la finalité et à la Providence. Socrate attaquait, comme les physiciens, la conception populaire de la divinité, et s'il ne voulait pas détruire le culte national, il voulait au moins l'idéaliser. Cela suffisait pour que la foule, peu soucieuse d'approfondir les questions métaphysiques, le confondît brutalement avec des adversaires dont tout le séparait. Il est vrai qu'Aristophane et plus tard Anitus et Mélétus savaient à quoi s'en tenir à ce sujet; mais, dans leur haine contre Socrate, ils n'éprouvèrent aucun scrupule à favoriser sur ce point l'erreur de leurs compatriotes.

Quant à la confusion avec les sophistes, la plus extraordinaire de toutes en apparence, M. Grote, d'après des renseignements divers puisés en partie dans Xénophon, l'a expliquée encore d'une manière très satisfaisante.

Il a montré, par exemple, que l'emploi de la dialectique était, aux yeux du peuple, un trait commun entre Socrate et les sophistes; car, là encore, le peuple était incapable de reconnaître si la dialectique était négative ou si elle se proposait pour but la découverte du vrai. Et, d'ailleurs, n'y avait-il pas aussi dans Socrate « une veine négative? » Si donc un étranger arrivant à Athènes eût demandé qu'on lui désignât un sophiste célèbre, il n'est guère d'homme du peuple qui ne lui eût répondu : Socrate. »

Il y avait, d'ailleurs, quelques raisons tout extérieures pour que Socrate fût considéré de préférence aux autres comme le type du sophiste, et, en cette qualité, traîné sur la scène. C'est d'abord qu'il avait une physionomie étrange, sur laquelle il était le premier à plaisanter. On sait, par exemple, quel portrait il fait de lui-même, et de la meilleure grâce du monde, dans une discussion avec Critobule racontée au Ve chapitre du *Banquet* de Xénophon : « Les choses, dit-il, sont belles lorsqu'elles sont bien adaptées par l'art ou la nature à la destination que nous voulons leur donner dans l'usage. Cela étant, il se peut faire que mes yeux soient plus beaux que les tiens. — Comment cela? — Parce que les tiens ne voient qu'en ligne droite, tandis que les miens voient de côté, étant à fleur de tête. Quant à mon nez, il est plus beau que le tien, s'il est vrai que les dieux nous ont fait un nez pour sentir; car tes narines sont dirigées vers la terre, tandis que les miennes sont relevées de manière à recevoir de toutes parts les odeurs, etc. » Les poëtes étaient donc disposés à mettre sur le théâtre plutôt Socrate que tout autre sophiste, à cause que sa physionomie provoquait le rire et pouvait être facilement imitée par un masque comique. De plus, les vrais sophistes n'étaient point connus du peuple, parce qu'ils n'enseignaient point en plein air, mais dans des maisons ou des jardins que leurs amis mettaient à leur disposition, comme on le voit si bien par le préambule du *Protagoras*. Socrate, au contraire, était connu de tous; il n'était personne à Athènes qui ne l'eût entendu causer sur la place publique et qui n'eût sa physionomie présente à l'esprit.

D'autre part, quelle que fût sa bonté, dont nous parlerons plus loin, Socrate, comme les sophistes, n'était guère populaire. Il avait, du moins, contre lui tous ceux que son ironie avait froissés. Il croyait avoir reçu de l'oracle de Delphes l'ordre de mettre à l'épreuve ses concitoyens et de dévoiler l'ignorance et la sottise de ceux qui prétendaient avoir la science et qui n'en avaient que l'apparence ou l'illusion sans la réalité. C'est ce qu'il appelait la δοκιμασία. En accomplissant cet ordre du dieu, il se faisait des ennemis implacables, et, comme les sophistes étaient surtout impopulaires par leur morgue, leur orgueil, leur dédain de la foule, ceux qu'il avait une fois blessés n'avaient pas de peine à persuader aux Athéniens qu'il était, comme les sophistes, orgueilleux et ennemi du peuple.

Enfin, il n'est pas jusqu'à l'accusation si odieuse de confondre, comme les sophistes, le juste et l'injuste et de les enseigner indifféremment, qui ne s'explique à quelques égards par certains faits que Xénophon rapporte. Ainsi, nous lisons au Ier livre des *Mémoires*, que, d'après Socrate, aucune action, aucune occupation n'est en elle-même absolument bonne ou mauvaise, attendu que, pour juger équitablement des choses, il faut les replacer au milieu des circonstances dans lesquelles elles se produisent. Il aimait donc à citer cette parole d'Homère : Ἔργον δ' οὐδὲν ὄνειδος. Cela suffisait à ses ennemis pour lui attribuer l'opinion sophistique que le bien et le mal sont identiques et pour le faire confondre par les esprits prévenus ou superficiels avec les représentants attitrés de la philosophie du relatif.

D'ailleurs, un rapprochement historique bien simple va nous faire comprendre que le philosophe qui, le premier peut-être, à révélé clairement aux hommes le caractère absolu du devoir, ait pu, par cela seul qu'il préparait une révolution dans les mœurs, être confondu avec les pires ennemis de la morale absolue. M. Martha, dans une *Étude sur le philosophe Carnéade à Rome*[1], rappelle que Caton le Censeur, l'ennemi acharné de tous les philosophes grecs, avait voué à Socrate une haine toute particulière. Il l'appelait « un bavard et un séditieux, qui *pervertissait* les mœurs de son pays en tirant ses concitoyens en opinions contraires à leurs lois et coutumes anciennes. *Plutarque traduit par Amyot.* » Ainsi Caton exécrait Socrate, simplement parce que c'était un novateur. Il ne s'inquiétait pas de savoir si la justice de Socrate était la justice absolue; c'était pour lui la justice d'un novateur, donc une justice rela-

---

[1] C. Martha : *Études morales sur l'antiquité*, Hachette, 1883.

tive; car sa justice, à lui Caton, ce n'était, ce ne pouvait être que la justice de Rome. Eh bien! un préjugé dont un homme tel que Caton ne pouvait se défendre, est-il étonnant qu'un peuple grossier en ait été dupe? Pour les Athéniens contemporains de Socrate il importait peu que ce philosophe enseignât la justice absolue, du moment qu'il attaquait la justice de l'État, la justice d'Athènes. L'introduction de l'absolu en morale, c'était pour eux un changement, une révolution ; donc c'était du relatif ; et voilà comment ils ont confondu Socrate avec les sophistes, qui prêchaient en morale comme en toute autre chose la philosophie de l'universelle relativité et du perpétuel devenir.

II

Dans notre siècle, la physionomie morale de Socrate a été de nouveau altérée par des écrivains dont l'esprit de système dirigeait la plume, et dont la méthode consiste généralement à choisir dans le vaste ensemble de détails que l'antiquité nous a transmis sur le fondateur de la philosophie un petit nombre de traits qui, seuls, se rapportent à leurs idées ; ils exagèrent alors l'importance de ces détails, négligent tout ce qui les contredit, méconnaissent les explications naturelles qu'on en a fournies et ramènent de force la vie entière de Socrate à ces quelques traits, amplifiés et faussés.

Parmi les faux jugements qui dérivent de cette source, il en est un que nous nous contenterons de signaler en passant, car il touche à une des plaies morales de l'antiquité. De quelques passages isolés des auteurs anciens, de quelques anecdotes recueillies on ne sait où et rassemblées au hasard par Diogène Laërce, et surtout peut-être d'un certain nombre de pages du *Banquet* de Xénophon comme du *Banquet* de Platon on a voulu conclure que Socrate, malgré sa réputation de sagesse pratique, a été, au fond, un intempérant, un débauché, et qu'il n'a point échappé à une corruption de mœurs trop répandue dans la Grèce antique. Cette accusation, hâtons-nous de le dire, est absolument superficielle, et nous avons en main tous les documents nécessaires pour la réfuter. Socrate a pratiqué, autant et plus que tout le monde autour de lui, les différentes vertus qui se rapportent au respect de soi-même, à l'empire sur les instincts. S'il y a eu quelques apparences contraires, c'est que, malgré le régime sévère de sa vie de tous les jours, Socrate était doué d'une constitution énergique, d'un tempérament de fer, qui lui permettait, en manière de plaisanterie ou de bravade, des audaces qui pour les autres auraient été des excès. Ainsi, nous lisons dans le *Banquet* que personne n'était capable de lui tenir tête, quand il buvait dans une libre réunion d'amis. Il se montrait donc joyeux convive et buveur intrépide. D'autre part, on ne saurait nier qu'il y eût parfois une certaine liberté d'allures, une certaine intempérance de propos, dans la familiarité qu'on lui a si souvent reprochée avec cet Alcibiade et ce Critias qui allaient devenir bientôt les fléaux de leur patrie. Mais les accusations ne sauraient aller au delà, et, dans les hardiesses de sa conversation, rien ne dépassait, en somme, ce que peut se permettre, au milieu de l'abandon d'une causerie familière, la libre humeur d'un vieillard spirituel,

Qui mêle la sagesse aux coupes d'un festin.

M. le Dr Lélut, dans son livre sur le *Démon de Socrate*, nous semble avoir donné à ce sujet une conclusion excellente et définitive. « Des vices qu'on lui attribue à la légère, Socrate, dit-il, n'a eu que l'*intellectualité*. » Dans les affections dont on lui a fait un crime, il n'y avait que le désir de contribuer au développement intellectuel et moral de ses amis et de leur éviter les écarts qui ont flétri leur renommée en même temps qu'ils ont compromis la fortune d'Athènes.

Mais, si M. Lélut a, sur ce point, vengé pleinement la mémoire de Socrate, il est tombé à son tour dans la même faute qu'il venait de reprocher aux détracteurs systématiques du grand homme. Pour justifier une théorie qui lui est chère, pour confirmer par un exemple retentissant les premiers résultats d'une science dont il est un des fondateurs, la psychologie pathologique, il a voulu s'emparer de Socrate, comme un peu plus tard de Pascal, et le faire entrer de force dans le cadre de ses observations et de ses théories. Pour cela, il a fait appel, lui aussi, à des textes isolés et arbitrairement interprétés ; il les a rassemblés de toutes parts, sans choix et sans critique, pour les faire valoir les uns par les autres ; il a recueilli pêle-mêle, dans Diogène Laërce aussi bien que dans Platon ou Xénophon, toutes les anecdotes scabreuses, tous les traits bizarres, toutes les singularités de langage et de conduite qu'on avait attribués à Socrate, et il a voulu présenter tout cela comme une révélation inattendue et complète du vrai caractère de ce philosophe.

« Socrate, dit-il au début même de son livre, est, avec Homère, le personnage le plus colossal de l'antiquité grecque et peut-être de toutes les antiquités ; c'est le type incarné de la philosophie et de la vertu... Sans avoir jamais rien écrit, sans avoir tenu école, sans avoir jamais enseigné du haut d'une chaire ou d'une tribune, il fut le père de toutes les sectes philosophiques qui vinrent après lui... Ses deux disciples les plus chers et les plus célèbres, Platon et Xénophon, ont rempli leurs ouvrages de ses préceptes et en quelque sorte de ses actions... Il n'y a pas d'homme qui ait été plus étudié que Socrate, pas d'homme qu'on pense mieux connaître, *et il n'en est aucun qui soit moins connu!* »

Et, après cette entrée en matière si emphatique, voici la conclusion que M. Lélut tient en réserve : c'est qu'il résulte de tous les renseignements donnés par les historiens sur Socrate, et particulièrement sur le *démon* ou génie familier dont il croyait recevoir les inspirations, que « Socrate était un *théosophe*, un *visionnaire*, enfin, pour dire le mot, un *fou*. »

Voyons ce qu'il faut penser des faits sur lesquels repose une si étrange conclusion. Un rapide examen critique nous permettra de leur rendre leur véritable portée et de réduire à ses justes limites la thèse de M. Lélut.

Le plus important et aussi le moins contestable de ces faits, c'est l'épisode du siège de Potidée, que nous trouvons raconté dans le *Banquet* de Platon. Socrate serait resté une fois d'un lever de soleil à l'autre immobile, debout et en extase. Ce fait a une réelle importance, et, en supposant, bien entendu, qu'il soit authentique, on est autorisé à en conclure que Socrate était alors sous le coup d'un véritable état pathologique, d'une sorte de crise cataleptique dont on rencontre, d'ailleurs, assez d'exemples dans la vie des grands hommes. Mais d'autres faits analogues que M. Lélut ajoute à celui-là pour faire nombre et pour essayer de justifier ce qu'il y a d'évidemment excessif dans sa conclusion semblent bien n'avoir qu'une importance des plus minimes. « Il arrivait fréquemment à Socrate de s'arrêter brusquement au milieu d'une promenade ou d'une conversation avec ses amis, puis de retourner sur ses pas, ou de continuer sa marche, ou de reprendre le fil de son discours, quelquefois sans donner d'explication de sa conduite, mais le plus souvent en donnant pour raison qu'*il venait d'entendre le dieu*. » Ceci est, en effet, raconté par Alcibiade ; mais on ne voit pas qu'il en résulte autre chose que l'affirmation assez nette des hallucinations de l'ouïe auxquelles Socrate était sujet ; encore ne serait-il pas impossible d'admettre qu'il s'agit tout simplement ici de ces inspirations soudaines qui se produisent parfois chez les méditatifs et qui les forcent à s'arrêter brusquement, dans une conversation ou une promenade, sous l'influence de l'idée vive dont leur esprit est tout à coup éclairé. Un autre passage que M. Lélut extrait du *Criton* est encore moins démonstratif. Après avoir développé la fameuse *Prosopopée des Lois*, Socrate ajoute : « Il me semble, mon cher Criton, que *j'entends tout ce que je viens de dire*, comme les Corybantes croient entendre les cornets et les flûtes, et *le son de toutes ces paroles résonne si fort à mes oreilles qu'il m'empêche d'entendre tout ce qu'on dit ailleurs*. » Ceci peut même ne pas se rapporter à une hallucination. Rien ne prouve que de telles paroles doivent être prises au pied de la lettre. Socrate pourrait tout aussi bien les employer métaphoriquement pour fermer la bouche à son ami et mettre fin à son insistance, en lui représentant que sa résolution est désormais inébranlable parce que la voix de la conscience qui la lui dicte est tellement claire, tellement impérative, qu'elle ne laisse place à aucune représentation, si amicale et si pressante qu'elle puisse être.

Le défaut de thèses aussi paradoxales, c'est qu'il faut, comme on dit, faire flèche de tout bois pour les soutenir. Si nous passions en revue les autres textes que M. Lélut invoque à l'appui de sa thèse, nous les trouverions de plus en plus contestables.

« Il me semble qu'*un dieu* (τίς θεῶν) m'a rappelé certaines choses à la mémoire. »

C'est là une expression toute simple, une image toute naturelle pour désigner ces réminiscences soudaines, ces idées auxquelles nous ne pensions pas un instant auparavant, et qui éclairent tout à coup notre esprit, comme si elles nous étaient envoyées par une divinité.

« Ce ne sera pas moi qui te l'apprendrai, mais *une divinité*, s'il en est une qui daigne exaucer mes prières. » — « Il me semble qu'*une divinité* nous est favorable en ce moment. »

Ce sont là simples façons de parler familières à Socrate, et qui expriment toujours d'une manière très heureuse la surprise que nous cause une idée, une solution surgissant tout à coup dans les mystérieuses profondeurs de notre esprit, comme si elle nous était suggérée par le dieu des trouvailles. Voir dans des expressions si naturelles l'attestation positive d'un fait pathologique, comme serait une audition de voix divines, une hallucination dupe d'elle-même et voisine de la folie, ce n'est pas seulement fausser sans raison le sens des mots, c'est montrer qu'on ne comprend rien aux allures si vives, si spontanées de la conversation socratique.

Tout ce qui résulte de ces textes si péniblement accumulés, c'est que chez Socrate, comme chez plusieurs autres grands hommes, la voix de la conscience et du devoir, à force de se faire entendre avec autorité, finissait par retentir au dehors et par prendre la forme d'une hallucination habituelle de l'ouïe. C'est là, sans doute, un fait pathologique ; c'est, dans une très légère mesure, une anomalie mentale, mais non pas une de celles dont on pourrait conclure que *le génie est une névrose*, c'est-à-dire, au fond, une forme de la folie.

D'ailleurs, quelques-uns des traits cités par M. Lélut, si on les examinait bien attentivement, auraient peut-être pour résultat de modifier profondément l'idée qu'on se fait en général du démon de Socrate et de lui enlever tout caractère hallucinatoire.

Tel est ce passage important du *Phèdre* : « Au moment de passer l'eau, j'ai senti le *signal divin* qui m'est familier... L'âme humaine, mon cher Phèdre, a une *puissance prophétique*... etc. »

Le premier trait, s'il était seul, ne souffrirait aucune difficulté, et nous ne verrions, pour notre part, aucune raison de ne pas le rapporter, comme on fait d'ordinaire, à l'idée du démon de Socrate et à la tendance hallucinatoire qui se cache sans doute sous cette idée. Mais le trait suivant donne à réfléchir. Il se rattache, en effet, à une vaste théorie de Socrate et de Platon sur le délire. Cette théorie, exposée tout au long dans le *Phèdre*, est assez semblable à ce que nous appellerions aujourd'hui une théorie ou même une philosophie de l'inconscient. Elle nous enseigne que les plus grandes actions de l'homme sont quelquefois déterminées, en dehors de toute réflexion, par une sorte d'enthousiasme qui revêt lui-même plusieurs formes, le délire prophétique, le délire de la poésie, le délire de l'amour. Dans le dialogue intitulé l'*Ion*, la théorie du délire poétique est particulièrement expliquée, et Socrate y considère les œuvres de la poésie, auxquelles nous pourrions rattacher celles de l'art, comme le produit d'une inspiration toute spontanée, qui ne se rend pas compte des moyens qu'elle met en œuvre. Or, que l'on veuille bien rapprocher cette théorie de la phrase citée tout à l'heure, et l'on sera tenté de croire que le délire prophétique dont parle Socrate dans cette page du *Phèdre* est la même chose que la voix du dieu, ou (ce qui revient au même) que le démon de Socrate, cet être mystérieux qui intervenait dans ses principales actions pour le prémunir contre toute erreur, pourrait bien être simplement la voix même de l'instinct. « Socrate, dit à ce sujet M. Fouillée, remarquait au plus profond de son âme une foule de phénomènes étrangers à la volonté et dont il ne se serait jamais douté avec moins d'attention. Ne pouvant s'attribuer à lui-même ces choses souvent étonnantes qui se passent dans le domaine de la spontanéité, il put les rapporter à une action divine en lui et les considérer comme la révélation que les dieux sont disposés à faire à l'homme de bien. Il était trop pénétré de l'omniprésence divine pour ne pas croire à une sorte de *grâce naturelle* accordée aux âmes vertueuses, et le spontané était pour lui le divin. »

Toutefois, nous ne voudrions point tomber dans une exagération contraire à celle de M. Lélut. On peut, en somme, on doit même lui accorder qu'il y avait chez Socrate non seulement une tendance hallucinatoire, mais encore une certaine originalité, une certaine bizarrerie de caractère et d'allures. « Socrate, dit notre ingénieux aliéniste, avait été depuis son bas âge d'une *singularité* que ne devait pas démentir son âge mur. N'était-ce pas, en effet, un homme bien *singulier* que ce Socrate, vêtu du même manteau dans toutes les saisons, marchant nu-pieds sur la glace comme sur la terre échauffée par le soleil de la Grèce, dansant et sautant souvent seul, sans raison et comme par boutades (Platon : *Ménexène*; Diogène Laërce), ayant des manies *singulières*, une façon *singulière* de porter sa tête, menant, aux yeux du vulgaire au moins, le genre de vie le plus bizarre, se faisant enfin par sa conduite et par ses manières une telle réputation d'excentricité que Zénon l'épicurien le surnomma plus tard le bouffon d'Athènes, *Atticus scurra*, ce qui s'appelle maintenant *un original?* »

En accordant cela, nous ne saurions aller plus loin; et nous ne pouvons nous défendre de citer un dernier exemple pour bien établir que M. Lélut, égaré par ses préoccupations ou plutôt par ses habitudes d'aliéniste, dénature d'une manière étrange quelques-uns des traits les plus remarquables du caractère et du rôle de Socrate.

Platon raconte, dans le *Théagès*, que Socrate exerçait sur ses disciples une influence morale extraordinaire[1], et qu'il n'était pas nécessaire pour que cette influence se produisît qu'ils fussent dans la même chambre, mais seulement dans la même ville ou dans la même maison. M. Lélut se hâte d'interpréter ce fait dans le sens que lui indiquent ses observations d'aliéniste. Il ne veut pas voir qu'il s'agit ici de l'influence qu'un grand homme ou plutôt encore un homme vertueux exerce, par l'émulation et le respect, sur des âmes généreuses. On devient meilleur rien qu'à le sentir près de soi. Au lieu d'admettre cette interprétation si simple, M. Lélut se figure que les disciples de Socrate lui attribuaient et qu'il s'attribuait à lui-même une sorte d'influence magnétique : « Je ne puis m'empêcher, dit-il, de faire remarquer tout ce qu'offrent d'étrange dans leur nature et leur développement, et de véritablement maniaque dans leur principe, les croyances et les prétentions énoncées dans ce passage. Voici Socrate qui non seulement s'imagine[2] recevoir des influences, des inspirations divines, entendre une voix divine, mais qui, à raison de ce privilège, croit posséder à distance une influence sur ses amis, sur ses disciples et presque sur des étrangers, influence indépendante même de la parole et du regard et qui s'exerce à travers les murailles et dans un rayon plus ou moins étendu. On ne peut, en vérité, rien voir de plus extravagant, *de plus caractéristique de la folie*, et les hallucinés qui, sous mes yeux, prétendent envoyer ou recevoir à distance des influences physiques, magnétiques, franc-maçonniques, ne s'expriment pas autrement que Socrate, et ne sont pas, sous ce rapport, *plus fous qu'il ne l'était.* »

Impossible d'imaginer une interprétation plus excessive, plus arbitraire, plus antiscientifique. Elle suffit à montrer dans quelle voie fâcheuse la psychologie pathologique, science aujourd'hui constituée grâce aux travaux des Carpenter, des Maudsley, des Ribot, s'était engagée à ses débuts, lorsque, dans le désir de

---

1. Voir ce passage cité dans une note de la page 19.
2. On remarquera que M. Lélut commet ici une erreur. Ce n'est pas Socrate lui-même qui dit cela, c'est un de ses disciples.

frapper un grand coup et d'appeler sur elle l'attention publique, elle relevait toutes les manies et toutes les faiblesses des grands hommes pour montrer en eux la tendance à l'hallucination ou à la folie[1]. La psychologie morbide, en répudiant une pareille thèse, s'est dégagée à temps d'une solidarité compromettante, et elle a assuré son avenir en faisant le sacrifice d'une conception bizarre et systématique.

III

À côté des écrivains de notre temps qui ont ainsi abaissé ou calomnié Socrate, d'autres ont encore altéré son caractère en cherchant à l'exalter. Non qu'il soit possible de trop grandir un homme qui a, comme Socrate, exercé sur l'humanité une influence profonde et à tous égards bienfaisante; mais il faut lui conserver sa grandeur propre, son originalité vraie, et non l'affubler d'une grandeur factice. Or les admirateurs de Socrate ne se sont pas toujours suffisamment gardés de ce défaut.

Quelques-uns, par exemple, ont peut-être poussé à l'excès l'idée d'un Socrate *martyr*. Sans doute, Socrate, condamné injustement par un tribunal populaire, est mort avec une parfaite dignité, avec un admirable courage, sans vouloir s'humilier à ses propres yeux en implorant ses juges, sans renoncer un seul moment à l'œuvre de sa vie entière, qui était d'éclairer les hommes sur leurs erreurs et de démasquer, partout où il la rencontrait, « l'illusion du savoir sans la réalité. » On peut même ajouter que la cause première de sa mort fut son obstination à défendre de hautes vérités morales et religieuses.

Mais cela ne suffit pas pour faire précisément de lui un martyr, si l'on songe qu'il a refusé de se défendre, d'expliquer au grand jour la contradiction que l'on croyait voir entre ses doctrines et la religion nationale, et qu'il a, pour ainsi dire, arraché sa condamnation à ses juges en les poursuivant jusqu'à la fin de son impitoyable ironie. Quand un de nos peintres contemporains[2], dans son *Pilori*, nous représente Socrate entre le Christ et Ésope, au milieu de tous les penseurs qui ont souffert pour l'humanité, de tous les inventeurs qui ont été par elle méconnus, bafoués, proscrits, traités de fous, et qu'il lui donne l'œil inspiré, le geste sublime de l'homme qui adresse au ciel et à la terre une ardente protestation, n'oublie-t-il pas un peu qu'il y a eu jusqu'au bout dans Socrate *l'effronté railleur*? Et M. de Lamartine n'encourt-il pas le même reproche, lorsque, dans sa *Mort de Socrate*, il nous montre en général son héros

---

1. Voir, à ce sujet, le livre de M. Moreau (de Tours) intitulé la *Psychologie morbide*, et surtout les faits biographiques, plus ou moins certains, contenus dans l'*Appendice*.
2. M. Auguste Glaize.

dans une attitude quelque peu solennelle, déclamatoire et byronienne?

> Socrate ! Et c'était toi qui, dans les fers jeté,
> Mourais pour la justice et pour la vérité !!!

Ici, comme partout, Xénophon nous donne une note beaucoup plus exacte. Il nous laisse entrevoir quelques-unes des raisons pour lesquelles Socrate a suivi l'inspiration dernière de son démon, qui lui interdisait de se défendre, et, lorsqu'il pouvait échapper à la mort, a préféré mourir.

« Ne t'étonne pas, dit Socrate à Hermogène (IV, vIII), si le dieu juge qu'il est préférable pour moi de quitter la vie dès à présent. Ne sais-tu pas que, jusqu'à cette heure, il n'y a point eu d'homme qui l'ait emporté sur moi pour le bonheur et l'agrément de la vie? Car je pense qu'on ne peut mieux vivre qu'en s'occupant le mieux possible de devenir vertueux, ni plus agréablement qu'en s'apercevant le plus possible qu'on progresse dans la vertu... Si donc je vivais plus longtemps, il me faudrait sans doute payer mon tribut à la vieillesse; je verrais et j'entendrais moins bien, mon intelligence baisserait, j'aurais plus de peine à apprendre et plus de facilité à oublier, et partout où je valais mieux, je deviendrais pire. Si je n'avais pas le sentiment de toutes ces pertes, ma vie ne serait plus viable, et si je les sentais, comment ma vie ne serait-elle pas plus triste et plus malheureuse ? etc. »

C'est là, sans doute, que se trouve la vérité historique sur l'attitude de Socrate durant son procès; mais ni le peintre ni le poète n'étaient forcés de mettre cette vérité historique au premier rang de leurs préoccupations, et il serait injuste de leur reprocher trop longtemps l'idéal, d'ailleurs très touchant et très beau, qu'ils ont conçu l'un et l'autre.

Mais nous devons insister davantage, parce qu'elle se rapporte directement à notre sujet, sur l'erreur analogue d'un écrivain contemporain, d'un très ingénieux érudit[1] qui, dans une étude récente sur Socrate, a cru devoir présenter ce philosophe comme le précurseur de certaines idées religieuses modernes, comme le hardi réformateur dont le génie aurait conçu avant tout autre non seulement l'idée du monothéisme philosophique, mais encore celles d'un culte purement rationnel, d'une religion purement laïque.

M. d'Eichthal part de ce principe que « l'époque où vivait Socrate offre avec la nôtre une remarquable analogie » à cause du progrès rapide des sciences qui avaient introduit dans les esprits la notion de l'unité, de l'immensité et de la perpétuité

1. Gustave d'Eichthal. *Socrate et notre temps ; étude sur la théologie de Socrate.* Ce travail, qui a été publié à part, se trouve aussi dans l'Annuaire de l'Association pour l'encouragement des études grecques, année 1880.

du monde, et par là même affaibli la croyance à la divinité, en même temps que « l'accroissement des richesses et du bien-être avait encouragé la mollesse, le luxe et la dépravation des mœurs. » Dans l'anarchie intellectuelle et morale qui résulta de ce double fait, Socrate s'est proposé, comme condition nécessaire de toute réforme utile dans les mœurs, de rétablir d'abord parmi ses concitoyens une foi religieuse. C'est, d'ailleurs, ce que nous atteste expressément Xénophon : « Socrate, dit-il, ne se pressait pas de faire de ceux qui l'entouraient des parleurs, des hommes d'action, des hommes habiles; » il se proposait d'abord de les amener à la sagesse, mais avant tout « il s'attachait à les rendre intelligents en ce qui concerne les dieux; » et M. Grote, qui excelle à résumer en traits saisissants le caractère de Socrate tel qu'il nous est dépeint par Xénophon, déclare de son côté que « Socrate a été un missionnaire religieux faisant l'œuvre de la philosophie. »

Mais, ajoute M. d'Eichthal, cette restitution du sentiment religieux par Socrate ne pouvait être un retour aux croyances populaires, aux superstitions consacrées par le culte officiel; il fallait, pour être durable, qu'elle prît ailleurs son principe. C'est donc dans les profondeurs mêmes de la conscience humaine que Socrate pénétra pour en faire jaillir une source nouvelle de piété. A ce point de vue, il a été le premier révélateur d'une théologie exclusivement rationnelle qui sépare la divinité de toute représentation vulgaire, de toute tradition locale et de tout rite déterminé; cette théologie propose aux hommes comme le véritable objet de leur adoration une providence universelle, dont l'action est partout présente, mais qui ne se manifeste pas par des signes visibles, par des révélations et des oracles. Mais Socrate n'a pas seulement conçu l'idée de cette théodicée; il en a encore inauguré la méthode, qu'on peut appeler *méthode d'analogie anthropologique*; c'est par cette méthode que l'homme s'élève de lui-même, de sa propre vie et de sa propre pensée à la vie et à la pensée divines, et transporte à Dieu, après les avoir préalablement élevés jusqu'à l'infini tous les attributs dont il trouve le germe dans son cœur ou l'idée dans sa raison. Bien plus : Socrate seul, d'après M. d'Eichthal, a appliqué cette méthode dans toute son intégrité; les autres philosophes ne l'ont employée ensuite que d'une manière partielle, et l'on n'en retrouve plus que les fragments dans les diverses conceptions théologiques qui remplissent l'histoire de la philosophie, « dans le *Dieu-Idée* de Platon, le *Dieu-Moteur* d'Aristote, le *Dieu-Nature* des Stoïciens, l'*Esprit absolu* des Gnostiques, le *Premier principe* de Plotin, le *Dieu esprit*, mais incarné, des Chrétiens, le *Dieu mécanicien* de Descartes, la *Monade des monades* de Leibnitz, l'*Être suprême* du dix-huitième siècle, le *Dieu postulat* de Kant, le *Dieu subjectif* de Fichte, le *Panthéisme* de Giordano Bruno, de Spinoza et de Schelling. »

En donnant ainsi par dessus tout à Socrate un rôle de réformateur religieux et en lui attribuant une révolution si radicale, M. d'Eichthal a la prétention de s'appuyer sur le témoignage formel de Xénophon et sur l'interprétation vraie des *Mémoires*. Nous pensons, au contraire, que, pour arriver à une pareille conclusion, il faut méconnaître profondément l'esprit de ce livre et donner une importance excessive ou arbitraire à quelques phrases isolées, au détriment de tout le reste.

Quelques exemples suffiront pour le montrer.

Voici une de ces phrases que l'auteur de l'*Étude sur la théologie de Socrate* détache complaisamment, pour en faire un des points d'appui de son système : « Tu reconnaîtras, dit Socrate à Euthydème (IV, III), que je dis vrai, si tu n'attends pas de voir apparaître les formes des dieux, mais qu'il te suffise de voir leurs œuvres, pour les révérer et les honorer ; car c'est ainsi qu'ils se manifestent. »

Cette parole, ainsi séparée de ce qui la précède et l'amène, suffit à M. d'Eichthal pour formuler diverses conclusions. La divinité, d'après Socrate, ne se manifeste *que* par ses œuvres ; en conséquence, la divination, la *manteutique*, dont il est si souvent question dans les *Mémoires*, n'est que l'art d'interpréter les choses de la nature, pour y trouver les signes de la présence et des bienfaits des dieux ; enfin, le *démon* de Socrate n'est, dans la pensée même du philosophe, que la divinité se manifestant à lui dans les profondeurs de sa raison, dans l'intimité de sa conscience.

Malheureusement pour l'auteur de cette thèse excessive, la phrase sur laquelle il s'appuie ne saurait être interprétée de cette manière sans se trouver en contradiction non seulement avec l'ensemble des idées religieuses développées presque à chaque page des *Mémoires*, mais même avec les phrases qui la précèdent immédiatement. Ces phrases, en effet, contiennent une allusion des plus nettes à la divination et au génie de Socrate considéré comme une voix extérieure qui se fait entendre, avant même que Socrate n'ait interrogé les dieux.

« Quand nous ne pouvons prévoir, dit d'abord Socrate, ce qui nous sera utile dans l'avenir, les dieux ne révèlent-ils pas par la divination à ceux qui les consultent ce qui doit arriver un jour, et ne lui enseignent-ils pas l'issue la plus heureuse des événements ? »

Pour bien comprendre la portée de cette question de Socrate, rappelons-nous quelles étaient, d'après lui, les conditions et les limites dans lesquelles on devait avoir recours à la manteutique.

Nous lisons, à ce sujet, au premier chapitre du premier livre : « Pour les choses dont l'issue est l'objet d'une certitude, τὰ μὲν ἀναγκαῖα (c'est-à-dire dont l'issue peut être connue par l'expérience ou le raisonnement), il conseillait à ses amis d'agir de la manière qu'il croyait la meilleure; mais dans celles dont l'issue est douteuse, il les renvoyait à la divination, pour savoir s'ils devaient agir. » En d'autres termes, ce serait folie que de consulter les dieux, que d'interroger les oracles sur les choses dont la divinité nous a rendus capables de découvrir ou de pressentir nous-mêmes l'issue. Ainsi, on ne consulte pas les dieux pour savoir s'il faut confier son char à un cocher habile ou à un cocher maladroit, s'il faut prendre pour son navire un bon ou un mauvais pilote. Mais pour les choses dont l'issue ne dépend pas de nous, pour les résultats de nos démarches, pour les conséquences lointaines de nos actions, comme la divinité s'en est réservé la connaissance, Socrate soutenait qu'il faut les demander aux dieux, et qu'il faut les leur demander par le moyen de l'art divinatoire.

M. d'Eichthal, pour prouver que Socrate ne croyait pas réellement à la divination, affirme encore que, « parmi les agents de la manteutique athénienne, auxquels Socrate aurait cru comme ses compatriotes, Xénophon omet de citer le premier de tous, les oracles. » Mais c'est une nouvelle erreur. Non seulement la foi aux oracles a tenu une grande place dans la vie de Socrate, puisque l'oracle qui le déclarait le plus sage des hommes et qui lui fut rapporté par Chéréphon décida de sa vie entière, et puisque lui-même recommanda à Xénophon de consulter l'oracle de Delphes avant de rejoindre l'armée de Cyrus, mais encore on trouve dans les *Mémoires* de Xénophon une allusion très nette et très directe aux oracles, lorsque Socrate dit à Aristodème (I, IV) : « Quand les dieux parlent aux Athéniens qui les interrogent au moyen de la divination, crois-tu qu'ils ne te parlent pas aussi? Et, de même, lorsque par des prodiges ils montrent leur volonté aux Grecs, à tous les hommes, es-tu le seul qu'ils aient choisi pour te laisser dans l'oubli? »

Mais achevons de lire la phrase qui précède la citation de M. d'Eichthal.

A la question de Socrate, Euthydème répond : « Mais toi, les dieux ont l'air de te traiter encore avec plus de bonté que les autres hommes, s'il est vrai que, sans être interrogés par toi, ils t'indiquent d'avance ce que tu dois faire ou non. »

C'est ainsi que dans le premier livre, Aristodème, pressé par Socrate de renoncer à son indifférence envers les dieux, lui répond : « Je croirais aux dieux, s'ils m'envoyaient, comme tu assures qu'ils le font pour toi-même, des avis sur ce que je dois faire ou ne pas faire. »

Impossible de signaler plus nettement que ne le fait Xénophon dans ces passages, et dans vingt autres que nous pourrions également citer, la croyance formelle non seulement de Socrate lui-même, mais encore de ses disciples ou de ses auditeurs, au génie familier qui l'inspirait.

Mais alors, pourquoi Socrate, immédiatement après, recommande-t-il à Euthydème de ne pas attendre, pour honorer la divinité, de voir apparaître les formes des dieux?

Ceci fait simplement allusion aux apparitions de divinités que les poètes produisaient sur la scène et qui laissaient croire à la foule que les dieux, s'ils existent, doivent se manifester aux hommes sous cette forme purement sensible. Or, Socrate était persuadé par sa propre expérience que ce n'est pas au dehors de nous que les dieux se manifestent, mais bien dans le sanctuaire de notre conscience. Ainsi, il épurait les croyances religieuses de ses contemporains, mais il ne les détruisait pas; il a été et il est resté un homme de son temps; il a continué de croire dans une large mesure aux dieux de la religion nationale, et c'est se tromper gravement sur son compte que de vouloir le transformer en un rationaliste moderne.

Nous allons nous en convaincre davantage encore en examinant deux autres phrases auxquelles M. d'Eichthal attache aussi une haute importance, mais qu'il traduit d'une manière inexacte.

Ce sont les deux phrases (I, III; IV, III) dans lesquelles Xénophon rapporte une réponse de l'oracle de Delphes, qui, interrogé sur la manière de se rendre agréable aux dieux et de leur offrir des sacrifices, répond qu'il faut le faire d'après la loi de la cité, νόμῳ πόλεως, c'est-à-dire d'après les usages, les formes, les rites de la religion nationale.

Mais M. d'Eichthal ne l'entend point ainsi, et il traduit les deux phrases de manière à leur faire signifier que la vraie religion, c'est la religion laïque, c'est-à-dire celle qui réduit la piété à l'accomplissement de la loi civile.

Voici d'abord la version de la première phrase : « Pour ce qui est des dieux, la conduite et les discours de Socrate étaient conformes à la réponse de la Pythie, lorsqu'on l'interroge au sujet soit des sacrifices à offrir aux dieux, soit du culte à rendre aux ancêtres, ou autres choses semblables. La Pythie déclare que *« pratiquer la loi de la cité,* c'est pratiquer la piété. »

Et, dans son commentaire, le traducteur ajoute que la piété ne se distingue pas du devoir social; elle est contenue en lui tout entière; elle consiste purement et simplement à obéir aux lois de l'État. En un mot « *l'observation de la loi de la cité est l'acte pieux par excellence.* »

De même, pour le second passage : « Ne te décourage point, dit Socrate à Euthydème, qui se plaint de ne pas savoir par quel digne témoignage il pourra jamais reconnaître les bienfaits des dieux; ne te décourage pas; tu sais, en effet, que le dieu de Delphes, si quelqu'un lui demande de quelle manière il peut se rendre agréable aux dieux, répond : Par la loi de la cité. »

Le contre-sens de la première phrase est évident, puisqu'il y est question d'actes rituels, et que Socrate y parle du culte des ancêtres aussi bien que du culte des dieux. Comment donc pourrait-il vouloir dire que le culte des ancêtres consiste simplement à suivre la loi civile? Quant au second passage, sur lequel un certain doute serait possible, son vrai sens est déterminé par cela seul qu'il se rapporte au même fait que le premier. Il signifie, lui aussi, que, pour être agréable aux dieux, il faut se conformer aux rites de la religion de l'Etat. C'est ainsi, d'ailleurs, que les deux phrases sont comprises dans un célèbre passage du *De Legibus*, où Cicéron fait allusion à cette pensée de Socrate : « Au sujet, dit-il, des rites anciens, *de ritibus patriis*, il faut conserver les meilleurs. Les Athéniens ayant consulté à ce sujet l'oracle d'Apollon pythien, et lui ayant demandé quelles formes religieuses, *quas religiones*, il fallait suivre de préférence, l'oracle répondit : celles qui ont été suivies par les ancêtres, *eas quæ essent in more majorum*. »

Sur ce point encore, il faut laisser Socrate être ce qu'il a été, un homme de son pays et de son temps, et ne pas vouloir le tirer de force vers des conceptions toutes modernes. Socrate, tout pénétré de l'idée d'une providence active, ne croyait pas seulement aux communications de la divinité avec les hommes pieux; il admettait encore des coutumes religieuses, des institutions et des rites établis dans chaque cité sinon par une intervention directe des dieux, au moins sous l'influence de leur volonté et de leur inspiration. Il pensait que les dieux veulent être adorés dans les divers pays suivant des formes déterminées qui sont en rapport avec les besoins, les aptitudes, le génie de chaque race. Pour lui, comme pour tous les anciens, le culte, bien que capable de se transformer et de s'idéaliser dans une certaine mesure, restait inséparable de la constitution fixée par les ancêtres.

IV

Pour rétablir autant qu'il est possible à pareille distance la vraie physionomie de Socrate altérée par les haines et les calomnies des hommes de son temps, par les idées systématiques, ou au moins exclusives, de quelques-uns de nos contemporains, il faut se reporter au témoignage direct de ses deux disciples, Platon et Xénophon, étudier sans parti pris ce témoignage et essayer de recueillir l'impression sincère qu'ils ont éprouvée l'un et l'autre dans l'intimité de ce grand homme.

Mais, ici, on se trouve en présence d'une nouvelle cause d'embarras : le Socrate de Platon et le Socrate de Xénophon présentent, lorsqu'on les met en regard l'un de l'autre, des différences qui sautent aux yeux.

Le Socrate que nous montrent les *Dialogues* de Platon est le philosophe en qui se concentre toute l'évolution métaphysique et morale du génie grec. On le voit, dans quelques-uns de ces dialogues, où il ne joue encore que le rôle d'auditeur, recevoir l'influence des écoles italique et éléatique; dans tous les autres, bien qu'il s'abstienne en général de formuler des conclusions dogmatiques, il pose et il agite les questions les plus élevées de la philosophie dans les divers sens où elles seront plus tard résolues par les nombreuses écoles de la période socratique. Il domine donc toute cette période, et l'on peut lui appliquer le jugement de Quintilien sur Homère : il est comme le sommet d'où jaillissent, pour se répandre vers les différents points de l'horizon, les plus abondantes sources de l'antique sagesse.

Tout autre est le Socrate que nous trouvons dans les *Mémoires* de Xénophon. Ce n'est plus le sage universel de la Grèce, le profond métaphysicien dont Platon, Aristote, Zénon, ne feront que traduire et commenter diversement la pensée. C'est un moraliste, qui pénètre profondément dans le cœur humain, mais qui se préoccupe peu de rattacher son enseignement à de hautes conceptions théoriques. Il se défie de la métaphysique; il dédaigne la science; il réduit même la politique à n'être que l'application aux intérêts de l'État des conseils les plus simples, les plus familiers de la sagesse pratique. Sa grandeur n'est donc plus celle que lui attribuait Platon. Elle est tout entière dans l'influence qu'il exerce autour de lui, dans l'autorité persuasive de sa parole, dans sa douce bonhomie qui inspire à tous la confiance. On ne l'admire plus comme un révélateur de grandes vérités, mais on l'aime profondément. On sent en lui le premier des maîtres dans un art auquel l'humanité doit peut-être ses meilleurs progrès, l'art de répandre la vertu et la bonté par le prestige de la bonté et de la vertu elles-mêmes.

A quoi tiennent ces différences si profondes? Est-ce simplement à l'opposition presque absolue du génie de Platon et du génie de Xénophon? Est-ce aussi à la complexité même qu'auraient présenté réellement le caractère et le rôle de Socrate?

On peut, croyons-nous, faire une certaine place aux deux explications.

En effet, Platon et Xénophon diffèrent tellement l'un de l'autre, au double point de vue de leurs tendances philosophiques et des circonstances dans lesquelles ils ont été amenés à écrire, que, même si la personne de Socrate ne présentait pas la complexité que nous signalerons tout à l'heure, ils nous donneraient, à force de le considérer sous deux aspects très distincts, l'illusion de cette complexité.

Platon est un spéculatif. Après avoir eu, dans sa première jeunesse, le culte de la poésie et de l'art dramatique, il s'est attaché à Socrate, parce que la conversation de cet homme, incomparable dans l'art d'éveiller autour de lui des vocations de toutes sortes, faisait éclore en son esprit le germe de conceptions philosophiques, esthétiques, politiques, qu'il se proposait de mener bientôt à maturité. Il n'est donc pas étonnant qu'il ait recueilli de préférence et qu'il ait mis en pleine lumière, dans ses principaux dialogues, toute la partie profonde et en quelque sorte ésotérique de l'enseignement de son maître. Non seulement il l'a recueillie, mais il l'a considérablement dépassée, de telle sorte que nous avons quelque peine aujourd'hui à distinguer, dans la philosophie platonicienne, ce qui appartient en propre à Platon et ce qui revient à Socrate. Mais, en continuant, même dans ses dialogues les plus savants, à faire de Socrate le principal personnage, Platon n'a été que juste, puisqu'il doit à son maître l'inspiration première de sa doctrine, et en même temps il a trouvé l'avantage d'abriter sous une grande autorité les audaces de son propre génie et de se donner pleine licence de tout dire, en matière politique comme en matière religieuse.

Xénophon, au contraire, est un esprit essentiellement pratique. Son éducation le disposait à aimer par dessus tout les exercices du corps, les travaux de la campagne, les questions d'économie politique et domestique. Ces premières tendances ne purent que s'affermir, lorsque les événements firent de lui un général chargé d'assurer, dans une des circonstances les plus critiques que présente l'histoire, le salut et le bien-être de toute une armée. Il est donc tout naturel que, contrairement à Platon, il ait préféré dans l'enseignement de Socrate la partie utilitaire et pratique, celle qui se rapportait, avec tant d'autorité, à l'art de conduire les hommes et d'assurer leur bonheur. Mais, cette partie pratique de l'enseignement de Socrate, Xénophon ne l'a pas seulement préférée pour son propre compte ; il s'est donné pour mission de persuader à ses contemporains qu'elle avait été réellement prépondérante. L'affection, la douleur et l'indignation lui imposèrent cette tâche. En effet, Xénophon n'avait pas été seulement, comme Platon, l'admirateur de Socrate ; il avait été, dans toute la force du terme, son ami ; attaché d'abord à lui par le lien de la reconnaissance, il avait, pendant plusieurs années, partagé sa vie, qui n'était point (nous l'avons rappelé précédemment) triste et morose, mais, au contraire, aimable, à certains égards raffinée, égayée de temps à autre par de joyeux banquets où son esprit se répandait en vives et paradoxales saillies. On conçoit donc quels sentiments durent agiter Xénophon, lorsque, au retour de son expédition en Asie, il connut le procès et la mort de son ami ; il se voua tout entier à son apologie, il poursuivit avec ardeur sa réhabilitation, et, dans ce but, il essaya de rejeter le plus possible au second plan les doctrines métaphysiques et religieuses qui avaient fait peut-être la principale originalité de Socrate, mais qui avaient en même temps déchaîné les colères de ses accusateurs.

Les deux grands disciples de Socrate se sont donc placés

en quelque sorte aux deux pôles pour apprécier eux-mêmes et pour nous faire apprécier leur maître; il n'en est pas moins vrai que la personnalité de Socrate a été vaste et complexe, qu'il y a en elle plusieurs faces et qu'on en peut faire l'analyse; on peut surtout rapporter les qualités diverses de Socrate aux deux missions qu'il s'est imposées simultanément, et dont l'une a été mieux comprise par Platon, l'autre, par Xénophon.

Il y a eu d'abord en Socrate le maître « admirablement habile à faire naître dans les autres, dit M. Grote, le germe du raisonnement et des recherches, » l'initiateur, le remueur d'idées, l'accoucheur d'esprits, l'homme qui excellait à développer, à féconder chez les jeunes gens d'élite les facultés maîtresses par lesquelles ils devaient plus tard ou diriger utilement les affaires publiques ou contribuer par quelque noble occupation à la grandeur de l'Etat. C'est celui-là que nous trouvons surtout dans les *Dialogues* de Platon. Mais à côté de ce Socrate, bienfaiteur intellectuel des esprits distingués, des âmes supérieures et pleines de promesses, il y a eu aussi le citoyen, on voudrait pouvoir dire le bourgeois éclairé et bienveillant, « ayant, dit encore M. Grote, un fond considérable d'expérience athénienne positive, » et toujours prêt à aider de ses conseils ou à encourager de son approbation le plus humble de ses concitoyens. Ces deux caractères se mêlent et se tempèrent l'un l'autre dans le personnage de Socrate, sans qu'on puisse décider lequel est le plus grand, le plus recommandable aux yeux de la postérité. Aussi l'éminent auteur de l'*Histoire de la Grèce* n'hésite-t-il pas à les mettre sur la même ligne et à déclarer qu'il y a dans Socrate deux héros, « le héros de Platon et le héros de Xénophon. »

Le héros de Platon, c'est le dialecticien, ou du moins l'homme qui a su tirer de la dialectique, d'abord purement négative et disputeuse, telle qu'on la trouve dans l'école d'Elée et dans les sophistes, toute la puissance d'impulsion scientifique et de progrès moral dont elle est susceptible.

En effet, la dialectique de Socrate, avec les divers procédés secondaires dont elle se compose, n'est pas simplement, comme on pourrait être tenté de le croire au premier abord, un art de raisonner et de réfuter; elle est aussi et surtout un art qui se propose d'instruire en faisant pénétrer l'esprit jusqu'à l'essence même des choses. Il faut voir en elle, déclare M. Fouillée, une synthèse de la logique et de l'ontologie, un art de poursuivre et d'atteindre l'essence réelle à travers le formel. La dialectique de Socrate, dit également à ce propos M. Croiset, dans une savante étude sur Xénophon[1], est essentiellement « une méthode d'examen et de recherche; ou plutôt, elle est à la fois une méthode de recherche et un art de raisonnement; elle est l'art d

---

[1]. *Xénophon, son caractère et son talent*. Thorin, 1873.

conduire une série de raisonnements par la suite la plus capable de faire embrasser à l'esprit humain la connaissance complète des choses. Non seulement elle apprend à raisonner de manière à convaincre, mais encore elle enseigne à se servir des raisonnements les plus convaincants de manière à découvrir soit la fausseté d'une opinion reçue, soit la vérité qu'il s'agit de mettre à la place de cette erreur. »

C'est par là qu'elle prépare, mais sans se confondre avec elles, les doctrines platoniciennes des Idées et de la participation; car, en définissant les notions dont nous faisons continuellement usage, en distribuant ces notions en genres et en espèces, non seulement elle dégage et met dans tout son éclat l'essence même des choses que ces notions représentent, mais encore elle nous permet de saisir les rapports qui les unissent entre elles et de comprendre dans quelle mesure nous pouvons les affirmer les unes des autres. Son utilité se montre surtout lorsqu'il s'agit de ces idées simples, de ces notions communes sur lesquelles tout le monde discute, mais dont bien peu de personnes connaissent la véritable extension, comme, par exemple, celles du vrai, du bien, du beau, de l'utile; de la tempérance, de la piété ou du courage; de la cité ou du citoyen. A force d'employer ces termes, nous mêlons aux idées qu'ils expriment tant de conceptions accessoires qu'elles finissent par ne plus éveiller dans nos esprits que des représentations confuses; nous ne savons plus bien quel est leur sens précis, quelles sont leurs justes limites, et par suite quel usage nous pouvons légitimement en faire dans les différentes opérations dont se compose la connaissance. La dialectique de Socrate consiste précisément à retrouver par l'induction, à fixer par la définition ces limites exactes de nos idées et à rendre leur netteté, leur rigoureuse précision aux mots, ces médailles continuellement usées par le frottement de la circulation.

C'est évidemment à Platon qu'il faut s'adresser, si l'on veut comprendre toute la portée de cette dialectique de Socrate et les larges horizons qu'elle ouvrit à la pensée humaine. Mais, précisément parce que Platon a complété, sur ce point, l'enseignement de son maître, et qu'il a mêlé à sa dialectique non seulement la doctrine des Idées, mais encore toutes les spéculations métaphysiques, toutes les hypothèses mystiques qui en découlent, nous serions incapables de dire où Socrate lui-même s'est arrêté dans l'usage qu'il faisait personnellement de sa propre méthode, si nous n'avions à cet égard, dans quelques chapitres des *Mémoires*, le témoignage précis de Xénophon.

Or, deux choses paraissent résulter clairement de ce témoignage.

La première, c'est que Socrate appliquait tous les jours sa dialectique aux questions de morale; ou plutôt que cette dialectique elle-même lui apparaissait comme une action morale aussi bien que comme un procédé intellectuel, comme une aspiration du cœur vers la vertu aussi bien que comme une aspiration de l'esprit vers la vérité.

On en trouve la preuve dans le passage suivant (IV, v) : « Celui qui ne prend jamais le bien pour but et qui poursuit le plaisir par tous les moyens possibles, en quoi différerait-il des animaux les plus dépourvus de raison ? Ce sont les hommes tempérants seuls qui ont l'esprit assez libre pour rechercher ce qu'il y a de mieux dans tous les objets, pour les distribuer par genres en pratique et en théorie, pour choisir le bien et s'abstenir du mal.

» Socrate disait que c'est cette méthode qui rend à la fois les hommes aussi bons, aussi heureux et aussi habiles que possible dans la dialectique ; il ajoutait que le nom de dialecticien venait de l'habitude de dialoguer en commun et de distribuer les objets par genres ; qu'il fallait donc se préparer avec le plus grand soin à cet exercice et y consacrer tous ses efforts, puisque cette étude forme les hommes les meilleurs et les plus habiles politiques, en même temps que les plus forts dialecticiens. »

La seconde conclusion à laquelle nous amènent les deux ou trois pages consacrées par Xénophon à la dialectique, c'est que Socrate ne se hâtait point d'appliquer sa méthode aux grandes questions de métaphysique, mais qu'il s'appliquait plutôt à la perfectionner comme instrument de découverte et de démonstration et à en faire tout ensemble un procédé analytique et un procédé synthétique. On voit, par exemple, au sixième chapitre du livre IV, que Socrate, après avoir amené ses disciples, par voie inductive, à la détermination de l'essence de la piété, de la justice, de la sagesse, leur enseignait aussi la méthode contraire et les exerçait à redescendre des principes généraux aux faits particuliers, à résoudre les problèmes moraux par la méthode que nous appelons méthode de composition, ou encore démonstration descendante ou déductive. « Quand il discourait sur un sujet, il procédait par les principes les plus généralement reconnus, convaincu que c'est une méthode infaillible de raisonnement. Aussi, de tous les hommes que j'ai connus, il n'en est point qui, en parlant, excellât davantage à faire partager son opinion aux auditeurs. Il disait encore qu'Homère appelle Ulysse un orateur sûr de sa cause, parce qu'il savait déduire ses raisons d'idées admises chez tous les hommes. »

Nous voyons donc que, même quand on considère spécialement dans Socrate le dialecticien et le métaphysicien, il n'est pas inutile de contrôler le témoignage de Platon par celui de Xénophon. C'est le seul moyen de séparer un peu nettement la personnalité de Socrate d'avec la personnalité de Platon où elle risque de s'absorber et de se perdre ; c'est le seul moyen de démêler les choses que Socrate a dû penser réellement, au milieu de toutes les belles choses que son disciple lui fait dire.

Toutefois il ne faudrait point, en faisant ce contrôle, avoir le parti pris de donner en tout raison à Xénophon; on se condamnerait ainsi, et bien à tort, à ne plus voir dans Socrate l'auteur d'une grande et décisive révolution philosophique. Il faut savoir garder un juste milieu. On n'aurait une idée parfaitement exacte de Socrate considéré comme métaphysicien ni en lui prêtant toutes les audaces de Platon ni en lui attribuant toutes les timidités de Xénophon. Les *Mémoires* ne contiennent en réalité aucune solution approfondie des questions les plus essentielles non seulement de métaphysique, mais même de psychologie et de morale théorique; or, il est certain que Socrate a au moins ébauché la solution de ces problèmes, et conduit Platon au seuil de sa philosophie. « Si l'enseignement de Socrate, conclut M. Croiset, est resté en général notablement en deçà des théories platoniciennes, il faut reconnaître d'autre part qu'il a dépassé, et de beaucoup, la philosophie des *Mémorables*. »

V

Le Socrate dialecticien et métaphysicien que nous présentent les *Dialogues* de Platon n'est donc pas à tous égards le Socrate historique, bien que ce soit peut-être le Socrate vrai, dans le sens ingénieux et subtil qu'a expliqué M. Fouillée.

« Le vrai Socrate, le Socrate complet, celui dont l'influence est toujours vivante et dont la mort fut non une défaite, mais un triomphe, c'est le Socrate de Platon. Socrate nous apparaît dans les *Dialogues* sinon tel qu'il a toujours été, du moins tel qu'il eût voulu être, tel qu'il s'est efforcé d'être. Selon la propre doctrine de Socrate, chacun s'efforce d'être manifestement ce qu'il est en germe. Nous devons donc trouver dans Platon sinon le Socrate purement réel, du moins le Socrate vrai, dont l'autre ne fut que la réalisation vivante. Pour emprunter à Platon son propre langage, nous dirons qu'il a su admirablement nous faire contempler l'*Idée* de Socrate. »

C'est donc à Xénophon que revient surtout l'honneur de nous faire connaître le Socrate historique, le Socrate réel. Heureusement, nous savons déjà que ce Socrate réel, n'a pas été, à tout prendre, moins grand que l'autre, et qu'on peut l'appeler, lui aussi, un héros. Ce héros de Xénophon, c'est « le philanthrope, le maître pratique, l'homme religieux. »

Socrate mérite d'être placé au premier rang parmi ceux qui ont vraiment aimé les hommes. Il les aime, parce qu'il les croit naturellement bons. Son dogme fondamental, c'est que l'homme veut toujours le bien et qu'il le ferait toujours, s'il le distinguait nettement.

Entre le devoir et nous il n'y a jamais qu'un simple malentendu. Nous voulons l'accomplir, mais nous ne savons pas en quoi il consiste; dans cette incertitude, nous le confondons avec les choses qui lui ressemblent; nous en délaissons la réalité pour en poursuivre l'ombre. Mais qu'un sage ami dissipe ce malentendu et nous montre clairement où est le devoir, tel que l'assignent à chacun de nous ses facultés naturelles ou ses aptitudes acquises, et nous lui obéirons toujours.

C'est qu'au fond ce malentendu qui nous sépare du devoir est d'abord un malentendu qui nous sépare de nous-mêmes. Comme on ne se voit pas sans miroir avec les yeux du corps, on ne se voit guère mieux avec les yeux de l'âme. On prend des goûts passagers pour des dispositions permanentes, et l'on se jette ainsi au hasard dans une carrière pour laquelle on n'est pas fait. L'homme veut-il se bien connaître? il lui faut un miroir où se réfléchissent les traits de son caractère; et ce miroir, ce sera un guide sûr, un ami désintéressé de son âme. Socrate s'est efforcé d'être cet ami pour tous ceux qui l'approchaient. Il leur rendait à tous le service de les éclairer sur leur destination véritable; mais, suivant qu'il rencontrait de leur part bonne volonté ou dédain, il le faisait avec une affectueuse prévenance ou avec une ironie un peu amère.

C'est à cela que se rapportent les beaux chapitres du livre III où sont racontées successivement les deux conversations qu'il eut avec le jeune Glaucon et avec son oncle Charmide. Glaucon était un jeune homme étourdi et présomptueux, qui voulait se jeter envers et contre tous, sans préparation et sans étude, dans l'administration de l'État. Charmide, au contraire, était un homme réfléchi et sérieux, mais timide, et surtout rempli d'un invincible dégoût d'homme bien élevé pour les discussions violentes de la démagogie. Il fallait leur inspirer à l'un et à l'autre un plus juste sentiment de leur devoir. Socrate, en fin moraliste, le fait par des moyens appropriés au caractère de chacun. A Glaucon, il eût été inutile de parler le langage de la raison et du bon sens; on n'aurait fait ainsi qu'exaspérer l'orgueil du jeune politicien. Il fallait lui faire comprendre qu'il n'avait pas mesuré l'importance et l'étendue des questions à résoudre, et, sans le mortifier directement, l'amener plutôt à se mortifier lui-même par l'aveu forcé de son insuffisance. Socrate y arrive en feignant de croire que Glaucon a par devers lui tout un plan de réformes économiques, sociales et militaires, qu'il appliquera de toutes pièces aussitôt qu'il aura mis la main au gouvernail de l'État. Interrogé sur les diverses parties de ce plan, Glaucon est bien forcé de reconnaître qu'il n'a rien décidé, rien mûri, rien préparé même; et, lorsque après chacun de ces aveux Socrate ajoute négligemment : « Nous en reparlerons une autre fois; nous reprendrons ce sujet quand nous n'aurons plus des conjectures, mais des convictions, » il corrige plus sûrement le jeune homme par cette fine ironie qu'il ne ferait par des reproches et des leçons. A Charmide, au contraire, il fallait parler le langage de la raison. C'est ce que fait Socrate en lui montrant que les démagogues dont il a peur sont des ignorants, et que l'Etat serait perdu si les bons citoyens, effrayés par de vaines clameurs, laissaient les ambitieux prendre toute la place et tout compromettre.

Mais, à côté de ces malentendus avec nous-mêmes, il y en a aussi qui nous séparent de nos semblables. Les âmes sont cachées les unes aux autres. Leur malheur, c'est de ne pouvoir communiquer librement, se pénétrer en quelque sorte. Chacune d'elles isolément veut le bien, mais elle ne sait pas que les autres le veulent aussi. Dans cette mutuelle ignorance, elles ne voient que les désaccords momentanés qui les divisent; elles ne voient pas l'aspiration commune vers le bien qui les anime toutes, et qui n'aurait besoin que de leur être une bonne fois révélée, pour les faire à jamais sympathiser les unes avec les autres.

C'est là que Socrate était merveilleusement utile à ses amis. Il avait l'art de rapprocher les âmes, de faire tomber les cloisons qui les séparent. Il s'entremettait entre elles, comme il disait plaisamment dans un passage du *Banquet* de Xénophon auquel on aurait tort d'attribuer une signification mauvaise. Toutes les fois qu'il voyait surgir un dissentiment entre ceux qui auraient dû s'aimer, il intervenait pour dissiper les préventions, pour calmer les colères. Par une subtile dialectique morale il faisait comprendre à chacun que, malgré l'antagonisme des caractères, il y avait de part et d'autre un égal désir du bien.

On en trouve un exemple touchant dans son entretien (II, II), avec son fils Lamproclès. Le jeune homme a été froissé par les violences de langage de Xanthippe. Dans son irritation, il parle à son tour de sa mère sans retenue et sans mesure, et quand Socrate lui demande si l'humeur sauvage d'une bête n'est pas plus insupportable que celle d'une mère : « Non, répond-il ; au moins d'une mère telle que la mienne. »

Sous l'influence de cette idée exclusive, il ne songe point à mettre en balance avec l'outrage d'un moment les bienfaits et le dévouement de toute la vie. Socrate l'y amène en lui rappelant que, dans un outrage, c'est l'intention qui est blessante, et non pas la parole même, que le vent a déjà emportée. Or, Xanthippe, en l'injuriant, n'a fait que céder à la fougue de son tempérament ; elle n'a pas réfléchi, elle n'a pas voulu. Il ne faut donc pas plus s'en irriter que les comédiens ne s'irritent des injures mutuelles qu'ils se jettent au visage en jouant la tragédie. « Toi donc, qui sais que ta mère, quoi qu'elle te dise, le dit sans songer à mal, mais qu'elle voudrait te voir aussi heureux que personne, comment peux-tu t'irriter contre elle ? Cette mère qui t'aime, qui prend de toi tous les soins possibles, quand tu es malade, afin de te ramener à la santé, qui, en outre, prie les dieux de te prodiguer leurs bienfaits et s'acquitte des vœux qu'elle a faits pour toi, comment peux-tu te plaindre de son humeur? »

Ce rôle que Socrate s'était assigné apparait mieux encore dans l'entretien avec Chérécrate, qui était brouillé avec son frère Chéréphon pour des griefs que les deux frères se rejetaient l'un à l'autre. Mais ici, la pensée de Socrate se complète par une théorie ingénieuse et profonde sur les heureux effets et sur l'irrésistible puissance de la *franchise*. Partant de ce principe qu'il n'y aurait jamais de désaccord entre les âmes, surtout entre des âmes de frères, si elles pouvaient se voir telles qu'elles sont et se comprendre, il conseille à Chérécrate de faire le premier pas. Qu'il se montre tel qu'il est, bon, aimant, généreux, il excitera nécessairement dans l'âme de son frère des sentiments analogues et le ramènera à lui. C'est là le *philtre* irrésistible qui mettra fin à leur froideur; car la sympathie appelle la sympathie, et le pardon appelle le pardon : « N'hésite donc pas, mon ami, conclut Socrate. Essaie d'adoucir ton frère, et bientôt il se rendra complètement ; car il est noble et généreux. Les petites âmes ne se laissent prendre qu'à force de présents; mais c'est par des marques d'amitié qu'on s'attache les hommes bons et vertueux. »

Mais c'est surtout dans la conversation de Socrate avec Critobule que cette idée essentielle reçoit son plein développement. Après avoir montré combien il est difficile de se faire des amis, et quels hommes il faut choisir de préférence, si l'on veut trouver en eux le bienfait d'une amitié sûre, Socrate passe en revue les moyens d'acquérir des amis, de leur *donner la chasse*. Or, on ne peut les prendre « ni à la piste comme le lièvre, ni à la pipée comme les oiseaux, ni de force comme des ennemis; car de prendre un ami contre son gré, c'est une rude affaire; il est difficile de le retenir avec des liens comme un esclave, et de pareils traitements nous feraient des ennemis plutôt que des amis. » Quel est donc le moyen infaillible ? C'est de se révéler à eux comme digne d'amitié, par la fidélité qu'on a eue précédemment pour d'autres; c'est surtout de ne point hésiter à leur faire savoir qu'on les aime ; c'est de se montrer aimant pour être aimé en retour. A cette occasion Socrate se propose lui-même comme habile à mettre deux âmes en contact sympathique l'une avec l'autre, par la simple révélation de l'amitié sincère éclose spontanément dans l'une d'elles : « Quand tu voudras te lier avec quelqu'un, tu me laisseras te dénoncer à lui, et lui faire savoir que tu l'admires, que tu désires être son ami... Et si tu m'autorises en outre à dire que tu prends soin de tes amis, que ton plus grand bonheur est d'en avoir de vertueux, que tu es fier de leurs belles actions comme si c'étaient les tiennes, que tu es heureux de leur prospérité comme si c'était la tienne propre; que pour assurer leur bien aucune peine ne rebute ta patience, que tu as pour maxime que la vertu d'un homme est de vaincre ses amis en bienfaits... je crois que je pourrai t'être un auxiliaire fort utile dans la chasse aux bons amis. »

Ainsi, Socrate, comme philanthrope, s'était donné pour mission de servir d'intermédiaire aux âmes, afin de les rapprocher les unes des autres, de dissiper les préventions ou les préjugés qui les séparent; ou bien encore, au sein des âmes elles-mêmes, il eût voulu servir d'intermédiaire entre les diverses tendances qui les sollicitent, entre les instincts contraires qui les déchirent et qui les empêchent d'atteindre à leur finalité véritable. Il n'avait pas la prétention de faire directement le bien par lui-même, en vertu d'une supériorité morale qui lui fût propre, mais seulement d'éveiller les instincts qui tendent au bien, de mettre l'homme en relation avec les personnes ou avec les choses qui peuvent le conduire à ses fins. Si, en effet, nous n'accomplissons que bien rarement notre devoir dans toute sa plénitude, c'est que nous ignorons les choses qui nous sont vraiment utiles, nous n'avons pas un discernement net des moyens qu'il nous faudrait employer. Le seul talent que Socrate fût disposé à se reconnaître, c'était celui de démêler ces moyens et de les révéler à chacun.

Or, parmi ces moyens, il n'en est pas de plus important que d'avoir de bons maîtres qui nous initient aux arts dans lesquels chacun de nous veut exceller. Xénophon nous dit à ce sujet : « Les choses que Socrate pouvait enseigner lui-même, il en faisait part à ses disciples; pour les autres, il les envoyait aux maîtres capables de les leur enseigner. » C'était surtout pour la politique et pour l'art militaire qu'il s'efforçait de mettre ses jeunes concitoyens en rapport avec des maîtres éclairés. Rien ne le révoltait plus que la prétention, si répandue alors, d'exercer ces arts sans les avoir appris : « Il est bien étonnant, disait-il, que ceux qui veulent jouer de la cithare ou de la flûte, monter à cheval ou acquérir quelque autre talent semblable, cherchent à en devenir capables en faisant d'une manière continue ce qu'ils veulent pratiquer, et en prenant pour juges de leurs efforts non pas eux-mêmes, mais les meilleurs maîtres; tandis que ceux qui se proposent d'être bons orateurs et bons politiques pensent pouvoir d'eux-mêmes, sans préparation et sans exercice, devenir des hommes habiles. » Ceci se rattachait, d'ailleurs, pour Socrate à une préoccupation patriotique. Persuadé que les malheurs d'Athènes provenaient uniquement de l'institution vicieuse qui faisait choisir les magistrats par la voie du sort, il pensait que sa patrie se relèverait d'elle-même le jour où elle mettrait enfin à sa tête des chefs expérimentés, qui auraient étudié les questions militaires et politiques et les résoudraient par raisonnement au lieu d'agir par inspiration et par instinct. C'est le fond de son entretien, un des plus importants de tout le livre, avec le jeune fils de Périclès.

Ce caractère de la philanthropie de Socrate nous explique également ce qu'il a été comme maître pratique; son enseignement moral consiste aussi le plus souvent à dissiper des malentendus. De même que l'homme aimerait toujours ses proches, ses concitoyens, si, malgré quelques dissentiments passagers, il les voyait tels qu'ils sont réellement, c'est-à-dire désireux, comme lui, de faire le bien; de même il pratiquerait toujours la vertu, s'il pouvait s'élever au-dessus de ce préjugé bizarre, que la vertu est opposée à son intérêt et à son bonheur. En dissipant ce préjugé, Socrate ne prêche pas, comme on serait tenté de le croire au premier abord, une morale utilitaire. Car l'utilitarisme consiste à prétendre qu'il n'y a d'autre bien que l'utile, tandis que Socrate soutenait (ce qui n'est plus la même chose) que le bien seul est vraiment utile. Cette vérité, il aimait surtout à l'établir par l'exemple de la tempérance. Pourquoi y a-t-il dans le monde tant d'hommes intempérants? C'est qu'ils méconnaissent les vraies conditions non seulement du bonheur, mais même du plaisir. Ils se jettent en étourdis sur la volupté présente, sur l'occasion prochaine, sans voir qu'ils tarissent par là même la source du besoin, et par conséquent du plaisir véritable. « L'intempérance ne nous permettant pas d'endurer la faim, la soif, l'insomnie, qui seules nous font trouver des charmes à manger, à boire, à nous reposer, à dormir, et qui par l'attente et la privation augmentent le plaisir, l'intempérance nous empêche d'éprouver une vraie douceur à satisfaire ces appétits continuels et nécessaires. La tempérance, au contraire, seule capable de nous faire endurer les privations, seule aussi nous permet de jouir encore par la mémoire des plaisirs dont nous avons parlé. » De plus, les choses sont tellement mêlées et comme embrouillées, dans le monde moral aussi bien que dans le monde physique, que nous ne découvrons pas les conséquences lointaines de nos actes, et parce qu'elles nous échappent, nous nous figurons qu'elles n'existent plus; parce que nous avons évité nous-même le châtiment de notre faute, nous la croyons ensevelie dans l'oubli. Socrate, s'élevant aux plus hautes considérations sur la dégénérescence héréditaire, montrait que la justice des dieux, pour être tardive, n'en est pas moins infaillible, et que les conséquences de nos crimes ou de nos turpitudes retombent, en vertu d'une loi nécessaire, sur les générations qui nous suivent.

Enfin, c'est encore l'originalité de Socrate comme philanthrope qui va nous faire comprendre son originalité comme homme religieux; car, s'il a été un des premiers philosophes qui se sont fait une grande et juste idée de la Providence, on peut dire que cette idée, il l'a en quelque sorte puisée en lui-même. C'est dans l'inspiration de son cœur, c'est dans l'inépuisable sollicitude dont il entourait ses amis qu'il a trouvé le type de l'action providentielle par laquelle la divinité régit le monde et y dispose tout en vue du mieux. Deux mots résument cette action, et le premier surtout se retrouve continuellement dans les deux chapitres que Xénophon consacre aux idées de Socrate sur la Providence : Ἐπιμέλεια, πρόνοια : vigilance, prévoyance. Les dieux veillent continuellement sur les hommes. Attentifs à nos besoins, ils mettent à notre portée tout ce qui nous est nécessaire, ils destinent les animaux à notre nourriture comme à notre service, ils règlent de telle sorte le cours du soleil qu'il revienne sur ses pas, à l'époque des solstices, lorsque nous risquerions ou d'être brûlés par ses rayons ou d'être engourdis par le froid. Mais surtout ils prévoient ce qui nous sera utile, et l'adaptation de nos organes à leurs fins est une preuve inépuisable de cette prévoyance. « N'est-ce pas un acte de prévoyance que la vue, étant un organe faible, soit munie de paupières qui s'ouvrent au besoin et se ferment durant le sommeil ; que, pour la protéger contre les vents, elle soit munie d'un crible de cils ; que les sourcils forment une gouttière au-dessus des yeux, de sorte que la sueur qui découle de la tête ne puisse leur faire mal ; que l'oreille reçoive tous les sons sans se remplir jamais ; que les dents de devant soient propres à couper ? etc. Tous ces ouvrages d'une si haute prévoyance, doute-t-on s'il faut les attribuer au hasard ou à une intelligence ? » Mais Socrate, lui aussi, veillait continuellement sur ses amis, et continuellement il s'occupait de prévoir ce qui pouvait leur être utile. Il s'intéressait à eux jusque dans les conditions les plus humbles. Euthère n'était qu'un pauvre journalier, qui, par amour pour l'indépendance, aimait mieux continuer son dur mais libre travail que de chercher une autre condition, plus douce, mais plus voisine de l'esclavage. Socrate lui donne un avis contraire, et prévoit pour lui l'approche de la vieillesse : « Dis-moi, combien de temps crois-tu que ton corps ait la force de travailler pour te procurer ce dont tu as besoin moyennant un salaire ? — Pas longtemps, ma foi ! — Cependant, quand tu seras vieux, il est évident que tu auras à faire des dépenses, et personne ne voudra te payer pour tous tes services manuels. — Tu dis vrai. — Ne vaudrait-il pas mieux t'occuper dès à présent de travaux qui puissent encore te soutenir dans ta vieillesse ; t'adresser à un homme qui ait de grandes propriétés et qui ait besoin de quelqu'un pour les régir, l'aider à rentrer les récoltes, à conserver son avoir, et lui rendre service pour service ? » Non seulement il est toujours prêt à soulager ses amis, mais encore il va au-devant de leurs besoins, il les sollicite avec une douce insistance de lui ouvrir leur cœur, de lui confier leurs peines. C'est ainsi que, rencontrant un jour Aristarque, sombre et soucieux, il lui adresse ces touchantes paroles : « Tu m'as l'air, Aristarque, d'avoir quelque chose qui te pèse ; il faut partager ce fardeau avec tes amis. Peut-être trouverons-nous le moyen de te soulager. » Tel il se montrait avec tous, prenant part à leurs peines, s'intéressant à leurs travaux, donnant de bons conseils aux artisans sur leur métier, aux artistes sur leur art. Il se préoccupait surtout de faire en sorte que chacun à son tour se rendit utile à ses semblables; aux politiques il recommandait l'art de développer la richesse publique, de donner une vive impulsion aux travaux de l'agriculture ou aux travaux des mines; aux hommes de guerre il conseillait de songer par dessus tout à la sécurité de leurs compagnons, à l'approvisionnement de leurs troupes. Ainsi l'idée de la Providence était au fond de tous ses entretiens, parce qu'elle était d'abord au fond de tous ses actes. C'est donc par une induction toute personnelle que, le premier parmi les philosophes, il a dégagé nettement cette idée et l'a substituée dans la métaphysique à la conception encore si imparfaite et si vague du Νοῦς d'Anaxagore.

AVERTISSEMENT

Nous avons suivi de préférence dans cette édition le texte de Schenkl (Berlin, 1876), mais en tenant compte des autres éditions qui ont été publiées en Allemagne dans ces dernières années, celles de Dindorf (Leipsick 1876), de Sauppe (Leipsick, 1866) et de Breitenbach (Berlin, 1878). Nous avons adopté quelques-unes de leurs leçons; d'autres ont été signalées et discutées dans les notes.

Dindorf, après avoir relevé dans une savante préface divers passages faibles qui lui semblent déparer le livre de Xénophon, a pris le parti d'en nier purement et simplement l'authenticité et de les retrancher de son texte. Tout en indiquant en note la plupart de ces suppressions, nous n'avons pas cru devoir adopter le même système; il nous a paru préférable de suivre l'exemple de Schenkl et de mettre entre crochets tous les passages qui ont été plus ou moins légitimement contestés. Le professeur reste ainsi pleinement libre d'exposer les raisons qui le portent à admettre ou à rejeter ces passages, et de fixer lui-même le texte qu'il propose à ses élèves.

Dans la rédaction des notes, nous nous sommes préoccupé surtout de donner un commentaire perpétuel de la pensée de l'auteur, et, sans renvoyer les élèves à un trop grand nombre d'ouvrages qu'ils n'ont pas le temps de consulter, de mettre plutôt sous leurs yeux tous les rapprochements nécessaires, toutes les indications vraiment utiles. D'autre part, nous ne pouvions oublier que les *Mémoires sur Socrate*, bien qu'ils figurent au programme de rhétorique, se rapportent déjà dans une très large mesure aux études de philosophie. Nous avons donc saisi toutes les occasions qui se présentaient naturellement de donner aussi quelques explications sur les doctrines mêmes de Socrate et sur l'importance de la réforme philosophique dont il a été l'initiateur.

ΞΕΝΟΦΩΝΤΟΣ[*]

ΑΠΟΜΝΗΜΟΝΕΥΜΑΤΩΝ[**]

ΒΙΒΛΙΟΝ ΠΡΩΤΟΝ

I. — C'est faussement qu'on a accusé Socrate de mépriser les dieux de l'État et d'en introduire de nouveaux.[***]

1. Πολλάκις ἐθαύμασα τίσι ποτὲ λόγοις Ἀθηναίους

---

[*] Ξενοφῶντος. — Xénophon naquit vers la quatrième année de la LXXXIIIe olympiade (445 ans avant J.-C.), au bourg d'Erchios, qui faisait partie de la tribu Égéide. Son père Gryllus fut, sans doute, un propriétaire de campagne qui exploitait lui-même son bien, et il dut communiquer à son fils le goût de l'économie domestique et celui de la chasse. Dès l'âge de seize ans, Xénophon s'attacha à Socrate. On raconte qu'un jour Socrate, le rencontrant dans une rue étroite, lui barra le chemin avec son bâton, et, après lui avoir demandé où était le marché aux vivres, lui demanda aussi où l'on formait les hommes à la vertu; comme Xénophon hésitait à répondre : « Suis-moi, lui dit Socrate, et je te l'enseignerai. » Pendant les années qui suivirent, le jeune homme servit dans la milice des péripoles ou garde-frontières. A vingt ans, il fut enrôlé dans les troupes de l'État et prit part au combat de Délium, où les Athéniens furent vaincus par les Thébains. Blessé et gisant à terre, il fut sauvé par Socrate qui le prit sur ses épaules et le porta pendant quelques stades. Il venait de faire plusieurs campagnes dans la guerre du Péloponèse, lorsqu'une circonstance imprévue décida du reste de sa vie. Un jeune homme, qu'il avait connu dans la familiarité de Socrate, Proxène, l'appela à Sardes, où il était lui-même au service de Cyrus le Jeune, ce fils de Darius Nothus qui allait bientôt disputer l'empire à son frère Artaxerce. Xénophon prit part à la bataille de Cunaxa, et, après la mort de Cléarque, reçut le commandement de l'armée et dirigea la fameuse retraite des Dix-Mille. De retour à Athènes, il se rendit suspect à ses concitoyens par sa défense de Socrate et par son amitié avec le roi de Sparte, Agésilas. Accusé de laconisme, il se retira avec sa famille dans le Péloponèse et se fixa à Scillonte, où il habita pendant vingt-quatre ans un domaine dont les Lacédémoniens lui avaient fait présent. D'après quelques-uns, il serait mort à Scillonte même; d'autres racontent que, rappelé par ses compatriotes, il ne revint pas dans sa patrie, mais du moins s'en rapprocha et mourut à Corinthe, en 354, âgé de près de quatre-vingt-onze ans. Ses ouvrages sont nombreux. Cinq sont consacrés à Socrate et à la philosophie ; ce sont, outre les *Mémoires sur Socrate* : l'*Apologie*, le *Banquet*, l'*Économique* et le petit traité qui a pour titre *Hiéron ou les Devoirs du roi*. Il composa en outre des ouvrages historiques : les *Helléniques*, qui continuent jusqu'à la bataille de

ἔπεισαν οἱ γραψάμενοι Σωκράτην[1] ὡς ἄξιος εἴη θανάτου τῇ πόλει[2]. Ἡ μὲν γὰρ γραφὴ κατ' αὐτοῦ τοιάδε τις ἦν[3] · ἀδικεῖ Σωκράτης οὓς μὲν ἡ πόλις νομίζει θεοὺς οὐ νομίζων[4], ἕτερα δὲ καινὰ δαιμόνια[5] εἰσφέρων · ἀδικεῖ δὲ καὶ τοὺς νέους διαφθείρων[6].

Mantinée l'*Histoire de la Grèce* de Thucydide, et l'*Anabase* ou *Retraite des Dix-Mille*, que l'on considère comme son chef-d'œuvre. La *Cyropédie* est un ouvrage de pédagogie et de morale plus encore que d'histoire. Enfin, on peut citer quelques autres écrits ou opuscules, politiques et didactiques : le *Gouvernement des Athéniens*, le *Gouvernement des Lacédémoniens*, les *Revenus de l'Attique*, le *Commandant de cavalerie*, les *Traités de la Chasse et de l'Équitation*. Une excellente traduction de ces divers ouvrages a été donnée par M. Talbot : 1859 et 1867.

* Ἀπομνημονευμάτων. Le mot ἀπομνημονεύματα signifie *mémoires* ou *souvenirs*. On traduit assez souvent ce titre par *Entretiens mémorables de Socrate*; et il est bien vrai que le tissu de l'ouvrage est une suite d'entretiens de Socrate, qui méritaient presque tous d'être transmis à la postérité. Mais il suffit de jeter un coup d'œil sur l'agencement général du livre pour voir que la vraie traduction est : *Mémoires sur Socrate*. En effet, de retour à Athènes après la retraite des Dix-Mille, Xénophon essaya de provoquer une réaction en faveur de son maître ou tout au moins de favoriser une réaction naissante. Pour cela, il recueillit ses souvenirs. Son œuvre est essentiellement celle d'un homme qui vient dire, à propos des diverses accusations dont Socrate avait été l'objet et des idées fausses qui s'étaient répandues dans le peuple : Voici ce que j'ai vu ; voici ce que j'ai entendu.

*** Nous empruntons les titres des chapitres à la traduction de M. Talbot.

I. — 1. Οἱ γραψάμενοι Σωκράτην. Il semble que les accusateurs de Socrate se soient à plusieurs points de vue partagé les rôles. Maxime de Tyr raconte que Mélitus, ou plutôt Mélétus, rédigea l'acte d'accusation, qu'Anytus le porta devant le peuple, et que l'orateur Lycon se chargea de le soutenir : Σωκράτην Μέλητος μὲν ἐγράψατο, Ἄνυτος δὲ εἰσήγαγε, Λύκων δὲ ἐδίωκεν. D'autre part, « il est vraisemblable, dit Grote, qu'ils se concertèrent à l'avance pour fixer sur quels sujets chacun d'eux insisterait. Mélétos se chargea de ce qui avait rapport à la religion, tandis qu'Anytos et Lycon s'étendirent sur les motifs politiques d'attaque. »

2. Τῇ πόλει. Toute la suite montrera que l'accusation dirigée contre Socrate vise uniquement une atteinte portée à la cité d'Athènes, à sa religion et à ses lois.

3. Τοιάδε τις ἦν. *Était à peu près conçue en ces termes.*

4. Οὐ νομίζων θεούς. *N'honorant pas les dieux*, ne pratiquant pas leur culte conformément aux lois de la cité, νόμοις, aux traditions de l'État.

5. Καινὰ δαιμόνια. Non pas précisément : *de nouvelles divinités*, mais : *de nouvelles croyances sur les choses divines*, sur les manifestations des dieux. Ceci se rapporte déjà au démon de Socrate.

6. Διαφθείρων. Il ne s'agit pas ici d'une corruption morale, mais d'une corruption intellectuelle : semant parmi la jeunesse des idées subversives, des opinions contraires aux traditions nationales ; on pourrait ajouter aussi : des inclinations et des goûts contraires aux intentions pa-

2. Πρῶτον μὲν οὖν ὡς οὐκ ἐνόμιζεν[7] οὓς ἡ πόλις νομίζει θεοὺς ποίῳ ποτ' ἐχρήσαντο τεκμηρίῳ; θύων τε γὰρ φανερὸς ἦν[8] πολλάκις μὲν οἴκοι, πολλάκις δὲ ἐπὶ τῶν κοινῶν τῆς πόλεως βωμῶν[9], καὶ μαντικῇ χρώμενος οὐκ ἀφανὴς ἦν· διετεθρύλητο γάρ[10] ὡς φαίη Σωκράτης τὸ δαιμόνιον[11] ἑαυτῷ σημαίνειν· ὅθεν δὴ καὶ μάλιστά μοι δοκοῦσιν αὐτὸν αἰτιάσασθαι καινὰ δαιμόνια εἰσφέρειν. 3. Ὁ δ' οὐδὲν καινότερον εἰσέφερε[12] τῶν ἄλλων, ὅσοι μαντικὴν νομίζοντες

ternelles. « Socrate, dit à ce sujet Grote, s'adressait surtout aux jeunes gens, qui goûtaient vivement sa conversation et rapportaient souvent chez eux des idées qui déplaisaient à leurs pères. » Ainsi, par exemple, Anytus était irrité contre lui, parce que Socrate, discernant dans le fils de ce corroyeur des promesses et des aptitudes intellectuelles, voulait dissuader son père de le destiner au commerce des cuirs. Or, « Anytus (comme Thrasybule et beaucoup d'autres) avait éprouvé de grandes pertes pécuniaires pendant la domination oligarchique, et cela lui faisait désirer vivement que son fils se livrât au commerce avec assiduité, afin de rétablir la fortune de la famille. »

7. Πρῶτον μὲν ὡς οὐκ ἐνόμιζεν. Nous avons en français la même construction : Et d'abord, qu'il n'ait pas honoré... etc. sur quel témoignage s'appuie-t-on pour l'établir ?

8. Φανερὸς ἦν. Nous rencontrerons souvent cette expression et d'autres semblables : οὐκ ἀφανὴς ἦν· ἀεὶ μὲν ἦν ἐν φανερῷ. Elles ne veulent nullement dire que Socrate mit de l'ostentation dans ce qu'il faisait, ou qu'il cherchât à couvrir son incrédulité par des démarches ou des pratiques extérieures. Xénophon en appelle simplement au souvenir de tous. Il met à profit une réaction qui commençait sans doute à se faire spontanément dans les esprits. On avait condamné Socrate comme n'honorant pas les dieux de la cité, et l'on était tout étonné de se rappeler maintenant qu'il les honorait, qu'il faisait comme tout le monde, que tout le monde l'avait vu.

9. Οἴκοι.... ἐπὶ τῶν κοινῶν βωμῶν. A Athènes, comme à Rome, il y avait deux sortes de culte, comme il y avait deux sortes de foyer, le foyer de la maison et le foyer de la cité. Voir Fustel de Coulanges : La Cité antique.

10. Διετεθρύλητο γάρ. Pervulgatum enim erat.

11. Τὸ δαιμόνιον. Le génie divin, qu'on a appelé le démon de Socrate et sur lequel on trouvera plus loin des détails.

12. Οὐδὲν καινότερον εἰσέφερε. Xénophon cherche à prouver que Socrate n'introduisait aucune nouveauté dans le culte des dieux. Voici cependant quelle était cette nouveauté. Ceux qui croyaient à la divination ne l'exerçaient que conformément aux rites de la religion d'Athènes, cherchant à interpréter la volonté des dieux par le vol des oiseaux (οἰωνοῖς), par les sons de la voix humaine ou par les cris des animaux (φήμαις), par les signes célestes et en général par les phénomènes de la nature (συμβόλοις), par les palpitations des entrailles des victimes (θυσίαις), ou encore, comme on le verra un peu plus loin, par les rencontres (τοὺς ἀπαντῶντας); Socrate interprétait la volonté des dieux par des signes

οἰωνοῖς τε χρῶνται καὶ φήμαις καὶ συμβόλοις καὶ θυσίαις. Οὗτοί τε γὰρ ὑπολαμβάνουσιν οὐ τοὺς ὄρνιθας οὐδὲ τοὺς ἀπαντῶντας εἰδέναι τὰ συμφέροντα τοῖς μαντευομένοις, ἀλλὰ τοὺς θεοὺς διὰ τούτων αὐτὰ σημαίνειν, κἀκεῖνος δὲ οὕτως ἐνόμιζεν[13]. 4. Ἀλλ' οἱ μὲν πλεῖστοί φασιν ὑπό τε τῶν ὀρνίθων καὶ τῶν ἀπαντώντων ἀποτρέπεσθαί τε καὶ προτρέπεσθαι[14]. Σωκράτης δ' ὥσπερ ἐγίγνωσκεν, οὕτως ἔλεγε· τὸ δαιμόνιον γάρ ἔφη σημαίνειν. Καὶ πολλοῖς τῶν συνόντων[15] προηγόρευε τὰ μὲν ποιεῖν, τὰ δὲ μὴ ποιεῖν, ὡς τοῦ δαιμονίου προσημαίνοντος. Καὶ τοῖς μὲν πειθομένοις αὐτῷ συνέφερε, τοῖς δὲ μὴ πειθομένοις μετέμελε[16].

qu'il trouvait en lui-même. C'était là le καινὸν δαιμόνιον. Il empiétait ainsi sur le privilège sacerdotal; il tendait à le ruiner.

13. Κἀκεῖνος οὕτως ἐνόμιζεν. Xénophon veut dire ici que Socrate ne s'attribuait pas une connaissance directe, une intuition supérieure de ce qui était inutile ou nuisible, pas plus que les oiseaux n'ont la connaissance de ce qu'ils présagent par leur vol. Il interprétait seulement des signes qui se faisaient en lui.

14. Ἀποτρέπεσθαί τε καὶ προτρέπεσθαι. C'étaient les deux grandes formes de la divination : elle détournait de faire une chose (ἀποτροπή) ou elle poussait à la faire (προτροπή). Nous le savons par mille traits de l'histoire ancienne. Un personnage sort de sa maison pour se rendre à l'agora ou au forum, pour proposer une mesure, pour tenter un coup de main; un vol d'oiseaux le *détourne*, et il rentre chez lui. Socrate faisait de même d'après ses signes intérieurs; mais il est à remarquer que son *démon* ne le pousse jamais, il ne fait que le détourner.

15. Τῶν συνόντων. On traduit habituellement : *ses disciples*; il serait plus exact de dire : *ses compagnons*. Nulle part Xénophon n'emploie le terme qui correspondrait exactement à l'idée de disciples : οἱ μαθηταί. Il fait toujours usage de quelqu'une des expressions suivantes : οἱ συνόντες αὐτῷ, οἱ συνουσιασταί, οἱ συνδιατρίβοντες, οἱ συγγιγνόμενοι, οἱ ἑταῖροι, οἱ ὁμιλοῦντες αὐτῷ, οἱ συνήθεις, οἱ μεθ' αὐτοῦ, οἱ ἐπιτήδειοι, οἱ ἐπιθυμηταί.

16. Τοῖς δὲ μὴ πειθομένοις μετέμελε. C'est à ceci que se rapporte un célèbre passage du *Théagès*, dont nous aurons à citer plus loin divers fragments; en voici un qui concerne l'ἀποτροπή : « Si vous voulez demander à Clitomaque, frère de Timarque, ce que lui dit Timarque lorsqu'on le menait à la mort, lui et Evathlus, le coureur qui lui avait offert un asile dans sa fuite, il vous racontera que Timarque lui dit en propres termes : « Clitomaque, je vais mourir pour n'avoir pas voulu croire Socrate. » Que voulait-il dire par là? Je vais vous l'expliquer. Quand Timarque et Philémon, fils de Philémonide, se levèrent de table pour aller tuer Nicias, fils d'Héroscamandre (or il n'y avait qu'eux deux dans le complot), Timarque me dit : « Qu'y a-t-il Socrate? Vous autres, buvez; moi, je suis obligé de sortir; mais je reviendrai dans un moment, si je puis. » Aus-

5. Καίτοι τίς οὐκ ἂν ὁμολογήσειεν αὐτὸν βούλεσθαι μήτ᾽ ἠλίθιον μήτ᾽ ἀλαζόνα φαίνεσθαι τοῖς συνοῦσιν; ἐδόκει δ᾽ ἂν ἀμφότερα ταῦτα, εἰ προαγορεύων ὡς ὑπὸ θεοῦ φαινόμενα [καὶ] ψευδόμενος ἐφαίνετο. Δῆλον οὖν ὅτι οὐκ ἂν προύλεγεν, εἰ μὴ ἐπίστευεν ἀληθεύσειν. Ταῦτα δὲ τίς ἂν ἄλλῳ πιστεύσειεν ἢ θεῷ; πιστεύων δὲ θεοῖς πῶς οὐκ εἶναι θεοὺς ἐνόμιζεν[17]; 6. Ἀλλὰ μὴν ἐποίει καὶ τάδε πρὸς τοὺς ἐπιτηδείους. Τὰ μὲν γὰρ ἀναγκαῖα συνεβούλευε καὶ πράττειν, ὡς νομίζοιεν ἄριστ᾽ ἂν πραχθῆναι· περὶ δὲ τῶν ἀδήλων ὅπως ἀποβήσοιτο[18] μαντευσομένους πέμπειν, εἰ

sitôt j'entendis la voix, et je lui dis : « Ne sors pas; le démon vient de me donner le signal accoutumé. » Il s'arrêta. Mais, quelque temps après, il se leva encore et me dit : « Je m'en vais, Socrate. » La voix se fit entendre de nouveau, et de nouveau je le forçai de rester. Enfin, la troisième fois, voulant m'échapper, il se leva sans me rien dire, et, profitant d'un moment où j'avais l'esprit occupé ailleurs, il sortit et fit ce qui le conduisit à la mort. Voilà pourquoi il dit à son frère ce que je vous répète aujourd'hui, qu'il allait mourir pour n'avoir pas voulu me croire. Vous pouvez savoir de beaucoup de nos concitoyens ce que je prédis sur la déroute de notre armée dans l'expédition de Sicile. Mais, sans parler des prédictions passées, pour lesquelles je vous renvoie à ceux qui les connaissent, on peut éprouver maintenant si la voix dit vrai : car, lorsque le beau Sannion partit pour l'armée, j'entendis la voix, et maintenant il marche avec Tharsylle contre Éphèse et l'Ionie. Eh bien ! je suis persuadé qu'il mourra dans cette expédition ou qu'il lui arrivera quelque malheur, et je crains en outre beaucoup pour le succès de toute l'entreprise. »

17. Πῶς οὐκ εἶναι θεοὺς ἐνόμιζεν. Cette conclusion n'est pas irréprochable; car il ne s'agit pas de savoir simplement si Socrate croyait ou ne croyait pas à l'existence des dieux, mais bien s'il croyait aux dieux d'Athènes, et s'il les honorait d'après les lois d'Athènes. Ce sont là deux questions très différentes, et, dans l'*Apologie* de Platon, Socrate les distingue nettement l'une de l'autre. Voici comment il s'exprime : « Je te conjure, Mélètus, au nom de tous les dieux dont il s'agit maintenant, de t'expliquer d'une manière un peu plus claire, et pour moi et pour ces juges; car je ne comprends pas bien si tu dis que j'enseigne à ne pas croire aux dieux de l'État, mais à d'autres. Est-ce là ce dont tu m'accuses? ou bien m'accuses-tu de ne croire à aucun dieu et d'enseigner aux autres à n'en point reconnaître? » Mais, Mélètus ayant alors l'étourderie de répondre que Socrate rejette absolument l'existence des dieux, Socrate n'a pas de peine à le réfuter sur ce point; il lui montre qu'admettant des choses divines il admet nécessairement des dieux, et que, croyant aux démons, fils des dieux, il est impossible qu'il ne croie pas en même temps à ces dieux eux-mêmes.

18. Περὶ τῶν ἀδήλων ὅπως ἀποβήσοιτο. *De iis quorum incertus esset eventus.* Socrate pense qu'il ne faut pas consulter les dieux sur les choses

ποιητέα[19], 7. Καὶ τοὺς μέλλοντας οἴκους τε καὶ πόλεις
καλῶς οἰκήσειν μαντικῆς ἔφη προσδεῖσθαι· τεκτονικὸν
μὲν γὰρ ἢ χαλκευτικὸν ἢ γεωργικὸν ἢ ἀνθρώπων ἀρχικὸν
ἢ τῶν τοιούτων ἔργων ἐξεταστικὸν ἢ λογιστικὸν ἢ οἰκονο-
μικὸν ἢ στρατηγικὸν γενέσθαι, πάντα τὰ τοιαῦτα [μαθή-
ματα][20] καὶ ἀνθρώπου γνώμῃ αἱρετὰ ἐνόμιζεν εἶναι· 8. Τὰ
δὲ μέγιστα τῶν ἐν τούτοις ἔφη τοὺς θεοὺς ἑαυτοῖς καταλείπεσθαι[21], ὧν οὐδὲν δῆλον εἶναι τοῖς ἀνθρώποις. Οὔτε
γὰρ τῷ καλῶς ἀγρὸν φυτευσαμένῳ δῆλον ὅστις καρπώ-
σεται, οὔτε τῷ καλῶς οἰκίαν οἰκοδομησαμένῳ δῆλον ὅστις
ἐνοικήσει, οὔτε τῷ στρατηγικῷ δῆλον εἰ συμφέρει στρατηγεῖν[22], οὔτε τῷ πολιτικῷ δῆλον εἰ συμφέρει τῆς πόλεως
προστατεῖν, οὔτε τῷ καλὴν γήμαντι [ἵν' εὐφραίνηται]

qui relèvent du raisonnement ou de l'expérience, et par conséquent sur lesquelles nous pouvons nous éclairer nous-mêmes par la réflexion et par l'étude; mais nous devons les consulter sur les choses dont l'issue est incertaine et qui semblent livrées au hasard. En effet, le hasard n'est qu'une complication et un enchevêtrement de causes et d'effets, au milieu desquels l'esprit de l'homme s'embarrasse, mais que l'intelligence divine n'a pas de peine à débrouiller. La divination est le moyen dont les dieux se servent pour nous révéler cet ordre de choses par une sorte de pressentiment et d'instinct. Voir le développement de cette question dans le *De Divinatione* et le *De Fato* de Cicéron.

19. Μαντευσομένους πέμπειν, εἰ ποιητέα. C'est ainsi qu'à l'époque où Proxène engagea Xénophon à se rendre en Asie, Socrate, craignant que son ami ne se rendît par là suspect aux Athéniens, à cause que Cyrus avait été l'allié de Sparte, l'engagea à ne prendre aucun parti avant d'avoir consulté l'oracle de Delphes.

20. Μαθήματα. C'est le texte de Sauppe et de Schenkl. *Que toutes les connaissances de ce genre sont accessibles à la pensée humaine* (sans la divination). Dindorf écrit : μαθητά. (Voir l'explication, au § 9.)

21. Τοὺς θεοὺς ἑαυτοῖς καταλείπεσθαι. *Mais, dans ces sciences mêmes, ce qu'il y a de plus grand, les dieux se le réservent*. Nous savons quels moyens il est sage d'employer dans les circonstances ordinaires pour atteindre une certaine fin; mais nous ne savons pas, faute de pouvoir pénétrer dans le mélange infini des choses, si cette fin elle-même se réalisera. C'est le secret de la divinité. L'homme prépare les causes, mais Dieu se réserve d'en faire sortir ou non les effets. Ainsi, Victor Hugo a dit :

L'homme aujourd'hui sème la cause ;
Demain, Dieu fait mûrir l'effet.

22. Εἰ συμφέρει στρατηγεῖν. *S'il aura à se féliciter de son commandement, si la campagne tournera bien.* — Plus bas : Εἰ διὰ ταύτην ἀνιάσεται.

δῆλον εἰ διὰ ταύτην ἀνιάσεται, οὔτε τῷ δυνατοὺς ἐν τῇ πόλει κηδεστὰς λαβόντι δῆλον εἰ διὰ τούτους στερήσεται τῆς πόλεως. 9. Τοὺς δὲ μηδὲν τῶν τοιούτων οἰομένους εἶναι δαιμόνιον, ἀλλὰ πάντα τῆς ἀνθρωπίνης γνώμης, δαιμονᾶν[23] ἔφη· δαιμονᾶν δὲ καὶ τοὺς μαντευομένους ἃ τοῖς ἀνθρώποις ἔδωκαν οἱ θεοὶ μαθοῦσι διακρίνειν, οἷον εἴ τις ἐπερωτῴη πότερον ἐπιστάμενον ἡνιοχεῖν ἐπὶ ζεῦγος λαβεῖν κρεῖττον[24] ἢ μὴ ἐπιστάμενον, ἢ πότερον ἐπιστάμενον κυβερνᾶν ἐπὶ τὴν ναῦν κρεῖττον λαβεῖν ἢ μὴ ἐπιστάμενον, ἢ ἃ ἔξεστιν ἀριθμήσαντας ἢ μετρήσαντας ἢ στήσαντας εἰδέναι, τοὺς τὰ τοιαῦτα παρὰ τῶν θεῶν πυνθανομένους ἀθέμιτα ποιεῖν ἡγεῖτο. Ἔφη δὲ δεῖν ἃ μὲν μαθόντας ποιεῖν ἔδωκαν οἱ θεοὶ μανθάνειν, ἃ δὲ μὴ δῆλα τοῖς ἀνθρώποις ἐστὶ πειρᾶσθαι διὰ μαντικῆς παρὰ τῶν θεῶν πυνθάνεσθαι[25]· τοὺς θεοὺς γὰρ οἷς ἂν ὦσιν ἵλεῳ[26] σημαίνειν.

An per eam sit dolorem perpessurus. Si cette femme ne fera pas son tourment.

23. Δαιμονᾶν. Etre fou. On voit par cette curieuse expression que les anciens considéraient les fous comme possédés par une sorte de démon. Il y avait, pour eux, quelque chose de démoniaque à la fois dans les intuitions du génie et dans les égarements de la folie.

24. Πότερον... κρεῖττον. Quelques-unes de ces choses sur lesquelles Socrate déclare qu'on ne doit pas consulter les dieux sont les mêmes au sujet desquelles Aristote enseigne qu'on ne délibère pas. Ainsi, on ne délibère pas sur les principes; on ne délibère pas sur la question de savoir si on confiera son char à un cocher habile ou à un cocher maladroit; on ne délibère que sur les choses qui peuvent également être ou n'être pas. Nous pouvons noter ici une sorte de progrès du rationalisme de Socrate à Aristote. Socrate s'en remet à la divination inconsciente, et Aristote à la délibération personnelle, qui finit par faire découvrir une raison jusque-là inaperçue, par faire jaillir du fond de l'âme une lumière.

25. Παρὰ τῶν θεῶν πυνθάνεσθαι. Les dieux ainsi interrogés ne nous révèlent pas les causes, qui demeurent mystérieuses, mais seulement les effets, dont la connaissance nous peut être utile. *Non reperio causam. Latet fortasse obscuritate involuta natura. Non enim me Deus ista scire, sed his tantummodo uti voluit.* Cicéron : *De Divinatione.*

26. Οἷς ἂν ὦσιν ἵλεῳ. Quels sont ces hommes que les dieux favorisent? Faut-il chercher ici quelque chose d'analogue à la grâce efficace et à la prédestination gratuite? L'homme juste est-il juste par la faveur des dieux, ou obtient-il la faveur des dieux parce qu'il est juste? Lire, à ce sujet, un curieux dialogue de Platon, l'*Euthyphron.*

10. Ἀλλὰ μὴν ἐκεῖνός γε ἀεὶ μὲν ἦν ἐν τῷ φανερῷ· πρῴ τε γὰρ εἰς τοὺς περιπάτους καὶ τὰ γυμνάσια ᾔει καὶ πληθούσης ἀγορᾶς ἐκεῖ φανερὸς ἦν, καὶ τὸ λοιπὸν ἀεὶ τῆς ἡμέρας ἦν ὅπου πλείστοις μέλλοι συνέσεσθαι· καὶ ἔλεγε μὲν ὡς τὸ πολύ, τοῖς δὲ βουλομένοις ἐξῆν ἀκούειν. 11. Οὐδεὶς δὲ πώποτε Σωκράτους οὐδὲν ἀσεβὲς οὐδὲ ἀνόσιον[27] οὔτε πράττοντος εἶδεν οὔτε λέγοντος ἤκουσεν. Οὐδὲ γὰρ περὶ τῆς τῶν πάντων φύσεως ἧπερ[28] τῶν ἄλλων οἱ πλεῖστοι[29] διελέγετο σκοπῶν ὅπως ὁ καλούμενος ὑπὸ τῶν σοφιστῶν[30] κόσμος ἔφυ[31] καὶ τίσιν ἀνάγκαις[32] ἕκαστα γίγνεται τῶν

27. Οὐδὲν ἀσεβὲς οὐδὲ ἀνόσιον. Rien de contraire à la morale ou à la religion (Talbot), à l'honneur ou à la sainteté.

28. Ἧπερ, s.-e. ὁδῷ. De la même manière, par la même méthode. Xénophon ne dit pas que Socrate ne s'occupait point de ces questions, mais il les traitait d'une autre manière que les philosophes antérieurs; à la recherche des causes efficientes et purement mécaniques il substituait la considération des causes finales.

29. Τῶν ἄλλων οἱ πλεῖστοι. Presque tous les philosophes des autres écoles. En général leurs écrits, qui étaient des sortes de poèmes didactiques, portaient le titre de Περὶ φύσεως et avaient pour objet l'explication de l'origine des choses.

30. Σοφιστῶν. Le mot n'est pas pris ici dans une acception injurieuse, mais dans son sens primitif, où il désigne ceux qui font profession d'enseigner soit la sagesse en général, soit une partie déterminée de la sagesse, c'est-à-dire une science. A l'origine, on appelait sophistes tous les hommes qui étaient distingués par leur intelligence ou par un talent quelconque : des maîtres de musique, comme Damon, qui eut pour élève Périclès; des législateurs, comme Solon; des philosophes, comme Pythagore. Dans un autre passage (IV, II), Xénophon, décrivant une collection de livres instructifs, les nomme « les écrits des anciens poètes et des sophistes », désignant par ce dernier mot les écrivains en prose en général. C'est l'école de Platon qui, pour la première fois, a donné au mot *sophistes* un sens défavorable, analogue à celui que nous exprimons aujourd'hui, quand, au lieu de dire, par exemple, la philosophie, nous disons le *philosophisme*. Ainsi dans ces vers d'Alfred de Musset :

> Enfin sort des brouillards un sophiste allemand,
> Qui, du philosophisme achevant la ruine,
> Déclare le ciel vide et conclut au néant.

31. Κόσμος ἔφυ. Nous devons reconnaître que c'était un grand mérite, de la part des sophistes, d'avoir déjà pressenti ces deux choses : 1° que le monde est un ordre, κόσμος; 2° qu'il y a eu un développement graduel des choses, une évolution de l'univers, ἔφυ. — A la place de cette dernière expression, qui est donnée par Dindorf et par Schenkl, et qui est excellente, d'autres éditions, plus anciennes, portent : ἔχει.

32. Καὶ τίσιν ἀνάγκαις. Et, de même, c'était une grande idée que

οὐρανίων, ἀλλὰ καὶ τοὺς φροντίζοντας τὰ τοιαῦτα μωραίνοντας ἀπεδείκνυε. 12. Καὶ πρῶτον μὲν περὶ αὐτῶν ἐσκόπει³³ πότερά ποτε νομίσαντες ἱκανῶς ἤδη τἀνθρώπεια εἰδέναι³⁴ ἔρχονται ἐπὶ τὸ περὶ τῶν τοιούτων φροντίζειν, ἢ τὰ μὲν ἀνθρώπεια παρέντες, τὰ δαιμόνια δὲ σκοποῦντες, ἡγοῦνται τὰ προσήκοντα³⁵ πράττειν. 13. Ἐθαύμαζε δ' εἰ³⁶ μὴ φανερὸν αὐτοῖς ἐστιν ὅτι ταῦτα οὐ δυνατόν ἐστιν ἀνθρώποις εὑρεῖν· ἐπεὶ καὶ τοὺς μέγιστον φρονοῦντας ἐπὶ τῷ περὶ τούτων λέγειν οὐ ταὐτὰ δοξάζειν ἀλλήλοις, ἀλλὰ τοῖς μαινομένοις ὁμοίως διακεῖσθαι πρὸς ἀλλήλους. 14. Τῶν τε γὰρ μαινομένων τοὺς μὲν οὐδὲ τὰ δεινὰ δεδιέναι, τοὺς δὲ καὶ τὰ μὴ φοβερὰ φοβεῖσθαι· καὶ τοῖς μὲν οὐδ' ἐν ὄχλῳ³⁷ δοκεῖν αἰσχρὸν εἶναι λέγειν ἢ ποιεῖν

celle des ἀνάγκαι, dans le sens que leur attribuaient évidemment les philosophes désignés ici en bloc sous le nom de sophistes : les nécessités qui dominent l'apparente contingence des êtres, c'est-à-dire, en langage moderne, les lois.

33. Περὶ αὐτῶν ἐσκόπει. Sous-entendu : τόδε. *Il examinait ce point (de leur doctrine ou de leur conduite).*

34. Πότερα νομίσαντες ἱκανῶς τἀνθρώπεια εἰδέναι. Xénophon, avec ses tendances toutes pratiques, exagère évidemment ici la vraie pensée de son maitre. Socrate voulait dire (et c'est là le sens profond du Γνῶθι σεαυτόν) que l'homme ne peut aborder utilement l'étude de la nature sans avoir trouvé d'abord en lui-même, par l'investigation de ses facultés, la méthode qui lui permettra de résoudre ces grands problèmes. Mais Xénophon lui fait dire autre chose : En vérité, nous avons bien le temps d'agiter ces questions ! *hoc vacat !*

35. Τὰ προσήκοντα. *Les choses qui leur conviennent*; non pas : qui leur sont utiles, mais : *qui leur sont accessibles.* L'idée principale, c'est qu'il y a pour nous, comme diraient quelques philosophes d'aujourd'hui, la sphère du *connaissable* et la sphère de l'*inconnaissable*. Les dieux se sont réservé la connaissance des plus grandes choses, τὰ μέγιστα. Chercher à y atteindre, c'est, de la part de l'homme, transgresser les limites de sa nature et se rendre coupable d'impiété. Tout ceci rappelle les idées religieuses des Grecs sur la jalousie des dieux, sur la *Némésis*, et les obstacles que ces idées suscitèrent pendant toute l'antiquité soit aux découvertes et inventions, soit aux recherches scientifiques.

36. Ἐθαύμαζε δ' εἰ. *Mirabatur si.*

37. Καὶ τοῖς μὲν οὐδ' ἐν ὄχλῳ. La traduction de Gail, suivie dans quelques éditions classiques, contient ici une faute très grave : « De même, *parmi ces philosophes*, les uns croient qu'il n'y a pas de honte à tout faire et à tout dire en public. » C'est un contre-sens. Xénophon ne signale encore ici que des catégories de fous, et non pas des catégories de philosophes. Parmi les fous, il en est qui font et qui disent tout en

ὁτιοῦν, τοῖς δὲ οὐδ' ἐξιτητέον εἰς ἀνθρώπους εἶναι [δοκεῖν]· καὶ τοὺς μὲν οὔθ' ἱερὸν οὔτε βωμὸν οὔτ' ἄλλο τῶν θείων οὐδὲν τιμᾶν, τοὺς δὲ καὶ λίθους καὶ ξύλα τὰ τυχόντα καὶ θηρία σέβεσθαι. Τῶν τε περὶ τῆς τῶν πάντων φύσεως μεριμνώντων τοῖς μὲν δοκεῖν ἓν μόνον τὸ ὂν εἶναι[38], τοῖς δ' ἄπειρα τὸ πλῆθος[39]· καὶ τοῖς μὲν ἀεὶ πάντα κινεῖσθαι, τοῖς δ' οὐδὲν ἄν ποτε κινηθῆναι[40]· καὶ τοῖς μὲν πάντα γίγνεσθαί τε καὶ ἀπόλλυσθαι, τοῖς δὲ οὔτ' ἂν γενέσθαι

public : ce sont les agités, les maniaques; d'autres, au contraire, fuient la société des hommes; ce sont les mélancoliques, les lypémaniaques. Il n'y a donc pas lieu de chercher ici, comme semble l'avoir cru M. Fouillée, des allusions à l'école cynique et aux Pythagoriciens. C'est seulement un peu plus loin que Xénophon arrive aux philosophes, en les désignant d'une manière générale par ces mots : « Τῶν τε περὶ τῆς τῶν πάντων φύσεως μεριμνώντων : quant à ceux qui se donnent du souci (qui se creusent la cervelle, qui se mettent martel en tête) au sujet de la nature universelle.» Et alors il les divise en catégories, comme il a fait précédemment pour les fous : καὶ τοῖς μέν... τοῖς δέ.

38. Ἓν μόνον τὸ ὂν εἶναι. *Que l'être est une substance unique.* C'est la doctrine des philosophes de l'école d'Élée, Xénophane, Parménide, Zénon d'Élée, Mélissus, le physicien Empédocle. Leur conception commune, c'est que l'être est un pour la raison; il n'est multiple que pour les sens. Ce sont les sens qui divisent et fragmentent la réalité, en nous la montrant dispersée dans le temps et dans l'espace; mais la raison surmonte ces apparences, et sous la diversité des phénomènes affirme la continuité de l'être, l'unité du *Sphérus*.

39. Ἄπειρα τὸ πλῆθος. *Que les substances, que les éléments de l'être sont en nombre infini.* C'est, au contraire, la doctrine des philosophes de l'école d'Abdère, des atomistes Leucippe et Démocrite. Ils admettaient à l'origine des choses une infinité de principes élémentaires, les atomes, bien que, quelquefois, dans l'ensemble de leur conception métaphysique, ils les aient rattachés à une unité primordiale. Les atomes sont pour Leucippe *les fragments du plein divisé par le vide*. C'est leur réunion fortuite et leur séparation qui produit, en dehors de toute nécessité, la naissance et la destruction des êtres.

40. Κινεῖσθαι πάντα... οὐδὲν κινηθῆναι. C'est l'opposition de l'école de Milet, dont le principal représentant fut Héraclite d'Éphèse, et de l'école d'Élée, représentée surtout par Zénon, qui s'était donné pour mission de combattre l'idée de mouvement et d'en montrer l'absurdité aux yeux de la raison. Ainsi, pour Héraclite, il n'y a que du mouvement; tout s'écoule, πάντα ῥέει. Nous ne descendons jamais deux fois dans le même fleuve. *In idem flumen non bis descendimus.* Les choses sont soumises à la loi d'une transformation indéfinie. Rien *n'est*; tout *devient*. D'après Zénon, au contraire, le mouvement n'est qu'une vaine apparence pour les sens; aussitôt que la raison veut le concevoir, elle se heurte à des difficultés insolubles. De là les sophismes bien connus d'Achille et de la tortue, du mur qui tombe, de la flèche qui vole.

ποτὲ οὐδὲν οὔτε ἀπολέσθαι. 15. Ἐσκόπει δὲ περὶ αὐτῶν καὶ τάδε, ἆρ' ὥσπερ οἱ τἀνθρώπεια μανθάνοντες ἡγοῦνται τοῦθ' ὅ τι ἂν μάθωσιν ἑαυτοῖς τε καὶ τῶν ἄλλων ὅτῳ ἂν βούλωνται ποιήσειν, οὕτω καὶ οἱ τὰ θεῖα ζητοῦντες νομίζουσιν, ἐπειδὰν γνῶσιν αἷς ἀνάγκαις ἕκαστα γίγνεται, ποιήσειν, ὅταν βούλωνται, καὶ ἀνέμους καὶ ὕδατα καὶ ὥρας καὶ ὅτου ἂν ἄλλου δέωνται τῶν τοιούτων, ἢ τοιοῦτον μὲν οὐδὲν οὐδ' ἐλπίζουσιν, ἀρκεῖ δ' αὐτοῖς γνῶναι μόνον⁴¹ ᾗ τῶν τοιούτων ἕκαστα γίγνεται. 16. Περὶ μὲν οὖν τῶν ταῦτα πραγματευομένων τοιαῦτα ἔλεγεν· αὐτὸς δὲ περὶ τῶν ἀνθρωπείων ἀεὶ διελέγετο σκοπῶν τί εὐσεβές, τί ἀσεβές, τί καλόν, τί αἰσχρόν, τί δίκαιον, τί ἄδικον, τί σωφροσύνη, τί μανία, τί ἀνδρεία, τί δειλία⁴², τί πόλις, τί πολιτικός, τί ἀρχὴ ἀνθρώπων, τί ἀρχικὸς ἀνθρώπων, καὶ περὶ τῶν ἄλλων, ἃ τοὺς μὲν εἰδότας ἡγεῖτο καλοὺς κἀγαθοὺς εἶναι, τοὺς δ' ἀγνοοῦντας ἀνδραποδώδεις ἂν δικαίως κεκλῆσθαι.

17. Ὅσα μὲν οὖν μὴ φανερὸς ἦν ὅπως ἐγίγνωσκεν, οὐδὲν θαυμαστὸν ὑπὲρ τούτων περὶ αὐτοῦ παραγνῶναι τοὺς δικαστάς· ὅσα δὲ πάντες ᾔδεσαν, οὐ θαυμαστὸν εἰ μὴ τούτων ἐνεθυμήθησαν; 18. Βουλεύσας⁴³ γάρ ποτε, καὶ τὸν βουλευτικὸν ὅρκον ὀμόσας [ἐν ᾧ ἦν κατὰ τοὺς νόμους

---

41. Ἀρκεῖ δ' αὐτοῖς γνῶναι μόνον. Xénophon oublie ici que la science est essentiellement désintéressée et qu'elle se fait gloire de son désintéressement. Il croit que l'étude de la nature est inutile, à cause que l'homme n'a pas d'action sur les phénomènes météorologiques. Il ne soupçonne pas qu'il y a dans la nature d'autres forces que l'homme pourra un jour soumettre à son empire; et que, pour être en mesure de produire les effets, il faut avoir d'abord la pleine connaissance des causes.

42. Τί ἀνδρεία, τί δειλία. Socrates mihi videtur primus a rebus occultis et ab ipsa natura involutis, in quibus omnes ante eum philosophi occupati fuerunt, avocavisse philosophiam et ad vitam communem adduxisse, ut de virtutibus et vitiis omninoque de bonis rebus et malis quaereret, coelestia autem vel procul esse a nostra cognitione censeret vel, si maxime cognita essent, nihil tamen ad bene vivendum. Cicéron : Académiques.

43. Βουλεύσας. Ayant été membre du sénat, c'est-à-dire ayant été choisi par sa tribu comme un des cinquante représentants qu'elle envoyait au conseil des Cinq-Cents.

βουλεύσειν], ἐπιστάτης[44] [ἐν τῷ δήμῳ] γενόμενος, ἐπιθυμήσαντος τοῦ δήμου παρὰ τοὺς νόμους [ἐννέα στρατηγοὺς[45]] μιᾷ ψήφῳ[46] τοὺς ἀμφὶ Θράσυλλον καὶ Ἐρασινίδην[47] ἀποκτεῖναι πάντας, οὐκ ἠθέλησεν ἐπιψηφίσαι[48], ὀργιζομένου μὲν αὐτῷ τοῦ δήμου, πολλῶν δὲ καὶ δυνατῶν ἀπειλούντων· ἀλλὰ περὶ πλείονος ἐποιήσατο εὐορκεῖν ἢ χαρίσασθαι τῷ δήμῳ παρὰ τὸ δίκαιον καὶ φυλάξασθαι τοὺς ἀπειλοῦντας. 19. Καὶ γὰρ ἐπιμελεῖσθαι θεοὺς ἐνόμιζεν ἀνθρώπων οὐχ ὃν τρόπον οἱ πολλοὶ νομίζουσιν· οὗτοι μὲν γὰρ οἴονται τοὺς θεοὺς τὰ μὲν εἰδέναι, τὰ δ' οὐκ

---

44. Ἐπιστάτης. Cette dignité d'épistate ou président du sénat ne durait qu'un seul jour. Voici comment se faisait l'élection. Chaque tribu était appelée tour à tour par le sort à une préséance qui durait environ trente-cinq jours ; chacun des représentants de cette tribu portait alors le titre de prytane ; les prytanes élisaient chaque semaine dix proèdres, et parmi ces proèdres on choisissait pour chaque jour de la semaine un épistate.

45. Ἐννέα στρατηγούς. Les généraux ou plutôt les amiraux vainqueurs aux Îles Arginuses étaient au nombre de dix ; mais l'un d'eux, Conon, fut mis hors de cause et maintenu dans son commandement. Il y en eut deux qui échappèrent par la fuite à la condamnation. Enfin les sept autres furent condamnés sous l'influence d'un accusateur, nommé Callixène, qui, plus tard, lorsqu'une réaction se produisit dans l'esprit des Athéniens, fut condamné par eux à l'exil. Les détails du procès et de la condamnation des généraux sont donnés par Xénophon au livre Ier, chapitre VII, des *Helléniques*.

46. Μιᾷ ψήφῳ. *Par un seul vote.* C'était une illégalité ; la loi ordonnait de juger séparément chacun des accusés.

47. Τοὺς ἀμφὶ Θράσυλλον καὶ Ἐρασινίδην. Xénophon cite particulièrement ces deux personnages à cause de leur rôle prépondérant dans l'affaire. Thrasylle avait demandé qu'on laissât une partie de la flotte sur le lieu du combat pour repêcher les cadavres et leur donner la sépulture exigée par les lois. Erasinide, plus préoccupé d'achever la victoire, voulut qu'on lançât tous les vaisseaux à la poursuite des Lacédémoniens.

48. Οὐκ ἠθέλησεν ἐπιψηφίσαι. Voici comment le fait est raconté dans l'*Apologie* de Platon : « Lorsque, contre toutes les lois, vous vous opiniâtrâtes à faire le procès en même temps aux dix généraux qui n'avaient pas enseveli les corps des citoyens morts au combat naval des Arginuses, injustice que vous reconnûtes et dont vous vous repentîtes dans la suite, je fus le seul des sénateurs qui osai m'opposer à vous pour vous empêcher de violer les lois. Je protestai contre votre décret, et, malgré les orateurs qui se préparaient à me dénoncer, malgré vos cris et vos menaces, j'aimai mieux courir ce danger avec la loi et la justice que de consentir avec vous à une si grande iniquité par la crainte des chaînes et de la mort. »

εἰδέναι· Σωκράτης δὲ πάντα μὲν ἡγεῖτο θεοὺς εἰδέναι, τά τε λεγόμενα καὶ πραττόμενα καὶ τὰ σιγῇ βουλευόμενα, πανταχοῦ δὲ παρεῖναι καὶ σημαίνειν τοῖς ἀνθρώποις περὶ τῶν ἀνθρωπείων πάντων.

20. Θαυμάζω οὖν ὅπως ποτὲ ἐπείσθησαν Ἀθηναῖοι Σωκράτην περὶ θεοὺς μὴ σωφρονεῖν, τὸν ἀσεβὲς μὲν οὐδὲν ποτε [περὶ θεοὺς] οὔτ' εἰπόντα οὔτε πράξαντα, τοιαῦτα δὲ καὶ λέγοντα καὶ πράττοντα [περὶ θεῶν] οἷά τις ἂν καὶ λέγων καὶ πράττων εἴη τε καὶ νομίζοιτο εὐσεβέστατος.

II. — Fausseté du second chef d'accusation : Socrate n'a point corrompu la jeunesse. Loin de mériter la mort, il a droit à des récompenses publiques.

1. Θαυμαστὸν δὲ φαίνεταί μοι καὶ τὸ πεισθῆναί τινας ὡς Σωκράτης τοὺς νέους διέφθειρεν, ὃς πρὸς τοῖς εἰρημένοις πρῶτον μὲν ἀφροδισίων καὶ γαστρὸς πάντων ἀνθρώπων ἐγκρατέστατος ἦν, εἶτα πρὸς χειμῶνα καὶ θέρος καὶ πάντας πόνους καρτερικώτατος, ἔτι δὲ πρὸς τὸ μετρίων δεῖσθαι πεπαιδευμένος οὕτως ὥστε πάνυ μικρὰ κεκτημένος[1] πάνυ ῥᾳδίως ἔχειν ἀρκοῦντα. 2. Πῶς οὖν αὐτὸς

II.—1. Πάνυ μικρὰ κεκτημένος. La fortune de Socrate était des plus modestes. Xénophon déclare dans les *Économiques* qu'elle ne s'élevait qu'à cinq mines, ce qui, d'après l'évaluation de Barthélemy, correspondrait seulement à quatre cent cinquante francs de notre monnaie. Plutarque, dans la *Vie d'Aristide*, met Socrate un peu plus à son aise; il raconte que notre philosophe avait une maison à lui; qu'en outre son père lui avait laissé quatre-vingts mines, qui, prêtées plus tard à un ami, ne furent pas rendues; qu'enfin il possédait par lui-même soixante-dix mines. En tout cas, Socrate était fort désintéressé. Il refusait absolument les secours de ses admirateurs. Archelaüs, tyran de Macédoine, ayant voulu l'attirer dans son pays, Socrate refusa en disant : Je ne veux pas aller trouver un homme qui me donnera plus que je ne pourrai rendre. Quant aux générosités de quelques-uns de ses disciples, Socrate ne les refusait pas d'une manière absolue ; mais il les réduisait, malgré le mécontentement de Xanthippe, à ce qui lui était strictement nécessaire. Diogène Laërce raconte qu'Alcibiade lui ayant un jour offert un terrain pour qu'il s'y bâtît une maison, Socrate répondit : Si j'avais besoin de chaussures, je me soucierais peu qu'on me donnât du cuir pour en faire, puisque je ne suis pas en état de payer la façon. Il

ὧν τοιοῦτος ἄλλους ἂν ἢ ἀσεβεῖς ἢ παρανόμους ἢ λίχνους ἢ ἀφροδισίων ἀκρατεῖς ἢ πρὸς τὸ πονεῖν μαλακοὺς ἐποίησεν; ἀλλ' ἔπαυσε² μὲν τούτων πολλούς, ἀρετῆς ποιήσας ἐπιθυμεῖν καὶ ἐλπίδας παρασχών, ἂν ἑαυτῶν ἐπιμελῶνται, καλοὺς κἀγαθοὺς ἔσεσθαι. 3. Καίτοι γε οὐδεπώποτε ὑπέσχετο διδάσκαλος εἶναι τούτου³, ἀλλὰ τῷ φανερὸς εἶναι τοιοῦτος ὢν ἐλπίζειν ἐποίει τοὺς συνδιατρίβοντας ἑαυτῷ μιμουμένους ἐκεῖνον τοιούτους γενήσεσθαι. 4. Ἀλλὰ μὴν καὶ τοῦ σώματος αὐτός τε οὐκ ἠμέλει τούς τ' ἀμελοῦντας οὐκ ἐπῄνει. Τὸ μὲν οὖν ὑπερεσθίοντα ὑπερπονεῖν ἀπεδοκίμαζε, τὸ δὲ ὅσα ἡδέως ἡ ψυχὴ δέχεται, ταῦτα ἱκανῶς ἐκπονεῖν ἐδοκίμαζε. Ταύτην γὰρ τὴν ἕξιν ὑγιεινήν τε ἱκανῶς εἶναι καὶ τὴν τῆς ψυχῆς ἐπιμέλειαν οὐκ ἐμποδίζειν [ἔφη]. 5. Ἀλλ' οὐ μὴν θρυπτικός γε οὐδὲ ἀλαζονικὸς ἦν οὔτ' ἀμπεχόνῃ οὔθ' ὑποδέσει οὔτε τῇ ἄλλῃ διαίτῃ⁴. Οὐ μὴν οὐδ' ἐρασιχρημάτους γε τοὺς συνόντας ἐποίει. Τῶν μὲν γὰρ ἄλλων ἐπιθυμιῶν ἔπαυε, τοὺς δὲ ἑαυτοῦ ἐπιθυμοῦντας οὐκ ἐπράττετο χρήματα⁵.

consentait cependant à ce que ses disciples lui fissent de temps en temps cadeau d'un habit. Quant aux autres choses, c'était pour lui du superflu; il trouvait moins de plaisir à les posséder qu'à savoir s'en passer: *Quam multa non desidero!*

2. Ἀλλ' ἔπαυσε. *Immo vero multos ab his vitiis revocavit.*

3. Οὐδεπώποτε ὑπέσχετο διδάσκαλος εἶναι τούτου. D'une manière générale, Socrate faisait profession de ne rien enseigner par lui-même, puisqu'il faisait d'abord profession de ne rien savoir: « Je ne sais qu'une chose, c'est que je ne sais rien. » Voilà pourquoi il employait à l'égard de ses disciples les deux procédés de l'ironie (εἰρωνεία, interrogation) et de la maïeutique (μαιευτική [τέχνη], art d'accoucher les esprits). Il les amenait ainsi à abjurer spontanément l'erreur, et à découvrir par eux-mêmes la vérité. Pour ce qui concerne particulièrement la vertu, il faisait profession de l'enseigner moins d'une manière théorique que par une influence morale exercée sur ses auditeurs. Il importe de s'en bien rendre compte si l'on veut comprendre les passages des dialogues de Platon où il est établi tour à tour que la vertu peut être enseignée et qu'elle ne peut pas être enseignée.

4. Ἀμπεχόνῃ, ὑποδέσει, διαίτῃ. Ἀμπεχόνη (ἀμφί, ἔχω), robe, vêtement; ὑπόδεσις ou ὑπόδησις (ὑπό, δέω), sandales, chaussures; δίαιτα, manière de vivre; par suite, manière de se nourrir; de là, régime, diète.

5. Οὐκ ἐπράττετο χρήματα. Il n'en tirait aucun argent; il n'exigeait

6. Τούτου δ' ἀπεχόμενος ἐνόμιζεν ἐλευθερίας ἐπιμελεῖσθαι· τοὺς δὲ λαμβάνοντας τῆς ὁμιλίας μισθὸν ἀνδραποδιστὰς ἑαυτῶν⁶ ἀπεκάλει, διὰ τὸ ἀναγκαῖον αὐτοῖς εἶναι διαλέγεσθαι παρ' ὧν [ἂν] λάβοιεν τὸν μισθόν. 7. Ἐθαύμαζε δ' εἴ τις ἀρετὴν ἐπαγγελλόμενος ἀργύριον πράττοιτο καὶ μὴ νομίζοι τὸ μέγιστον κέρδος ἕξειν φίλον ἀγαθὸν κτησάμενος, ἀλλὰ φοβοῖτο μὴ ὁ γενόμενος καλὸς κἀγαθὸς τῷ τὰ μέγιστα εὐεργετήσαντι μὴ τὴν μεγίστην χάριν ἕξοι⁷. 8. Σωκράτης δὲ ἐπηγγείλατο μὲν οὐδενὶ πώποτε τοιοῦτον οὐδέν, ἐπίστευε δὲ τῶν συνόντων ἑαυτῷ τοὺς ἀποδεξαμένους ἅπερ αὐτὸς ἐδοκίμαζεν εἰς τὸν πάντα βίον ἑαυτῷ τε καὶ ἀλλήλοις φίλους ἀγαθοὺς ἔσεσθαι. Πῶς ἂν οὖν ὁ τοιοῦτος ἀνὴρ διαφθείροι τοὺς νέους; εἰ μὴ ἄρα⁸ ἡ τῆς ἀρετῆς ἐπιμέλεια διαφθορά ἐστιν.

9. Ἀλλὰ νὴ Δία, ὁ κατήγορος ἔφη, ὑπερορᾶν ἐποίει τῶν καθεστώτων νόμων τοὺς συνόντας, λέγων ὡς μῶρον εἴη τοὺς μὲν τῆς πόλεως ἄρχοντας ἀπὸ κυάμου καθιστάναι⁹, κυβερνήτῃ δὲ μηδένα ἐθέλειν χρῆσθαι κυαμευτῷ,

d'eux aucun salaire. C'est la principale différence entre Socrate et les sophistes : « Si l'on eût demandé, dit M. Grote, à un Athénien quelconque : Quels sont les principaux sophistes de votre cité? Il eût nommé tout d'abord Socrate. » Mais les sophistes recevaient de l'argent. Socrate, au contraire, considérait l'éducation comme une sorte de mission désintéressée ; « il assimilait le rapport entre maître et élève à celui qui existe entre deux amis intimes, rapport que l'intervention d'un payement en argent déshonorait d'une manière complète, privait de tout son charme et de toute sa réciprocité, et empêchait de produire sa légitime récompense d'attachement et de dévouement. »

6. Ἀνδραποδιστὰς ἑαυτῶν. *Esclaves de soi-même*, comme on dit : bourreau de soi-même. Les sophistes n'étaient pas *libres*, puisqu'ils étaient contraints de donner également leurs leçons à tous ceux qui les payaient. Socrate, au contraire, choisissait librement ses disciples ; il *éprouvait* les âmes, avant de s'en charger.

7. Μὴ τὴν μεγίστην χάριν ἕξοι. *Ne payât point de la plus grande reconnaissance le plus grand des bienfaits.* Aussi Socrate, dans le *Gorgias*, relève-t-il ironiquement l'ingratitude de quelques-uns des disciples célèbres des sophistes. Il n'en éprouva pas moins lui-même l'ingratitude d'Alcibiade et de Critias.

8. Εἰ μὴ ἄρα. Formule ironique : *Nisi forte virtutis studium corruptelam esse quis putat.*

9. Ἄρχοντας ἀπὸ κυάμου καθιστάναι. *Créer des magistrats par la fève.*

μηδὲ τέκτονι, μηδ' αὐλητῇ, μηδ' ἐπ' ἄλλα τοιαῦτα, ἃ πολλῷ ἐλάττους βλάβας ἁμαρτανόμενα ποιεῖ τῶν περὶ τὴν πόλιν ἁμαρτανομένων· τοὺς δὲ τοιούτους λόγους ἐπαίρειν ἔφη τοὺς νέους καταφρονεῖν τῆς καθεστώσης πολιτείας, καὶ ποιεῖν βιαίους[10]. 10. Ἐγὼ δ' οἶμαι τοὺς φρόνησιν ἀσκοῦντας καὶ νομίζοντας ἱκανοὺς εἶναι τὰ συμφέροντα διδάσκειν τοὺς πολίτας ἥκιστα γίγνεσθαι βιαίους, εἰδότας ὅτι τῇ μὲν βίᾳ πρόσεισιν ἔχθραι καὶ κίνδυνοι, διὰ δὲ τοῦ πείθειν ἀκινδύνως τε καὶ μετὰ φιλίας ταὐτὰ γίγνεται. Οἱ μὲν γὰρ βιασθέντες ὡς ἀφαιρεθέντες μισοῦσιν, οἱ δὲ πεισθέντες ὡς κεχαρισμένοι φιλοῦσιν[11]. Οὔκουν τῶν φρόνησιν ἀσκούντων τὸ βιάζεσθαι, ἀλλὰ τῶν ἰσχὺν ἄνευ γνώμης ἐχόντων [τὰ τοιαῦτα πράττειν] ἐστίν. 11. Ἀλλὰ μὴν καὶ συμμάχων ὁ μὲν βιάζεσθαι τολμῶν δέοιτ' ἂν οὐκ ὀλίγων, ὁ δὲ πείθειν δυνάμενος οὐδενός· καὶ

Ces magistrats étaient appelés κληρωτοί, élus par le sort, ou κυαμευτοί, désignés par la fève. En effet, dans ce mode d'élection, les candidats étaient nommés ou rejetés, suivant qu'à l'appel de leur nom une fève blanche ou une fève noire était extraite de l'urne. (Sur l'indignation de Socrate contre cette voix du sort, contre ce jugement de la fève, Voir notre Introduction au VIIIe livre de la République. Belin, 1881.)

10. Καὶ ποιεῖν βιαίους. Il va y avoir ici une certaine équivoque. A certains égards Socrate les rendait violents, puisqu'il excitait dans leurs esprits un sentiment de révolte contre une constitution qui lui semblait absurde ; mais, d'autre part, il contenait en eux cette violence, puisque, pour réformer les vices de la constitution d'Athènes, il ne faisait appel qu'à la raison et à la persuasion.

11. Οἱ δὲ πεισθέντες ὡς κεχαρισμένοι φιλοῦσιν. Bel éloge de la persuasion, qui obtient en désarmant ses adversaires autant et plus que la violence. Cette idée de la *Persuasion* occupe d'ailleurs une place considérable dans la philosophie, dans la littérature et dans l'art des Grecs. M. Ravaisson l'a très bien montré dans son étude sur la Vénus de Milo. Expliquant le type de la *Venus victrix*, c'est-à-dire le groupe symbolique par lequel les anciens ont si souvent représenté Vénus, déesse de la grâce, victorieuse de Mars, dieu de la force, et l'amenant par la douceur à déposer ses armes, il y voit une des plus heureuses inspirations du génie grec pour exprimer le triomphe de l'âme sur le corps, de l'esprit sur la matière, de la persuasion sur la violence. On peut dire d'ailleurs que la civilisation grecque représente dans la marche de l'humanité l'âge de la discussion, c'est-à-dire de la persuasion, et c'est ainsi que M. Bagehot la considère dans son livre : *Les lois scientifiques du développement des nations*.

γὰρ μόνος ἡγοῖτ' ἂν δύνασθαι πείθειν. Καὶ φονεύειν δὲ τοῖς τοιούτοις ἥκιστα συμβαίνει· τίς γὰρ ἀποκτεῖναί τινα βούλοιτ' ἂν μᾶλλον ἢ ζῶντι πειθομένῳ χρῆσθαι;

12. Ἀλλ' ἔφη γε ὁ κατήγορος [12], Σωκράτει ὁμιλητὰ γενομένω Κριτίας [13] τε καὶ Ἀλκιβιάδης [14] πλεῖστα κακὰ τὴν πόλιν ἐποιησάτην. Κριτίας μὲν γὰρ τῶν ἐν τῇ ὀλιγαρχίᾳ πάντων πλεονεκτίστατός τε καὶ βιαιότατος καὶ φονικώτατος ἐγένετο, Ἀλκιβιάδης δὲ αὖ τῶν ἐν τῇ δημοκρατίᾳ πάντων ἀκρατέστατός τε καὶ ὑβριστότατος καὶ βιαιότατος. 13. Ἐγὼ δ', εἰ μέν τι κακὸν ἐκείνω τὴν πόλιν ἐποιησάτην, οὐκ ἀπολογήσομαι· τὴν δὲ πρὸς Σωκράτην συνουσίαν αὐτοῖν ὡς ἐγένετο διηγήσομαι [15]. 14. Ἐγενέσθην

---

12. Ἀλλ', ἔφη γε ὁ κατήγορος. De même, en français, au lieu de : *Mais du moins, dit l'accusateur,* on pourrait écrire : *Mais, dit au moins l'accusateur.* Ces deux locutions expriment également l'idée d'une personne qui se rabat d'une accusation plus grave sur une autre plus mesurée.

13. Κριτίας. Nous retrouverons plusieurs fois ce personnage. Critias, fils de Calleschre, fut dans sa jeunesse disciple de Socrate; mais bientôt il lui voua une haine violente à cause d'un mot très dur dont Socrate flétrit ses mœurs dépravées. Après la victoire d'Ægos-Potamos, il fut un des trente tyrans imposés par Lysandre à Athènes, et il se vengea cruellement du parti démocratique qui l'avait précédemment exilé. Quand les citoyens bannis d'Athènes revinrent en 403 sous la conduite de Thrasybule, Critias marcha contre eux et fut tué à la bataille de Phylæ. Les détails de cet événement sont racontés par Xénophon au IIe livre des *Helléniques*. — A la place de l'épithète πλεονεκτίστατος, appliquée plus loin à Critias, les éditions de Schneider, de Sauppe et de Dindorf, donnent : κλεπτίστατος. Un peu plus loin, au sujet d'Alcibiade, les mots καὶ βιαιότατος, donnés par Dindorf, Sauppe et Shenkl, manquent dans les éditions antérieures.

14. Ἀλκιβιάδης. Alcibiade, fils de Clinias et neveu de Périclès, eut dès sa jeunesse l'ambition de succéder à son oncle dans le gouvernement de la République; exerçant une très grande séduction sur l'esprit des Athéniens, il engagea sa patrie dans cette funeste expédition de Sicile qui fut le point de départ de tous ses malheurs. Il fut deux fois exilé par ses concitoyens et dans l'intervalle revint triomphalement à Athènes après les victoires d'Abydos et de Cyzique. Son hôte Pharnabaze, satrape de Phrygie, le fit mettre à mort en 404, à l'instigation de Lysandre. — Un dialogue de Platon porte le nom de Critias et deux le nom d'Alcibiade ; c'est dans le *Premier Alcibiade* qu'il développe le Γνῶθι σεαυτόν et démontre la spiritualité de l'âme.

15. Οὐκ ἀπολογήσομαι... διηγήσομαι. « Le texte grec offre ici un exemple de ce balancement antithétique qui plaisait beaucoup aux rhéteurs et même aux orateurs, et qu'il est impossible de reproduire en

μὲν γὰρ δὴ τὼ ἄνδρε τούτω φύσει φιλοτιμοτάτω πάντων
Ἀθηναίων, βουλομένω τε πάντα δι' ἑαυτῶν πράττεσθαι
καὶ πάντων ὀνομαστοτάτω γενέσθαι. Ἤδεσαν δὲ Σωκράτην ἀπ' ἐλαχίστων μὲν χρημάτων αὐταρκέστατα
ζῶντα, τῶν ἡδονῶν δὲ πασῶν ἐγκρατέστατον ὄντα, τοῖς
δὲ διαλεγομένοις αὐτῷ πᾶσι χρώμενον ἐν τοῖς λόγοις ὅπως
βούλοιτο. 15. Ταῦτα δὲ ὁρῶντε καὶ ὄντε οἵω προείρησθον,
πότερόν τις αὐτὼ φῇ τοῦ βίου τοῦ Σωκράτους ἐπιθυμήσαντε
καὶ τῆς σωφροσύνης, ἣν ἐκεῖνος εἶχεν, ὀρέξασθαι τῆς ὁμιλίας αὐτοῦ, ἢ νομίσαντε, εἰ ὁμιλησαίτην ἐκείνῳ, γενέσθαι
ἂν ἱκανωτάτω λέγειν τε καὶ πράττειν[16]; 16. Ἐγὼ μὲν γὰρ
ἡγοῦμαι, θεοῦ διδόντος αὐτοῖν ἢ ζῆν ὅλον τὸν βίον ὥσπερ
ζῶντα Σωκράτην ἑώρων ἢ τεθνάναι, ἑλέσθαι ἂν αὐτὼ
μᾶλλον τεθνάναι[17]. Δήλω δ' ἐγενέσθην ἐξ ὧν ἐπραξάτην·
ὡς γὰρ τάχιστα κρείττονε τῶν συγγιγνομένων ἡγησάσθην
εἶναι, εὐθὺς ἀποπηδήσαντε Σωκράτους ἐπραττέτην τὰ
πολιτικά, ὧνπερ ἕνεκα Σωκράτους ὠρεχθήτην.

17. Ἴσως οὖν εἴποι τις ἂν πρὸς ταῦτα ὅτι ἐχρῆν τὸν
Σωκράτην μὴ πρότερον τὰ πολιτικὰ διδάσκειν τοὺς συνόντας ἢ σωφρονεῖν. Ἐγὼ δὲ πρὸς τοῦτο μὲν οὐκ ἀντι-

---

français... Ces sortes de rencontres sont également assez fréquentes en latin et quelques-uns de nos grands écrivains français ne les ont pas dédaignées. » (TALBOT.)

16. Ἱκανωτάτω λέγειν τε καὶ πράττειν. Pour éviter à Socrate les reproches que Socrate lui-même n'épargnait point aux sophistes, Xénophon explique d'abord que Critias et Alcibiade n'étaient point disciples de Socrate pour la partie morale de son enseignement; ils ne le fréquentaient que pour apprendre de lui l'art de la dialectique, et indirectement celui de la politique. Mais il laissera entendre aussitôt après que, même avec l'intention de ne pas recevoir cet enseignement moral, Critias et Alcibiade en subissaient malgré eux l'influence, aussi longtemps du moins qu'ils étaient en présence de leur maître.

17. Ἑλέσθαι ἂν μᾶλλον τεθνάναι. Rapprocher de ceci un passage du *Premier Alcibiade*, où l'idée est, d'ailleurs, assez différente : « Il me paraît que si quelque dieu te disait tout à coup : Alcibiade, qu'aimerais-tu mieux, ou mourir tout à l'heure, ou, content des avantages que tu possèdes, renoncer pour jamais à en acquérir de plus grands encore; il me paraît, dis-je, que tu aimerais mieux mourir. »

λέγω[18]. πάντας δὲ τοὺς διδάσκοντας ὁρῶ αὐτοὺς δεικνύντας τε τοῖς μανθάνουσιν ᾗπερ αὐτοὶ ποιοῦσιν ἃ διδάσκουσι καὶ τῷ λόγῳ προσβιβάζοντας. 18. Οἶδα δὲ καὶ Σωκράτην δεικνύντα τοῖς συνοῦσιν ἑαυτὸν καλὸν κἀγαθὸν ὄντα καὶ διαλεγόμενον κάλλιστα περὶ ἀρετῆς καὶ τῶν ἄλλων ἀνθρωπίνων. Οἶδα δὲ κἀκείνω σωφρονοῦντε, ἔστε Σωκράτει συνήστην[19], οὐ φοβουμένω μὴ ζημιοῖντο ἢ παίοιντο ὑπὸ Σωκράτους, ἀλλ' οἰομένω τότε κράτιστον εἶναι τοῦτο πράττειν.

19. Ἴσως οὖν εἴποιεν ἂν πολλοὶ τῶν φασκόντων φιλοσοφεῖν ὅτι οὐκ ἄν ποτε ὁ δίκαιος ἄδικος γένοιτο, οὐδὲ ὁ σώφρων ὑβριστής, οὐδὲ ἄλλο οὐδὲν ὧν μάθησίς ἐστιν ὁ μαθὼν ἀνεπιστήμων ἄν ποτε γένοιτο. Ἐγὼ δὲ περὶ τούτων οὐχ οὕτω γιγνώσκω[20]. ὁρῶ γὰρ ὥσπερ τὰ τοῦ σώματος ἔργα τοὺς μὴ τὰ σώματα ἀσκοῦντας οὐ δυναμένους ποιεῖν,

---

18. Οὐκ ἀντιλέγω. On serait tenté de croire, d'après cette concession, que l'enseignement de la politique avait chez Socrate un caractère plus régulier et plus technique que celui de la morale, et que là surtout le maître développait des idées vraiment personnelles. Socrate donnait sans cesse l'enseignement moral par des exemples et par son influence sympathique, mais quelques-uns de ses ennemis ne le remarquaient pas assez et lui attribuaient une doctrine essentiellement politique.

19. Σωφρονοῦντε, ἔστε Σωκράτει συνήστην. *Ils furent sages, tant qu'ils vécurent auprès de Socrate.* Il faut rapprocher de ceci le passage du *Théagès* où le jeune Aristide déclare à Socrate que sa seule présence exerce sur ses disciples une influence morale qui disparaît aussitôt qu'ils s'éloignent de lui : « Tant qu'ils sont avec toi, ils profitent d'une manière surprenante ; mais ils ne t'ont pas plutôt quitté qu'ils reprennent leurs habitudes et ne diffèrent en rien du commun des hommes. Moi-même, Socrate, il m'arrive une chose incroyable, mais qui pourtant est vraie. Je n'ai jamais rien appris de toi, comme tu sais fort bien ; cependant, je profitais quand j'étais avec toi, même quand je n'étais pas dans la même chambre, mais seulement dans la même maison. Quand j'étais dans la même chambre, je profitais davantage, et quand, me trouvant dans la même chambre, je te regardais pendant que tu parlais, il me semblait que je profitais plus que quand je regardais ailleurs ; mais je profitais bien plus encore, lorsque j'étais assis auprès de toi et que je te touchais. Maintenant, je ne retrouve plus rien en moi de cette disposition. »

20. Οὐχ οὕτω γιγνώσκω. On voit que, d'après Xénophon, Socrate ne considère pas la vertu comme étant uniquement la science du bien. Il y voit, comme fera plus tard Aristote, une disposition naturelle entretenue et confirmée par l'exercice et l'habitude.

οὕτω καὶ τὰ τῆς ψυχῆς ἔργα τοὺς μὴ τὴν ψυχὴν ἀσκοῦντας οὐ δυναμένους· οὔτε γὰρ ἃ δεῖ πράττειν οὔτε ὧν δεῖ ἀπέχεσθαι δύνανται. 20. Διὸ καὶ τοὺς υἱεῖς οἱ πατέρες, κἂν ὦσι σώφρονες, ὅμως ἀπὸ τῶν πονηρῶν ἀνθρώπων εἴργουσιν, ὡς τὴν μὲν τῶν χρηστῶν ὁμιλίαν ἄσκησιν οὖσαν τῆς ἀρετῆς, τὴν δὲ τῶν πονηρῶν κατάλυσιν. Μαρτυρεῖ δὲ καὶ τῶν ποιητῶν ὅ τε λέγων,

Ἐσθλῶν μὲν γὰρ ἀπ' ἐσθλὰ διδάξεαι· ἢν δὲ κακοῖσι
συμμίσγῃς, ἀπολεῖς καὶ τὸν ἐόντα νόον[21].

καὶ ὁ λέγων,

Αὐτὰρ ἀνὴρ ἀγαθὸς τοτὲ μὲν κακός, ἄλλοτε δ' ἐσθλός·[22].

21. Κἀγὼ δὲ μαρτυρῶ τούτοις· ὁρῶ γὰρ ὥσπερ τῶν ἐν μέτρῳ πεποιημένων ἐπῶν τοὺς μὴ μελετῶντας ἐπιλανθανομένους, οὕτω καὶ τῶν διδασκαλικῶν λόγων τοῖς ἀμελοῦσι λήθην ἐγγιγνομένην. Ὅταν δὲ τῶν νουθετικῶν λόγων ἐπιλάθηταί τις, ἐπιλέλησται καὶ ὧν ἡ ψυχὴ πάσχουσα τῆς σωφροσύνης ἐπεθύμει· τούτων δ' ἐπιλαθόμενον οὐδὲν θαυμαστὸν καὶ τῆς σωφροσύνης ἐπιλαθέσθαι[23]. 22. Ὁρῶ δὲ καὶ τοὺς εἰς φιλοποσίαν προαχθέντας καὶ τοὺς εἰς ἔρωτας ἐκκυλισθέντας[24] ἧττον δυναμένους τῶν τε δεόντων ἐπιμελεῖσθαι καὶ τῶν μὴ δεόντων ἀπέχεσθαι. Πολλοὶ γὰρ καὶ χρημάτων δυνάμενοι φείδεσθαι, πρὶν ἐρᾶν, ἐρα-

21. Καὶ τὸν ἐόντα νόον. Ces deux vers sont de Théognis. On les trouve également cités par Xénophon dans le *Banquet* et par Platon dans le *Ménon*. Théognis de Mégare est un des plus célèbres parmi les poètes gnomiques.

22. Ἄλλοτε δ' ἐσθλός. Ces vers sont d'un auteur inconnu.

23. Ἐπιλαθέσθαι. Il faut noter ici un trait curieux de la psychologie et de la morale de Socrate. Il considère la sagesse comme recommandée en quelque sorte à l'âme par des impressions qui la lui font désirer, et ces impressions elles-mêmes comme confirmées par les leçons du maître. On oublie d'abord ces leçons du maître; ensuite les impressions s'effacent; alors la sagesse elle-même, privée de ses soutiens, disparaît de l'âme.

24. Ἐκκυλισθέντας. Expression énergique. Une fois saisi par les passions de l'amour, *on roule jusqu'au fond,* comme dans un précipice.

σθέντες οὐκέτι δύνανται· καὶ τὰ χρήματα καταναλώ
σαντες, ὧν πρόσθεν ἀπείχοντο κερδῶν, αἰσχρὰ νομί
ζοντες εἶναι, τούτων οὐκ ἀπέχονται. 23. Πῶς οὖν οὐκ
ἐνδέχεται σωφρονήσαντα πρόσθεν αὖθις μὴ σωφρονεῖν καὶ
δίκαια δυνηθέντα πράττειν αὖθις ἀδυνατεῖν; πάντα μὲν
οὖν ἔμοιγε δοκεῖ τὰ καλὰ καὶ τἀγαθὰ ἀσκητὰ εἶναι[25],
οὐχ ἥκιστα δὲ σωφροσύνη. Ἐν γὰρ τῷ αὐτῷ σώματι συμ
πεφυτευμέναι τῇ ψυχῇ αἱ ἡδοναὶ πείθουσιν αὐτὴν[26] μὴ
σωφρονεῖν, ἀλλὰ τὴν ταχίστην ἑαυταῖς τε καὶ τῷ σώματι
χαρίζεσθαι.

24. Καὶ Κριτίας δὴ καὶ Ἀλκιβιάδης, ἕως μὲν Σωκρά
τει συνήστην, ἐδυνάσθην ἐκείνῳ χρωμένω συμμάχῳ τῶν
μὴ καλῶν ἐπιθυμιῶν κρατεῖν· ἐκείνου δ᾽ ἀπαλλαγέντε,
Κριτίας μὲν φυγὼν εἰς Θετταλίαν[27] ἐκεῖ συνῆν ἀνθρώποις
ἀνομίᾳ μᾶλλον ἢ δικαιοσύνῃ χρωμένοις, Ἀλκιβιάδης δ᾽
αὖ διὰ μὲν κάλλος ὑπὸ πολλῶν καὶ σεμνῶν γυναικῶν θη
ρώμενος[28], διὰ δὲ δύναμιν τὴν ἐν τῇ πόλει καὶ τοῖς συμ
μάχοις ὑπὸ πολλῶν καὶ δυνατῶν [κολακεύειν] ἀνθρώπων
διαθρυπτόμενος, ὑπὸ δὲ τοῦ δήμου τιμώμενος, καὶ ῥᾳ
δίως πρωτεύων, ὥσπερ οἱ τῶν γυμνικῶν ἀγώνων ἀθληταὶ
ῥᾳδίως πρωτεύοντες ἀμελοῦσι τῆς ἀσκήσεως, οὕτω κἀκεῖ
νος ἠμέλησεν αὑτοῦ. 25. Τοιούτων δὲ συμβάντων αὐτοῖν,

25. Ἀσκητὰ εἶναι. C'est toujours l'excellente théorie de morale pratique que développera Aristote.
26. Ἐν τῷ αὐτῷ σώματι συμπεφυτευμέναι τῇ ψυχῇ αἱ ἡδοναὶ πείθου
σιν αὐτήν. Innées dans le corps en même temps que l'âme, les passions lui
persuadent... Expression des plus remarquables. Les instincts, les passions, les vices mêmes sont attachés à certaines prédispositions organiques que nous apportons en naissant et dont l'âme subit la pernicieuse
influence. Nous n'exprimerions pas mieux aujourd'hui, d'une manière
plus substantielle et plus précise, ce qu'il peut y avoir de vrai dans la
thèse de l'hérédité morale.
27. Φυγὼν εἰς Θετταλίαν. Voir une allusion à cet exil de Critias en
Thessalie dans le discours de Théramène, au livre II, chapitre III, des
Helléniques.
28. Ὑπὸ γυναικῶν θηρώμενος. Expression analogue dans Phèdre :
Formosa et oculis venans viros.

καὶ ὠγκωμένω μὲν ἐπὶ γένει, ἐπηρμένω δ' ἐπὶ πλούτῳ, πεφυσημένω δ' ἐπὶ δυνάμει, διατεθρυμμένω δὲ ὑπὸ πολλῶν ἀνθρώπων, ἐπὶ δὲ πᾶσι τούτοις [διεφθαρμένω] καὶ πολὺν χρόνον ἀπὸ Σωκράτους γεγονότε, τί θαυμαστὸν εἰ ὑπερηφάνω ἐγενέσθην; 26. Εἶτα εἰ μέν τι ἐπλημμελησάτην, τούτου Σωκράτην ὁ κατήγορος αἰτιᾶται[29]; ὅτι δὲ νέω ὄντε αὐτώ, ἡνίκα καὶ ἀγνωμονεστάτω καὶ ἀκρατεστάτω εἰκὸς εἶναι, Σωκράτης παρέσχε σώφρονε, οὐδενὸς ἐπαίνου δοκεῖ τῷ κατηγόρῳ ἄξιος εἶναι; 27. Οὐ μὴν τά γε ἄλλα οὕτω κρίνεται. Τίς μὲν γὰρ αὐλητής, τίς δὲ κιθαριστής, τίς δὲ ἄλλος διδάσκαλος ἱκανοὺς ποιήσας τοὺς μαθητάς, ἐὰν πρὸς ἄλλους ἐλθόντες χείρους φανῶσιν, αἰτίαν ἔχει τούτου; τίς δὲ πατήρ, ἐὰν ὁ παῖς αὐτοῦ συνδιατρίβων τῳ σωφρονῇ[30], ὕστερον δὲ ἄλλῳ τῳ συγγενόμενος πονηρὸς γένηται, τὸν πρόσθεν αἰτιᾶται, ἀλλ' οὐχ ὅσῳ ἂν παρὰ τῷ ὑστέρῳ χείρων φαίνηται, τοσούτῳ μᾶλλον ἐπαινεῖ τὸν πρότερον; ἀλλ' οἵ γε πατέρες αὐτοὶ συνόντες τοῖς υἱέσι, τῶν παίδων πλημμελούντων, οὐκ αἰτίαν ἔχουσιν, ἐὰν αὐτοὶ σωφρονῶσιν. 28. Οὕτω δὲ καὶ Σωκράτην δίκαιον ἦν κρίνειν· εἰ μὲν αὐτὸς ἐποίει τι φαῦλον, εἰκότως ἂν ἐδόκει πονηρὸς εἶναι· εἰ δ' αὐτὸς σωφρονῶν διετέλει, πῶς ἂν δικαίως τῆς οὐκ ἐνούσης αὐτῷ κακίας αἰτίαν ἔχοι;

29. Ἀλλ' εἰ καὶ μηδὲν αὐτὸς πονηρὸν ποιῶν ἐκείνους φαῦλα πράττοντας ὁρῶν ἐπῄνει, δικαίως ἂν ἐπιτιμῷτο... 30...31... Ἐξ ὧν δὴ καὶ ἐμίσει τὸν Σωκράτην ὁ Κριτίας, ὥστε καὶ ὅτε τῶν τριάκοντα ὢν νομοθέτης[31] μετὰ Χαρι-

---

29. Τούτου Σωκράτην ὁ κατήγορος αἰτιᾶται. Il faut cependant reconnaître que Socrate rendait souvent les sophistes responsables des égarements de leurs élèves. Voir, dans le *Gorgias*, vers la fin de la première partie, un passage où Gorgias présente pour la défense des sophistes un argument analogue à celui que Xénophon développe ici pour la défense de Socrate.

30. Σωφρονῇ. Dindorf (dans l'édition Didot) : σώφρων ᾖ.

31. Νομοθέτης ἀπεμνημόνευσεν. Xénophon raconte dans les *Helléniques*, II, III, que, dans le Conseil des Trente, Critias domina prompte-

κλέους ἐγένετο, ἀπεμνημόνευσεν αὐτῷ καὶ ἐν τοῖς νόμοις ἔγραψε λόγων τέχνην μὴ διδάσκειν, ἐπηρεάζων ἐκείνῳ καὶ οὐκ ἔχων ὅπη ἐπιλάβοιτο[32], ἀλλὰ τὸ κοινῇ τοῖς φιλοσόφοις ὑπὸ τῶν πολλῶν ἐπιτιμώμενον[33] ἐπιφέρων αὐτῷ καὶ διαβάλλων πρὸς τοὺς πολλούς. Οὐδὲ γὰρ ἔγωγε οὔτ' αὐτὸς τοῦτο πώποτε Σωκράτους ἤκουσα οὔτ' ἄλλου του φάσκοντος ἀκηκοέναι ᾐσθόμην[34]. 32. Ἐδήλωσε δὲ[35]· ἐπεὶ γὰρ οἱ τριάκοντα πολλοὺς μὲν τῶν πολιτῶν καὶ οὐ τοὺς χειρίστους ἀπέκτεινον, πολλοὺς δὲ προυτρέποντο ἀδικεῖν, εἶπέ που ὁ Σωκράτης ὅτι θαυμαστὸν οἱ δοκοίη εἶναι, εἴ τις γενόμενος βοῶν ἀγέλης νομεὺς καὶ τὰς βοῦς ἐλάττους τε καὶ χείρους ποιῶν μὴ ὁμολογοίη κακὸς βουκόλος εἶναι, ἔτι δὲ θαυμαστότερον, εἴ τις προστάτης γενόμενος πόλεως καὶ ποιῶν τοὺς πολίτας ἐλάττους τε καὶ χείρους μὴ αἰσχύνεται μηδ' οἴεται κακὸς εἶναι προστάτης τῆς πόλεως. 33. Ἀπαγγελθέντος δὲ αὐτοῖς τούτου, καλέσαντε ὅ τε Κριτίας καὶ ὁ Χαρικλῆς τὸν Σωκράτην τόν τε νόμον

---

ment tous ses collègues. (Lire à ce sujet le récit émouvant de la condamnation de Théramène.) La charge de nomothète, dont Critias se fit investir avec Chariclès, consistait à abroger ou à refondre les lois anciennes qui n'étaient plus en harmonie avec le nouvel ordre de choses.
— Ἀπομνημονεύειν: *garder le souvenir*; se prend également en bonne ou en mauvaise part, et exprime tantôt la reconnaissance, tantôt le ressentiment.

32. Οὐκ ἔχων ὅπη ἐπιλάβοιτο. *Ansam criminandi non habens.*

33. Τὸ κοινῇ ἐπιτιμώμενον. Ce reproche, c'est celui qu'on trouve développé dans les *Nuées* : Vaincre les bonnes raisons par les raisons captieuses; littéralement : Faire du raisonnement faible le raisonnement fort : τὸν ἥττω λόγον κρείττω ποιεῖν. Dans l'*Apologie* de Platon, Socrate résume ainsi, en leur donnant la forme d'une accusation en justice, les reproches que lui adressaient les envieux ou les sots, et dont Aristophane s'était fait l'interprète : Socrate est un impie; par une curiosité criminelle, il veut pénétrer ce qui se passe dans les cieux et sur la terre : τά τε μετέωρα φροντιστὴς καὶ τὰ ὑπὸ γῆς ἅπαντα ἀνεζητηκώς ; il fait une bonne cause d'une mauvaise, et il enseigne aux autres ses doctrines.

34. Οὔτε ἄλλου φάσκοντος ἀκηκοέναι ᾐσθόμην. De même, Socrate, dans l'*Apologie* : « Je vous conjure, vous tous tant que vous êtes avec qui j'ai conversé, de déclarer si vous m'avez jamais entendu parler de ces sortes de sciences, ni de près, ni de loin. »

35. Ἐδήλωσε δέ. Sous-entendu τὸ πρᾶγμα. *Il y parut bien.* L'événement le prouva bien.

ἐδεικνύτην αὐτῷ καὶ τοῖς νέοις ἀπειπέτην μὴ διαλέγεσθαι. Ὁ δὲ Σωκράτης ἐπήρετο αὐτώ εἰ ἐξείη πυνθάνεσθαι, εἴ τι ἀγνοοῖτο τῶν προαγορευομένων. Τὼ δ' ἐφάτην. 34. Ἐγὼ τοίνυν, ἔφη, παρεσκεύασμαι μὲν πείθεσθαι τοῖς νόμοις· ὅπως δὲ μὴ δι' ἄγνοιαν λάθω τι παρανομήσας[36], τοῦτο βούλομαι σαφῶς μαθεῖν παρ' ὑμῶν, πότερον τὴν τῶν λόγων τέχνην σὺν τοῖς ὀρθῶς λεγομένοις εἶναι νομίζοντες ἢ σὺν τοῖς μὴ ὀρθῶς ἀπέχεσθαι κελεύετε αὐτῆς. Εἰ μὲν γὰρ σὺν τοῖς ὀρθῶς, δῆλον ὅτι ἀφεκτέον ἂν εἴη τοῦ ὀρθῶς λέγειν. Εἰ δὲ σὺν τοῖς μὴ ὀρθῶς, δῆλον ὅτι πειρατέον ὀρθῶς λέγειν. 35. Καὶ ὁ Χαρικλῆς ὀργισθεὶς αὐτῷ, Ἐπειδή, ἔφη, ὦ Σώκρατες, ἀγνοεῖς, τάδε σοι εὐμαθέστερα ὄντα προαγορεύομεν, τοῖς νέοις ὅλως μὴ διαλέγεσθαι. Καὶ ὁ Σωκράτης, Ἵνα τοίνυν, ἔφη, μὴ ἀμφίβολον ᾖ [ὡς ἄλλο τι ποιῶ ἢ τὰ προηγορευμένα], ὁρίσατέ μοι μέχρι πόσων ἐτῶν[37] δεῖ νομίζειν νέους εἶναι τοὺς ἀνθρώπους. Καὶ ὁ Χαρικλῆς, Ὅσουπερ, εἶπε, χρόνου βουλεύειν[38] οὐκ ἔξεστιν, ὡς οὔπω φρονίμοις οὖσι· μηδὲ σὺ διαλέγου νεωτέροις τριάκοντα ἐτῶν. 36. Μηδ' ἐάν τι ὠνῶμαι, ἔφη, ἢν πωλῇ νεώτερος τριάκοντα ἐτῶν, ἔρωμαι ὁπόσου πωλεῖ; Ναὶ τά γε τοιαῦτα, ἔφη ὁ Χαρικλῆς· ἀλλά τοι σύ γε, ὦ Σώκρατες, εἴωθας εἰδὼς

---

36. Ὅπως μὴ δι' ἄγνοιαν λάθω τι παρανομήσας. Tout le passage qui suit est un modèle d'ironie. Socrate harcèle ses adversaires, les déroute par des questions en apparence naïves, les force à se fâcher et à dévoiler les vraies causes de leur ressentiment. — Dans une phrase suivante, après μὴ ἀμφίβολον ᾖ, les mots : ὡς ἄλλο τι ποιῶ ἢ τὰ προηγορευμένα ont été supprimés par Dindorf, ainsi qu'un certain nombre de passages, au sujet desquels il dit dans sa préface : Abjiciendæ fuerunt hæ ineptiæ. Nous avons cru devoir ne rien retrancher, attendu que les commentateurs peuvent toujours se tromper, au moins partiellement, dans des appréciations de ce genre ; mais on trouvera entre crochets, conformément aux indications de Schenkl, et en y comprenant quelques conjectures de Schenkl lui-même, toutes les expressions douteuses, tous les passages suspects.

37. Μέχρι πόσων ἐτῶν. C'est la ratio ruentis acervi. Quand commence-t-on à être chauve? Quand cesse-t-on d'être un jeune homme ?

38. Βουλεύειν. Faire partie du sénat. Il fallait avoir trente ans pour être nommé sénateur.

πῶς ἔχει τὰ πλεῖστα ἐρωτᾶν. Ταῦτα οὖν μὴ ἐρώτα. Μηδ' ἀποκρίνωμαι οὖν, ἔφη, ἄν τί με ἐρωτᾷ νέος, ἐὰν εἰδῶ; οἷον, ποῦ οἰκεῖ Χαρικλῆς ἢ ποῦ ἐστι Κριτίας. Ναὶ τά γε τοιαῦτα, ἔφη ὁ Χαρικλῆς. 37. Ὁ δὲ Κριτίας, Ἀλλὰ τῶνδέ τοί σε ἀπέχεσθαι, ἔφη, δεήσει, ὦ Σώκρατες, τῶν σκυτέων καὶ τῶν τεκτόνων καὶ τῶν χαλκέων[39]· καὶ γὰρ οἶμαι αὐτοὺς ἤδη κατατετρῖφθαι διαθρυλουμένους ὑπὸ σοῦ. Οὐκοῦν, ἔφη ὁ Σωκράτης, καὶ τῶν ἑπομένων τούτοις[40], τοῦ τε δικαίου καὶ τοῦ ὁσίου καὶ τῶν ἄλλων τῶν τοιούτων; Ναὶ μὰ Δί', ἔφη ὁ Χαρικλῆς, καὶ τῶν βουκόλων γε[41]· εἰ δὲ μή, φυλάττου ὅπως μὴ καὶ σὺ ἐλάττους τὰς βοῦς ποιήσεις[42]. 38. Ἔνθα καὶ δῆλον ἐγένετο ὅτι ἀπαγγελθέντος αὐτοῖς τοῦ περὶ τῶν βοῶν λόγου ὠργίζοντο τῷ Σωκράτει.

Οἷα μὲν οὖν ἡ συνουσία ἐγεγόνει Κριτίᾳ πρὸς Σωκράτην καὶ ὡς εἶχον πρὸς ἀλλήλους εἴρηται. 39. Φαίην δ' ἂν ἔγωγε μηδενὶ μηδεμίαν εἶναι παίδευσιν παρὰ τοῦ μὴ ἀρέσκοντος. Κριτίας δὲ καὶ Ἀλκιβιάδης οὐκ ἀρέσκοντος αὐτοῖς Σωκράτους[43] ὡμιλησάτην ὃν χρόνον ὡμιλείτην αὐτῷ, ἀλλ' εὐθὺς ἐξ ἀρχῆς ὡρμηκότε προεστάναι τῆς πόλεως. Ἔτι γὰρ Σωκράτει συνόντες οὐκ ἄλλοις τισὶ

---

39. Καὶ τῶν χαλκέων. De même, Calliclès, dans le *Gorgias* : Tu rebats sans cesse les mêmes choses, Socrate ; tu as sans cesse à la bouche des cordonniers, des foulons, des cuisiniers et des médecins, comme si c'était de cela qu'il s'agissait.

40. Τῶν ἑπομένων τούτοις. Socrate fait entendre par là que ses comparaisons, si vulgaires qu'elles paraissent, se rapportent toujours à des idées d'un ordre élevé, et que ce sont ces idées qu'on veut lui interdire en lui interdisant les exemples familiers par lesquels il y parvient.

41. Καὶ τῶν βουκόλων γε. Allusion au mot de Socrate rapporté précédemment.

42. Μὴ καὶ σὺ ἐλάττους τὰς βοῦς ποιήσεις. Gail fait ici un contresens. « Si tu ne veux éprouver du déchet dans ton bétail. » Il ne s'agit pas du bétail de Socrate, mais du bétail populaire : *Si tu ne veux diminuer (par la mort) le nombre des bœufs*, c'est-à-dire des citoyens.

43. Οὐκ ἀρέσκοντος Σωκράτους. Génitif absolu, *s'ils fréquentèrent Socrate, ce n'était pas qu'il leur plût*.

μᾶλλον ἐπεχείρουν διαλέγεσθαι ἢ τοῖς μάλιστα πράττουσι τὰ πολιτικά. 40. Λέγεται γὰρ Ἀλκιβιάδην, πρὶν εἴκοσιν ἐτῶν εἶναι, Περικλεῖ ἐπιτρόπῳ μὲν ὄντι ἑαυτοῦ, προστάτῃ δὲ τῆς πόλεως, τοιάδε διαλεχθῆναι περὶ νόμων[44]. 41. Εἰπέ μοι, φάναι, ὦ Περίκλεις, ἔχοις ἄν με διδάξαι τί ἐστι νόμος; Πάντως δήπου, φάναι τὸν Περικλέα. Δίδαξον δὴ πρὸς τῶν θεῶν, φάναι τὸν Ἀλκιβιάδην· ὡς ἐγὼ ἀκούων τινῶν ἐπαινουμένων ὅτι νόμιμοι ἄνδρες εἰσὶν οἶμαι μὴ ἂν δικαίως τούτου τυχεῖν τοῦ ἐπαίνου τὸν μὴ εἰδότα τί ἐστι νόμος. 42. Ἀλλ' οὐδέν τι χαλεποῦ πράγματος ἐπιθυμεῖς, ὦ Ἀλκιβιάδη, φάναι τὸν Περικλέα, βουλόμενος γνῶναι τί ἐστι νόμος· πάντες γὰρ οὗτοι νόμοι εἰσίν, οὓς[45] τὸ πλῆθος συνελθὸν καὶ δοκιμάσαν ἔγραψε, φράζον ἅ τε δεῖ ποιεῖν καὶ ἃ μή. Πότερον δὲ τἀγαθὰ νομίσαν δεῖν ποιεῖν ἢ τὰ κακά; Τἀγαθὰ νὴ Δία, φάναι, ὦ μειράκιον, τὰ δὲ κακὰ οὔ. 43. Ἐὰν δὲ μὴ τὸ πλῆθος, ἀλλ' ὥσπερ ὅπου ὀλιγαρχία ἐστίν, ὀλίγοι συνελθόντες γράψωσιν ὅ τι χρὴ ποιεῖν, ταῦτα τί ἐστι; Πάντα, φάναι, ὅσα ἂν τὸ κρατοῦν τῆς πόλεως βουλευσάμενον ἃ χρὴ ποιεῖν γράψῃ, νόμος καλεῖται. Κἂν τύραννος οὖν κρατῶν τῆς πόλεως γράψῃ τοῖς πολίταις ἃ χρὴ ποιεῖν, καὶ ταῦτα νόμος ἐστί; Καὶ ὅσα τύραννος ἄρχων, φάναι, γράφει, καὶ ταῦτα νόμος καλεῖται. 44. Βία δέ, φάναι, καὶ ἀνομία τί ἐστιν, ὦ Περίκλεις; ἆρ' οὐχ ὅταν ὁ κρείττων τὸν ἥττω μὴ πείσας [ἀλλὰ βια-

---

44. Τοιάδε διαλεχθῆναι περὶ νόμων. Xénophon a expliqué plus haut que, si Alcibiade s'était lié avec Socrate, c'était seulement dans le dessein d'apprendre de lui la dialectique, dont il pensait avoir besoin dans sa carrière d'homme d'État. Pour le prouver, il cite cet entretien, où l'on voit Alcibiade embarrasser Périclès et réfuter une fausse définition qu'il vient de donner de la loi.

45. Πάντες γὰρ οὗτοι νόμοι εἰσίν, οὕς, pour πάντα ταῦτα νόμοι εἰσίν, ἅ... Cas d'attraction dans lequel le pronom démonstratif, formant le sujet d'une phrase, et ayant pour attribut un substantif, se met au genre de cet attribut. De même, en latin : *hic fons, hoc principium est.* Exemple analogue : σφαγὴν αὐτεῖς τήνδε μοι : c'est le meurtre que tu m'annonces.

σάμενος] ἀναγκάσῃ ποιεῖν ὅ τι ἂν αὐτῷ δοκῇ; Ἔμοιγε
δοκεῖ, φάναι τὸν Περικλέα. Καὶ ὅσα ἄρα τύραννος μὴ
πείσας τοὺς πολίτας ἀναγκάζει ποιεῖν γράφων, ἀνομία
ἐστί; Δοκεῖ μοι, φάναι τὸν Περικλέα· ἀνατίθεμαι[46] γὰρ
τὸ ὅσα τύραννος μὴ πείσας γράφει, νόμον εἶναι. 45. Ὅσα
δὲ οἱ ὀλίγοι τοὺς πολλοὺς μὴ πείσαντες ἀλλὰ κρατοῦντες
γράφουσι, πότερον βίαν φῶμεν ἢ μὴ φῶμεν εἶναι; Πάντα
μοι δοκεῖ, φάναι τὸν Περικλέα, ὅσα τις μὴ πείσας ἀναγκάζει τινὰ ποιεῖν, εἴτε γράφων εἴτε μή, βία μᾶλλον ἢ
νόμος εἶναι. Καὶ ὅσα ἄρα τὸ πᾶν πλῆθος κρατοῦν τῶν
τὰ χρήματα ἐχόντων γράφει μὴ πεῖσαν, βία μᾶλλον ἢ
νόμος[47] ἂν εἴη; 46. Μάλα τοι, φάναι τὸν Περικλέα, ὦ
Ἀλκιβιάδη, καὶ ἡμεῖς τηλικοῦτοι ὄντες[48] δεινοὶ τὰ τοιαῦτα ἦμεν. Τοιαῦτα γὰρ καὶ ἐμελετῶμεν καὶ ἐσοφιζόμεθα
οἷάπερ καὶ σὺ νῦν ἐμοὶ δοκεῖς μελετᾶν. Τὸν δὲ Ἀλκιβιάδην
φάναι, Εἴθε σοι, ὦ Περίκλεις, τότε συνεγενόμην ὅτε δεινότατος σαυτοῦ[49] ἦσθα. 47. Ἐπεὶ τοίνυν τάχιστα τῶν πολι-
τευομένων ὑπέλαβον κρείττους εἶναι, Σωκράτει μὲν οὐκέτι
προσῇσαν· οὔτε γὰρ αὐτοῖς ἄλλως ἤρεσκεν, εἴ τε προσ-
έλθοιεν, ὑπὲρ ὧν ἡμάρτανον ἐλεγχόμενοι ἤχθοντο· τὰ δὲ
τῆς πόλεως ἔπραττον, οὗπερ ἕνεκεν καὶ Σωκράτει προσ-
ῆλθον. 48. Ἀλλὰ Κρίτων τε Σωκράτους ἦν ὁμιλητὴς καὶ
Χαιρεφῶν καὶ Χαιρεκράτης καὶ Ἑρμογένης καὶ Σιμμίας

46. Ἀνατίθεμαι. Le verbe ἀνατίθεσθαι signifie ici : reprendre une
pièce qu'on a mal placée ; par suite, rétracter une opinion irréfléchie.

47. Βία μᾶλλον ἢ νόμος. De toute cette discussion sur la loi on pourrait rapprocher divers passages du premier livre du *De Legibus* de Cicéron. Ici, par exemple : *Etiamne, si quæ leges sint tyrannorum? Si tri-
ginta illi Athenis leges imponere voluissent, aut si omnes Athenienses
delectarentur tyrannicis legibus, num idcirco ex leges justæ haberentur?*

48. Τηλικοῦτοι ὄντες. Quand nous étions comme toi ; quand nous
avions ton âge.

49. Δεινότατος [αὐτὸς] σαυτοῦ. Curieux emploi du superlatif pour
exprimer le plus haut degré, la plus haute perfection où une chose
puisse atteindre. De même, Hérodote, parlant de la fertilité de l'Égypte :
Ἐπεὰν δὲ ἄριστα αὐτὴ ἑωυτῆς ἐνείκῃ, ἐπὶ τριηκόσια ἐκφέρει; lorsqu'elle se surpasse en fertilité, lorsqu'elle rapporte le plus.

καὶ Κέβης καὶ Φαιδώνδας⁵⁰ καὶ ἄλλοι οἱ ἐκείνῳ συνῆσαν, οὐχ ἵνα δημηγορικοὶ ἢ δικανικοὶ γένοιντο, ἀλλ' ἵνα καλοί τε κἀγαθοὶ γενόμενοι καὶ οἴκῳ καὶ οἰκέταις καὶ οἰκείοις καὶ φίλοις καὶ πόλει καὶ πολίταις δύναιντο καλῶς χρῆσθαι. Καὶ τούτων οὐδεὶς οὔτε νεώτερος οὔτε πρεσβύτερος ὢν οὔτ' ἐποίησε κακὸν οὐδὲν οὔτ' αἰτίαν ἔσχεν.

49. Ἀλλὰ Σωκράτης γ', ἔφη ὁ κατήγορος, τοὺς πατέρας προπηλακίζειν ἐδίδασκε⁵¹, πείθων μὲν τοὺς συνόντας αὐτῷ σοφωτέρους ποιεῖν τῶν πατέρων, φάσκων δὲ κατὰ νόμον ἐξεῖναι παρανοίας ἑλόντι⁵² [καὶ] τὸν πατέρα δῆσαι⁵³, τεκμηρίῳ τούτῳ χρώμενος, ὡς τὸν ἀμαθέστερον ὑπὸ τοῦ σοφωτέρου νόμιμον εἴη δεδέσθαι. 50. Σωκράτης δὲ τὸν μὲν ἀμαθίας ἕνεκα δεσμεύοντα δικαίως ἂν καὶ αὐτὸν ᾤετο δεδέσθαι ὑπὸ τῶν ἐπισταμένων ἃ μὴ αὐτὸς ἐπίσταται· καὶ τῶν τοιούτων ἕνεκα πολλάκις ἐσκόπει τί διαφέρει μανίας ἀμαθία· καὶ τοὺς μὲν μαινομένους ᾤετο συμφερόντως ἂν δεδέσθαι καὶ ἑαυτοῖς καὶ τοῖς φίλοις, τοὺς

---

50. Κρίτων... Φαιδώνδας. Criton est le disciple de Socrate qui essaya de faire évader son maître ; il a donné son nom au célèbre dialogue où se trouve la *Prosopopée des lois*. — Chéréphon a été mis en scène dans les *Nuées* d'Aristophane ; c'est un des personnages du *Gorgias* et du *Charmide* ; nous le retrouverons au livre II, chapitre III, de ces *Mémoires*, où Socrate le réconcilie avec Chérécrate, son frère. — Hermocrate paraît comme interlocuteur dans le *Critias* et le *Timée*. — Simmias et Cébès sont les deux disciples qui, dans le *Phédon*, proposent des objections contre l'immortalité de l'âme. — Phédondès, qu'il ne faut pas confondre avec Phédon, est cité parmi les disciples qui assistèrent au dernier entretien de leur maître.

51. Τοὺς πατέρας προπηλακίζειν ἐδίδασκε. Προπηλακίζειν, *couvrir de boue* ; par extension : *outrager*. Voir le passage des *Nuées* (1407) où Phidippide, appliquant les leçons de Socrate, bat son père et lui démontre qu'il a eu le droit de le battre.

52. Παρανοίας ἑλόντι. *Quand on l'a convaincu de folie.* Avec les verbes qui désignent l'action de poursuivre en justice, on met au génitif le mot qui exprime la chose dont on est accusé.

53. Τὸν πατέρα δῆσαι. Dans les explications qui suivent, Xénophon ne conteste pas que, d'après Socrate, un fils ait le droit de lier ou de faire lier son père convaincu de folie, puisque cela est dans l'intérêt du fou lui-même ; il conteste seulement que l'ignorance puisse être assimilée à la folie et que le savant ait vis-à-vis de l'ignorant un autre droit que celui de l'instruire.

δὲ μὴ ἐπισταμένους τὰ δέοντα δικαίως ἂν μανθάνειν παρὰ τῶν ἐπισταμένων. 51. Ἀλλὰ Σωκράτης γε, ἔφη ὁ κατήγορος, οὐ μόνον τοὺς πατέρας ἀλλὰ καὶ τοὺς ἄλλους συγγενεῖς ἐποίει ἐν ἀτιμίᾳ εἶναι παρὰ τοῖς ἑαυτῷ συνοῦσι, λέγων ὡς οὔτε τοὺς κάμνοντας οὔτε τοὺς δικαζομένους οἱ συγγενεῖς ὠφελοῦσιν[54], ἀλλὰ τοὺς μὲν οἱ ἰατροί, τοὺς δὲ οἱ συνδικεῖν[55] ἐπιστάμενοι. 52. Ἔφη δὲ καὶ περὶ τῶν φίλων αὐτὸν λέγειν ὡς οὐδὲν ὄφελος εὔνους εἶναι, εἰ μὴ καὶ ὠφελεῖν δυνήσονται· μόνους δὲ φάσκειν αὐτὸν ἀξίους εἶναι τιμῆς τοὺς εἰδότας τὰ δέοντα καὶ ἑρμηνεῦσαι[56] δυναμένους. Ἀναπείθοντα οὖν τοὺς νέους αὐτὸν ὡς αὐτὸς εἴη σοφώτατός τε καὶ ἄλλους ἱκανώτατος ποιῆσαι σοφούς, οὕτω διατιθέναι τοὺς ἑαυτῷ συνόντας ὥστε μηδαμοῦ παρ' αὐτοῖς τοὺς ἄλλους εἶναι πρὸς ἑαυτόν. 53. Ἐγὼ δ' αὐτὸν οἶδα μὲν καὶ περὶ πατέρων τε καὶ τῶν ἄλλων συγγενῶν [τε] καὶ περὶ φίλων ταῦτα λέγοντα· καὶ πρὸς τούτοις γε δὴ ὅτι τῆς ψυχῆς ἐξελθούσης, ἐν ᾗ μόνῃ γίγνεται φρόνησις[57], τὸ σῶμα τοῦ οἰκειοτάτου ἀνθρώπου τὴν ταχίστην ἐξενεγκόντες ἀφανίζουσιν. 54. Ἔλεγε δ' ὅτι καὶ ζῶν ἕκαστος ἑαυτοῦ, ὃν πάντων μάλιστα φιλεῖ, [τοῦ σώματος] ὅ τι ἂν ἀχρεῖον ᾖ καὶ ἀνωφελές, αὐτός τε ἀφαιρεῖ καὶ ἄλλῳ παρέχει. Αὐτοί τέ γε αὐτῶν ὄνυχάς τε καὶ τρίχας

54. Οὔτε οἱ συγγενεῖς ὠφελοῦσιν. Ce ne sont pas les parents, en tant que parents, qui sont utiles dans une maladie ou dans un procès.
55. Συνδικεῖν. Prêter son assistance en justice.
56. Ἑρμηνεῦσαι. Enseigner, communiquer, faire passer de son esprit dans un autre par la parole. Ce mot vient de Ἑρμῆς. Sur le rôle général d'Hermès comme intermédiaire universel, Voir : Louis Ménard : la Morale avant les philosophes : « Hermès est le fils de la nuit et du jour, de Zeus et de Maïa, le crépuscule du matin et du soir, le dieu aux ailes rapides, le dieu voleur qui dérobe les objets à nos regards, le dieu bienfaisant des trouvailles inattendues... C'est le passage de la vie à la mort et de la mort à la vie, le conducteur des songes et le conducteur des âmes, le messager céleste, le grand interprète, la parole divine, le dieu de l'éloquence et des relations sociales, des traités de paix, du commerce et du gain... »
57. Ἐν ᾗ μόνῃ γίγνεται φρόνησις. De même, Platon, dans le Sophiste Peut-il y avoir intelligence là où il n'y a pas d'âme?

καὶ τύλους ἀφαιροῦσι καὶ τοῖς ἰατροῖς παρέχουσι μετὰ πόνων τε καὶ ἀλγηδόνων καὶ ἀποτέμνειν καὶ ἀποκάειν, καὶ τούτου χάριν οἴονται δεῖν αὐτοῖς καὶ μισθὸν τίνειν· καὶ τὸ σίαλον ἐκ τοῦ στόματος ἀποπτύουσιν ὡς δύνανται πορρωτάτω, διότι ὠφελεῖ μὲν οὐδὲν αὐτοὺς ἐνόν, βλάπτει δὲ πολὺ μᾶλλον. 55. Ταῦτ᾽ οὖν ἔλεγεν, οὐ τὸν μὲν πατέρα ζῶντα κατορύττειν διδάσκων, ἑαυτὸν δὲ κατατέμνειν, ἀλλ᾽ ἐπιδεικνύων ὅτι τὸ ἄφρον ἄτιμόν ἐστι παρεκάλει ἐπιμελεῖσθαι τοῦ ὡς φρονιμώτατον εἶναι καὶ ὠφελιμώτατον, ὅπως, ἐάν τε ὑπὸ πατρὸς ἐάν τε ὑπὸ ἀδελφοῦ ἐάν τε ὑπ᾽ ἄλλου τινὸς βούληται τιμᾶσθαι, μὴ τῷ οἰκεῖος εἶναι πιστεύων ἀμελῇ, ἀλλὰ πειρᾶται ὑφ᾽ ὧν ἂν βούληται τιμᾶσθαι, τούτοις ὠφέλιμος εἶναι[58].

56. Ἔφη δ᾽ αὐτὸν ὁ κατήγορος καὶ τῶν ἐνδοξοτάτων ποιητῶν ἐκλεγόμενον τὰ πονηρότατα[59] καὶ τούτοις μαρτυρίοις χρώμενον διδάσκειν τοὺς συνόντας κακούργους τε εἶναι καὶ τυραννικούς, Ἡσιόδου μὲν τὸ

Ἔργον δ᾽ οὐδὲν ὄνειδος, ἀεργίη δέ τ᾽ ὄνειδος.[60]

τοῦτο δὴ λέγειν αὐτὸν ὡς ὁ ποιητὴς κελεύει μηδενὸς ἔργου

---

58. Τούτοις ὠφέλιμος εἶναι. Socrate, on le voit par l'ensemble de ce passage, veut que tous les membres d'une famille se rendent utiles les uns aux autres. Il n'autorise donc pas un fils plus instruit à mépriser son père ; car qu'y a-t-il de plus utile à un fils qu'un père qui lui fait donner une éducation supérieure ?

59. Ἐκλεγόμενον τὰ πονηρότατα. On voit bien, en effet, par le IIe et le IIIe livre de la *République*, que Socrate citait souvent les pensées les plus immorales des poètes ; mais ce n'était pas pour justifier ces pensées ; c'était, au contraire, pour les combattre, quelquefois avec excès, et sans tenir compte des conditions de la poésie épique ou de la poésie dramatique, qui exigent la diversité et le conflit des caractères et des mœurs.

60. Ἔργον... ὄνειδος. Ce vers est extrait d'un éloge du travail développé dans *les Travaux et les Jours*, v. 298-314. Hésiode y célèbre surtout le travail des champs, et il compare les paresseux aux frelons inutiles qui dévorent le miel des abeilles :

Ἐξ ἔργων δ᾽ ἄνδρες πολύμηλοί τ᾽ ἀφνειοί τε·
καί τ᾽ ἐργαζόμενος πολὺ φίλτερος ἀθανάτοισιν
ἔσσεαι ἠδὲ βροτοῖς· μάλα γὰρ στυγέουσιν ἀεργούς.
Ἔργον δ᾽ οὐδὲν ὄνειδος, ἀεργίη δέ τ᾽ ὄνειδος.

μήτ' ἀδίκου μήτ' αἰσχροῦ ἀπέχεσθαι⁶¹, ἀλλὰ καὶ ταῦτα ποιεῖν ἐπὶ τῷ κέρδει. 57. Σωκράτης δ' ἐπεὶ διομολογήσαιτο τὸ μὲν ἐργάτην εἶναι ὠφέλιμόν τε ἀνθρώπῳ καὶ ἀγαθὸν εἶναι, τὸ δὲ ἀργὸν βλαβερόν τε καὶ κακόν, καὶ τὸ μὲν ἐργάζεσθαι ἀγαθόν, τὸ δ' ἀργεῖν κακόν, τοὺς μὲν ἀγαθόν τι ποιοῦντας ἐργάζεσθαί τε ἔφη καὶ ἐργάτας [ἀγαθοὺς] εἶναι, τοὺς δὲ κυβεύοντας ἤ τι ἄλλο πονηρὸν καὶ ἐπιζήμιον ποιοῦντας ἀργοὺς ἀπεκάλει. Ἐκ δὲ τούτων ὀρθῶς ἂν ἔχοι τὸ

Ἔργον δ' οὐδὲν ὄνειδος, ἀεργίη δέ τ' ὄνειδος,

58. Τὸ δὲ Ὁμήρου ἔφη ὁ κατήγορος πολλάκις αὐτὸν λέγειν, ὅτι Ὀδυσσεὺς

Ὅντινα μὲν βασιλῆα καὶ ἔξοχον ἄνδρα κιχείη,
τὸν δ' ἀγανοῖς ἐπέεσσιν ἐρητύσασκε παραστάς·
δαιμόνι', οὔ σε ἔοικε κακὸν ὡς δειδίσσεσθαι,
ἀλλ' αὐτός τε κάθησο καὶ ἄλλους ἵδρυε λαούς...
Ὅν δ' αὖ δήμου τ' ἄνδρα ἴδοι βοόωντά τ' ἐφεύροι,
τὸν σκήπτρῳ ἐλάσασκεν ὁμοκλήσασκέ τε μύθῳ·
δαιμόνι', ἀτρέμας ἦσο, καὶ ἄλλων μῦθον ἄκουε,
οἳ σέο φέρτεροί εἰσι· σὺ δ' ἀπτόλεμος καὶ ἄναλκις,
οὔτε ποτ' ἐν πολέμῳ ἐναρίθμιος οὔτ' ἐνὶ βουλῇ⁶².

Ταῦτα δὴ αὐτὸν ἐξηγεῖσθαι, ὡς ὁ ποιητὴς ἐπαινοίη παίεσθαι τοὺς δημότας⁶³ καὶ πένητας. 59. Σωκράτης δ'

On voit donc que Socrate, en citant ce vers, ne voulait pas dire qu'il n'y a point d'action honteuse, mais simplement que le travail des mains n'est pas honteux.

61. Μηδενὸς ἔργου ἀπέχεσθαι. Continuation de la même calomnie odieuse et sophistique; elle repose sur le sens particulier que prend le mot ἔργον en composition, dans κακοῦργος ou πανοῦργος. C'est comme si, aujourd'hui, un maître qui engagerait ses élèves à développer sagement leur activité, leurs aptitudes, leurs *capacités*, était accusé d'en faire *des gens capables de tout*.

62. Ὅντινα μέν... οὔτ' ἐνὶ βουλῇ. Ces vers sont extraits d'un passage de l'*Iliade*, livre II, v. 188-191, 198-202, où les Grecs, sur l'ordre apparent d'Agamemnon, se précipitent vers leurs vaisseaux; mais Minerve descend du ciel et, s'adressant à Ulysse, lui fait honte de s'enfuir ainsi. Ulysse prend alors le sceptre d'Agamemnon, parcourt les rangs, remet de l'ordre partout, en s'adressant aux chefs avec douceur, aux soldats avec dureté.

63. Τοὺς δημότας. Littéralement: les habitants des dèmes; ici, par

οὐ ταῦτ' ἔλεγεν, [καὶ γὰρ ἑαυτὸν οὕτω γ' ἂν ᾤετο δεῖν
παίεσθαι,] ἀλλ' ἔφη δεῖν τοὺς μήτε λόγῳ μήτ' ἔργῳ ὠφελίμους ὄντας καὶ μήτε στρατεύματι μήτε πόλει μήτε αὐτῷ
τῷ δήμῳ, εἴ τι δέοι, βοηθεῖν ἱκανούς, ἄλλως τ' ἐὰν[64]
πρὸς τούτῳ καὶ θρασεῖς ὦσι, πάντα τρόπον κωλύεσθαι,
κἂν πάνυ πλούσιοι τυγχάνωσιν ὄντες. 60. Ἀλλὰ Σωκράτης γε τἀναντία τούτων φανερὸς ἦν καὶ δημοτικὸς[65]
καὶ φιλάνθρωπος ὤν. Ἐκεῖνος γὰρ πολλοὺς ἐπιθυμητὰς
καὶ ἀστοὺς καὶ ξένους λαβὼν οὐδένα πώποτε μισθὸν τῆς
συνουσίας ἐπράξατο, ἀλλὰ πᾶσιν ἀφθόνως ἐπήρκει τῶν
ἑαυτοῦ· ὧν τινες μικρὰ μέρη παρ' ἐκείνου προῖκα λαβόντες πολλοῦ τοῖς ἄλλοις ἐπώλουν[66], καὶ οὐκ ἦσαν ὥσπερ
ἐκεῖνος δημοτικοί. Τοῖς γὰρ μὴ ἔχουσι χρήματα διδόναι
οὐκ ἤθελον διαλέγεσθαι. 61. Ἀλλὰ Σωκράτης γε καὶ πρὸς
τοὺς ἄλλους ἀνθρώπους κόσμον τῇ πόλει παρεῖχε, πολλῷ
μᾶλλον ἢ Λίχας[67] τῇ Λακεδαιμονίων, ὃς ὀνομαστὸς ἐπὶ
τούτῳ γέγονε. Λίχας μὲν γὰρ ταῖς γυμνοπαιδίαις[68] τοὺς
ἐπιδημοῦντας ἐν Λακεδαίμονι ξένους ἐδείπνιζε, Σωκράτης
δὲ διὰ παντὸς τοῦ βίου τὰ ἑαυτοῦ δαπανῶν τὰ μέγιστα
πάντας τοὺς βουλομένους ὠφέλει· βελτίους γὰρ ποιῶν τοὺς
συγγιγνομένους ἀπέπεμπεν.

62. Ἐμοὶ μὲν δὴ Σωκράτης τοιοῦτος ὢν ἐδόκει τιμῆς
ἄξιος εἶναι τῇ πόλει μᾶλλον ἢ θανάτου. Καὶ κατὰ τοὺς

---

une sorte de confusion avec δημοτικούς : *les gens du peuple*. On voit encore ici une accusation sophistique «inventée, dit M. Grote, pour éveiller le sentiment démocratique résidant au fond du cœur des Athéniens, après que l'accusateur avait préparé le terrain préalablement, en rattachant Socrate à Critias et à Alcibiade.»

64. **Ἄλλως τ' ἐάν.** *Surtout si.*
65. **Δημοτικός.** Non pas : homme populaire, mais : *ami du peuple.*
66. **Πολλοῦ ἐπώλουν.** Allusion probable à Aristippe de Cyrène.
67. **Λίχας.** Le personnage et le fait sont signalés par Plutarque, dans la *Vie de Cimon.*
68. **Ταῖς γυμνοπαιδίαις.** Ces fêtes lacédémoniennes étaient ainsi appelées parce que des enfants et des jeunes gens y dansaient nus autour de la statue d'Apollon.

νόμους δὲ σκοπῶν ἄν τις τοῦθ' εὕροι. Κατὰ γὰρ τοὺς νόμους, ἐάν τις φανερὸς γένηται κλέπτων ἢ λωποδυτῶν ἢ βαλλαντιοτομῶν ἢ τοιχωρυχῶν[69] ἢ ἀνδραποδιζόμενος ἢ ἱεροσυλῶν, τούτοις θάνατός ἐστιν ἡ ζημία· ὧν ἐκεῖνος πάντων ἀνθρώπων πλεῖστον ἀπεῖχεν. 63. Ἀλλὰ μὴν τῇ πόλει γε οὔτε πολέμου [κακῶς συμβάντος] οὔτε στάσεως οὔτε προδοσίας οὔτε ἄλλου κακοῦ οὐδενὸς πώποτε αἴτιος ἐγένετο· οὐδὲ μὴν ἰδίᾳ γε οὐδένα πώποτε ἀνθρώπων οὔτε ἀγαθῶν ἀπεστέρησεν οὔτε κακοῖς περιέβαλεν, ἀλλ' οὐδ' αἰτίαν τῶν εἰρημένων οὐδενὸς πώποτ' ἔσχε. 64. Πῶς οὖν ἂν ἔνοχος εἴη τῇ γραφῇ[70]; ὃς ἀντὶ μὲν τοῦ μὴ νομίζειν θεούς, ὡς ἐν τῇ γραφῇ ἐγέγραπτο, φανερὸς ἦν θεραπεύων τοὺς θεοὺς μάλιστα πάντων ἀνθρώπων, ἀντὶ δὲ τοῦ διαφθείρειν τοὺς νέους, ὃ δὴ ὁ γραψάμενος αὐτὸν ᾐτιᾶτο, φανερὸς ἦν τῶν συνόντων τοὺς πονηρὰς ἐπιθυμίας ἔχοντας τούτων μὲν παύων, τῆς δὲ καλλίστης καὶ μεγαλοπρεπεστάτης ἀρετῆς, ᾗ πόλεις τε καὶ οἶκοι εὖ οἰκοῦσι, προτρέπων ἐπιθυμεῖν· ταῦτα δὲ πράττων πῶς οὐ μεγάλης ἄξιος ἦν τιμῆς τῇ πόλει;

III. — La vie de Socrate a été consacrée tout entière à la pratique et à l'exemple du bien. Plein de respect envers les dieux, il a toujours aussi fait preuve de tempérance.

1. Ὡς δὲ δὴ[1] καὶ ὠφελεῖν ἐδόκει μοι τοὺς συνόντας τὰ μὲν ἔργῳ δεικνύων ἑαυτὸν οἷος ἦν, τὰ δὲ καὶ διαλεγόμενος, τούτων δὴ γράψω ὁπόσα ἂν διαμνημονεύσω[2]. Τὰ

69. Λωποδυτῶν... ἱεροσυλῶν. Λωποδυτῶν: *voleur d'habits*; de λῶπος et de δύω. Βαλλαντιοτομῶν: *coupeur de bourses*; de βαλλάντια et de τέμνω. Τοιχωρυχῶν: *perceur de murs*; de τοῖχος et de ὀρύσσω. Ἱεροσυλῶν: *pilleur de temples*; de ἱερά et de συλάω.
70. Πῶς ἔνοχος ἂν εἴη τῇ γραφῇ. C'est notre expression française: *Comment donnerait-il prise à l'accusation?*
III. — 1. Ὡς δὲ δή. Jam vero.
2. Ὁπόσα ἂν διαμνημονεύσω. On a ici l'explication de l'apparent désordre du livre; Xénophon ne raconte les choses (anecdotes ou

μὲν τοίνυν πρὸς τοὺς θεοὺς φανερὸς ἦν καὶ ποιῶν καὶ λέγων ἧπερ ἡ Πυθία ἀποκρίνεται τοῖς ἐρωτῶσι πῶς δεῖ ποιεῖν ἢ περὶ θυσίας ἢ περὶ προγόνων θεραπείας ἢ περὶ ἄλλου τινὸς τῶν τοιούτων· ἥ τε γὰρ Πυθία νόμῳ πόλεως[3] ἀναιρεῖ ποιοῦντας εὐσεβῶς ἂν ποιεῖν, Σωκράτης τε οὕτω καὶ αὐτὸς ἐποίει καὶ τοῖς ἄλλοις παρῄνει, τοὺς δὲ ἄλλως πως ποιοῦντας περιέργους καὶ ματαίους ἐνόμιζεν εἶναι. 2. Καὶ ηὔχετο δὲ πρὸς τοὺς θεοὺς ἁπλῶς τἀγαθὰ διδόναι[4], ὡς τοὺς θεοὺς[5] κάλλιστα εἰδότας ὁποῖα ἀγαθά ἐστι· τοὺς δ᾽ εὐχομένους χρυσίον ἢ ἀργύριον ἢ τυραννίδα ἢ ἄλλο τι τῶν τοιούτων οὐδὲν διάφορον ἐνόμιζεν εὔχεσθαι ἢ εἰ κυβείαν[6] ἢ μάχην ἢ ἄλλο τι εὔχοιντο τῶν φανερῶς ἀδή-

entretiens), que dans la mesure et dans l'ordre où elles se représentent à sa mémoire. Il ne dit rien qu'il n'ait vu ou entendu, ou qu'il ne tienne d'un témoin direct.

3. Νόμῳ πόλεως ποιοῦντας. Il ne faut pas traduire vaguement: « Conformez-vous aux lois de votre pays; vous prouverez ainsi votre piété envers les dieux; » comme si Socrate voulait faire entendre que la piété se réduit à l'observation des lois de la patrie, ce qui serait supprimer la piété comme vertu distincte et supérieure. Dans la cité antique, le culte était inséparable des lois et de la constitution de l'Etat ; ce n'était pas, comme pour nous, affaire de conscience individuelle et de foi intime ; c'était une véritable fonction sociale. Se séparer des formes traditionnelles, des pratiques communes, eût été se mettre en dehors de la société. Xénophon tient à rappeler que c'était là le sentiment de Socrate, bien que ses ennemis l'eussent accusé de penser le contraire.

4. Ἁπλῶς τἀγαθὰ διδόναι. Idée philosophique de la prière. Préciser les biens que l'on demande aux dieux, c'est faire outrage à leur sagesse, c'est substituer orgueilleusement nos courtes vues aux vastes conceptions de leur providence. Mais, au contraire, leur demander simplement les biens en général, c'est leur faire hommage, par une disposition de l'âme à leur rapporter tout ce qui est bon. « La volonté divine, dit à ce propos M. Fouillée, ne peut vouloir que le meilleur. Toute volonté tend au bien ; mais nous ne connaissons pas toujours ce bien que nous voulons toujours. Dieu, au contraire, le connaît. Que notre pauvre sagesse se soumette donc à la sagesse providentielle, à la πρόνοια. Telle est la religion. »

5. Ὡς τοὺς θεούς. Ὡς amène directement ici un accusatif absolu. Il est inutile de sous-entendre εἰδώς ou tout autre participe.

6. Ἢ εἰ κυβείαν. Demander aux dieux la richesse ou la puissance, ou toute autre chose qui peut également tourner à notre bien et à notre mal, c'est aussi insensé que si on leur demandait simplement un coup de dés, et non pas l'heureuse issue de ce coup de dés ; la rencontre de l'ennemi, et non pas en même temps le gain de la bataille.

λων ὅπως ἀποβήσοιτο. 3. Θυσίας δὲ θύων μικρὰς ἀπὸ μικρῶν οὐδὲν ἡγεῖτο μειοῦσθαι τῶν ἀπὸ πολλῶν καὶ μεγάλων πολλὰ καὶ μεγάλα θυόντων. Οὔτε γὰρ τοῖς θεοῖς ἔφη καλῶς ἔχειν, εἰ ταῖς μεγάλαις θυσίαις μᾶλλον ἢ ταῖς μικραῖς ἔχαιρον[7]· πολλάκις γὰρ ἂν αὐτοῖς τὰ παρὰ τῶν πονηρῶν μᾶλλον ἢ τὰ παρὰ τῶν χρηστῶν εἶναι κεχαρισμένα· οὔτ' ἂν τοῖς ἀνθρώποις ἄξιον εἶναι ζῆν, εἰ τὰ παρὰ τῶν πονηρῶν μᾶλλον ἦν κεχαρισμένα τοῖς θεοῖς ἢ τὰ παρὰ τῶν χρηστῶν· ἀλλ' ἐνόμιζε τοὺς θεοὺς ταῖς παρὰ τῶν εὐσεβεστάτων τιμαῖς μάλιστα χαίρειν. Ἐπαινέτης δ' ἦν τοῦ ἔπους τούτου,

Καδδύναμιν[8] δ' ἔρδειν ἱέρ' ἀθανάτοισι θεοῖσι.

Καὶ πρὸς φίλους δὲ καὶ ξένους καὶ πρὸς τὴν ἄλλην δίαιταν καλὴν ἔφη παραίνεσιν εἶναι τὴν Καδδύναμιν ἔρδειν. 4. Εἰ δέ τι δόξειεν αὐτῷ σημαίνεσθαι παρὰ τῶν θεῶν, ἧττον ἂν ἐπείσθη παρὰ τὰ σημαινόμενα ποιῆσαι ἢ εἴ τις αὐτὸν ἔπειθεν ὁδοῦ λαβεῖν ἡγεμόνα τυφλὸν καὶ μὴ εἰδότα τὴν ὁδὸν ἀντὶ βλέποντος καὶ εἰδότος· καὶ τῶν ἄλλων δὲ μωρίαν κατηγόρει, οἵτινες παρὰ τὰ ὑπὸ τῶν θεῶν σημαινόμενα[9] ποιοῦσί τι, φυλαττόμενοι τὴν παρὰ τοῖς ἀνθρώ-

---

7. Μᾶλλον ἢ ταῖς μικραῖς ἔχαιρον. De même dans le *Second Alcibiade*: La divinité n'est pas capable de se laisser corrompre par des présents, comme un usurier.
8. Καδδύναμιν..... θεοῖσι. Extrait du passage où Hésiode (*Travaux et Jours*, 336-341), recommande d'accomplir envers les dieux et suivant la fortune qu'on possède les offrandes exigées par la religion, afin d'obtenir de leur bienveillance des biens temporels :

Ὡς κέ τοι ἵλαον κραδίην καὶ θυμὸν ἔχωσιν
ἔφ' ἄλλων ὠνῇ κλῆρον, μὴ τὸν τεὸν ἄλλος.

— Καδδύναμιν pour κατὰ δύναμιν. Voir de nombreux exemples de changements du même genre dans Matthiæ, 38.
9. Παρὰ τὰ ὑπὸ τῶν θεῶν σημαινόμενα. D'autres éditions portent: παρὰ τὰ παρὰ, expression qui se retrouve au livre Ier, chapitre VI, de la *Cyropédie*.

ποις ἀδοξίαν¹⁰. Αὐτὸς δὲ πάντα τἀνθρώπινα ὑπερεώρα πρὸς τὴν παρὰ τῶν θεῶν συμβουλίαν.

5. Διαίτῃ δὲ τήν τε ψυχὴν ἐπαίδευσε καὶ τὸ σῶμα ᾗ χρώμενος ἄν τις, εἰ μή τι δαιμόνιον εἴη¹¹, θαρραλέως καὶ ἀσφαλῶς διάγοι, καὶ οὐκ ἂν ἀπορήσειε τοσαύτης δαπάνης. Οὕτω γὰρ εὐτελὴς ἦν ὥστ' οὐκ οἶδ' ἂν εἴ τις οὕτως ὀλίγα ἐργάζοιτο¹² ὥστε μὴ λαμβάνειν τὰ Σωκράτει ἀρκοῦντα. Σίτῳ μὲν γὰρ τοσούτῳ ἐχρῆτο ὅσον ἡδέως ἤσθιε· καὶ ἐπὶ τοῦτο οὕτω παρεσκευασμένος ᾔει ὥστε τὴν ἐπιθυμίαν τοῦ σίτου ὄψον¹³ αὐτῷ εἶναι· ποτὸν δὲ πᾶν ἡδὺ ἦν αὐτῷ διὰ τὸ μὴ πίνειν, εἰ μὴ διψῴη. 6. Εἰ δέ ποτε κληθεὶς ἐθελήσειεν ἐπὶ δεῖπνον ἐλθεῖν, ὃ τοῖς πλείστοις ἐργωδέστατόν ἐστιν, ὥστε φυλάξασθαι τὸ ὑπὲρ τὸν κόρον ἐμπίμπλασθαι, τοῦτο ῥᾳδίως πάνυ ἐφυλάττετο. Τοῖς δὲ μὴ δυναμένοις τοῦτο ποιεῖν συνεβούλευε φυλάττεσθαι τἀναπείθοντα μὴ πεινῶντας ἐσθίειν μηδὲ διψῶντας πίνειν· καὶ γὰρ τὰ λυμαινόμενα γαστέρας καὶ κεφαλὰς καὶ ψυχὰς ταῦτ' ἔφη εἶναι. 7. Οἴεσθαι δ' ἔφη ἐπισκώπτων καὶ τὴν Κίρκην ὗς ποιεῖν¹⁴ τοιούτοις πολλοῖς δειπνίζουσαν· τὸν δὲ

---

10. Τὴν παρὰ τοῖς ἀνθρώποις ἀδοξίαν. Ceci fait allusion à une maxime d'Ibycus, que Platon cite dans le *Phèdre :* « Il ne faut point commettre une faute devant les dieux pour acheter à ce prix l'estime des hommes.

11. Εἰ μή τι δαιμόνιον εἴη. Nous disons de même familièrement : A moins que le diable ne s'en mêle.

12. Εἴ τις οὕτως ἂν ὀλίγα ἐργάζοιτο. Si l'on pourrait faire un assez pauvre métier pour ne pas gagner ce qui suffisait à Socrate.

13. Ὄψον. Non pas simplement : assaisonnement, mais : tout ce qui se mange avec le pain. Voir au VIII livre, chapitre xii, de la *République* un passage où Platon, distinguant les désirs nécessaires et les désirs superflus, établit une sorte de parallèle entre σῖτος et ὄψον.

14. Τὴν Κίρκην ὗς ποιεῖν. Voir, au X° livre de l'*Odyssée*, toute cette scène, et particulièrement la métamorphose des compagnons d'Ulysse, v. 239-244 :

Οἱ δὲ συῶν μὲν ἔχον κεφαλὰς φωνήν τε τρίχας τε
καὶ δέμας, αὐτὰρ νοῦς ἦν ἔμπεδος, ὡς τὸ πάρος περ.
Ὣς οἱ μὲν κλαίοντες ἐέρχατο· τοῖσι δὲ Κίρκη
Πὰρ' ἄκυλον βάλανόν τ' ἔβαλεν καρπόν τε κρανείης
ἔδμεναι, οἷα σύες χαμαιευνάδες αἰὲν ἔδουσιν.

Ὀδυσσέα Ἑρμοῦ τε ὑποθημοσύνῃ καὶ αὐτὸν ἐγκρατῆ ὄντα καὶ ἀποσχόμενον τὸ ὑπὲρ τὸν κόρον τῶν τοιούτων ἅπτεσθαι, διὰ ταῦτα οὐ γενέσθαι ὄν· 8. Τοιαῦτα μὲν περὶ τούτων ἔπαιζεν ἅμα σπουδάζων.

9... 10... 11... 12... 13... 14... 15. [Περὶ μὲν δὴ βρώσεως καὶ πόσεως καὶ ἀφροδισίων οὕτω παρεσκευασμένος ἦν καὶ ᾤετο οὐδὲν ἂν ἧττον ἀρκούντως ἥδεσθαι τῶν πολλὰ ἐπὶ τούτοις πραγματευομένων, λυπεῖσθαι δὲ πολὺ ἔλαττον.]

IV. — Il y a des dieux et ils veillent sur les hommes.

1. Εἰ δέ τινες Σωκράτην νομίζουσιν, οἷς ἔνιοι γράφουσί τε καὶ λέγουσι περὶ αὐτοῦ τεκμαιρόμενοι, προτρέψασθαι μὲν[1] ἀνθρώπους ἐπ' ἀρετὴν κράτιστον γεγονέναι, προα-

---

IV. —1. Προτρέψασθαι μέν..... προαγαγεῖν δέ. Cette phrase peut être considérée comme ayant, dans l'ensemble de l'ouvrage, une importance capitale. En effet, Xénophon, qui, sans doute, pense ici à Platon, y signale en termes généraux l'erreur de ceux qui croyaient Socrate capable de montrer aux hommes la voie de la vertu et de les engager, par manière de correction, κολαστηρίου ἕνεκα, dans la direction du bien, mais non de leur imprimer un élan énergique et de les conduire jusqu'à ce bien lui-même. Or, dans tout le reste de l'ouvrage, Xénophon s'attachera à montrer, au contraire, que l'enseignement de Socrate était essentiellement utile, essentiellement pratique, et que chacun pouvait, quelle que fût sa profession, quel que fût même son métier, en tirer un profit immédiat. M. Grote a expliqué d'une manière très exacte, bien que sous une forme un peu lourde, la différence de ces deux points de vue sous lesquels on peut considérer l'influence de Socrate. En effet, au premier abord, on ne découvrait dans l'enseignement de Socrate qu'un procédé indirect et négatif (l'ironie) qui consistait à mettre en pièces les doctrines générales de ceux qui croyaient tout savoir et à montrer l'inconséquence de ces doctrines. Platon, d'après M. Grote, s'est attaché particulièrement à mettre en lumière et à immortaliser « cette veine négative et indirecte, qui était d'ailleurs le trait le plus caractéristique et le plus apparent de la personne de Socrate, tandis que Xénophon, qui avait pour elle peu de sympathie, s'est plaint que d'autres considérassent son maître comme une force capable de pousser en avant et d'exciter à l'action, mais non comme un guide capable de mener jusqu'à la vertu même. L'un des principaux objets des *Memorabilia* est de montrer que Socrate après avoir, par ses questions, agi suffisamment sur des novices, changea de ton, renonça à les embarrasser, leur adressa des préceptes clairs, simples, d'une utilité directe et pratique. Les divers dialogues où Xénophon nous présente

γαγεῖν δ' ἐπ' αὐτὴν οὐχ ἱκανόν, σκεψάμενοι μὴ μόνον ἃ ἐκεῖνος κολαστηρίου ἕνεκα τοὺς πάντ' οἰομένους εἰδέναι ἐρωτῶν ἤλεγχεν, ἀλλὰ καὶ ἃ λέγων συνημέρευε τοῖς συνδιατρίβουσι, δοκιμαζόντων[2] εἰ ἱκανὸς ἦν βελτίους ποιεῖν τοὺς συνόντας. 2. Λέξω δὲ πρῶτον ἅ ποτε αὐτοῦ ἤκουσα περὶ τοῦ δαιμονίου διαλεγομένου πρὸς Ἀριστόδημον τὸν μικρὸν[3] ἐπικαλούμενον. Καταμαθὼν γὰρ αὐτὸν οὔτε θύοντα τοῖς θεοῖς οὔτε μαντικῇ χρώμενον, ἀλλὰ καὶ τῶν ποιούντων ταῦτα καταγελῶντα, Εἰπέ μοι, ἔφη, ὦ Ἀριστόδημε, ἔστιν οὕστινας ἀνθρώπους τεθαύμακας[4] ἐπὶ σοφίᾳ; — 3. Ἔγωγ', ἔφη. — Καὶ ὅς[5], Λέξον ἡμῖν, ἔφη, τὰ ὀνόματα αὐτῶν. — Ἐπὶ μὲν τοίνυν ἐπῶν ποιήσει Ὅμηρον ἔγωγε μάλιστα τεθαύμακα, ἐπὶ δὲ διθυράμβῳ Μελανιππίδην[6], ἐπὶ δὲ τραγῳδίᾳ Σοφοκλέα, ἐπὶ δὲ ἀνδριαντοποιίᾳ Πολύκλειτον[7], ἐπὶ δὲ ζωγραφίᾳ Ζεῦξιν[8]. —

le philosophe inculquant à ses disciples l'empire sur soi-même, la tempérance, la piété, les devoirs envers les parents, l'amour fraternel, la fidélité dans l'amitié, la diligence, la bienveillance, etc., sont la peinture fidèle d'une partie importante de son caractère.»

2. Δοκιμαζόντων, forme attique pour δοκιμαζέτωσαν.

3. Ἀριστόδημον τὸν μικρόν. Cet Aristodème est également surnommé le *petit* dans le *Banquet* de Platon.

4. Τεθαύμακας. Parfait d'habitude : *Tu fais profession d'admirer.*

5. Καὶ ὅς. Cet emploi du pronom relatif pour le pronom démonstratif reparait continuellement dans la suite de ces entretiens et se rencontre souvent aussi dans Platon. Καὶ ὅς ἐπέσχε (Théagès). Καὶ ἥ· Οὐκ εὐφημήσεις; ἔφη (Banquet). On trouve aussi habituellement dans Platon : Ἦ δ' ὅς, dit-il.

6. Ἐπὶ δὲ διθυράμβῳ Μελανιππίδην. Le dithyrambe était une sorte de poème lyrique consacré à Bacchus; il faisait partie des rites obligés des *Dionysiaques*; Thespis en tira la tragédie. — Mélanippide perfectionna les dithyrambes et, d'après Aristote, y joignit de longs préambules de musique sans paroles. — Un disciple de Mélanippide, Philoxène, composa le *Cyclope* ou *Galatée*, que l'on considérait comme le chef-d'œuvre du genre dithyrambique.

7. Ἐπὶ δὲ ἀνδριαντοποιίᾳ Πολύκλειτον. Polyclète, qu'il serait plus correct d'appeler Polyclite, est un des plus célèbres sculpteurs de l'antiquité. On voit que Socrate le nomme ici de préférence à Phidias. Son chef-d'œuvre était une statue colossale de *Junon*. Il a, le premier, après les tâtonnements des écoles archaïques, introduit dans la statuaire les véritables proportions du corps humain et établi ce qu'on appelle le *canon* de Polyclète.

8. Ἐπὶ δὲ ζωγραφίᾳ Ζεῦξιν. Zeuxis d'Héraclée, un des plus grands

4. Πότερά σοι δοκοῦσιν οἱ ἀπεργαζόμενοι εἴδωλα ἄφρονά τε καὶ ἀκίνητα ἀξιοθαυμαστότεροι εἶναι ἢ οἱ ζῷα ἔμφρονά τε καὶ ἐνεργά[9]; — Πολὺ νὴ Δία οἱ ζῷα, εἴπερ γε μὴ τύχῃ τινί, ἀλλ᾽ ὑπὸ γνώμης ταῦτα γίγνεται. — Τῶν δὲ ἀτεκμάρτως ἐχόντων ὅτου ἕνεκά ἐστι[10] καὶ τῶν φανερῶς

peintres de la Grèce. Il surpassa Polygnote par le mouvement et la vie de ses ouvrages, et perfectionna le coloris, déjà introduit par Apollodore. Quintilien dit de lui que, le premier, il trouva la juste mesure des ombres et de la lumière : *luminum umbrarumque rationem invenisse Zeuxis dicitur.* Ses principaux tableaux furent un *Jupiter* sur son trône ; une *Pénélope*, qui respirait la chasteté ; une *Hélène*, qui faisait répéter le vers d'Homère ; une *Famille de Centaures* que nous décrit Lucien. Il peignit également des scènes de la vie commune ; tout le monde a entendu parler de son *Enfant portant des raisins*. Il disait à propos de ce tableau : J'ai mieux peint les raisins que l'enfant ; car, si j'avais aussi bien réussi pour celui-ci, les oiseaux auraient dû avoir peur. On raconte qu'il serait mort d'un accès de fou rire en face d'un de ses tableaux représentant une vieille femme.

9. Ἔμφρονά τε καὶ ἐνεργά. *Qui ont la pensée et l'action.*

10. Τῶν ἀτεκμάρτως ἐχόντων ὅτου ἕνεκα ἐστι. *Des œuvres qui ne laissent pas deviner en vue de quoi elles existent.* On sait que l'idée de finalité et la démonstration de l'existence de Dieu par les causes finales ont été introduites pour la première fois dans la philosophie par Socrate. Rappelons à ce sujet l'important passage du *Phédon* où Socrate reproche à Anaxagore de s'être arrêté à moitié chemin dans sa réaction contre le mécanisme des Ioniens, et d'avoir posé l'*Intelligence* sans poser en même temps le bien et la finalité comme principes suprêmes de l'explication des choses. « Ayant entendu quelqu'un lire dans un livre, qu'il disait être d'Anaxagore, que l'intelligence est la règle et la cause de tous les êtres, je fus ravi ; il me parut admirable que l'intelligence fût la cause de tout ; car je pensai que l'intelligence ayant disposé toutes choses, elle les avait arrangées pour le mieux. Si quelqu'un donc veut savoir la cause de chaque chose, ce qui fait qu'elle naît et qu'elle périt, il doit chercher la meilleure manière dont elle peut être ; et il me parut qu'il s'ensuivait de ce principe que la seule chose que l'homme doit chercher, c'est le meilleur et le plus parfait. ... Dans cette pensée, j'éprouvais une extrême joie d'avoir trouvé un maître comme Anaxagore, qui m'expliquerait selon mes désirs la cause de toutes choses, et qui, après m'avoir dit, par exemple, si la terre est plate ou ronde, m'expliquerait la cause et la nécessité de ce qu'elle est, et me dirait ce que c'est ici que le mieux, et pourquoi cela est pour le mieux..... Et je me flattais qu'après avoir assigné cette cause et en général et en particulier, il me ferait connaître en quoi consiste le bien de chaque chose en particulier, et le bien de toutes en commun. ... Je pris donc ses livres avec un très grand empressement ; mais je me trouvai bientôt déchu de mes espérances ; car dès que je fus un peu avancé dans cette lecture, je vis un homme qui ne faisait intervenir en rien l'intelligence et qui ne donnait aucune raison de l'ordre des choses, mais qui à la place de l'intelligence substituait l'air, l'éther, l'eau et d'autres choses aussi absurdes. »

ἐπ' ὠφελείᾳ ὄντων πότερα τύχης καὶ πότερα γνώμης ἔργα κρίνεις[11]; — Πρέπει μὲν τὰ ἐπ' ὠφελείᾳ γιγνόμενα γνώμης εἶναι ἔργα. — 5. Οὔκουν δοκεῖ σοι ὁ ἐξ ἀρχῆς ποιῶν[12] ἀνθρώπους ἐπ' ὠφελείᾳ προσθεῖναι αὐτοῖς[13] δι' ὧν αἰσθάνονται ἕκαστα, ὀφθαλμοὺς μὲν ὥσθ' ὁρᾶν τὰ ὁρατά, ὦτα δὲ ὥστ' ἀκούειν τὰ ἀκουστά; ὀσμῶν γε μήν, εἰ μὴ ῥῖνες προσετέθησαν, τί ἂν ἡμῖν ὄφελος ἦν; τίς δ' ἂν αἴσθησις ἦν γλυκέων καὶ δριμέων καὶ πάντων τῶν διὰ στόματος ἡδέων, εἰ μὴ γλῶττα τούτων γνώμων ἐνειργάσθη; 6. Πρὸς δὲ τούτοις οὐ δοκεῖ σοι καὶ τόδε προνοίας ἔργοις ἐοικέναι, τὸ ἐπεὶ ἀσθενὴς μέν ἐστιν ἡ ὄψις, βλεφάροις αὐτὴν θυρῶσαι, ἃ ὅταν μὲν αὐτῇ χρῆσθαί τι δέῃ, ἀναπετάννυται, ἐν δὲ τῷ ὕπνῳ συγκλείεται; ὡς δ' ἂν μηδὲ ἄνεμοι βλάπτωσιν, ἠθμὸν βλεφαρίδας ἐμφῦσαι· ὀφρύσι τε ἀπογεισῶσαι[14] τὰ ὑπὲρ τῶν ὀμμάτων, ὡς μηδ' ὁ ἐκ τῆς κεφαλῆς ἱδρὼς κακουργῇ· τὸ δὲ τὴν ἀκοὴν δέχεσθαι μὲν πάσας φωνάς, ἐμπίμπλασθαι δὲ μήποτε· καὶ τοὺς μὲν πρόσθεν ὀδόντας πᾶσι ζῴοις οἵους τέμνειν εἶναι, τοὺς δὲ γομφίους οἵους παρὰ τούτων δεξαμένους λεαίνειν· καὶ στόμα μέν, δι' οὗ ὧν ἐπιθυμεῖ τὰ ζῷα εἰσπέμπεται, πλησίον ὀφθαλμῶν καὶ ῥινῶν καταθεῖναι· ἐπεὶ δὲ τὰ ἀπο-

11. Πότερα γνώμης ἔργα κρίνεις. Lesquelles tu penses être les œuvres de l'intelligence; de l'intelligence transcendante, divine, créatrice. Des philosophes modernes, surtout M. de Hartmann dans sa *Philosophie de l'Inconscient*, ont essayé de maintenir la finalité dans la nature, tout en rejetant la Providence. Voir, pour la discussion et la réfutation de ces systèmes, les *Causes finales* de M. Paul Janet.

12. Ὁ ἐξ ἀρχῆς ποιῶν. Le participe présent est employé ici, parce que la création est un acte qui se continue à travers le temps.

13. Ἐπ' ὠφελείᾳ προσθεῖναι αὐτοῖς. Ce passage est comme le prototype de tous les développements analogues qui se trouvent dans le IIe livre du *De Natura deorum* de Cicéron, dans le traité de la *Connaissance de Dieu et de soi-même* de Bossuet, dans le *Traité de l'Existence de Dieu* de Fénelon.

14. Ὀφρύσι τε ἀπογεισῶσαι τὰ ὑπὲρ τῶν ὀμμάτων. Cette comparaison des sourcils avec une gouttière a été développée par Cicéron: *De Nat. deor.*, II, 56: *Primum enim superiora, superciliis obducta, sudorem a capite et a fronte defluentem depellunt.*

χωροῦντα δυσχερῆ, ἀποστρέψαι τοὺς τούτων ὀχετοὺς [καὶ ἀπενεγκεῖν] ᾖ δυνατὸν προσωτάτω ἀπὸ τῶν αἰσθήσεων· ταῦτα οὕτω προνοητικῶς πεπραγμένα ἀπορεῖς πότερα τύχης ἢ γνώμης ἔργα ἐστίν; — 7. Οὐ μὰ τὸν Δί᾽, ἔφη, ἀλλ᾽ οὕτω γε σκοπουμένῳ πάνυ ἔοικε ταῦτα σοφοῦ τινος δημιουργοῦ καὶ φιλοζῴου τεχνήματι. — Τὸ δὲ ἐμφῦσαι μὲν ἔρωτα[15] τῆς τεκνοποιίας, ἐμφῦσαι δὲ ταῖς γειναμέναις ἔρωτα τοῦ ἐκτρέφειν, τοῖς δὲ τραφεῖσι μέγιστον μὲν πόθον τοῦ ζῆν, μέγιστον δὲ φόβον τοῦ θανάτου; — Ἀμέλει καὶ ταῦτα ἔοικε μηχανήμασί τινος ζῷα εἶναι βουλευσαμένου. — 8. Σὺ δὲ σαυτὸν φρόνιμόν τι δοκεῖς ἔχειν, ἄλλοθι δὲ οὐδαμοῦ οὐδὲν οἴει φρόνιμον εἶναι; καὶ ταῦτ᾽ εἰδὼς ὅτι γῆς τε μικρὸν μέρος ἐν τῷ σώματι πολλῆς οὔσης ἔχεις καὶ ὑγροῦ βραχὺ πολλοῦ ὄντος καὶ τῶν ἄλλων δήπου μεγάλων ὄντων ἑκάστου μικρὸν μέρος λαβόντι τὸ σῶμα συνήρμοσταί σοι· νοῦν δὲ μόνον[16] ἄρα οὐδαμοῦ ὄντα σε εὐτυχῶς πως δοκεῖς συναρπάσαι[17], καὶ τάδε τὰ ὑπερμεγέθη καὶ πλῆθος ἄπειρα δι᾽ ἀφροσύνην τινὰ οὕτως οἴει εὐτάκτως ἔχειν; — 9. Νὴ Δί᾽, οὐ γὰρ ὁρῶ τοὺς κυρίους, ὥσπερ τῶν ἐνθάδε γιγνομένων τοὺς δημιουργούς. — Οὐδὲ γὰρ τὴν σαυτοῦ σύγε ψυχὴν ὁρᾷς, ἣ τοῦ σώματος κυρία ἐστίν· ὥστε κατά γε τοῦτο

---

15. Τὸ δὲ ἐμφῦσαι μὲν ἔρωτα. La discussion se continue d'après le même plan que dans nos polémiques contemporaines sur ce sujet. Il y a deux parties de la question : la finalité dans les organes ; la finalité dans les instincts. L'école de Darwin a essayé d'expliquer la formation des instincts aussi bien que la formation des organes en dehors de toute finalité et par le seul jeu des lois de la *concurrence vitale* et de la *sélection naturelle*. Mais l'insuffisance de ses explications a été démontrée tout à la fois par les défenseurs des doctrines théistes et par les partisans de la philosophie de l'inconscient.

16. Μόνον. Il faut rattacher ce mot non à νοῦν, mais à σέ.

17. Νοῦν ἄρα οὐδαμοῦ ὄντα συναρπάσαι. *Avoir ravi pour toi seul, absorbé en toi seul l'intelligence.* Ceci se rapporte aux idées de Socrate et en général des anciens sur l'âme du monde. On ne voit même pas très clairement d'après l'ensemble de ce passage si l'intelligence et la finalité que Socrate démontre sont en Dieu ou dans le monde, si elles sont *transcendantes* ou *immanentes*.

ἔξεστί σοι λέγειν ὅτι οὐδὲν γνώμῃ, ἀλλὰ τύχῃ πάντα πράττεις[18]. — 10. Καὶ ὁ Ἀριστόδημος, Οὔτοι, ἔφη, ἐγώ, ὦ Σώκρατες, ὑπερορῶ τὸ δαιμόνιον, ἀλλ' ἐκεῖνο μεγαλοπρεπέστερον ἡγοῦμαι ἢ ὡς τῆς ἐμῆς θεραπείας προσδεῖσθαι[19]. — Οὐκοῦν, ἔφη, ὅσῳ μεγαλοπρεπέστερον ἀξιοῖ σε θεραπεύειν, τοσούτῳ μᾶλλον τιμητέον αὐτό. — 11. Εὖ ἴσθι, ἔφη, ὅτι, εἰ νομίζοιμι θεοὺς ἀνθρώπων τι φροντίζειν, οὐκ ἂν ἀμελοίην αὐτῶν. — Ἔπειτ' οὐκ οἴει φροντίζειν; οἳ πρῶτον μὲν μόνον τῶν ζῴων ἄνθρωπον ὀρθὸν ἀνέστησαν· ἡ δὲ ὀρθότης καὶ προορᾶν πλέον ποιεῖ δύνασθαι[20] καὶ τὰ ὕπερθεν μᾶλλον θεᾶσθαι καὶ ἧττον κακοπαθεῖν [καὶ ὄψιν καὶ ἀκοὴν καὶ στόμα ἐποίησαν]· ἔπειτα τοῖς μὲν ἄλλοις ἑρπετοῖς[21] πόδας ἔδωκαν, οἳ τὸ πορεύεσθαι μόνον παρέχουσιν· ἀνθρώπῳ δὲ καὶ χεῖρας προσέθεσαν[22], αἳ τὰ πλεῖστα οἷς εὐδαιμονέστεροι ἐκείνων ἐσμὲν ἐξεργάζονται. 12. Καὶ μὴν γλῶτταν γε πάντων τῶν ζῴων ἐχόντων, μόνην τὴν τῶν ἀνθρώπων ἐποίησαν οἵαν ἄλλοτε ἀλλαχῇ ψαύουσαν τοῦ στόματος ἀρθροῦν[23] τε τὴν φωνὴν καὶ σημαίνειν πάντα ἀλλήλοις[24] ἃ βουλόμεθα. 13... Οὐ

18. Ἀλλὰ τύχῃ πάντα πράττεις. Des idées analogues sont développées par Cicéron aux livre Ier, chapitres XXVII, XXVIII et XXIX des *Tusculanes*.
19. Ἢ ὡς τῆς ἐμῆς θεραπείας προσδεῖσθαι. Les objections du déisme après celles du matérialisme. Aristodème a dit d'abord : les dieux n'existent pas, car je ne les vois pas. Il dit maintenant : les dieux existent peut-être, mais ils sont trop grands pour s'occuper de moi.
20. Προορᾶν πλέον ποιεῖ δύνασθαι. De même, dans le *Timée*, il est dit que les dieux placèrent la partie supérieure de l'âme dans la tête, comme dans une citadelle.
21. Ἑρπετοῖς. Non pas : aux animaux qui rampent, mais : *aux animaux qui marchent*.
22. Χεῖρας προσέθεσαν. Anaxagore pensait que, si l'homme est supérieur aux animaux, c'est parce qu'il a des mains. Socrate, tout en considérant ici les mains comme une des *caractéristiques* de l'homme, puisqu'elles sont la condition de l'activité industrieuse, établira plus loin, en faisant allusion aux singes, que, sans la raison, elles seraient encore peu de chose.
23. Οἵαν... ἀρθροῦν. On emploie plus habituellement dans ce sens οἷός τε que οἷος.
24. Σημαίνειν πάντα ἀλλήλοις. C'est bien la faculté de la parole,

τοίνυν μόνον ἤρκεσε τῷ θεῷ τοῦ σώματος ἐπιμεληθῆναι, ἀλλ' ὅπερ μέγιστόν ἐστι, καὶ τὴν ψυχὴν κρατίστην τῷ ἀνθρώπῳ ἐνέφυσε. Τίνος γὰρ ἄλλου ζῴου ψυχὴ πρῶτα μὲν θεῶν τῶν τὰ μέγιστα καὶ κάλλιστα συνταξάντων ᾔσθηται ὅτι εἰσί; τί δὲ φῦλον ἄλλο ἢ ἄνθρωποι θεοὺς θεραπεύουσι[25]; ποία δὲ ψυχὴ τῆς ἀνθρωπίνης ἱκανωτέρα προφυλάττεσθαι ἢ λιμὸν ἢ δίψος ἢ ψύχη ἢ θάλπη, ἢ νόσοις ἐπικουρῆσαι, ἢ ῥώμην ἀσκῆσαι, [ἢ πρὸς μάθησιν ἐκπονῆσαι,] ἢ ὅσα ἂν ἀκούσῃ ἢ ἴδῃ ἢ μάθῃ [ἱκανωτέρα ἐστί] διαμεμνῆσθαι; 14. Οὐ γὰρ πάνυ σοι κατάδηλον ὅτι παρὰ τἆλλα ζῷα ὥσπερ θεοὶ ἄνθρωποι βιοτεύουσι, φύσει καὶ τῷ σώματι καὶ τῇ ψυχῇ κρατιστεύοντες; οὔτε γὰρ βοὸς ἂν ἔχων σῶμα, ἀνθρώπου δὲ γνώμην, ἐδύνατ' ἂν πράττειν ἃ ἐβούλετο, οὔθ' ὅσα χεῖρας ἔχει, ἄφρονα δ' ἐστί, πλέον οὐδὲν ἔχει. Σὺ δ' ἀμφοτέρων τῶν πλείστου ἀξίων τετυχηκὼς οὐκ οἴει σου θεοὺς ἐπιμελεῖσθαι; ἀλλ' ὅταν τί ποιήσωσι, νομιεῖς αὐτοὺς σου φροντίζειν; — 15. Ὅταν πέμπωσιν, ὥσπερ [σοὶ] σὺ φὴς πέμπειν αὐτούς, [κἀμοὶ] συμβούλους ὅ τι χρὴ ποιεῖν καὶ μὴ ποιεῖν. — Ὅταν δὲ Ἀθηναίοις, ἔφη, πυνθανομένοις τι διὰ μαντικῆς φράζωσιν, οὐ καὶ σοὶ δοκεῖ φράζειν αὐτούς; οὐδ' ὅταν τοῖς Ἕλλησι τέρατα πέμποντες προσημαίνωσιν, οὐδ' ὅταν πᾶσιν ἀνθρώποις, ἀλλὰ μόνον σὲ ἐξαιροῦντες ἐν ἀμελείᾳ κατατίθενται; 16. Οἴει δ' ἂν τοὺς θεοὺς τοῖς ἀνθρώποις δόξαν ἐμφῦσαι ὡς ἱκανοί εἰσιν εὖ καὶ κακῶς ποιεῖν, εἰ μὴ δυνατοὶ ἦσαν, καὶ τοὺς ἀνθρώπους ἐξαπατωμένους τὸν πάντα χρόνον οὐδέποτ' ἂν

---

du langage analytique, qui est considérée le plus unanimement aujourd'hui comme la vraie caractéristique de l'homme.

25. Θεοὺς θεραπεύουσι. Bossuet : « La nature humaine connait Dieu ; et voilà déjà, par ce seul mot, les animaux au-dessous d'elle jusques à l'infini. » D'après M. de Quatrefages, les faits de moralité et de religiosité, qui ne se rencontrent que chez nous, ont assez d'importance aux yeux des vrais naturalistes pour les autoriser à faire de l'homme non une espèce, mais un règne.

αἰσθέσθαι; οὐχ ὁρᾷς ὅτι τὰ πολυχρονιώτατα καὶ σοφώτατα τῶν ἀνθρωπίνων, πόλεις καὶ ἔθνη, θεοσεβέστατά ἐστι, καὶ αἱ φρονιμώταται ἡλικίαι θεῶν ἐπιμελέσταται; 17. Ὠγαθέ[26], ἔφη, κατάμαθε ὅτι καὶ ὁ σὸς νοῦς ἐνὼν τὸ σὸν σῶμα ὅπως βούλεται μεταχειρίζεται. Οἴεσθαι οὖν χρὴ καὶ τὴν ἐν τῷ παντὶ φρόνησιν τὰ πάντα ὅπως ἂν αὐτῇ ἡδὺ ᾖ[27], οὕτω τίθεσθαι, καὶ μὴ τὸ σὸν μὲν ὄμμα δύνασθαι ἐπὶ πολλὰ στάδια ἐξικνεῖσθαι, τὸν δὲ τοῦ θεοῦ ὀφθαλμὸν ἀδύνατον εἶναι ἅμα πάντα ὁρᾶν, μηδὲ[28] τὴν σὴν μὲν ψυχὴν καὶ περὶ τῶν ἐνθάδε καὶ περὶ τῶν ἐν Αἰγύπτῳ καὶ ἐν Σικελίᾳ δύνασθαι φροντίζειν, τὴν δὲ τοῦ θεοῦ φρόνησιν μὴ ἱκανὴν εἶναι ἅμα πάντων ἐπιμελεῖσθαι. 18. Ἢν μέντοι[29] ὥσπερ ἀνθρώπους θεραπεύων γιγνώσκεις τοὺς ἀντιθεραπεύειν ἐθέλοντας καὶ χαριζόμενος τοὺς ἀντιχαριζομένους, καὶ συμβουλευόμενος καταμανθάνεις τοὺς φρονίμους, οὕτω καὶ τῶν θεῶν πεῖραν λαμβάνῃς θεραπεύων, εἴ τί σοι θελήσουσι περὶ τῶν ἀδήλων ἀνθρώποις συμβουλεύειν, γνώσει τὸ θεῖον ὅτι τοσοῦτον καὶ τοιοῦτόν ἐστιν ὥσθ' ἅμα πάντα ὁρᾶν καὶ πάντα ἀκούειν καὶ πανταχοῦ παρεῖναι καὶ ἅμα πάντων ἐπιμελεῖσθαι. 19. Ἐμοὶ μὲν οὖν ταῦτα λέγων τοὺς συνόντας ἐδόκει ποιεῖν οὐ μόνον ὁπότε ὑπὸ τῶν ἀνθρώπων ὁρῷντο, ἀπέχεσθαι τῶν ἀνοσίων

---

26. Ὠγαθέ, pour ὦ ἀγαθέ. Expression amicale. Horace:

O bone, nam te
Scire, deos quoniam propius contingis, oportet.

En Provence, on dit encore familièrement : *mon bon*.

27. Ὅπως ἂν αὐτῇ ἡδὺ ᾖ. *Comme il lui est agréable; à son gré*.

28. Καὶ μή... μηδέ. Ces négations ne tombent pas seulement sur le membre de phrase qui les suit, mais sur tout le reste de la phrase : Et qu'il n'est pas admissible que ton œil puisse.., tandis que le regard de la divinité ne pourrait..; ni que ton âme soit capable de.., tandis que la pensée divine ne le serait pas de...

29. Ἢν μέντοι..... Construction un peu compliquée : Si donc, de même qu'en obligeant les hommes tu reconnais ceux qui sont prêts à t'obliger en retour, tu veux, en servant les dieux, éprouver... etc.

τε καὶ ἀδίκων καὶ αἰσχρῶν, ἀλλὰ καὶ ὁπότε ἐν ἐρημίᾳ εἶεν, ἐπείπερ ἡγήσαιντο μηδὲν ἂν ποτε ὧν πράττοιεν θεοὺς διαλαθεῖν.

V. — Comment Socrate enseignait la tempérance à ses disciples.

1. Εἰ δὲ δὴ καὶ ἐγκράτεια[1] καλόν τε κἀγαθὸν ἀνδρὶ κτῆμά ἐστιν, ἐπισκεψώμεθα εἴ τι προυβίβαζεν[2] εἰς ταύτην λέγων τοιάδε· Ὦ ἄνδρες, εἰ πολέμου ἡμῖν γενομένου βουλοίμεθα ἑλέσθαι ἄνδρα ὑφ' οὗ μάλιστ' ἂν αὐτοὶ μὲν σωζοίμεθα, τοὺς δὲ πολεμίους χειροίμεθα, ἆρ' ὅντιν' αἰσθανοίμεθα ἥττω[3] γαστρὸς ἢ οἴνου ἢ ἀφροδισίων [ἢ πόνου] ἢ ὕπνου, τοῦτον ἂν αἱροίμεθα; καὶ πῶς ἂν οἰηθεῖμεν τὸν τοιοῦτον ἢ ἡμᾶς σῶσαι ἢ τοὺς πολεμίους κρατῆσαι[4]; 2. Εἰ δ' ἐπὶ τελευτῇ τοῦ βίου γενόμενοι βουλοίμεθά τῷ[5] ἐπιτρέψαι ἢ παῖδας ἄρρενας παιδεῦσαι, ἢ θυγατέρας παρθένους διαφυλάξαι, ἢ χρήματα διασῶσαι, ἆρ' ἀξιόπιστον εἰς ταῦθ' ἡγησαίμεθ' ἂν τὸν ἀκρατῆ; δούλῳ δ' ἀκρατεῖ ἐπιτρέψαιμεν ἂν ἢ βοσκήματα ἢ ταμιεῖα ἢ ἔργων ἐπιστασίαν[6]; διάκονον δὲ καὶ ἀγοραστὴν[7] τοιοῦτον ἐθελήσαιμεν ἂν προῖκα λαβεῖν; 3. Ἀλλὰ μὴν εἴ γε μηδὲ δοῦλον ἀκρατῆ δεξαίμεθ' ἄν, πῶς οὐκ ἄξιον αὐτόν γε φυλάξασθαι τοιοῦτον γενέσθαι; καὶ γὰρ οὐχ[8]

V. — 1. Ἐγκράτεια. *Tempérance.* Le nom grec de cette vertu est plus expressif que son nom latin et français. En effet, nous l'appelons *tempérance*, parce qu'elle est la modération dans l'usage des biens et des plaisirs ; mais cette modération a d'abord son principe dans l'empire que nous exerçons en nous-mêmes (ἐν, κράτος), sur nos besoins et sur nos instincts.

2. Εἴ τι προυβίβαζεν. *S'il faisait avancer vers elle.* Rappelons-nous la question posée au début du chapitre précédent.

3. Ἥττω et le génitif. *Inférieur à, qui ne sait résister à, qui se laisse dominer par.*

4. Σῶσαι... κρατῆσαι. Ces infinitifs aoristes ont ici le sens du futur indéterminé et doivent se traduire par : *être capables de.*

5. Τῷ pour τινί.

6. Ἔργων ἐπιστασίαν. *La surveillance des travaux de la campagne.*

7. Ἀγοραστήν. *Qui va au marché, pourvoyeur ; obsonatorem.*

8. Οὐχ. Cette négation porte sur l'ensemble de la phrase jusqu'à ὠφέλιμος. Il ne faut pas s'imaginer que...

ὥσπερ οἱ πλεονέκται τῶν ἄλλων ἀφαιρούμενοι χρήματα ἑαυτοὺς δοκοῦσι πλουτίζειν, οὕτως ὁ ἀκρατὴς τοῖς μὲν ἄλλοις βλαβερός, ἑαυτῷ δ᾽ ὠφέλιμος, ἀλλὰ κακοῦργος μὲν τῶν ἄλλων, ἑαυτοῦ δὲ πολὺ κακουργότερος, εἴ γε κακουργότατόν ἐστι μὴ μόνον τὸν οἶκον τὸν ἑαυτοῦ φθείρειν, ἀλλὰ καὶ τὸ σῶμα καὶ τὴν ψυχήν. 4. Ἐν συνουσίᾳ δὲ τίς ἂν ἡσθείη τῷ τοιούτῳ, ὃν εἰδείη τῷ ὄψῳ τε καὶ τῷ οἴνῳ χαίροντα μᾶλλον ἢ τοῖς φίλοις; ἆρά γε οὐ χρὴ πάντα ἄνδρα, ἡγησάμενον τὴν ἐγκράτειαν ἀρετῆς εἶναι κρηπῖδα[9], ταύτην πρώτην ἐν τῇ ψυχῇ κατασκευάσασθαι[10]; 5. Τίς γὰρ ἂν ἄνευ ταύτης ἢ μάθοι τι ἀγαθὸν ἢ μελετήσειεν ἀξιολόγως; ἢ τίς οὐκ ἂν ταῖς ἡδοναῖς δουλεύων αἰσχρῶς διατεθείη καὶ τὸ σῶμα καὶ τὴν ψυχήν; ἐμοὶ μὲν δοκεῖ νὴ τὴν Ἥραν[11] ἐλευθέρῳ μὲν ἀνδρὶ εὐκτὸν εἶναι μὴ τυχεῖν δούλου τοιούτου, δουλεύοντα δὲ ταῖς τοιαύταις ἡδοναῖς ἱκετευτέον[12] τοὺς θεοὺς δεσποτῶν ἀγαθῶν τυχεῖν· οὕτω γὰρ ἂν μόνως ὁ τοιοῦτος σωθείη. 6. Τοιαῦτα δὲ λέγων ἔτι ἐγκρατέστερον τοῖς ἔργοις ἢ τοῖς λόγοις ἑαυτὸν ἐπεδείκνυεν· οὐ γὰρ μόνον τῶν διὰ τοῦ σώματος ἡδονῶν ἐκράτει, ἀλλὰ καὶ[13] τῆς διὰ τῶν χρημάτων, νομίζων τὸν παρὰ τοῦ

---

9. Κρηπῖδα : chaussure, sandale ; par suite : base, piédestal.
10. Πρῶτον ἐν τῇ ψυχῇ κατασκευάσασθαι. Cicéron a développé cette idée dans les *Tusculanes*; IV, 13 : *Ut enim corporis est temperatio, cum ea congruunt inter se, e quibus constamus, sanitas sic animi dicitur, cum ejus judicia opinionesque concordant; eaque animi virtus est; quam alii ipsam temperantiam dicunt esse, alii obtemperantem temperantiæ præceptis, et eam subsequentem.*
11. Νὴ τὴν Ἥραν. Par Junon. C'est un serment de femme ; mais Socrate l'emploie souvent, et on en trouvera d'autres exemples.
12. Ἱκετευτέον. Les éditions antérieures portent ἱκετεύειν, qui forme une anacoluthe.
13. Οὐ μόνον... ἀλλὰ καί... Socrate trouvait donc dans sa tempérance une garantie de l'indépendance qui lui était si chère. M. Grote dit à ce sujet : « Socrate limitait autant que possible le nombre de ses besoins, afin de se rapprocher de la perfection des dieux, qui n'ont besoin de rien (Voir à ce sujet le chapitre suivant) ; il contrôlait ceux qui sont naturels ; il prévenait la multiplication de ceux qui sont artificiels. Son admirable tempérament physique l'aidait à conserver son empire sur lui-même, à se passer des autres, à rester indépendant de leur faveur

τυχόντος χρήματα λαμβάνοντα δεσπότην ἑαυτοῦ καθιστάναι καὶ δουλεύειν δουλείαν οὐδεμιᾶς ἧττον αἰσχράν.

VI. — Socrate réfute le sophiste Antiphon, qui lui reprochait sa frugalité, sa simplicité et sa coutume d'enseigner gratuitement.

1. Ἄξιον δ' αὐτοῦ καὶ ἃ πρὸς Ἀντιφῶντα[1] τὸν σοφιστὴν διελέχθη μὴ παραλιπεῖν. Ὁ γὰρ Ἀντιφῶν ποτε βουλόμενος τοὺς συνουσιαστὰς αὐτοῦ παρελέσθαι προσελθὼν τῷ Σωκράτει παρόντων αὐτῶν ἔλεξε τάδε· 2. Ὦ Σώκρατες, ἐγὼ μὲν ᾤμην τοὺς φιλοσοφοῦντας εὐδαιμονεστέρους χρῆναι γίγνεσθαι· σὺ δέ μοι δοκεῖς τἀναντία τῆς φιλοσοφίας ἀπολελαυκέναι. Ζῇς γοῦν οὕτως ὡς οὐδ' ἂν εἷς δοῦλος ὑπὸ δεσπότῃ διαιτώμενος μείνειε· σῖτά τε σιτεῖ καὶ ποτὰ πίνεις τὰ φαυλότατα, καὶ ἱμάτιον ἠμφίεσαι οὐ μόνον φαῦλον, ἀλλὰ τὸ αὐτὸ θέρους τε καὶ χειμῶνος, ἀνυπόδητός τε καὶ ἀχίτων[2] διατελεῖς. 3. Καὶ μὴν χρήματά γε οὐ λαμβάνεις, ἃ καὶ κτωμένους εὐφραίνει καὶ κεκτημένους ἐλευθεριώτερόν τε καὶ ἥδιον ποιεῖ ζῆν. Εἰ οὖν ὥσπερ καὶ τῶν ἄλλων ἔργων οἱ διδάσκαλοι τοὺς μαθητὰς μιμητὰς ἑαυτῶν ἀποδεικνύουσιν, οὕτω καὶ σὺ τοὺς συνόντας διαθήσεις, νόμιζε κακοδαιμονίας διδάσκαλος εἶναι. 4. Καὶ ὁ Σωκράτης πρὸς ταῦτα εἶπε, Δοκεῖς μοι, ὦ Ἀντιφῶν, ὑπειληφέναι με οὕτως ἀνιαρῶς ζῆν ὥστε πέπεισμαι σὲ μᾶλλον ἀποθανεῖν ἂν ἑλέσθαι ἢ ζῆν ὥσπερ ἐγώ. Ἴθι οὖν ἐπισκεψώμεθα τί χαλεπὸν ᾔσθησαι τοὐμοῦ βίου. 5. Πότερον ὅτι τοῖς μὲν λαμβάνουσιν ἀργύριον ἀναγκαῖον

comme de leur inimitié, ce qui était une condition essentielle à son plan de vie intellectuelle. »

VI. — 1. Ἀντιφῶντα. Antiphon, poète et sophiste ; il avait composé un traité De la Vérité. On le surnommait l'assaisonneur de mots, λογομάγειρος.

2. Ἀνυπόδητος καὶ ἀχίτων, sans chaussure et sans tunique. La tunique se portait sous le manteau.

ἐστιν ἀπεργάζεσθαι τοῦτο ἐφ' ᾧ ἂν μισθὸν λάβωσιν, ἐμοὶ δὲ μὴ λαμβάνοντι οὐκ ἀνάγκη διαλέγεσθαι ᾧ ἂν μὴ βούλωμαι[3]; ἢ τὴν δίαιτάν μου φαυλίζεις ὡς ἧττον μὲν ὑγιεινὰ ἐσθίοντος ἐμοῦ ἢ σοῦ, ἧττον δὲ ἰσχὺν παρέχοντα; ἢ ὡς χαλεπώτερα πορίσασθαι τἀμὰ διαιτήματα τῶν σῶν διὰ τὸ σπανιώτερά τε καὶ πολυτελέστερα εἶναι; ἢ ὡς ἡδίω σοι ἃ σὺ παρασκευάζει ὄντα ἢ ἐμοὶ ἃ ἐγώ; οὐκ οἶσθ' ὅτι ὁ μὲν [πεινῶν] ἥδιστα ἐσθίων[4] ἥκιστα ὄψου δεῖται, ὁ δὲ [διψῶν] ἥδιστα πίνων ἥκιστα τοῦ μὴ παρόντος ἐπιθυμεῖ ποτοῦ; 6. Τά γε μὴν ἱμάτια οἶσθ' ὅτι οἱ μεταβαλλόμενοι ψύχους καὶ θάλπους ἕνεκα μεταβάλλονται, καὶ ὑποδήματα ὑποδοῦνται, ὅπως μὴ διὰ τὰ λυποῦντα τοὺς πόδας κωλύωνται πορεύεσθαι· ἤδη οὖν ποτε ᾔσθου ἐμὲ ἢ διὰ ψύχος μᾶλλόν του ἔνδον μένοντα, ἢ διὰ θάλπος μαχόμενόν τῳ περὶ σκιᾶς, ἢ διὰ τὸ ἀλγεῖν τοὺς πόδας οὐ βαδίζοντα ὅποι ἂν βούλωμαι; 7. Οὐκ οἶσθ' ὅτι οἱ φύσει ἀσθενέστατοι τῷ σώματι μελετήσαντες τῶν ἰσχυροτάτων ἀμελησάντων κρείττους τε γίγνονται πρὸς ἃ ἂν μελετή-

---

3. Οὐκ ἀνάγκη διαλέγεσθαι ᾧ ἂν μὴ βούλωμαι. Ceci se rattache à l'ensemble des idées de Socrate sur l'éducation. Il ne la considérait pas comme une profession, à plus forte raison comme un métier; c'était pour lui une forme de l'amitié ou, si l'on veut, de l'amour; elle exigeait moins encore la science que la sympathie. Voilà dans quel sens, bien profond et bien éloigné des interprétations malveillantes, il avait coutume de dire : Je ne sais qu'une toute petite science, l'amour. Il entendait par là que ceux qui font profession d'enseigner, et qui font payer leurs leçons, doivent également ces leçons à tous ceux qui paient pour les recevoir ; dès lors, ne choisissant pas leurs disciples, ils en ont beaucoup dont les âmes ne sympathisent point avec leurs propres âmes et n'en peuvent à aucun degré subir l'influence. Ces maîtres n'instruisent donc que par des discours mercenaires qui le plus souvent ne portent aucun fruit; ils sèment sans s'inquiéter de savoir sur quel terrain portera la semence. Socrate, au contraire, commençait par discerner et par choisir les âmes sur lesquelles son action devait s'exercer; il les éprouvait, et il n'admettait au nombre de ses disciples que ceux auxquels il espérait sérieusement pouvoir faire du bien.

4. Ὁ μὲν ἥδιστα ἐσθίων. Cette pensée est rapportée aussi par Diogène Laërce. Dans cette même phrase, les mots πεινῶν et διψῶν sont des conjectures de Schenkl.

σωσι καὶ ῥᾷον αὐτὰ φέρουσιν; ἐμὲ δὲ ἆρα οὐκ οἴει τῷ σώματι ἀεὶ τὰ συντυγχάνοντα μελετῶντα καρτερεῖν πάντα ῥᾷον φέρειν σοῦ μὴ μελετῶντος; 8. Τοῦ δὲ μὴ δουλεύειν γαστρὶ μηδ' ὕπνῳ καὶ λαγνείᾳ οἴει τι ἄλλο αἰτιώτερον εἶναι ἢ τὸ ἕτερα ἔχειν τούτων ἡδίω, ἃ οὐ μόνον ἐν χρείᾳ ὄντα εὐφραίνει[5], ἀλλὰ καὶ ἐλπίδας παρέχοντα ὠφελήσειν ἀεί; καὶ μὴν τοῦτό γε οἶσθα, ὅτι οἱ μὲν οἰόμενοι μηδὲν εὖ πράττειν οὐκ εὐφραίνονται, οἱ δὲ ἡγούμενοι καλῶς προχωρεῖν ἑαυτοῖς ἢ γεωργίαν ἢ ναυκληρίαν ἢ ἄλλ' ὅ τι ἂν τυγχάνωσιν ἐργαζόμενοι ὡς εὖ πράττοντες εὐφραίνονται. 9. Οἴει οὖν ἀπὸ πάντων τούτων τοσαύτην ἡδονὴν εἶναι ὅσην ἀπὸ τοῦ ἑαυτόν τε ἡγεῖσθαι βελτίω γίγνεσθαι καὶ φίλους ἀμείνους κτᾶσθαι[6]; [ἐγὼ τοίνυν διατελῶ ταῦτα νομίζων.] Ἐὰν δὲ δὴ φίλους ἢ πόλιν ὠφελεῖν δέῃ, ποτέρῳ πλείων σχολὴ τούτων ἐπιμελεῖσθαι, τῷ ὡς ἐγὼ νῦν ἢ τῷ ὡς σὺ μακαρίζεις διαιτωμένῳ; στρατεύοιτο δὲ πότερος ἂν ῥᾷον, ὁ μὴ δυνάμενος ἄνευ πολυτελοῦς διαίτης ζῆν ἢ ᾧ τὸ παρὸν ἀρκοίη; ἐκπολιορκηθείη δὲ πότερος ἂν θᾶττον, ὁ τῶν χαλεπωτάτων εὑρεῖν δεόμενος, ἢ ὁ τοῖς ῥᾴστοις ἐντυγχάνειν ἀρκούντως χρώμενος; 10. Ἔοικας, ὦ Ἀντιφῶν, τὴν εὐδαιμονίαν οἰομένῳ τρυφὴν καὶ πολυτέλειαν εἶναι· ἐγὼ δὲ νομίζω τὸ μὲν μηδενὸς δεῖσθαι θεῖον εἶναι[7], τὸ δ' ὡς ἐλαχίστων ἐγγυτάτω τοῦ θείου, καὶ τὸ μὲν θεῖον κράτιστον, τὸ δ' ἐγγυτάτω τοῦ θείου ἐγγυτάτω τοῦ κρατίστου.

---

5. Οὐ μόνον ἐν χρείᾳ ὄντα εὐφραίνει. C'est le germe de la fameuse distinction qu'Épicure établira plus tard entre les plaisirs en mouvement, ἡδοναὶ ἐν κινήσει, et les plaisirs stables, ἡδοναὶ καταστηματικαί.

6. Φίλους ἀμείνους κτᾶσθαι. Non pas précisément: acquérir de meilleurs amis, mais: *rendre meilleurs ceux que l'on a déjà*.

7. Τὸ μηδενὸς δεῖσθαι θεῖον εἶναι. C'est encore le germe d'une grande théorie. Aristote l'a développée au XIIe livre de la *Métaphysique*, en montrant que Dieu est immuable, *immobile*, parce qu'il est parfait, et qu'il ne se porte vers rien parce qu'il ne connaît pas le besoin et le désir. — Cicéron a traduit cette pensée de Socrate: *Nihil egere deorum est; quam minime autem proximum a diis.*

11. Πάλιν δέ ποτε ὁ Ἀντιφῶν διαλεγόμενος τῷ Σωκράτει εἶπεν, Ὦ Σώκρατες, ἐγώ τοί σε δίκαιον μὲν νομίζω, σοφὸν δὲ οὐδ' ὁπωστιοῦν· δοκεῖς δέ μοι καὶ αὐτὸς τοῦτο γιγνώσκειν· οὐδένα γοῦν τῆς συνουσίας ἀργύριον πράττει. Καίτοι τό γε ἱμάτιον ἢ τὴν οἰκίαν ἢ ἄλλο τι ὧν κέκτησαι νομίζων ἀργυρίου ἄξιον εἶναι οὐδενὶ ἂν μὴ ὅτι προῖκα δοίης, ἀλλ' οὐδ' ἔλαττον τῆς ἀξίας λαβών. 12. Δῆλον δὴ ὅτι εἰ καὶ τὴν συνουσίαν ᾤου τινὸς ἀξίαν εἶναι, καὶ ταύτης ἂν οὐκ ἔλαττον τῆς ἀξίας ἀργύριον ἐπράττου. Δίκαιος μὲν οὖν ἂν εἴης, ὅτι οὐκ ἐξαπατᾷς ἐπὶ πλεονεξίᾳ, σοφὸς δὲ οὐκ ἄν, μηδενός γε ἄξια ἐπιστάμενος. 13. Ὁ δὲ Σωκράτης πρὸς ταῦτα εἶπεν, Ὦ Ἀντιφῶν, παρ' ἡμῖν νομίζεται τὴν ὥραν καὶ τὴν σοφίαν ὁμοίως μὲν καλόν, ὁμοίως δὲ αἰσχρὸν διατίθεσθαι εἶναι. ...Ἐάν... τις ὃν ἂν γνῷ καλόν τε κἀγαθὸν ... ὄντα, φίλον ἑαυτῷ ποιῆται, τοῦτον σώφρονα νομίζομεν· καὶ τὴν σοφίαν ὡσαύτως τοὺς μὲν ἀργυρίου τῷ βουλομένῳ πωλοῦντας σοφιστὰς... ἀποκαλοῦσιν, ὅστις δὲ ὃν ἂν γνῷ εὐφυᾶ ὄντα διδάσκων ὅ τι ἂν ἔχῃ ἀγαθὸν φίλον ποιεῖται, τοῦτον νομίζομεν ἃ τῷ καλῷ κἀγαθῷ πολίτῃ προσήκει, ταῦτα ποιεῖν. 14. Ἐγὼ δ' οὖν καὶ αὐτός, ὦ Ἀντιφῶν, ὥσπερ ἄλλος τις ἢ ἵππῳ ἀγαθῷ ἢ κυνὶ ἢ ὄρνιθι ἥδεται, οὕτω καὶ ἔτι μᾶλλον ἥδομαι φίλοις ἀγαθοῖς, καὶ ἐάν τι ἔχω ἀγαθόν, διδάσκω, καὶ ἄλλοις συνίστημι παρ' ὧν ἂν ἡγῶμαι ὠφελήσεσθαί τι αὐτοὺς εἰς ἀρετήν. Καὶ τοὺς θησαυροὺς τῶν πάλαι σοφῶν ἀνδρῶν, οὓς ἐκεῖνοι κατέλιπον ἐν βιβλίοις γράψαντες, ἀνελίττων κοινῇ σὺν τοῖς φίλοις διέρχομαι, κἄν τι ὁρῶμεν ἀγαθόν, ἐκλεγόμεθα, καὶ μέγα νομίζομεν κέρδος, ἐὰν ἀλλήλοις ὠφέλιμοι γιγνώμεθα. Ἐμοὶ μὲν δὴ ταῦτα ἀκούοντι[8] ἐδόκει

---

8. Ἐμοὶ μὲν ταῦτα ἀκούοντι ἐδόκει. Voilà le résumé du témoignage de Xénophon sur Socrate dans toute sa simplicité et dans toute sa sincérité.

αὐτός τε μακάριος εἶναι καὶ τοὺς ἀκούοντας ἐπὶ καλοκἀγαθίαν ἄγειν.

15. Καὶ πάλιν ποτὲ τοῦ Ἀντιφῶντος ἐρομένου αὐτὸν πῶς ἄλλους μὲν ἡγοῖτο πολιτικοὺς ποιεῖν, αὐτὸς δὲ οὐ πράττοι τὰ πολιτικά, εἴπερ ἐπίσταιτο· Ποτέρως δ' ἂν, ἔφη, ὦ Ἀντιφῶν, μᾶλλον τὰ πολιτικὰ πράττοιμι, εἰ μόνος αὐτὰ πράττοιμι ἢ εἰ ἐπιμελοίμην τοῦ ὡς πλείστους ἱκανοὺς εἶναι πράττειν αὐτά;

VII. — Comment Socrate détournait ses disciples du charlatanisme et de l'ostentation.

1. Ἐπισκεψώμεθα δὲ εἰ καὶ ἀλαζονείας ἀποτρέπων τοὺς συνόντας ἀρετῆς ἐπιμελεῖσθαι προύτρεπεν· ἀεὶ γὰρ ἔλεγεν ὡς οὐκ εἴη καλλίων ὁδὸς ἐπ' εὐδοξίαν ἢ δι' ἧς ἂν τις ἀγαθὸς τοῦτο γένοιτο ὃ καὶ δοκεῖν βούλοιτο. Ὅτι δ' ἀληθῆ ἔλεγεν ὧδ' ἐδίδασκεν· 2. Ἐνθυμώμεθα γάρ, ἔφη, εἴ τις μὴ ὢν ἀγαθὸς αὐλητὴς δοκεῖν βούλοιτο, τί ἂν αὐτῷ ποιητέον εἴη. Ἆρ' οὐ τὰ ἔξω τῆς τέχνης μιμητέον τοὺς ἀγαθοὺς αὐλητάς; καὶ πρῶτον μὲν ὅτι ἐκεῖνοι σκευήν τε καλὴν[1] κέκτηνται καὶ ἀκολούθους πολλοὺς περιάγονται, καὶ τούτῳ ταῦτα ποιητέον· ἔπειτα ὅτι ἐκείνους πολλοὶ ἐπαινοῦσι, καὶ τούτῳ πολλοὺς ἐπαινέτας παρασκευαστέον[2]. Ἀλλὰ μὴν ἔργον γε οὐδαμοῦ ληπτέον, ἢ εὐθὺς ἐλεγχθήσεται γελοῖος ὢν καὶ οὐ μόνον αὐλητὴς κακός, ἀλλὰ καὶ ἄνθρωπος ἀλαζών. Καίτοι πολλὰ μὲν δαπανῶν, μηδὲν δ' ὠφελούμενος, πρὸς δὲ τούτοις κακοδοξῶν, πῶς οὐκ ἐπιπόνως τε καὶ ἀλυσιτελῶς καὶ καταγελάστως βιώσεται;

VII. — 1. Σκευήν τε καλήν. Breitenbach : σκεύη τε καλά.
2. Πολλοὺς ἐπαινέτας παρασκευαστέον. « Lucien, dans son *Maître de rhétorique*, parle ainsi de ces sortes de *claqueurs* : Ayez des amis qui trépignent sans cesse et vous paient ainsi le prix de vos dîners. S'ils s'aperçoivent que vous allez faiblir, ils doivent alors vous tendre la main, et vous ménager, en applaudissant, le temps de retrouver ce que vous voulez dire. Un de vos premiers soins, en effet, est de vous former un chœur dévoué (qui chante avec ensemble)» (Talbot).

3. Ὡς δ' αὔτως εἴ τις βούλοιτο στρατηγὸς ἀγαθὸς μὴ ὢν φαίνεσθαι, ἢ κυβερνήτης, ἐννοῶμεν τί ἂν αὐτῷ συμβαίνοι. Ἆρ' οὐκ ἄν, εἰ μὲν ἐπιθυμῶν τοῦ δοκεῖν ἱκανὸς εἶναι ταῦτα πράττειν μὴ δύναιτο πείθειν, τοῦτ' εἴη λυπηρόν, εἰ δὲ πείσειεν, ἔτι ἀθλιώτερον; δῆθον γὰρ ὅτι κυβερνᾶν κατασταθεὶς ὁ μὴ ἐπιστάμενος ἢ στρατηγεῖν ἀπολέσειεν ἂν οὓς ἥκιστα βούλοιτο καὶ αὐτὸς αἰσχρῶς ἂν καὶ κακῶς ἀπαλλάξειεν. 4. Ὡσαύτως δὲ καὶ τὸ πλούσιον καὶ τὸ ἀνδρεῖον καὶ τὸ ἰσχυρὸν μὴ ὄντα δοκεῖν ἀλυσιτελὲς ἀπέφαινε· προστάττεσθαι γὰρ αὐτοῖς ἔφη μείζω ἢ κατὰ δύναμιν, καὶ μὴ δυναμένους ταῦτα ποιεῖν δοκοῦντας ἱκανοὺς εἶναι συγγνώμης οὐκ ἂν τυγχάνειν. 5. Ἀπατεῶνα δ' ἐκάλει οὐ μικρὸν μὲν εἴ τις ἀργύριον ἢ σκεῦος παρά του πειθοῖ λαβὼν ἀποστεροίη, πολὺ δὲ μέγιστον ὅστις [3] μηδενὸς ἄξιος ὢν ἐξηπατήκει πείθων ὡς ἱκανὸς εἴη τῆς πόλεως ἡγεῖσθαι. [Ἐμοὶ μὲν οὖν ἐδόκει καὶ τοῦ ἀλαζονεύεσθαι ἀποτρέπειν τοὺς συνόντας τοιάδε διαλεγόμενος.]

3. Εἴ τις... ὅστις. Il y a ici une légère nuance marquée par le changement d'expression. On sent que Socrate se retourne contre ses vrais adversaires, les démagogues incapables qui exploitent la crédulité du peuple.

ΞΕΝΟΦΩΝΤΟΣ

ΑΠΟΜΝΗΜΟΝΕΥΜΑΤΩΝ

ΒΙΒΛΙΟΝ ΔΕΥΤΕΡΟΝ

I. — Entretien de Socrate avec Aristippe de Cyrène au sujet des plaisirs et de la tempérance. Apologue de Prodicus.

1. [Ἐδόκει δέ μοι καὶ τοιαῦτα λέγων προτρέπειν τοὺς συνόντας ἀσκεῖν ἐγκράτειαν πρὸς ἐπιθυμίαν[1] βρωτοῦ καὶ ποτοῦ[2] καὶ λαγνείας καὶ ὕπνου καὶ ῥίγους καὶ θάλπους καὶ πόνου.] Γνοὺς δέ[3] τινα τῶν συνόντων ἀκολαστοτέρως ἔχοντα [πρὸς τὰ τοιαῦτα], Εἰπέ μοι, ἔφη, ὦ Ἀρίστιππε[4],

---

I. — 1. Ἐγκράτειαν πρὸς ἐπιθυμίαν. Construction bizarre ; parmi les génitifs qui suivent, les quatre premiers dépendent du mot ἐπιθυμίαν, et les trois autres se rattachent directement à ἐγκράτειαν. — Sauppe met entre crochets les mots : πρὸς ἐπιθυμίαν.

2. Βρωτοῦ καὶ ποτοῦ. Conseils analogues dans les *Maximes* d'Epictète : « Un signe certain d'un esprit lourd, c'est de s'occuper longtemps des soins du corps, de boire longtemps, de manger longtemps, et de donner beaucoup de temps à toutes les autres nécessités corporelles. Toutes ces choses ne doivent pas être le principal, mais l'accessoire de notre vie ; il ne les faut faire que comme en passant ; toute notre application et toute notre attention ne doivent être que pour notre esprit. »

3. Γνοὺς δέ. Δέ est employé ici dans un sens spécial ; il sert de transition pour rattacher à une pensée générale un exemple particulier ; on peut le traduire par *scilicet*. — Breitenbach : γνοὺς γάρ.

4. Ὦ Ἀρίστιππε. Cet Aristippe est le fondateur de l'école cyrénaïque, qui prépara la doctrine épicurienne, comme l'école cynique prépara le stoïcisme. Il naquit à Cyrène, environ 435 ans avant J.-C. Il suivit jusqu'au bout les leçons de Socrate, mais il ne paraît pas s'être entièrement pénétré de son esprit. On voit par cette conversation qu'élevé par une riche famille, il ne s'était point affranchi du goût de la mollesse et du luxe. Sa doctrine se distingue de celle d'Epicure en ce qu'il fait consister le souverain bien dans le plaisir sensuel et actuel. Il semble cependant avoir apporté, lui aussi, certains tempéraments à cette doctrine. Nous voyons par quelques vers d'Horace qu'il savait s'accommoder à toutes les situations de la vie :

Omnis Aristippum decuit status, et color, et res,

εἰ δέοι σε παιδεύειν παραλαβόντα δύο τῶν νέων, τὸν μέν, ὅπως ἱκανὸς ἔσται ἄρχειν, τὸν δ', ὅπως μηδ' ἀντιποιήσεται ἀρχῆς, πῶς ἂν ἑκάτερον παιδεύοις; βούλει σκοπῶμεν, ἀρξάμενοι ἀπὸ τῆς τροφῆς⁵ ὥσπερ ἀπὸ τῶν στοιχείων; — Καὶ ὁ Ἀρίστιππος ἔφη, Δοκεῖ γοῦν μοι ἡ τροφὴ ἀρχὴ εἶναι· οὐδὲ γὰρ ζῴη γ' ἄν τις, εἰ μὴ τρέφοιτο. — 2. Οὐκοῦν⁶ τὸ μὲν βούλεσθαι σίτου ἅπτεσθαι, ὅταν ὥρα ἥκῃ, ἀμφοτέροις εἰκὸς παραγίγνεσθαι; — Εἰκὸς γάρ, ἔφη. — Τὸ οὖν προαιρεῖσθαι τὸ κατεπεῖγον μᾶλλον πράττειν⁷ ἢ τῇ γαστρὶ χαρίζεσθαι πότερον ἂν αὐτῶν ἐθίζοιμεν; — Τὸν εἰς τὸ ἄρχειν, ἔφη, νὴ Δία παιδευόμενον, ὅπως μὴ τὰ τῆς πόλεως ἄπρακτα⁸ γίγνηται παρὰ τὴν ἐκείνου ἀρχήν⁹. — Οὐκοῦν, ἔφη, καὶ ὅταν πιεῖν βούλωνται, τὸ δύνασθαι διψῶντα ἀνέχεσθαι τῷ αὐτῷ προσθετέον; — Πάνυ μὲν οὖν, ἔφη. — 3. Τὸ δὲ ὕπνου ἐγκρατῆ εἶναι, ὥστε δύνασθαι καὶ ὀψὲ κοιμηθῆναι καὶ πρῲ ἀναστῆναι καὶ ἀγρυπνῆσαι, εἴ τι δέοι, ποτέρῳ ἂν προσθεῖμεν; — Καὶ τοῦτο, ἔφη, τῷ αὐτῷ. — Τί δέ, ἔφη, τὸ ἀφροδισίων ἐγκρατῆ εἶναι, ὥστε μὴ διὰ ταῦτα κωλύεσθαι πράττειν, εἴ τι δέοι; — Καὶ τοῦτο, ἔφη, τῷ αὐτῷ. — Τί δέ, τὸ μὴ φεύγειν τοὺς πόνους, ἀλλ' ἐθελοντὴν ὑπομένειν, ποτέρῳ

---

et qu'il avait pour principe de se soumettre les choses plutôt que de se soumettre à elles :

> Nunc in Aristippi furtim præcepta relabor,
> Et mihi res, non me rebus subjungere conor.

Après un voyage en Sicile, à la cour de Denys, tyran de Syracuse, il revint dans sa patrie et y fonda une école qu'il dirigea jusqu'à sa mort.

5. Ἀρξάμενοι ἀπὸ τῆς τροφῆς. C'est ainsi que, dans un autre ordre d'idées, les grands pédagogues des temps modernes, Fénelon dans le *Traité de l'Éducation des filles*, Rousseau dans l'*Émile*, se sont préoccupés d'abord de l'éducation physique.

6. Οὐκοῦν. *Nonne*. S'emploie quand on attend une réponse affirmative.

7. Τὸ κατεπεῖγον πράττειν. *Rem urgentem conficere*.

8. Ἄπρακτα. Inachevées, en suspens. *Infecta, interrupta*.

9. Παρὰ τὴν ἐκείνου ἀρχήν. *Durante ipsius imperio*.

ἂν προσθεῖμεν; — Καὶ τοῦτο, ἔφη, τῷ ἄρχειν παιδευομένῳ.
— Τί δέ, τὸ μαθεῖν[10] εἴ τι ἐπιτήδειόν ἐστι μάθημα πρὸς τὸ κρατεῖν τῶν ἀντιπάλων, ποτέρῳ ἂν προσθεῖναι[11] μᾶλλον πρέποι; — Πολὺ νὴ Δί᾽, ἔφη, τῷ ἄρχειν παιδευομένῳ· καὶ γὰρ τῶν ἄλλων οὐδὲν ὄφελος ἄνευ τῶν τοιούτων μαθημάτων. — 4. [Οὐκοῦν ὁ οὕτω πεπαιδευμένος ἧττον ἂν δοκεῖ σοι ὑπὸ τῶν ἀντιπάλων ἢ τὰ λοιπὰ ζῷα ἁλίσκεσθαι; τούτων γὰρ δήπου τὰ μὲν γαστρὶ δελεαζόμενα, καὶ μάλα ἔνια δυσωπούμενα[12], ὅμως τῇ ἐπιθυμίᾳ τοῦ φαγεῖν ἀγόμενα πρὸς τὸ δέλεαρ ἁλίσκεται, τὰ δὲ ποτῷ ἐνεδρεύεται. — Πάνυ μὲν οὖν, ἔφη. — ..... 5. Οὐκοῦν δοκεῖ σοι αἰσχρὸν εἶναι ἀνθρώπῳ ταὐτὰ πάσχειν τοῖς ἀφρονεστάτοις τῶν θηρίων; — ..... Ἔμοιγε δοκεῖ, ἔφη. — 6. Τὸ δὲ εἶναι μὲν τὰς ἀναγκαιοτάτας πλείστας πράξεις τοῖς ἀνθρώποις ἐν ὑπαίθρῳ, οἷον τάς τε πολεμικὰς καὶ τὰς γεωργικάς[13] καὶ τῶν ἄλλων οὐ τὰς ἐλαχίστας, τοὺς δὲ πολ-

---

10. Τὸ μαθεῖν, εἴ τι. Cette locution n'a pas précisément un sens conditionnel ; on devra la traduire ainsi : *apprendre tout ce qui peut être utile pour...* De même, en latin : *discere, si qua disciplina sit ad vincendos hostes idonea.*
11. Προσθεῖναι, et non προσεῖναι, comme portent en général les anciennes éditions. Cette leçon est réclamée par tout le contexte. Προστιθέναι a ici le sens de donner à quelqu'un par l'éducation une qualité ou une faculté qui lui manque. Or, Socrate a exprimé plusieurs fois cette idée : auquel des deux faut-il donner l'habitude de vaincre le sommeil, d'affronter les dangers? etc.; ποτέρῳ προσθετέον; et Aristippe a toujours répondu : au même, τῷ αὐτῷ, c'est-à-dire à celui qu'on élève pour être capable de commander. La même question se reproduit ici à propos de la science nécessaire pour triompher de ses rivaux, et il est tout naturel qu'elle se présente encore sous la même forme.
12. Δυσωπούμενα. *Ayant des soupçons.* Littéralement : lançant des regards farouches, des regards obliques. C'est l'expression naturelle de la défiance. Voir Darwin : *l'Expression des émotions.*
13. Καὶ τὰς γεωργικάς. Les travaux de l'agriculture exigent qu'on soit endurci à supporter le froid et le chaud ; mais eux-mêmes nous y endurcissent : Voir l'*Économique*, ch. v : « L'agriculture nous apprend à supporter les froids de l'hiver et les chaleurs de l'été ; l'exercice qu'elle impose à ceux qui cultivent la terre de leurs mains leur donne de la vigueur ; et quant à ceux qui surveillent les travaux, elle les trempe virilement en les éveillant de bon matin et en leur faisant faire de longues marches. »

λοὺς ἀγυμνάστως ἔχειν πρός τε ψύχη καὶ θάλπη, οὐ δοκεῖ σοι πολλὴ ἀμέλεια εἶναι; — Συνέφη καὶ τοῦτο. — 7. Οὐκοῦν δοκεῖ σοι τὸν μέλλοντα ἄρχειν ἀσκεῖν δεῖν καὶ ταῦτα εὐπετῶς φέρειν; — Πάνυ μὲν οὖν, ἔφη.] — Οὐκοῦν εἰ τοὺς ἐγκρατεῖς τούτων ἁπάντων εἰς τοὺς ἀρχικοὺς τάττομεν, τοὺς ἀδυνάτους ταῦτα ποιεῖν εἰς τοὺς μηδ' ἀντιποιησομένους τοῦ ἄρχειν τάξομεν; — Συνέφη καὶ τοῦτο. — Τί οὖν; ἐπειδὴ καὶ τούτων ἑκατέρου τοῦ φύλου τὴν τάξιν οἶσθα, ἤδη ποτ' ἐπεσκέψω εἰς ποτέραν τῶν τάξεων τούτων σαυτὸν δικαίως ἂν τάττοις; — 8. Ἔγωγ', ἔφη ὁ Ἀρίστιππος, καὶ οὐδαμῶς γε τάττω ἐμαυτὸν εἰς τὴν τῶν ἄρχειν βουλομένων τάξιν. — Καὶ γὰρ πάνυ μοι δοκεῖ ἄφρονος ἀνθρώπου εἶναι[14] τὸ μεγάλου ἔργου ὄντος τοῦ ἑαυτῷ τὰ δέοντα παρασκευάζειν μὴ ἀρκεῖν τοῦτο, ἀλλὰ προσαναθέσθαι τὸ καὶ τοῖς ἄλλοις πολίταις ὧν δέονται πορίζειν· καὶ ἑαυτῷ μὲν πολλὰ ὧν βούλεται ἐλλείπειν, τῆς δὲ πόλεως προεστῶτα, ἐὰν μὴ πάντα ὅσα ἡ πόλις βούλεται καταπράττῃ[15], τούτου δίκην ὑπέχειν, τοῦτο πῶς οὐ πολλὴ ἀφροσύνη ἐστί; 9. Καὶ γὰρ ἀξιοῦσιν[16] αἱ πόλεις τοῖς ἄρχουσιν ὥσπερ ἐγὼ τοῖς οἰκέταις χρῆσθαι. Ἐγώ τε γὰρ ἀξιῶ τοὺς θεράποντας ἐμοὶ μὲν ἄφθονα τὰ ἐπιτήδεια παρασκευάζειν, αὐτοὺς δὲ μηδενὸς τούτων ἅπτεσθαι, αἵ τε πόλεις οἴονται χρῆναι τοὺς ἄρχοντας ἑαυταῖς μὲν ὡς πλεῖστα ἀγαθὰ πορίζειν, αὐτοὺς δὲ πάντων τούτων ἀπέχεσθαι. Ἐγὼ οὖν τοὺς μὲν βουλομένους πολλὰ πράγματα ἔχειν αὐτούς τε[17] καὶ ἄλλοις παρέχειν[18]

14. Πάνυ ἄφρονος ἀνθρώπου εἶναι. Les Epicuriens développeront plus tard cette théorie et recommanderont au sage de se tenir à l'écart des affaires publiques.
15. Ἐὰν μὴ πάντα καταπράττῃ. Ce sentiment d'Aristippe s'explique d'ailleurs par les caprices et les violences de la démocratie athénienne.
16. Ἀξιοῦσιν. *Emettent la prétention...*
17. Ἔχειν αὐτούς τε. Leçon préférable à ἔχειν αὐτοῖς τε. Dans cette dernière leçon, la place de l'enclitique τε s'explique plus difficilement.
18. Καὶ ἄλλοις παρέχειν. Aristippe parle ici avec un sentiment de

οὕτως ἂν παιδεύσας εἰς τοὺς ἀρχικοὺς καταστήσαιμι· ἐμαυτόν γε μέντοι τάττω εἰς τοὺς βουλομένους ᾖ ῥᾷστά τε καὶ ἥδιστα βιοτεύειν. — 10. Καὶ ὁ Σωκράτης ἔφη, Βούλει οὖν καὶ τοῦτο σκεψώμεθα, πότεροι ἥδιον ζῶσιν, οἱ ἄρχοντες ἢ οἱ ἀρχόμενοι; — Πάνυ μὲν οὖν, ἔφη. — Πρῶτον μὲν τοίνυν τῶν ἐθνῶν ὧν ἡμεῖς ἴσμεν ἐν μὲν τῇ Ἀσίᾳ Πέρσαι μὲν ἄρχουσιν, ἄρχονται δὲ Σύροι καὶ Φρύγες καὶ Λυδοί· ἐν δὲ τῇ Εὐρώπῃ Σκύθαι μὲν ἄρχουσι, Μαιῶται[19] δὲ ἄρχονται· ἐν δὲ τῇ Λιβύῃ Καρχηδόνιοι[20] μὲν ἄρχουσι, Λίβυες δὲ ἄρχονται. Τούτων οὖν ποτέρους ἥδιον οἴει ζῆν; ἢ τῶν Ἑλλήνων, ἐν οἷς καὶ αὐτὸς εἶ, πότεροί σοι δοκοῦσιν ἥδιον, οἱ κρατοῦντες ἢ οἱ κρατούμενοι, ζῆν; — 11. Ἀλλ' ἐγώ τοι, ἔφη ὁ Ἀρίστιππος, οὐδὲ εἰς τὴν δουλείαν[21] ἐμαυτὸν τάττω, ἀλλ' εἶναί τίς μοι δοκεῖ μέση τούτων ὁδός, ἣν πειρῶμαι βαδίζειν, οὔτε δι' ἀρχῆς οὔτε διὰ δουλείας, ἀλλὰ δι' ἐλευθερίας[22], ἥπερ μάλιστα πρὸς εὐδαιμονίαν ἄγει. — 12. Ἀλλ' εἰ μέν, ἔφη ὁ Σωκράτης, ὥσπερ οὔτε δι' ἀρχῆς οὔτε διὰ δουλείας ἡ ὁδὸς αὕτη φέρει, οὕτω μηδὲ δι' ἀνθρώπων[23], ἴσως ἄν τι λέγοις· εἰ μέντοι ἐν ἀνθρώποις ὢν μήτε ἄρχειν ἀξιώσεις μήτε ἄρχεσθαι μηδὲ τοὺς ἄρχοντας ἑκὼν θεραπεύσεις, οἶμαί σε ὁρᾶν ὡς ἐπίστανται οἱ κρείττονες τοὺς ἥττονας καὶ κοινῇ καὶ ἰδίᾳ κλά-

mépris. Epicure, d'après Diogène Laërce, employait les mêmes termes, mais avec une négation, pour exprimer son idéal de la divinité : Τὸ μακάριον καὶ ἄφθαρτον οὔτε αὐτὸ πράγματα ἔχει οὔτε ἄλλῳ παρέχει.

19. Μαιῶται. Les Méotes, qui ont donné leur nom au Palus-Méotis, aujourd'hui mer d'Azof.

20. Καρχηδόνιοι. Les Carthaginois.

21. Οὐδὲ εἰς τὴν δουλείαν. Sauppe et Breitenbach ajoutent αὖ : par un excès contraire ; en me jetant à l'autre extrémité.

22. Δι' ἐλευθερίας. Seuls parmi les philosophes de l'antiquité grecque, les Epicuriens ont conçu nettement la liberté comme un principe de détermination intérieure par lequel l'homme se dérobe au joug de la nécessité et se fait l'artisan de son propre bonheur.

23. Οὕτως μηδὲ δι' ἀνθρώπων. Il est bien difficile, ayant à vivre parmi les hommes, de n'être à aucun degré ni maître ni sujet. Socrate, en développant cette idée, va signaler toutes les horreurs de la lutte pour l'existence et de l'oppression des faibles par les forts.

οντας καθίσαντες δούλοις χρῆσθαι. 13. Ἢ λανθάνουσί σε οἱ ἄλλων σπειράντων καὶ φυτευσάντων τόν τε σῖτον τέμνοντες καὶ δενδροκοποῦντες καὶ πάντα τρόπον πολιορκοῦντες[24] τοὺς ἥττονας καὶ μὴ θέλοντας θεραπεύειν, ἕως ἂν πείσωσιν ἑλέσθαι δουλεύειν ἀντὶ τοῦ πολεμεῖν τοῖς κρείττοσι; καὶ ἰδίᾳ αὖ οἱ ἀνδρεῖοι καὶ δυνατοὶ τοὺς ἀνάνδρους καὶ ἀδυνάτους οὐκ οἶσθ' ὅτι καταδουλωσάμενοι καρποῦνται; — Ἀλλ' ἐγώ τοι, ἔφη, ἵνα μὴ πάσχω ταῦτα, οὐδ' εἰς πολιτείαν ἐμαυτὸν κατακλείω[25], ἀλλὰ ξένος πανταχοῦ εἰμι. — 14. Καὶ ὁ Σωκράτης ἔφη, Τοῦτο μέντοι ἤδη λέγεις δεινὸν πάλαισμα[26]. Τοὺς γὰρ ξένους ἐξ οὗ ὅ τε Σίνις[27] καὶ ὁ Σκείρων[28] καὶ ὁ Προκρούστης[29] ἀπέθανον οὐδεὶς ἔτι ἀδικεῖ· ἀλλὰ νῦν οἱ μὲν πολιτευόμενοι ἐν ταῖς πατρίσι καὶ νόμους τίθενται, ἵνα μὴ ἀδικῶνται, καὶ

24. Πολιορκοῦντες. Faisant subir les mêmes mauvais traitements que dans une ville prise d'assaut.
25. Οὐδ' εἰς πολιτείαν ἐμαυτὸν κατακλείω. Encore un contre-sens de Gail ; Je ne tiens à aucun gouvernement. Le véritable sens est : *Je ne m'enferme pas dans l'enceinte d'une cité.* On voit ici l'ébauche du cosmopolitisme que professeront bientôt les Epicuriens et les Stoïciens.
26. Πάλαισμα (de παλαίστρα), artifice de lutteur. *Voilà, en vérité, un merveilleux artifice.* Cette phrase et la suivante sont ironiques.
27. Σίνις, *Sinis*, géant qui ravageait par ses brigandages les environs de Corinthe. On le surnommait le *ployeur de pins.* Quand il s'était emparé d'un voyageur, il courbait deux pins, attachait à chacun un bras et une jambe de sa victime, et lâchait en même temps les deux arbres, qui déchiraient et emportaient les membres qu'il y avait attachés. Thésée lui fit subir à son tour le même supplice. *Voir* dans Plutarque, *Vie de Thésée,* chapitre VII, le touchant épisode de Thésée et de Périgone, fille de Sinis.
28. Σκείρων. *Sciron*, autre brigand, qui désolait les confins de Mégare. Plutarque raconte (*Vie de Thésée,* ch. IX) qu'après avoir pillé les étrangers, il les forçait à lui laver les pieds, et, pendant qu'ils le faisaient, il les lançait d'un coup de pied dans la mer.
29. Προκρούστης. *Procruste ;* on dit souvent, mais à tort, Procuste. Ce brigand ravageait les environs d'Hermione, à peu de distance d'Eleusis. Il étendait les voyageurs sur un lit de fer et allongeait leurs jambes à l'aide de cordes, si elles étaient trop courtes, on en coupait l'extrémité, si elles étaient trop longues. Thésée lui fit subir le même supplice (Plutarque : *Vie de Thésée,* ch. X). L'histoire de ces trois brigands est racontée aussi dans les *Métamorphoses* d'Ovide, VII, 440 et suiv.

φίλους πρὸς τοῖς ἀναγκαίοις καλουμένοις[30] ἄλλους κτῶνται βοηθούς, καὶ ταῖς πόλεσιν ἐρύματα περιβάλλονται, καὶ ὅπλα κτῶνται οἷς ἀμυνοῦνται τοὺς ἀδικοῦντας, καὶ πρὸς τούτοις ἄλλους ἔξωθεν συμμάχους κατασκευάζονται· καὶ οἱ μὲν ταῦτα πάντα κεκτημένοι ὅμως ἀδικοῦνται· 15. Σὺ δὲ οὐδὲν μὲν τούτων ἔχων, ἐν δὲ ταῖς ὁδοῖς, ἔνθα πλεῖστοι ἀδικοῦνται, πολὺν χρόνον διατρίβων, εἰς ὁποίαν δ' ἂν πόλιν ἀφίκῃ, τῶν πολιτῶν πάντων ἥττων ὢν καὶ τοιοῦτος οἵοις μάλιστα ἐπιτίθενται οἱ βουλόμενοι ἀδικεῖν, ὅμως διὰ τὸ ξένος εἶναι οὐκ ἂν οἴει ἀδικηθῆναι[31]; ἢ διότι αἱ πόλεις σοι κηρύττουσιν ἀσφάλειαν καὶ προσιόντι καὶ ἀπιόντι, θαρρεῖς; ἢ διότι καὶ δοῦλος ἂν οἴει τοιοῦτος εἶναι οἷος μηδενὶ δεσπότῃ λυσιτελεῖν; τίς γὰρ ἂν ἐθέλοι ἄνθρωπον ἐν οἰκίᾳ ἔχειν πονεῖν μὲν μηδὲν ἐθέλοντα, τῇ δὲ πολυτελεστάτῃ διαίτῃ χαίροντα; 16. Σκεψώμεθα δὲ καὶ τοῦτο, πῶς οἱ δεσπόται τοῖς τοιούτοις οἰκέταις χρῶνται. Ἆρα οὐ τὴν μὲν λαγνείαν αὐτῶν τῷ λιμῷ σωφρονίζουσι; κλέπτειν δὲ κωλύουσιν ἀποκλείοντες ὅθεν ἄν τι λαβεῖν ᾖ; τοῦ δὲ δραπετεύειν δεσμοῖς ἀπείργουσι; τὴν ἀργίαν δὲ πληγαῖς ἐξαναγκάζουσιν; ἢ σὺ πῶς ποιεῖς, ὅταν τῶν οἰκετῶν τινα τοιοῦτον ὄντα καταμανθάνῃς; — 17. Κολάζω, ἔφη, πᾶσι κακοῖς, ἕως ἂν δουλεύειν ἀναγκάσω. Ἀλλὰ γάρ[32], ὦ Σώκρατες, οἱ εἰς τὴν βασιλικὴν τέχνην παιδευόμενοι, ἣν δοκεῖς μοι σὺ νομίζειν εὐδαιμονίαν εἶναι, τί διαφέρουσι τῶν ἐξ ἀνάγκης κακοπαθούντων, εἴ γε πεινήσουσι καὶ

---

30. Πρὸς τοῖς ἀναγκαίοις καλουμένοις. En outre des amis qu'on nomme nécessaires, c'est-à-dire de ceux qu'on ne choisit pas, mais qu'on reçoit de la nature ; ce sont les parents.
31. Οὐκ ἂν οἴει ἀδικηθῆναι; Οὐκ ἂν se rapporte à ἀδικηθῆναι, Penses-tu être à l'abri des injustices ? — Un peu plus loin : Δοῦλος ἂν οἴει τοιοῦτος εἶναι; te dis-tu à toi-même (pour te rassurer), que tu serais un si mauvais esclave qu'aucun maître ne pourrait tirer profit de toi ?
32. Ἀλλὰ γάρ. Formule que l'on emploie pour répondre à une objection, ou pour en faire une soi-même.

διψήσουσι καὶ ῥιγώσουσι καὶ ἀγρυπνήσουσι καὶ τἆλλα
πάντα μοχθήσουσιν ἑκόντες; [ἐγώ μὲν γὰρ οὐκ οἶδ᾽
ὅ τι διαφέρει τὸ αὐτὸ δέρμα ἑκόντα ἢ ἄκοντα μαστι-
γοῦσθαι ἢ ὅλως τὸ αὐτὸ σῶμα πᾶσι τοῖς τοιούτοις ἑκόντα
ἢ ἄκοντα πολιορκεῖσθαι, ἄλλο γε ἢ [ὅτι] ἀφροσύνη πρόσεστι[33] τῷ θέλοντι τὰ λυπηρὰ ὑπομένειν;] — 18. Τί δέ,
ὦ Ἀρίστιππε, ὁ Σωκράτης ἔφη, οὐ δοκεῖ σοι τῶν τοιούτων
διαφέρειν τὰ ἑκούσια τῶν ἀκουσίων[34], ᾗ ὁ μὲν ἑκὼν πεινῶν φάγοι ἂν ὁπότε βούλοιτο καὶ ὁ ἑκὼν διψῶν πίοι καὶ
τἆλλα ὡσαύτως, τῷ δ᾽ ἐξ ἀνάγκης ταῦτα πάσχοντι οὐκ
ἔξεστιν ὁπόταν βούληται παύεσθαι; ἔπειτα ὁ μὲν ἑκουσίως
ταλαιπωρῶν ἐπ᾽ ἀγαθῇ ἐλπίδι πονῶν εὐφραίνεται, οἷον οἱ
τὰ θηρία θηρῶντες ἐλπίδι τοῦ λήψεσθαι ἡδέως μοχθοῦσι.
19. Καὶ τὰ μὲν τοιαῦτα ἆθλα τῶν πόνων μικροῦ τινος
ἄξιά ἐστι· τοὺς δὲ πονοῦντας ἵνα φίλους ἀγαθοὺς κτή-
σωνται, ἢ ὅπως ἐχθροὺς χειρώσονται, ἢ ἵνα δυνατοὶ γενόμενοι καὶ τοῖς σώμασι καὶ ταῖς ψυχαῖς καὶ τὸν ἑαυτῶν
οἶκον καλῶς οἰκῶσι καὶ τοὺς φίλους εὖ ποιῶσι καὶ τὴν
πατρίδα εὐεργετῶσι, πῶς οὐκ οἴεσθαι χρὴ τούτους[35] καὶ
πονεῖν ἡδέως[36] εἰς τὰ τοιαῦτα καὶ ζῆν εὐφραινομένους[37],

33. Ἄλλο γε ἢ ἀφροσύνη πρόσεστι; ceux qui affrontent volontairement des épreuves ont-ils quelque autre avantage que d'être fous par-
dessus le marché? — Toute cette phrase est supprimée par Dindorf.
34. Τῶν τοιούτων διαφέρειν τὰ ἑκούσια τῶν ἀκουσίων. Que, parmi
ces souffrances, celles qui sont volontaires diffèrent de celles qui sont
involontaires.
35. Τοὺς δὲ πονοῦντας ἵνα... τούτους. Pléonasme nécessaire en
français comme en grec pour reprendre en une fois et condenser toute
la pensée. Ce n'est même pas, à proprement parler, un pléonasme.
A toute opération de la pensée il faut une *marque* dans le langage; or,
quand on a énuméré un certain nombre de cas, de personnes ou de
choses, et qu'ensuite il s'agit de porter un jugement en bloc sur ces
choses, l'opération intellectuelle, la *synthèse* par laquelle on les ras-
semble en un seul concept, exige un mot spécial qui la fixe et qui
l'exprime. Ce mot n'est pas une répétition et une redondance; il a son
rôle légitime dans la phrase.
36. Πονεῖν ἡδέως. *La douceur dans la peine*, comme la joie dans les
larmes. Sur toutes les circonstances si variées dans lesquelles le plaisir
et la douleur se mêlent et se tempèrent réciproquement, ainsi que sur

ἀγαμένους μὲν ἑαυτούς, ἐπαινουμένους δὲ καὶ ζηλουμένους ὑπὸ τῶν ἄλλων; 20. Ἔτι δὲ αἱ μὲν ῥᾳδιουργίαι[38] καὶ ἐκ τοῦ παραχρῆμα ἡδοναὶ οὔτε σώματι εὐεξίαν ἱκαναί εἰσιν ἐνεργάζεσθαι, ὥς φασιν οἱ γυμνασταί, οὔτε ψυχῇ ἐπιστήμην ἀξιόλογον οὐδεμίαν ἐμποιοῦσιν, αἱ δὲ διὰ καρτερίας ἐπιμέλειαι τῶν καλῶν τε κἀγαθῶν ἔργων ἐξικνεῖσθαι ποιοῦσιν, ὥς φασιν οἱ ἀγαθοὶ ἄνδρες. Λέγει δέ που καὶ Ἡσίοδος,

Τὴν μὲν γὰρ κακότητα καὶ ἰλαδὸν ἔστιν ἑλέσθαι
ῥηϊδίως· λείη μὲν ὁδός, μάλα δ' ἐγγύθι ναίει.
Τῆς δ' ἀρετῆς ἱδρῶτα θεοὶ προπάροιθεν ἔθηκαν
ἀθάνατοι· μακρὸς δὲ καὶ ὄρθιος οἶμος ἐς αὐτήν
καὶ τρηχὺς τὸ πρῶτον· ἐπὴν δ' εἰς ἄκρον ἵκηαι,
ῥηϊδίη δὴ ἔπειτα πέλει, χαλεπή περ ἐοῦσα[39].

Μαρτυρεῖ δὲ καὶ Ἐπίχαρμος[40] ἐν τῷδε·

Τῶν πόνων πωλοῦσιν ἡμῖν πάντα τἀγάθ' οἱ θεοί[41].

Καὶ ἐν ἄλλῳ δὲ [τόπῳ] φησίν,

l'explication philosophique de ces faits, Voir Bouillier : *le Plaisir et la douleur*. Hachette, 1877.

37. Καὶ ζῆν εὐφραινομένους. Non seulement pour les raisons qui viennent d'être signalées, c'est-à-dire à cause de la grandeur ou de l'utilité des fins qu'ils poursuivent, mais encore à cause de la conscience qu'ils acquièrent de leur énergie, et du sentiment de sécurité que cela leur donne pour l'avenir. En effet, l'homme qui a dompté une fois la douleur en l'affrontant volontairement est désormais sûr de n'être jamais surpris et abattu par elle. Sur ce point, les Stoïciens ont mieux compris la liberté que les Épicuriens. L'homme qui est capable de jouer avec la souffrance n'a plus rien à en craindre ; il est libre en face d'elle.

38. Αἱ ῥᾳδιουργίαι. Les habitudes de mollesse. Ῥᾴδιον et ἔργον.

39. Χαλεπή περ ἐοῦσα. Vers d'Hésiode : *Travaux et Jours* 287-292. Il y a surtout dans ces vers une très belle pensée, souvent citée : Τῆς δ' ἀρετῆς ἱδρῶτα θεοί... *Virtuti vero sudorem dii anteposuerunt immortales*. Le sens des derniers vers est que la route de la vertu est d'abord âpre ; ensuite, à mesure qu'on approche du sommet, sans cesser d'être rude, elle paraît de plus en plus facile, parce qu'on s'y est habitué, parce que les muscles se sont assouplis.

40. Ἐπίχαρμος. Épicharme de Cos, florissait à Syracuse dans la seconde moitié du cinquième siècle avant J.-C. Il fut le père de la comédie sicilienne ; il ne nous reste plus que quelques fragments des dix volumes de comédies d'Épicharme qui avaient été recueillies par Apollodore. — Dindorf met entre crochets ces deux citations d'Épicharme.

41. Τἀγάθ' οἱ θεοί. Les dieux nous vendent les biens au prix de la

Ὦ πονηρέ, μὴ τὰ μαλακὰ ῥῶσο, μὴ τὰ σκληρ' ἔγχς.[42]

21. Καὶ Πρόδικος[43] δὲ ὁ σοφὸς ἐν τῷ συγγράμματι τῷ περὶ Ἡρακλέους[44], ὅπερ δὴ καὶ πλείστοις ἐπιδείκνυται, ὡσαύτως περὶ τῆς ἀρετῆς ἀποφαίνεται, ὧδέ πως λέγων, ὅσα ἐγὼ μέμνημαι[45]. Φησὶ γὰρ Ἡρακλέα, ἐπεὶ ἐκ παίδων εἰς ἥβην ὡρμᾶτο, ἐν ᾗ οἱ νέοι ἤδη αὐτοκράτορες[46] γενόμενοι δηλοῦσιν εἴτε τὴν δι' ἀρετῆς ὁδὸν τρέψονται ἐπὶ τὸν βίον εἴτε τὴν διὰ κακίας, ἐξελθόντα εἰς ἡσυχίαν καθῆ-

fatigue. Ce vers a été traduit ou imité de diverses manières. Horace a dit :

Nil sine magno
Vita labore dedit mortalibus.

Voltaire a écrit :

Le bonheur est un bien que nous vend la nature.

M. Talbot n'a eu qu'à modifier légèrement ce vers pour en tirer une bonne traduction de la pensée d'Épicharme :

Le bonheur est un bien que nous vendent les dieux.

Florian a dit aussi quelque part : Souvenez-vous

Que sans un peu de peine il n'est pas de plaisir.

42. Μὴ τὰ σκληρ' ἔγχς. *Insensé, ne cherche pas la mollesse, si tu ne veux pas trouver la douleur*. Pensée analogue de Vauvenargues : L'oisiveté nous lasse plus promptement que le travail.
43. Πρόδικος. *Prodicus de Céos*, rhéteur célèbre, disciple de Protagoras. Xénophon l'appelle ici ὁ σοφός ; Socrate dit également de lui, dans le *Protagoras* : « Je souhaitais avec une extrême passion de l'entendre ; car il me paraissait un homme très sage, ou plutôt un homme divin. » Platon, qui le signale souvent et l'attaque quelquefois, ne parle jamais de lui qu'avec estime. Les commentateurs qui, sur la foi de Platon, ont le plus vivement attaqué la sophistique le représentent comme « le plus innocent des sophistes. » On l'a cependant accusé de nier l'existence des dieux, et Aristophane le tourne en ridicule dans les *Oiseaux* et dans les *Nuées*.
44. Ἐν τῷ συγγράμματι τῷ περὶ τοῦ Ἡρακλέους. Prodicus avait composé sous ce tire : Ὧραι, un recueil de déclamations dont le passage le plus célèbre est le « *Choix d'Hercule ou Hercule au carrefour*, si célèbre dans toute l'antiquité. Cicéron l'a résumé dans le *De Officiis*, I, 32, et saint Basile en a fait l'éloge au chapitre IV de son *Discours aux jeunes gens sur la lecture des auteurs païens*.
45. Ὅσα ἐγὼ μέμνημαι. *Quantum memini*.
46. Αὐτοκράτορες. *Maîtres d'eux-mêmes*.

σθαι ἀποροῦντα⁴⁷ ποτέραν τῶν ὁδῶν τράπηται· 22. Καὶ φανῆναι αὐτῷ δύο γυναῖκας προσιέναι μεγάλας, τὴν μὲν ἑτέραν εὐπρεπῆ τε ἰδεῖν καὶ ἐλευθέριον φύσει, κεκοσμημένην τὸ μὲν χρῶμα καθαρειότητι, τὰ δὲ ὄμματα αἰδοῖ, τὸ δὲ σχῆμα σωφροσύνῃ, ἐσθῆτι δὲ λευκῇ, τὴν δ' ἑτέραν τεθραμμένην μὲν εἰς πολυσαρκίαν τε καὶ ἁπαλότητα, κεκαλλωπισμένην δὲ τὸ μὲν χρῶμα⁴⁸ ὥστε λευκοτέραν τε καὶ ἐρυθροτέραν τοῦ ὄντος δοκεῖν φαίνεσθαι⁴⁹, τὸ δὲ σχῆμα ὥστε δοκεῖν ὀρθοτέραν τῆς φύσεως εἶναι, τὰ δὲ ὄμματα ἔχειν ἀναπεπταμένα⁵⁰, ἐσθῆτα δὲ ἐξ ἧς ἂν μάλιστα ἡ ὥρα διαλάμποι· κατασκοπεῖσθαι δὲ θαμὰ ἑαυτήν, ἐπισκοπεῖν δὲ καὶ εἴ τις ἄλλος αὐτὴν θεᾶται, πολλάκις δὲ καὶ εἰς τὴν ἑαυτῆς σκιὰν ἀποβλέπειν. 23. Ὡς δ' ἐγένοντο πλησιαίτερον τοῦ Ἡρακλέους, τὴν μὲν πρόσθεν ῥηθεῖσαν ἰέναι τὸν αὐτὸν τρόπον, τὴν δ' ἑτέραν φθάσαι βουλομένην προσδραμεῖν τῷ Ἡρακλεῖ καὶ εἰπεῖν, Ὁρῶ σε, ὦ Ἡράκλεις, ἀποροῦντα ποίαν ὁδὸν ἐπὶ τὸν βίον τράπῃ. Ἐὰν οὖν ἐμὲ φίλην ποιήσῃ, [ἐπὶ] τὴν ἡδίστην τε καὶ ῥᾴστην ὁδὸν ἄξω σε, καὶ τῶν μὲν τερπνῶν οὐδενὸς ἄγευστος ἔσει, τῶν δὲ χαλεπῶν ἄπειρος διαβιώσει. 24. Πρῶτον μὲν γὰρ οὐ πολέμων οὐδὲ πραγμάτων φροντιεῖς, ἀλλὰ σκοπούμενος διοίσει τί ἂν κεχαρισμένον ἢ σιτίον ἢ ποτὸν εὕροις, ἢ τί ἂν ἰδὼν ἢ

---

47. Ἀποροῦντα. Cicéron a traduit plusieurs de ces traits : *Herculem Prodicium dicunt, ut est apud Xenophontem, quum primum pubesceret (quod tempus a natura ad deligendum quam quisque viam vivendi sit ingressurus datum est), exiisse in solitudinem, atque ibi sedentem diu secum multumque dubitasse, quum duas cerneret vias, unam Voluptatis, alteram Virtutis, utram ingredi melius esset.*

48. Κεκαλλωπισμένην τὸ χρῶμα. Il y a des traits analogues dans une description de la Volupté, en parallèle avec la Vertu, au chapitre vii du *De Vita beata* de Sénèque : *Mollem, enervem, mero atque unguento madentem, pallidam aut fucatam et medicamentis pollinctam.*

49. Λευκοτέραν τοῦ ὄντος δοκεῖν φαίνεσθαι. Horace, *Sat.*, I, 3, v. 124 :

Nec magis alba velit, quam det natura, videri.

50. Ἀναπεπταμένα. Largement ouverts. Πέπταμαι, forme habituelle du parfait passif de πετάννυμι.

ἀκούσας τερφθείης, ἢ τίνων ἂν ὀσφραινόμενος ἢ ἁπτόμενος ἡσθείης, τίσι δὲ ὁμιλῶν μάλιστ' ἂν εὐφρανθείης, καὶ πῶς ἂν μαλακώτατα καθεύδοις, καὶ πῶς ἂν ἀπονώτατα τούτων πάντων τυγχάνοις. 25. Ἐὰν δέ ποτε γένηταί τις ὑποψία σπάνεως ἀφ' ὧν ἔσται ταῦτα, οὐ φόβος μή σε ἀγάγω ἐπὶ τὸ πονοῦντα καὶ ταλαιπωροῦντα τῷ σώματι καὶ τῇ ψυχῇ ταῦτα πορίζεσθαι, ἀλλ' οἷς ἂν οἱ ἄλλοι ἐργάζωνται, τούτοις[51] σὺ χρήσει, οὐδενὸς ἀπεχόμενος ὅθεν ἂν δυνατὸν ᾖ τι κερδᾶναι. Πανταχόθεν γὰρ ὠφελεῖσθαι τοῖς ἐμοὶ συνοῦσιν ἐξουσίαν ἐγὼ παρέχω. — 26. Καὶ ὁ Ἡρακλῆς ἀκούσας ταῦτα, Ὦ γύναι, ἔφη, ὄνομα δέ σοι τί ἐστιν; — Ἡ δέ, Οἱ μὲν ἐμοὶ φίλοι, ἔφη, καλοῦσί με Εὐδαιμονίαν, οἱ δὲ μισοῦντές με ὑποκοριζόμενοι ὀνομάζουσι Κακίαν[52]. — 27. Καὶ ἐν τούτῳ ἡ ἑτέρα γυνὴ προσελθοῦσα εἶπε, Καὶ ἐγὼ ἥκω πρὸς σέ, ὦ Ἡράκλεις, εἰδυῖα τοὺς γεννήσαντάς σε καὶ τὴν φύσιν τὴν σὴν ἐν τῇ παιδείᾳ καταμαθοῦσα, ἐξ ὧν ἐλπίζω, εἰ τὴν πρὸς ἐμὲ ὁδὸν τράποιο, σφόδρ' ἄν σε τῶν καλῶν καὶ σεμνῶν ἀγαθὸν ἐργάτην γενέσθαι καὶ ἐμὲ ἔτι πολὺ ἐντιμοτέραν καὶ ἐπ' ἀγαθοῖς διαπρεπεστέραν φανῆναι. Οὐκ ἐξαπατήσω δέ σε προοιμίοις ἡδονῆς, ἀλλ' ᾗπερ οἱ θεοὶ διέθεσαν τὰ ὄντα διηγήσομαι μετ' ἀληθείας. 28. Τῶν γὰρ ὄντων[53] ἀγαθῶν καὶ καλῶν οὐδὲν ἄνευ πόνου καὶ ἐπιμελείας οἱ θεοὶ διδόασιν ἀνθρώποις, ἀλλ' εἴτε[54] τοὺς θεοὺς ἵλεως εἶναί σοι βούλει,

---

51. Οἷς... τούτοις, par attraction, pour ἅ... τούτοις.
52. Κακίαν. M. Talbot traduit par le mot *Perversité*. Il y a bien dans ce qui précède certains traits qui se rapportent à la perversité ; ceux-ci, par exemple : *Tu tireras profit du labeur des autres... Je donne à ceux qui me suivent la faculté de prendre partout leurs avantages.* Mais on ne saurait contester que la plupart des développements se rapportent à la Mollesse, en opposition avec la Force, ou, si l'on veut, à la flatterie, en opposition avec la vérité. Il est donc préférable de traduire par le mot *Mollesse*.
53. Ὄντων. Vrais, réels.
54. Εἴτε. Ici commence une magnifique période. On comprend l'admi-

θεραπευτέον τοὺς θεούς, εἴτε ὑπὸ φίλων ἐθέλεις ἀγαπᾶσθαι, τοὺς φίλους εὐεργετητέον, εἴτε ὑπό τινος πόλεως ἐπιθυμεῖς τιμᾶσθαι, τὴν πόλιν ὠφελητέον, εἴτε ὑπὸ τῆς Ἑλλάδος πάσης ἀξιοῖς ἐπ' ἀρετῇ θαυμάζεσθαι, τὴν Ἑλλάδα πειρατέον εὖ ποιεῖν, εἴτε γῆν βούλει σοι καρποὺς ἀφθόνους φέρειν, τὴν γῆν θεραπευτέον, εἴτε ἀπὸ βοσκημάτων οἴει δεῖν πλουτίζεσθαι, τῶν βοσκημάτων ἐπιμελητέον, εἴτε διὰ πολέμου ὁρμᾷς αὔξεσθαι καὶ βούλει δύνασθαι τούς τε φίλους ἐλευθεροῦν καὶ τοὺς ἐχθροὺς χειροῦσθαι, τὰς πολεμικὰς τέχνας αὐτάς τε παρὰ τῶν ἐπισταμένων μαθητέον καὶ ὅπως αὐταῖς δεῖ χρῆσθαι ἀσκητέον· εἰ δὲ καὶ τῷ σώματι βούλει δυνατὸς εἶναι, τῇ γνώμῃ ὑπηρετεῖν ἐθιστέον τὸ σῶμα καὶ γυμναστέον⁵⁵ [σὺν] πόνοις καὶ ἱδρῶτι. — 29. Καὶ ἡ Κακία ὑπολαβοῦσα εἶπεν, ὥς φησι Πρόδικος, Ἐννοεῖς, ὦ Ἡράκλεις, ὡς χαλεπὴν καὶ μακρὰν ὁδὸν ἐπὶ τὰς εὐφροσύνας ἡ γυνή σοι αὕτη διηγεῖται; ἐγὼ δὲ ῥᾳδίαν καὶ βραχεῖαν [ὁδὸν] ἐπὶ τὴν εὐδαιμονίαν ἄξω σε. — 30. Καὶ ἡ Ἀρετὴ εἶπεν⁵⁶, Ὦ τλῆμον, τί δὲ σὺ ἀγαθὸν ἔχεις ἢ τί ἡδὺ οἶσθα μηδὲν τούτων ἕνεκα πράττειν ἐθέλουσα; ἥτις οὐδὲ τὴν τῶν ἡδέων ἐπιθυμίαν ἀναμένεις, ἀλλὰ πρὶν ἐπιθυμῆσαι πάντων ἐμπίμπλασαι, πρὶν μὲν πεινῆν

---

ration de saint Basile pour cette grande et forte leçon de morale, dont la littérature et l'art antiques se sont souvent inspirés.

55. Ἐθιστέον τὸ σῶμα καὶ γυμναστέον. « Les adjectifs verbaux, quoique appartenant au passif par leur forme, ont cependant la valeur du verbe actif ou du moyen avec sens actif, et régissent le même cas que les verbes dont ils dérivent. » (Matthiæ.) De même : ἀσκητέον ἐστὶ τὴν ἀρετήν.

56. Καὶ ἡ Ἀρετὴ εἶπεν. Il y a dans les idées que va développer la Vertu quelque chose d'analogue aux paradoxes de la Pauvreté attaquant la Richesse dans le *Plutus* d'Aristophane :

Οὐ γιγνώσκεις; ὅτι τοῦ Πλούτου παρέχω βελτίονας ἄνδρας;
καὶ τὴν γνώμην καὶ τὴν ἰδέαν. Παρὰ τῷ μὲν γὰρ ποδαγρῶντες
καὶ γαστρώδεις καὶ παχύκνημοι καὶ πίονές εἰσιν ἀσελγῶς,
παρ' ἐμοὶ δ' ἰσχνοὶ καὶ σφηκώδεις καὶ τοῖς ἐχθροῖς ἀνιαροί.

Mais la différence de ton est considérable. La Vertu parle ici sur le ton de l'indignation la plus ardente et la plus hautaine ; elle écrase sa rivale.

ἐσθίουσα, πρὶν δὲ διψῆν πίνουσα, καὶ ἵνα μὲν ἡδέως φάγῃς, ὀψοποιίας μηχανωμένη, ἵνα δὲ ἡδέως πίῃς, οἴνους τε πολυτελεῖς παρασκευάζει καὶ τοῦ θέρους χιόνα περιθέουσα ζητεῖς, ἵνα δὲ καθυπνώσῃς ἡδέως, οὐ μόνον τὰς στρωμνὰς μαλακάς, ἀλλὰ καὶ [τὰς κλίνας καὶ] τὰ ὑπόβαθρα⁵⁷ ταῖς κλίναις παρασκευάζει· οὐ γὰρ διὰ τὸ πονεῖν, ἀλλὰ διὰ τὸ μηδὲν ἔχειν ὅ τι ποιῇς ὕπνου ἐπιθυμεῖς... Οὕτω γὰρ παιδεύεις τοὺς σεαυτῆς φίλους.., τῆς ἡμέρας τὸ χρησιμώτατον κατακοιμίζουσα. 31. Ἀθάνατος δὲ οὖσα ἐκ θεῶν μὲν ἀπέρριψαι, ὑπὸ δὲ ἀνθρώπων ἀγαθῶν ἀτιμάζει· τοῦ δὲ πάντων ἡδίστου ἀκούσματος, ἐπαίνου σεαυτῆς⁵⁸, ἀνήκοος εἶ, καὶ τοῦ πάντων ἡδίστου θεάματος ἀθέατος· οὐδὲν γὰρ πώποτε σεαυτῆς ἔργον καλὸν τεθέασαι. Τίς δ' ἄν σοι λεγούσῃ τι πιστεύσειε; τίς δ' ἄν δεομένῃ τινὸς ἐπαρκέσειεν; ἢ τίς ἄν εὖ φρονῶν τοῦ σοῦ θιάσου τολμήσειεν εἶναι; οἱ νέοι μὲν ὄντες τοῖς σώμασιν ἀδύνατοί εἰσι, πρεσβύτεροι δὲ γενόμενοι ταῖς ψυχαῖς ἀνόητοι, ἀπόνως μὲν λιπαροὶ διὰ νεότητος φερόμενοι⁵⁹, ἐπιπόνως δὲ αὐχμηροὶ διὰ γήρως περῶντες, τοῖς μὲν πεπραγμένοις αἰσχυνόμενοι, τοῖς δὲ πραττομένοις βαρυνόμενοι, τὰ μὲν ἡδέα ἐν τῇ νεότητι διαδραμόντες, τὰ δὲ χαλεπὰ εἰς τὸ γῆρας ἀποθέμενοι. 32. Ἐγὼ δὲ σύνειμι μὲν θεοῖς, σύνειμι δὲ ἀνθρώποις τοῖς ἀγαθοῖς· ἔργον δὲ καλὸν οὔτε θεῖον οὔτ' ἀνθρώπειον χωρὶς ἐμοῦ γίγνεται. Τιμῶμαι δὲ μάλιστα πάντων καὶ παρὰ θεοῖς καὶ παρ' ἀνθρώποις οἷς προσήκω⁶⁰, ἀγαπητὴ μὲν

---

57. Ὑπόβαθρα. M. Talbot traduit: Tu te procures non seulement des couvertures moelleuses, mais des lits penchés sur des supports flexibles.
58. Ἡδίστου ἀκούσματος, ἐπαίνου σεαυτῆς. Très belle et très éloquente pensée: Cf. Cicéron: Pro Archia, ch. ix: *Themistoclem, quum ex eo quaereretur, cujus acroama aut cujus vocem libentissime audiret, dixisse aiunt: ejus a quo sua virtus optime praedicaretur.*
59. Φερόμενοι. Sauppe et Breitenbach: τρεφόμενοι.
60. Οἷς προσήκω. Conjecture de Schneider, reprise par Schenkl. On peut traduire: « De ceux *à qui je suis utile*, ou: *à qui je ressemble*, ou encore (en donnant au mot son sens propre, comme dans cette phrase de

συνεργὸς τεχνίταις, πιστὴ δὲ φύλαξ οἴκων δεσπόταις, εὐμενὴς δὲ παραστάτις οἰκέταις, ἀγαθὴ δὲ συλλήπτρια τῶν ἐν εἰρήνῃ πόνων, βεβαία δὲ τῶν ἐν πολέμῳ σύμμαχος ἔργων, ἀρίστη δὲ φιλίας κοινωνός. 33. Ἔστι δὲ τοῖς μὲν ἐμοῖς φίλοις ἡδεῖα μὲν καὶ ἀπράγμων σίτων καὶ ποτῶν ἀπόλαυσις· ἀνέχονται γὰρ ἕως ἂν ἐπιθυμήσωσιν αὐτῶν. Ὕπνος δ' αὐτοῖς πάρεστιν ἡδίων ἢ τοῖς ἀμόχθοις, καὶ οὔτε ἀπολείποντες αὐτὸν ἄχθονται οὔτε διὰ τοῦτον μεθιᾶσι τὰ δέοντα πράττειν. Καὶ οἱ μὲν νέοι τοῖς τῶν πρεσβυτέρων ἐπαίνοις χαίρουσιν, οἱ δὲ γεραίτεροι ταῖς τῶν νέων τιμαῖς ἀγάλλονται, καὶ ἡδέως μὲν τῶν παλαιῶν πράξεων μέμνηνται, εὖ δὲ τὰς παρούσας ἥδονται πράττοντες, δι' ἐμὲ φίλοι μὲν θεοῖς ὄντες, ἀγαπητοὶ δὲ φίλοις, τίμιοι δὲ πατρίσιν. Ὅταν δ' ἔλθῃ τὸ πεπρωμένον τέλος, οὐ μετὰ λήθης ἄτιμοι κεῖνται, ἀλλὰ μετὰ μνήμης τὸν ἀεὶ χρόνον ὑμνούμενοι θάλλουσι. Τοιαῦτά σοι, ὦ παῖ τοκέων ἀγαθῶν Ἡράκλεις, ἔξεστι διαπονησαμένῳ τὴν μακαριστοτάτην εὐδαιμονίαν κεκτῆσθαι. — 34. Οὕτω πως διώκει Πρόδικος τὴν ὑπ' Ἀρετῆς Ἡρακλέους παίδευσιν[61]· Ἐκόσμησε μέντοι τὰς γνώμας ἔτι μεγαλειοτέροις ῥήμασιν ἢ ἐγὼ νῦν. Σοὶ δ' οὖν ἄξιον, ὦ Ἀρίστιππε, τούτων ἐνθυμουμένῳ πειρᾶσθαί τι καὶ τῶν εἰς τὸν μέλλοντα χρόνον τοῦ βίου φροντίζειν.

II. — Lamproclès, fils aîné de Socrate, était irrité contre sa mère; Socrate le rappelle aux devoirs de la reconnaissance et de la piété filiale.

1. Αἰσθόμενος δέ ποτε Λαμπροκλέα[1] τὸν πρεσβύτατον

Sophocle : εἴπερ ὡς φίλοι προσήκετε) : de ceux dont je m'approche, que je viens visiter. » Cette dernière interprétation s'accorderait parfaitement avec tout le reste du passage. Les autres éditions portent : οἷς προσήκει. — Ἀγαπητὴ συνεργὸς τεχνίταις. « Compagne chérie du travail de l'artisan. » Développement admirable, et d'une beauté pénétrante.
61. Τὴν ὑπ' Ἀρετῆς Ἡρακλέους παίδευσιν. C'est comme un autre titre par lequel on pourrait désigner le *Choix d'Hercule.*
II.—1. Λαμπροκλέα. Lamproclès était le fils aîné de Socrate et de Xan-

υἱὸν αὑτοῦ πρὸς τὴν μητέρα χαλεπαίνοντα, Εἰπέ μοι, ἔφη, ὦ παῖ², οἶσθά τινας ἀνθρώπους ἀχαρίστους καλουμένους; — Καὶ μάλα, ἔφη ὁ νεανίσκος. — Καταμεμάθηκας³ οὖν τοὺς τί ποιοῦντας τοὔνομα τοῦτ' ἀποκαλοῦσιν; — Ἔγωγ', ἔφη· τοὺς γὰρ εὖ παθόντας, ὅταν δυνάμενοι χάριν ἀποδοῦναι μὴ ἀποδῶσιν, ἀχαρίστους καλοῦσιν. — Οὐκοῦν δοκοῦσί σοι ἐν τοῖς ἀδίκοις καταλογίζεσθαι τοὺς ἀχαρίστους; — Ἔμοιγε, ἔφη. — 2. Ἤδη δέ ποτ' ἐσκέψω⁴ εἰ ἄρα, ὥσπερ τὸ ἀνδραποδίζεσθαι τοὺς μὲν

thippe, la plus célèbre des deux femmes de Socrate. D'après quelques auteurs, en effet, Socrate aurait été bigame, mais sans qu'il y eût lieu de lui en faire un crime ; car, après la guerre du Péloponèse et la peste d'Athènes, le sénat décréta que, pour repeupler le territoire de l'Attique, tous les survivants eussent à prendre deux femmes ; en cela, comme en toute occasion, Socrate se serait conformé à la loi. Les deux femmes de Socrate, en admettant que cette tradition soit la vraie, furent Myrto et Xanthippe. Myrto, petite-fille d'Aristide le Juste, était, à ce qu'il paraît, d'une bonté et d'une douceur de mœurs qui rappelaient celles de son aïeul. Quant à Xanthippe, on sait quelle était son humeur violente et acariâtre. Il ne semble pas, d'ailleurs, si l'on s'en rapporte à ce chapitre de Xénophon, qu'elle ait été une mauvaise mère. Xénophon nous dit dans le *Banquet* que Socrate la connaissait bien, quand il l'épousa ; mais il se croyait assez fort pour la supporter, et il estimait qu'après cette épreuve il n'y aurait rien qu'il ne pût souffrir. Diogène Laërce raconte à ce sujet plusieurs anecdotes. « Une fois Xanthippe, après avoir abreuvé Socrate d'injures, lui jeta de l'eau au visage : «Je savais bien, dit-il, qu'un si grand orage ne se passerait pas sans pluie. » — Une autre fois elle vint jusque sur la place publique lui arracher son manteau. Ses amis lui conseillaient de lui administrer sur-le-champ une correction : « Oui, sans doute, dit Socrate, afin que, quand nous serons aux prises, chacun de vous crie : « Tiens bon ! Socrate ; tiens bon, Xanthippe. » — Alcibiade dit un jour à Socrate que les criailleries de Xanthippe étaient insupportables: « J'y suis habitué, répondit-il, comme on se fait à entendre constamment le bruit d'une poulie. Toi-même ne supportes-tu pas les cris de tes oies ? — Oui, reprit Alcibiade, mais elles me donnent des œufs et des petits. — Et moi, Xanthippe me donne des enfants. »

2. Εἰπέ μοι, ὦ παῖ. Traduit un peu solennellement par Gail : «Répondez-moi, mon fils.» Il ne s'agit que d'un tout jeune homme (ὁ νεανίσκος) et d'une petite révolte de fierté native contre la mauvaise humeur maternelle, contre des paroles irréfléchies et injurieuses. «*Dis-moi, mon enfant.* »

3. Τοὺς τί ποιοῦντας καταμεμάθηκας. On trouvera encore un peu plus loin une phrase doublement interrogative : τίνας ὑπὸ τίνων εὕροιμεν ἄν...

4. Ἤδη ποτ' ἐσκέψω. Le raisonnement qui va suivre repose sur une base bien contestable ; mais, en lui-même, il est fort ingénieux.

φίλους ἄδικον εἶναι δοκεῖ, τοὺς δὲ πολεμίους δίκαιον, οὕτω καὶ τὸ ἀχαριστεῖν πρὸς μὲν τοὺς φίλους ἄδικόν ἐστι, πρὸς δὲ τοὺς πολεμίους δίκαιον; — Καὶ μάλα, ἔφη· καὶ δοκεῖ μοι, ὑφ' οὗ ἄν τις εὖ παθὼν[5] εἴτε φίλου εἴτε πολεμίου μὴ πειρᾶται χάριν ἀποδιδόναι, ἄδικος εἶναι. — 3. Οὐκοῦν, εἴ γ' οὕτως ἔχει τοῦτο, εἰλικρινής τις ἂν εἴη ἀδικία[6] ἡ ἀχαριστία; — Συνωμολόγει. — Οὐκοῦν ὅσῳ ἄν τις μείζω ἀγαθὰ παθὼν μὴ ἀποδιδῷ χάριν, τοσούτῳ ἀδικώτερος ἂν εἴη; — Συνέφη καὶ τοῦτο. — Τίνας οὖν, ἔφη, ὑπὸ τίνων εὕροιμεν ἂν μείζω[7] εὐηργετημένους ἢ παῖδας ὑπὸ γονέων; οὓς οἱ γονεῖς ἐκ μὲν οὐκ ὄντων ἐποίησαν εἶναι, τοσαῦτα δὲ καλὰ ἰδεῖν[8] καὶ τοσούτων ἀγαθῶν μετασχεῖν ὅσα οἱ θεοὶ παρέχουσι τοῖς ἀνθρώποις· ἃ δὴ καὶ οὕτως ἡμῖν δοκεῖ παντὸς ἄξια εἶναι ὥστε πάντες τὸ καταλιπεῖν αὐτὰ πάντων μάλιστα φεύγομεν· καὶ αἱ πόλεις ἐπὶ τοῖς μεγίστοις ἀδικήμασι ζημίαν θάνατον πεποιήκασιν[9], ὡς οὐκ ἂν μείζονος

Socrate va montrer que la justice proprement dite n'impose pas les mêmes devoirs à l'égard des amis et à l'égard des ennemis; car, d'après les idées antiques, s'il est juste de faire du bien à ses amis, il est juste aussi de faire du mal à ses ennemis; au contraire, la reconnaissance impose les mêmes devoirs à l'égard des amis et des ennemis; elle est donc une forme plus stricte de la justice, et, conséquemment, l'ingratitude est une forme plus grave de l'injustice.

5. Εὖ παθών. Ayant été bien traité, ayant reçu un service.
6. Εἰλικρινής τις ἀδικία. Pura, mera quædam injustitia.
7. Μείζω. Les anciennes éditions donnent ici : μείζονα, bien que, deux lignes plus haut, il y ait : μείζω. Xénophon n'a pas à ce sujet de règle fixe; tantôt il fait la contraction, tantôt il ne la fait pas. Ainsi, il écrit indifféremment βελτίονας et βελτίους, γονέας et γονεῖς.
8. Τοιαῦτα δὲ καλὰ ἰδεῖν. L'idée esthétique a toujours beaucoup d'importance dans la pensée grecque. De même que, dans les tragédies, les personnages qui vont mourir, Antigone par exemple, regrettent par-dessus tout la beauté de la lumière, et se montrent plus sensibles à cette perte qu'à l'appréhension de la douleur et aux angoisses de l'au delà; de même ici, le bienfait de la vie est considéré comme résidant surtout dans le bonheur de contempler les belles choses, l'azur du ciel, les lignes sereines des montagnes, la splendeur du soleil.
9. Ζημίαν θάνατον πεποιήκασιν. Au chapitre ii du livre Iᵉʳ, on a vu : Θάνατός ἐστιν ἡ ζημία. Dans des phrases de ce genre, la présence ou l'absence de l'article correspond à certaines nuances de la pensée; on l'exprime ou on ne l'exprime pas, suivant que l'idée dominante est celle de punition ou celle de mort. Ἐπικηρύσσειν θάνατον τὴν ζημίαν·

κακοῦ φόβῳ τὴν ἀδικίαν παύσαντες[10]. 4... 5. Καὶ ὁ μέν γε ἀνὴρ τήν τε συντεκνοποιήσουσαν ἑαυτῷ τρέφει καὶ τοῖς μέλλουσιν ἔσεσθαι παισὶ προπαρασκευάζει[11] πάντα ὅσα ἂν οἴηται συνοίσειν αὐτοῖς πρὸς τὸν βίον, καὶ ταῦτα ὡς ἂν δύνηται πλεῖστα· ἡ δὲ γυνὴ ὑποδεξαμένη τε φέρει τὸ φορτίον τοῦτο, βαρυνομένη τε καὶ κινδυνεύουσα περὶ τοῦ βίου, καὶ μεταδιδοῦσα τῆς τροφῆς ᾗ καὶ αὐτὴ τρέφεται[12], καὶ σὺν πολλῷ πόνῳ διενεγκοῦσα καὶ τεκοῦσα τρέφει τε καὶ ἐπιμελεῖται, οὔτε προπεπονθυῖα οὐδὲν ἀγαθὸν οὔτε γιγνῶσκον τὸ βρέφος ὑφ' ὅτου εὖ πάσχει, οὐδὲ σημαίνειν δυνάμενον[13] ὅτου δεῖται, ἀλλ' αὐτὴ στοχαζομένη τά τε συμφέροντα καὶ τὰ κεχαρισμένα πειρᾶται ἐκπληροῦν, καὶ τρέφει πολὺν χρόνον καὶ ἡμέρας καὶ νυκτὸς ὑπομένουσα[14] πονεῖν, οὐκ εἰδυῖα εἴ τινα τούτων χάριν ἀπολήψεται. 6. Καὶ οὐκ ἀρκεῖ θρέψαι μόνον, ἀλλὰ καὶ ἐπειδὰν δόξωσιν ἱκανοὶ εἶναι οἱ παῖδες μανθάνειν τι, ἃ μὲν ἂν αὐτοὶ ἔχωσιν οἱ γονεῖς ἀγαθὰ πρὸς τὸν βίον διδάσκουσιν[15], ἃ δ' ἂν οἴωνται ἄλλον ἱκανώτερον εἶναι διδάξαι, πέμπουσι πρὸς τοῦτον δαπανῶντες, καὶ ἐπιμελοῦνται πάντα ποιοῦντες ὅπως οἱ παῖδες αὐτοῖς γένωνται ὡς δυνατὸν βέλτιστοι. — 7. Πρὸς ταῦτα ὁ νεανίσκος εἶπεν, Ἀλλά τοι εἰ καὶ πάντα ταῦτα πεποίηκε

faire annoncer que la punition sera la mort. Θάνατον ζημίαν ἐπιτίθεσθαι: établir la mort comme punition.

10. Ὡς οὐκ ἂν... παύσαντες. Comme n'ayant pu mettre un frein. Παύσαντες se rapporte à πολῖται, dont l'idée est implicitement contenue dans celle de πόλεις. De même, dans le célèbre exemple tiré de la Cyropédie: Ὦ ἀγαθὴ καὶ πιστὴ ψυχή, ἀπολιπὼν ἡμᾶς.

11. Τοῖς μέλλουσιν ἔσεσθαι παισὶ προσπαρασκευάζει. Amasse à l'avance pour les enfants qui lui viendront un jour, qui ne sont pas encore nés.

12. Μεταδιδοῦσα τῆς τροφῆς ᾗ καὶ αὐτὴ τρέφεται. Partageant avec lui (pendant la grossesse) sa propre nourriture, sa propre substance.

13. Οὔτε γιγνῶσκον... οὔτε δυνάμενον. Ce sont ici évidemment des accusatifs absolus.

14. Ὑπομένουσα. Littéralement: restant avec patience sous; acceptant avec résignation.

15. Ἀγαθὰ πρὸς τὸν βίον διδάσκουσιν. Les parents communiquent surtout aux enfants la connaissance des choses utiles à la vie; c'est leur part personnelle dans l'œuvre de l'éducation.

καὶ ἄλλα τούτων πολλαπλάσια, οὐδεὶς ἂν δύναιτο αὐτῆς ἀνασχέσθαι τὴν χαλεπότητα[16]. — Καὶ ὁ Σωκράτης, Πότερα δέ, ἔφη, οἴει θηρίου ἀγριότητα δυσφορωτέραν εἶναι ἢ μητρός; — Ἐγὼ μὲν οἶμαι, ἔφη, μητρὸς τῆς γε τοιαύτης[17]. — Ἤδη πώποτε οὖν ἢ δακοῦσα κακόν τί σοι ἔδωκεν ἢ λακτίσασα, οἷα ὑπὸ θηρίων ἤδη πολλοὶ ἔπαθον; — 8. Ἀλλὰ νὴ Δί', ἔφη, λέγει ἃ οὐκ ἄν τις ἐπὶ τῷ βίῳ παντὶ[18] βούλοιτο ἀκοῦσαι. — Σὺ δὲ πόσα, ἔφη ὁ Σωκράτης, οἴει ταύτῃ [δυσάνεκτα] καὶ τῇ φωνῇ καὶ τοῖς ἔργοις ἐκ παιδίου δυσκολαίνων καὶ ἡμέρας καὶ νυκτὸς πράγματα παρασχεῖν[19], πόσα δὲ λυπῆσαι κάμνων[20]; — Ἀλλ' οὐδεπώποτε αὐτήν, ἔφη, οὔτ' εἶπα οὔτ' ἐποίησα οὐδὲν ἐφ' ᾧ ᾐσχύνθη[21]. — 9. Τί δ'; οἴει, ἔφη, χαλεπώτερον εἶναί σοι ἀκούειν ὧν αὕτη λέγει ἢ τοῖς ὑποκριταῖς[22], ὅταν ἐν ταῖς τραγῳδίαις ἀλλήλους τὰ ἔσχατα λέγωσιν; — Ἀλλ', οἶμαι, ἐπειδὴ οὐκ οἴονται τῶν λεγόντων οὔτε τὸν ἐλέγχοντα ἐλέγχειν ἵνα ζημιώσῃ οὔτε τὸν ἀπειλοῦντα ἀπειλεῖν ἵνα κακόν τι ποιήσῃ, ῥᾳδίως φέρουσι. — Σὺ δ' εὖ εἰδὼς ὅτι ἃ λέγει σοι ἡ μήτηρ οὐ μόνον οὐδὲν κακὸν νοοῦσα λέγει,

---

16. Τὴν χαλεπότητα. Nous disons de même : une humeur, un caractère difficile.
17. Τῆς γε τοιαύτης. Du moins, lorsqu'elle est comme la mienne ; lorsqu'elle a un si fâcheux caractère.
18. Ἐπὶ τῷ βίῳ παντί. Au prix de la vie tout entière. Quand même ce serait le seul moyen de conserver la vie. De même, dans Platon : Ἐπὶ τούτοις μόνοις ζῆν. Vivre à la condition de n'avoir que cela (Premier Alcibiade).
19. Δυσκολαίνων καὶ ἡμέρας καὶ νυκτὸς πράγματα παρασχεῖν. Ceci fait allusion aux cris, aux colères, aux convulsions de la première enfance, aux soins de toute sorte dont il faut l'entourer.
20. Κάμνων. Étant malade.
21. Ἐφ' ᾧ ᾐσχύνθη. Qui l'ait humiliée, froissée, mortifiée. On voit par tout ce passage que ce qui paraît insupportable à Lamproclès, ce sont les froissements de dignité personnelle qu'on reçoit d'une humeur acariâtre.
22. Τοῖς ὑποκριταῖς. La pensée dont le développement commence ici est bien ingénieuse. Les personnes dont le caractère est violent, mais dont le cœur est bon, ne pensent pas plus ce qu'elles disent dans un mouvement d'humeur que les comédiens ne pensent les choses désagréables qu'ils se disent les uns aux autres en débitant leurs rôles.

ἀλλὰ καὶ βουλομένη σοι ἀγαθὰ εἶναι ὅσα οὐδενὶ ἄλλῳ, χαλεπαίνεις; ἢ νομίζεις κακόνουν τὴν μητέρα σοι εἶναι; — Οὐ δῆτα, ἔφη, τοῦτό γε οὐκ οἶμαι. — 10. Καὶ ὁ Σωκράτης, Οὐκοῦν, ἔφη, σὺ ταύτην, εὔνουν τέ σοι οὖσαν καὶ ἐπιμελομένην²³ ὡς μάλιστα δύναται κάμνοντος ὅπως ὑγιανεῖς τε καὶ ὅπως τῶν ἐπιτηδείων μηδενὸς ἐνδεὴς ἔσει, καὶ πρὸς τούτοις πολλὰ τοῖς θεοῖς εὐχομένην [ἀγαθὰ] ὑπὲρ σοῦ καὶ εὐχὰς ἀποδιδοῦσαν²⁴, χαλεπὴν εἶναι φῄς; ἐγὼ μὲν οἶμαι, εἰ τοιαύτην μὴ δύνασαι φέρειν μητέρα, τἀγαθά σε οὐ δύνασθαι φέρειν. 11. Εἰπὲ δέ μοι, ἔφη, πότερον ἄλλον τινὰ οἴει δεῖν θεραπεύειν; ἢ παρεσκεύασαι μηδενὶ ἀνθρώπων πειρᾶσθαι ἀρέσκειν μηδὲ πείθεσθαι μήτε στρατηγῷ μήτε ἄλλῳ ἄρχοντι; — Ναὶ μὰ Δί' ἔγωγε, ἔφη. — 12. Οὐκοῦν, ἔφη ὁ Σωκράτης, καὶ τῷ γείτονι βούλει σὺ ἀρέσκειν, ἵνα σοι καὶ πῦρ ἐναύῃ, ὅταν τούτου δέῃ, καὶ ἀγαθοῦ τέ σοι γίγνηται συλλήπτωρ κἄν τι σφαλλόμενος τύχῃς, εὐνοϊκῶς ἐγγύθεν βοηθῇ σοι; — Ἔγωγε, ἔφη. — Τί δέ; συνοδοιπόρον ἢ σύμπλουν, ἢ εἴ τῳ ἄλλῳ ἐντυγχάνοις, οὐδὲν ἄν σοι διαφέροι φίλον ἢ ἐχθρὸν γενέσθαι, ἢ καὶ τῆς παρὰ τούτων εὐνοίας οἴει δεῖν ἐπιμελεῖσθαι; — Ἔγωγε, ἔφη. — 13. Εἶτα τούτων μὲν ἐπιμελεῖσθαι παρεσκεύασαι, τὴν δὲ μητέρα τὴν πάντων μάλιστά σε φιλοῦσαν οὐκ οἴει δεῖν θεραπεύειν; οὐκ οἶσθ' ὅτι καὶ ἡ πόλις ἄλλης μὲν ἀχαριστίας οὐδεμιᾶς ἐπιμελεῖται οὐδὲ δικάζει, ἀλλὰ περιορᾷ²⁵ τοὺς εὖ πεπονθότας χάριν οὐκ

---

23. *Ἐπιμελομένην.* Les mots ἐπιμελομένη, ἐπιμέλεια, ἐπιμελεῖσθαι, dont Socrate se sert ici pour exprimer les soins d'une mère, soins qui entrent dans les plus petits détails pour conserver l'enfant et le mettre à l'abri de toute influence nuisible, sont les mêmes dont il fera usage ailleurs pour peindre la Providence. Il s'en sert aussi, dans un autre passage, pour désigner les qualités d'un stratège.

24. Εὐχομένην καὶ εὐχὰς ἀποδιδοῦσαν. *Faisant des vœux et les accomplissant.*

25. Περιορᾷ. *Néglige de punir* (non par indifférence, mais parce qu'il lui est impossible de pénétrer jusqu'au fond des cœurs).

ἀποδιδόντας, ἐὰν δέ τις τοὺς γονέας μὴ θεραπεύῃ, τούτῳ δίκην τε ἐπιτίθησι [26] καὶ ἀποδοκιμάζουσα οὐκ ἐᾷ ἄρχειν [27] τοῦτον, ὡς οὔτε ἂν τὰ ἱερὰ εὐσεβῶς [θυόμενα] ὑπὲρ τῆς πόλεως τούτου θύοντος οὔτε ἄλλο καλῶς καὶ δικαίως οὐδὲν ἂν [28] [τούτου] πράξαντος; καὶ νὴ Δία ἐάν τις τῶν γονέων τελευτησάντων τοὺς τάφους μὴ κοσμῇ, καὶ τοῦτο ἐξετάζει ἡ πόλις ἐν ταῖς τῶν ἀρχόντων δοκιμασίαις. 14. Σὺ οὖν, ὦ παῖ, ἐὰν σωφρονῇς, τοὺς μὲν θεοὺς παραιτήσει συγγνώμονάς σοι εἶναι, εἴ τι παρημέληκας τῆς μητρός, μή σε καὶ αὐτοὶ νομίσαντες ἀχάριστον εἶναι οὐκ ἐθελήσωσιν εὖ ποιεῖν [29], τοὺς δὲ ἀνθρώπους φυλάξει μή σε αἰσθόμενοι τῶν γονέων ἀμελοῦντα πάντες ἀτιμάσωσιν, εἶτα ἐν ἐρημίᾳ φίλων ἀναφανῇς. Εἰ γάρ σε ὑπολάβοιεν πρὸς τοὺς γονέας ἀχάριστον εἶναι, οὐδεὶς ἂν νομίσειεν εὖ σε ποιήσας χάριν ἀπολήψεσθαι.

26. Τούτῳ δίκην ἐπιτίθησι. Diogène Laërce, énumérant quelques-unes des lois les plus sages de Solon, cite la suivante: « Si quelqu'un refuse de soutenir ses parents, qu'il soit déclaré infâme. » Cette loi ne prévoyait que le manque de respect ou le manque de soins; car le même auteur nous raconte que, comme on demandait un jour à Solon pourquoi il n'avait pas porté une loi contre le parricide, il aurait répondu: « C'est que j'ai cru ce crime impossible. »

27. Οὐκ ἐᾷ ἄρχειν. Ἄρχειν ne signifie pas ici: exercer une charge quelconque, mais seulement: être archonte, comme βουλεύειν: être membre du sénat. En effet, les aspirants à la dignité d'archonte étaient soumis à deux enquêtes, l'une qui se faisait devant le sénat, et qui s'appelait ἀνάκρισις, l'autre qui se faisait sur la place publique et qu'on désignait par le mot δοκιμασία. Dans ces enquêtes, on se préoccupait entre autres choses de la conduite envers les parents. Xénophon signale ce fait et en explique la raison dans les lignes qui suivent.

28. Οὐδὲν ἄν. Cette phrase est obscure et il est possible qu'elle soit légèrement altérée; on l'explique en considérant les propositions qui suivent ὡς οὔτε ἄν comme des accusatifs absolus, et en sous-entendant, après le second ἄν, soit πραττόμενον, soit πραχθέν.

29. Μή σε οὐκ ἐθελήσωσιν εὖ ποιεῖν. Platon développe des idées analogues dans la *République*: « Nous savons qu'Œdipe, insulté par ses enfants, fit contre eux des imprécations qui, au dire de tous les poëtes, furent accomplies et exaucées par les dieux. Amyntor, irrité contre son fils, le maudit également. De même fit Thésée contre Hippolyte, et mille autres pères contre leurs fils, ce qui prouve bien que les dieux exaucent les vœux des pères contre leurs enfants. Car un père ou une mère voit ses imprécations mieux exaucées contre ses enfants que celles de tout autre contre des étrangers, et c'est toute justice. »

III. — Pour réconcilier deux frères, Chéréphon et Chérécrate, Socrate expose à celui-ci les avantages de l'amitié fraternelle.

1. Χαιρεφῶντα δέ ποτε καὶ Χαιρεκράτην[1], ἀδελφὼ μὲν ὄντε ἀλλήλοιν, ἑαυτῷ δὲ γνωρίμω, αἰσθόμενος διαφερομένω, ἰδὼν τὸν Χαιρεκράτην, Εἰπέ μοι, ἔφη, ὦ Χαιρέκρατες, οὐ δήπου καὶ σὺ εἶ τῶν τοιούτων ἀνθρώπων οἳ χρησιμώτερον νομίζουσι χρήματα ἢ ἀδελφόν; καὶ ταῦτα[2] τῶν μὲν ἀφρόνων ὄντων, τοῦ δὲ φρονίμου, καὶ τῶν μὲν βοηθείας δεομένων, τοῦ δὲ βοηθεῖν δυναμένου, καὶ πρὸς τούτοις τῶν μὲν πλειόνων ὑπαρχόντων, τοῦ δὲ ἑνός[3]. 2. Θαυμαστὸν δὲ καὶ τοῦτο, εἴ τις τοὺς μὲν ἀδελφοὺς ζημίαν ἡγεῖται[4], ὅτι οὐ καὶ τὰ τῶν ἀδελφῶν κέκτηται, τοὺς δὲ πολίτας οὐχ ἡγεῖται ζημίαν, ὅτι οὐ καὶ τὰ τῶν πολιτῶν ἔχει, ἀλλ' ἐνταῦθα[5] μὲν δύναται λογίζεσθαι ὅτι κρεῖττον σὺν πολλοῖς οἰκοῦντα ἀσφαλῶς τἀρκοῦντα ἔχειν ἢ μόνον διαιτώμενον τὰ τῶν πολιτῶν ἐπικινδύνως πάντα κεκτῆσθαι, ἐπὶ δὲ τῶν ἀδελφῶν τὸ αὐτὸ τοῦτο ἀγνοοῦσι. 3. Καὶ οἰκέτας μὲν οἱ δυνάμενοι ὠνοῦνται, ἵνα συνεργοὺς ἔχωσι,

---

1. Χαιρεφῶντα καὶ Χαιρεκράτην. Il a été déjà question de ces deux frères au chapitre II du livre Iᵉʳ. Chéréphon était mort peu de temps avant Socrate.
2. Καὶ ταῦτα, τῶν μέν..., τοῦ δέ... Tournure très vive. Nous en avons, d'ailleurs, à peu près l'équivalent en français : Et cela, quand les uns..., tandis que l'autre...
3. Τοῦ δὲ ἑνός. Si Xénophon emploie ici le singulier, ce n'est pas à cause que Chéréphon n'a qu'un frère, attendu que tout ce passage a une portée générale. Xénophon veut dire que les biens qu'on appelle les richesses sont multiples ; la richesse, en effet, présente des formes nombreuses ; les uns possèdent des terres, les autres des maisons, les autres des navires ou des marchandises ; tandis que cet autre bien qui consiste à avoir des frères, ou un frère, ne présente qu'une seule forme. Gail nous semble avoir voulu indiquer cette nuance en traduisant, un peu longuement : « La nature seule nous donne des frères, tandis que l'industrie multiplie les richesses. » La traduction de M. Talbot est, sur ce point, un peu indécise : « Elles sont en nombre infini, tandis qu'il est unique. »
4. Τοὺς ἀδελφοὺς ζημίαν ἡγεῖται. Fratres detrimentum cogitat.
5. Ἐνταῦθα. Ici ; c'est-à-dire : dans cet ordre de questions ; quand il s'agit des citoyens et de l'intérêt social.

καὶ φίλους κτῶνται, ὡς βοηθῶν δεόμενοι, τῶν δ' ἀδελφῶν ἀμελοῦσιν, ὥσπερ ἐκ πολιτῶν μὲν γιγνομένους φίλους⁶, ἐξ ἀδελφῶν δὲ οὐ γιγνομένους. 4. Καὶ μὴν πρὸς φιλίαν μέγα μὲν ὑπάρχει τὸ ἐκ τῶν αὐτῶν φῦναι, μέγα δὲ τὸ ὁμοῦ τραφῆναι, ἐπεὶ καὶ τοῖς θηρίοις πόθος⁷ τις ἐγγίγνεται τῶν συντρόφων· πρὸς δὲ τούτοις καὶ οἱ ἄλλοι ἄνθρωποι τιμῶσί τε μᾶλλον τοὺς συναδέλφους ὄντας τῶν ἀναδέλφων⁸ καὶ ἧττον τούτοις ἐπιτίθενται. — 5. Καὶ ὁ Χαιρεκράτης εἶπεν, Ἀλλ' εἰ μέν, ὦ Σώκρατες, μὴ μέγα εἴη τὸ διάφορον, ἴσως ἂν δέοι φέρειν τὸν ἀδελφὸν καὶ μὴ μικρῶν ἕνεκα φεύγειν· ἀγαθὸν γάρ, ὥσπερ καὶ σὺ λέγεις, ἀδελφὸς ὢν οἷον δεῖ· ὁπότε μέντοι παντὸς ἐνδέοι⁹ καὶ πᾶν τὸ ἐναντιώτατον εἴη, τί ἄν τις ἐπιχειροίη τοῖς ἀδυνάτοις; — 6. Καὶ ὁ Σωκράτης ἔφη, Πότερα δέ, ὦ Χαιρέκρατες, οὐδενὶ ἀρέσαι δύναται Χαιρεφῶν, ὥσπερ οὐδὲ σοί, ἢ ἔστιν οἷς καὶ πάνυ ἀρέσκει; — Διὰ τοῦτο γάρ τοι, ἔφη, ὦ Σώκρατες, ἄξιόν ἐστιν ἐμοὶ μισεῖν αὐτόν¹⁰, ὅτι ἄλλοις μὲν

---

6. Ὥσπερ ἐκ πολιτῶν μὲν γιγνομένους φίλους. Accusatif absolu. Littéralement : Comme s'il était possible de tirer un ami d'un concitoyen, mais non d'un frère.
7. Πόθος. Ce mot exprime très bien ce qu'il y a d'instinctif au fond de l'amour fraternel ; et, par conséquent, la forme de ce sentiment qui se retrouve aussi bien chez les petits animaux que chez les enfants. C'est d'abord le besoin d'être ensemble, de jouer ensemble, l'ennui d'être séparés les uns des autres.
8. Συναδέλφους, ἀναδέλφων. Ceci peut s'entendre dans un sens absolu et dans un sens relatif. M. Talbot adopte le sens absolu : « On respecte plus ceux qui ont des frères que ceux qui n'en ont pas. » Gail, qui sur ce point encore nous paraît plus près de la vérité, traduit ainsi : « Qu'un citoyen ait pour appui l'amitié de ses frères, on lui marque plus d'égards que s'il en était privé. » Συνάδελφοι signifie ici : Ceux qui vivent avec leurs frères dans une sorte de solidarité ; ceux qui se tiennent ensemble, de telle sorte qu'attaquer un membre de la famille, c'est attaquer la famille tout entière. Ἀνάδελφοι : les frères indifférents ou même ennemis, qu'on peut attaquer impunément, sans qu'ils se secourent les uns les autres. — Cette influence de la division des frères sur l'affaiblissement et sur la ruine des maisons a été très énergiquement dépeinte dans une comédie toute récente, les Rantzau.
9. Ὁπότε μέντοι παντὸς ἐνδέοι. Mais quand il s'en faut du tout au tout.
10. Διὰ τοῦτο ἄξιόν ἐστιν ἐμοὶ μισεῖν αὐτόν. C'est précisément ce qui me donne lieu de le haïr.

ἀρέσκειν δύναται, ἐμοὶ δὲ ὅπου ἂν παρῇ πανταχοῦ καὶ λόγῳ καὶ ἔργῳ ζημία μᾶλλον ἢ ὠφέλειά ἐστιν. — 7. Ἆρ' οὖν, ἔφη ὁ Σωκράτης, ὥσπερ ἵππος τῷ ἀνεπιστήμονι μέν, ἐγχειροῦντι δὲ χρῆσθαι ζημία ἐστίν, οὕτω καὶ ἀδελφός, ὅταν τις αὐτῷ μὴ ἐπιστάμενος ἐγχειρῇ χρῆσθαι, ζημία ἐστί; — 8. Πῶς δ' ἂν ἐγώ, ἔφη ὁ Χαιρεκράτης, ἀνεπιστήμων εἴην ἀδελφῷ χρῆσθαι, ἐπιστάμενός γε καὶ εὖ λέγειν τὸν εὖ λέγοντα καὶ εὖ ποιεῖν τὸν εὖ ποιοῦντα; τὸν μέντοι καὶ λόγῳ καὶ ἔργῳ πειρώμενον ἐμὲ ἀνιᾶν οὐκ ἂν δυναίμην οὔτ' εὖ λέγειν οὔτ' εὖ ποιεῖν, ἀλλ' οὐδὲ πειράσομαι. — 9. Καὶ ὁ Σωκράτης ἔφη, Θαυμαστά γε λέγεις, ὦ Χαιρέκρατες, εἰ κύνα μέν, εἴ[11] σοι ἦν ἐπὶ προβάτοις ἐπιτήδειος ὢν καὶ τοὺς μὲν ποιμένας ἠσπάζετο, σοὶ δὲ προσιόντι ἐχαλέπαινεν, ἀμελήσας ἂν τοῦ ὀργίζεσθαι ἐπειρῶ εὖ ποιήσας[12] πραΰνειν αὐτόν, τὸν δὲ ἀδελφὸν φὴς μὲν μέγα ἂν ἀγαθὸν εἶναι ὄντα πρὸς σὲ οἷον δεῖ, ἐπίστασθαι δὲ ὁμολογῶν καὶ εὖ ποιεῖν καὶ εὖ λέγειν οὐκ ἐπιχειρεῖς μηχανᾶσθαι ὅπως σοι ὡς βέλτιστος ᾖ. — 10. Καὶ ὁ Χαιρεκράτης, Δέδοικα[13], ἔφη, ὦ Σώκρατες, μὴ οὐκ ἔχω ἐγὼ τοσαύτην σοφίαν ὥστε Χαιρεφῶντα ποιῆσαι πρὸς ἐμὲ οἷον δεῖ. — Καὶ μὴν οὐδέν γε ποικίλον[14], ἔφη ὁ Σωκράτης, οὐδὲ καινὸν δεῖ ἐπ' αὐτόν, ὡς ἐμοὶ δοκεῖ, μηχανᾶσθαι, οἷς δὲ καὶ σὺ ἐπίστασαι αὐτὸς οἶμαι ἂν αὐτὸν ἁλόντα περὶ πολλοῦ ποιεῖσθαί σε. — 11. Οὐκ ἂν φθάνοις, ἔφη,

---

11. Εἰ κύνα μέν, εἰ. On trouve de même la répétition de ἄν en grec, de si en latin, dans des propositions qui dépendent ainsi les unes des autres.

12. Εὖ ποιήσας. Par de bons traitements, par des caresses.

13. Δέδοικα. Après les verbes dont le sens est : *craindre, redouter*, l'expression μὴ οὐκ, qui n'est habituellement, dit Burnouf, que la négation μὴ renforcée, prend son sens littéral et correspond au latin *ne non*; Ex. φοβοῦμαι μὴ οὐ καλὸν ᾖ, je crains qu'il ne soit pas beau, *ne non honestum sit*.

14. Οὐδὲν ποικίλον. Littéralement : Ce n'est pas quelque chose de bien compliqué, de bien difficile (et Socrate ajoute : οὐδὲ καινόν, ni de bien extraordinaire), que tu as à faire à son égard.

λέγων¹⁵, εἴ τι ᾔσθησαί με φίλτρον ἐπιστάμενον ὃ ἐγὼ
εἰδὼς λέληθα ἐμαυτόν¹⁶. — Λέγε δή μοι, ἔφη, εἴ τινα τῶν
γνωρίμων βούλοιο κατεργάσασθαι, ὁπότε θύοι, καλεῖν σε
ἐπὶ δεῖπνον, τί ἂν ποιοίης ; — Δῆλον ὅτι κατάρχοιμ᾽
ἂν τοῦ αὐτός, ὅτε θύοιμι, καλεῖν ἐκεῖνον. — 12. Εἰ δὲ
βούλοιο τῶν φίλων τινὰ προτρέψασθαι, ὁπότε ἀποδημοίης,
ἐπιμελεῖσθαι τῶν σῶν, τί ἂν ποιοίης ; — Δῆλον ὅτι πρότερος ἂν ἐγχειροίην ἐπιμέλεσθαι τῶν ἐκείνου, ὁπότε ἀποδη-
μοίη. — 13. Εἰ δὲ βούλοιο ξένον ποιῆσαι ὑποδέχεσθαι
σεαυτόν, ὁπότε ἔλθοις εἰς τὴν ἐκείνου¹⁷, τί ἂν ποιοίης ;
— Δῆλον ὅτι καὶ τοῦτον πρότερος ὑποδεχοίμην ἄν, ὁπότε
ἔλθοι Ἀθήναζε· καὶ εἴ γε βουλοίμην αὐτὸν προθυμεῖσθαι
διαπράττειν μοι ἐφ᾽ ἃ ἥκοιμι, δῆλον ὅτι καὶ τοῦτο δέοι ἂν
πρότερον αὐτὸν ἐκείνῳ ποιεῖν. — 14. Πάντ᾽ ἄρα σύ γε τὰ
ἐν ἀνθρώποις φίλτρα ἐπιστάμενος πάλαι ἀπεκρύπτου· ἢ
ὀκνεῖς, ἔφη, ἄρξαι, μὴ αἰσχρὸς φανῇς, ἐὰν πρότερος τὸν
ἀδελφὸν εὖ ποιῇς ; καὶ μὴν πλείστου γε δοκεῖ ἀνὴρ ἐπαίνου
ἄξιος εἶναι, ὃς ἂν φθάνῃ τοὺς μὲν πολεμίους κακῶς ποιῶν,
τοὺς δὲ φίλους εὐεργετῶν. Εἰ μὲν οὖν ἐδόκει μοι Χαιρεφῶν
ἡγεμονικώτερος εἶναι σοῦ πρὸς τὴν φιλίαν ταύτην¹⁸, ἐκεῖνον ἂν ἐπειρώμην πείθειν πρότερον ἐγχειρεῖν τῷ σὲ φίλον
ποιεῖσθαι· νῦν δέ μοι σὺ δοκεῖς ἡγούμενος μᾶλλον ἂν
ἐξεργάσασθαι τοῦτο. — 15. Καὶ ὁ Χαιρεκράτης εἶπεν,

15. Οὐκ ἂν φθάνοις λέγων. Cette locution exprime très bien ici la
hâte d'un bon cœur. Chérécrate donnerait beaucoup pour connaître un
moyen de ramener à lui son frère ; mais, comme un amant rebuté, il
ne compte plus guère que sur la puissance des philtres. — Φίλτρον
(de φιλέω-ῶ), herbe magique, moyen surnaturel de se faire aimer.
16. Ὁ ἐγὼ εἰδὼς λέληθα ἐμαυτόν. Que je possède à mon insu. Autre
exemple de cette locution, cité par Burnouf : Ὁ Κροῖσος φονέα τοῦ
παιδὸς ἐλάνθανε βόσκων. Hérodote : Crésus nourrissait sans le savoir
le meurtrier de son fils.
17. Εἰς τὴν ἐκείνου. s.-ent : χώραν.
18. Ἡγεμονικώτερος πρὸς τὴν φιλίαν ταύτην. Plus disposé à faire les
premiers pas vers la conclusion de ce pacte d'amitié. D'autres éditions portent : πρὸς τὴν φύσιν : vers la disposition de caractère qui rendrait la
réconciliation possible.

Ἄτοπα λέγεις, ὦ Σώκρατες, καὶ οὐδαμῶς πρὸς σοῦ, ὅς γε κελεύεις ἐμὲ νεώτερον ὄντα καθηγεῖσθαι[19]· καίτοι τούτου γε παρὰ πᾶσιν ἀνθρώποις τἀναντία νομίζεται, τὸν πρεσβύτερον ἡγεῖσθαι παντὸς καὶ λόγου καὶ ἔργου. —
16. Πῶς; ἔφη ὁ Σωκράτης· οὐ γὰρ καὶ ὁδοῦ παραχωρῆσαι τὸν νεώτερον πρεσβυτέρῳ συντυγχάνοντι πανταχοῦ νομίζεται, καὶ καθήμενον ὑπαναστῆναι, καὶ κοίτῃ μαλακῇ τιμῆσαι, καὶ λόγων ὑπεῖξαι[20]; ὠγαθέ, μὴ ὄκνει, ἔφη, ἀλλ᾽ ἐγχείρει τὸν ἄνδρα καταπραΰνειν· καὶ πάνυ ταχύ σοι ὑπακούσεται. Οὐχ ὁρᾷς ὡς φιλότιμός ἐστι καὶ ἐλευθέριος; τὰ μὲν γὰρ πονηρὰ ἀνθρώπια[21] οὐκ ἂν ἄλλως μᾶλλον ἕλοις ἢ εἰ δοίης τι, τοὺς δὲ καλοὺς κἀγαθοὺς ἀνθρώπους προσφιλῶς χρώμενος μάλιστ᾽ ἂν κατεργάσαιο. —
17. Καὶ ὁ Χαιρεκράτης εἶπεν, Ἐὰν οὖν ἐμοῦ ταῦτα ποιοῦντος ἐκεῖνος μηδὲν βελτίων γίγνηται; — Τί γὰρ ἄλλο, ἔφη ὁ Σωκράτης, ἢ κινδυνεύσεις[22] [ἐπιδεῖξαι] σὺ μὲν χρηστός τε καὶ φιλάδελφος εἶναι, ἐκεῖνος δὲ φαῦλός τε καὶ οὐκ ἄξιος εὐεργεσίας; ἀλλ᾽ οὐδὲν οἶμαι τούτων ἔσεσθαι· νομίζω γὰρ αὐτόν, ἐπειδὰν αἴσθηταί σε προκαλούμενον ἑαυτὸν εἰς τὸν ἀγῶνα τοῦτον, πάνυ φιλονικήσειν ὅπως περιγένηταί σου καὶ λόγῳ καὶ ἔργῳ εὖ ποιῶν.
18. Νῦν μὲν γὰρ οὕτως, ἔφη, διάκεισθον, ὥσπερ εἰ τὼ

---

19. Ὅς γε κελεύεις ἐμὲ νεώτερον ὄντα καθηγεῖσθαι. Chérécrate oublie que c'est au plus âgé de commencer, quand il s'agit d'un privilège, mais non pas d'un devoir.

20. Καὶ λόγων ὑπεῖξαι. Divers passages de Xénophon, d'Homère, et surtout d'Aristophane dans les *Nuées* (dialogue du Juste et de l'Injuste), montrent que les Grecs connaissaient bien les égards qu'on doit à l'âge, mais qu'ils croyaient en même temps à l'égalité naturelle des frères et ne soupçonnaient pas le droit d'aînesse.

21. Τὰ πονηρὰ ἀνθρώπια. Littéralement: les mauvais caractères d'hommes; *les mauvaises natures, les petites âmes.*

22. Τί γὰρ ἄλλο ἢ κινδυνεύσεις. La tournure française qui traduit naturellement cette tournure grecque ne s'en distingue guère que par une légère interversion. Les Grecs disent: Que feras-tu, sinon de courir le risque de montrer...? Nous disons: Que risqueras-tu, sinon de montrer que vous êtes, toi, un honnête homme et un bon frère, lui, un homme vil et qui ne mérite pas la bienveillance?

χεῖρε, ἃς ὁ θεὸς ἐπὶ τῷ συλλαμβάνειν ἀλλήλοιν ἐποίησεν, ἀφεμένω[23] τούτου τράποιντο πρὸς τὸ διακωλύειν ἀλλήλω, ἢ εἰ τὼ πόδε θείᾳ μοίρᾳ πεποιημένω πρὸς τὸ συνεργεῖν ἀλλήλοιν, ἀμελήσαντε τούτου ἐμποδίζοιεν ἀλλήλω. 19. Οὐκ ἂν πολλὴ ἀμαθία εἴη καὶ κακοδαιμονία τοῖς ἐπ᾽ ὠφελείᾳ πεποιημένοις ἐπὶ βλάβῃ χρῆσθαι; καὶ μὴν ἀδελφῷ γε, ὡς ἐμοὶ δοκεῖ, ὁ θεὸς ἐποίησεν ἐπὶ μείζονι ὠφελείᾳ ἀλλήλοιν ἢ χεῖρέ τε καὶ πόδε καὶ ὀφθαλμὼ καὶ τἆλλα ὅσα ἀδελφὰ ἔφυσεν ἀνθρώποις. Χεῖρες μὲν γάρ, εἰ δέοι αὐτὰς τὰ πλέον ὀργυιᾶς[24] διέχοντα ἅμα ποιῆσαι, οὐκ ἂν δύναιντο· πόδες δὲ οὐδ᾽ ἂν ἐπὶ τὰ ὀργυιὰν διέχοντα ἔλθοιεν ἅμα· ὀφθαλμοὶ δὲ οἱ δοκοῦντες ἐπὶ πλεῖστον ἐξικνεῖσθαι οὐδ᾽ ἂν τῶν ἔτι ἐγγυτέρω ὄντων τὰ ἔμπροσθεν ἅμα καὶ τὰ ὄπισθεν ἰδεῖν δύναιντο· ἀδελφὼ δὲ φίλω ὄντε καὶ πολὺ διεστῶτε πράττετον ἅμα ἐπ᾽ ὠφελείᾳ ἀλλήλοιν.

IV. — Un bon ami est le plus précieux de tous les biens.

1. Ἤκουσα δέ ποτε αὐτοῦ καὶ περὶ φίλων διαλεγομένου

23. Εἰ τὼ χεῖρε, ἃς ὁ θεός..., ἀφεμένω. Remarquer l'emploi de τὼ χεῖρε et de ἀφεμένω au duel avec forme masculine, et de ἃς au féminin et au pluriel. La forme τὼ χεῖρε (qui se retrouve dans la *Cyropédie*, II, 3: Καὶ τὼ χεῖρε ἐς τοὐπίσω συμπλέκοντες) correspond à τὼ πόδε, τὼ ὀφθαλμώ, τὼ ἀδελφώ, qui viennent ensuite. — La comparaison de deux frères avec les deux mains que Dieu a faites pour s'unir est d'une grande beauté. « Quel est, dit à ce sujet M. Fouillée, le sens métaphysique de ce passage, d'une beauté si douce et si persuasive ? C'est que le désaccord entre deux frères a pour origine l'ignorance (ἀμαθία) du rapport naturel et rationnel qui les unit ; et ce rapport consiste dans la tendance à une même fin, c'est-à-dire dans une mutuelle utilité. Toute la doctrine de Socrate n'est-elle pas résumée dans ces simples conseils à deux frères ennemis l'un de l'autre ?»

24. Ὀργυιᾶς. L'*orgye* était, chez les Grecs, une mesure de longueur correspondant à ce que nous appelons la *brasse*; c'est-à-dire qu'elle représentait la longueur des deux bras étendus. Sa valeur était de près de 2 mètres (1m,85). Les deux pieds, dit Xénophon, ne pourraient toucher à la fois, dans un seul mouvement, dans un seul pas, deux objets éloignés d'une orgye. En effet, le pas ordinaire, celui que les Grecs appelaient βῆμα et les latins *gradus*, ne représentait que deux pieds grecs et demi, environ 0m,77, et le pas double, le *passus* des Latins, cinq pieds grecs, ou 1m,54. L'orgye équivalait à six pieds.

ἐξ ὧν ἔμοιγε ἐδόκει μάλιστ' ἄν τις ὠφελεῖσθαι πρὸς φίλων κτῆσίν τε καὶ χρείαν[1]. Τοῦτο μὲν γὰρ δὴ πολλῶν ἔφη ἀκούειν, ὡς πάντων κτημάτων κράτιστον εἴη φίλος σαφὴς[2] καὶ ἀγαθός· ἐπιμελομένους δὲ παντὸς μᾶλλον ὁρᾶν ἔφη τοὺς πολλοὺς ἢ φίλων κτήσεως. 2. Καὶ γὰρ οἰκίας καὶ ἀγροὺς καὶ ἀνδράποδα καὶ βοσκήματα καὶ σκεύη κτωμένους τε ἐπιμελῶς ὁρᾶν ἔφη καὶ τὰ ὄντα σώζειν πειρωμένους, φίλον δέ, ὃ[3] μέγιστον ἀγαθὸν εἶναί φασιν, ὁρᾶν ἔφη τοὺς πολλοὺς οὔτε ὅπως κτήσονται φροντίζοντας οὔτε ὅπως οἱ ὄντες ἑαυτοῖς σώζωνται. 3. Ἀλλὰ καὶ καμνόντων φίλων τε καὶ οἰκετῶν ὁρᾶν τινας ἔφη τοῖς μὲν οἰκέταις καὶ ἰατροὺς εἰσάγοντας καὶ τἆλλα τὰ πρὸς ὑγίειαν ἐπιμελῶς παρασκευάζοντας, τῶν δὲ φίλων ὀλιγωροῦντας, ἀποθανόντων τε ἀμφοτέρων ἐπὶ μὲν τοῖς οἰκέταις ἀχθομένους τε καὶ ζημίαν ἡγουμένους, ἐπὶ δὲ τοῖς φίλοις οὐδὲν οἰομένους ἐλαττοῦσθαι, καὶ τῶν μὲν ἄλλων κτημάτων οὐδὲν ἐῶντας ἀθεράπευτον οὐδ' ἀνεπίσκεπτον, τῶν δὲ φίλων ἐπιμελείας δεομένων ἀμελοῦντας. 4. Ἔτι δὲ πρὸς τούτοις ὁρᾶν ἔφη τοὺς πολλοὺς τῶν μὲν ἄλλων κτημάτων καὶ πάνυ πολλῶν αὐτοῖς ὄντων τὸ πλῆθος εἰδότας, τῶν δὲ φίλων ὀλίγων ὄντων οὐ μόνον τὸ πλῆθος ἀγνοοῦντας, ἀλλὰ καὶ τοῖς πυνθανομένοις τοῦτο καταλέγειν ἐγχειρήσαντας, οὓς ἐν τοῖς φίλοις ἔθεσαν, πάλιν τούτους ἀνατίθεσθαι[4]· τοσοῦτον αὐτοὺς

---

1. Καὶ χρείαν. Le caractère utilitaire de ce chapitre et des suivants se montre dès la première ligne. Xénophon « un économiste ; et, tout en pensant çà et là, au sujet de l'amitié, de choses fort délicates, il ne peut s'empêcher de la traiter comme une affaire, et de considérer un ami comme une valeur. Aussi n'y a-t-il rien dans ces divers chapitres qui vaille le simple mot de Montaigne, le mot parti du cœur : Parce que c'était moi, parce que c'était lui.

2. Σαφής. Littéralement : clair; sûr, éprouvé.

3. Φίλον δέ, ὅ. Il faut ici le relatif au neutre ; car il ne s'agit pas d'un ami en particulier, mais de l'ami en général ; l'objet de la pensée est donc une chose impersonnelle.

4. Οὓς ἔθεσαν, πάλιν ἀνατίθεσθαι. Ceux qu'ils ont placés d'abord dans la liste de leurs amis, quand ils recommencent le calcul, ils les en effacent. En un mot, ils s'embrouillent dans leur compte.

τῶν φίλων φροντίζειν. 5. Καίτοι πρὸς ποῖον κτῆμα⁵ τῶν ἄλλων παραβαλλόμενος φίλος ἀγαθὸς οὐκ ἂν πολλῷ κρείττων φανείη; ποῖος γὰρ ἵππος ἢ ποῖον ζεῦγος οὕτω χρήσιμον ὥσπερ ὁ χρηστὸς φίλος; ποῖον δὲ ἀνδράποδον οὕτως εὔνουν καὶ παραμόνιμον; ἢ ποῖον ἄλλο κτῆμα οὕτω πάγχρηστον; 6. Ὁ γὰρ ἀγαθὸς φίλος ἑαυτὸν τάττει πρὸς πᾶν τὸ ἐλλεῖπον τῷ φίλῳ καὶ τῆς τῶν ἰδίων κατασκευῆς καὶ τῆς τῶν κοινῶν πράξεως· κἄν τέ τινα εὖ ποιῆσαι δέῃ, συνεπισχύει, ἐάν τέ τις φόβος ταράττῃ, συμβοηθεῖ, τὰ μὲν συναναλίσκων, τὰ δὲ συμπράττων, καὶ τὰ μὲν συμπείθων, τὰ δὲ βιαζόμενος, καὶ εὖ μὲν πράττοντας πλεῖστα εὐφραίνων, σφαλλομένους δὲ πλεῖστα ἐπανορθῶν. 7. Ἃ δὲ αἵ τε χεῖρες ἑκάστῳ ὑπηρετοῦσι καὶ οἱ ὀφθαλμοὶ προορῶσι καὶ τὰ ὦτα προακούουσι⁶ καὶ οἱ πόδες διανύτουσι, τούτων φίλος εὐεργετῶν οὐδενὸς λείπεται⁷· πολλάκις δὲ ἃ πρὸ αὑτοῦ τις ἢ οὐκ ἐξειργάσατο ἢ οὐκ εἶδεν ἢ οὐκ ἤκουσεν ἢ οὐ διήνυσε, ταῦθ' ὁ φίλος πρὸ τοῦ φίλου ἐξήρκεσεν⁸. Ἀλλ' ὅμως ἔνιοι δένδρα μὲν πειρῶνται θερα-

---

5. Πρὸς ποῖον κτῆμα τῶν ἄλλων. Comme s'il y avait πρὸς ποῖον ἄλλο κτῆμα. — Il faut remarquer l'emploi fréquent de ce mot. Pour Xénophon, un ami est le meilleur des biens, μέγιστον ἀγαθόν; mais c'est une acquisition, κτῆμα, aussi bien qu'un cheval, qu'un esclave et qu'une paire de bœufs, ζεῦγος. Dans l'*Économique* on peut remarquer une tendance semblable. Malgré les pages charmantes de l'*Entretien d'Ischomachus avec sa femme* sur la vie de famille, sur la confiance réciproque des époux, Xénophon incline à considérer aussi la femme comme un κτῆμα, comme une partie des biens de la maison.

6. Καὶ τὰ ὦτα προακούουσι. La règle d'après laquelle un sujet au pluriel neutre veut après lui le verbe au singulier n'a pas de caractère absolu. Il est même tout naturel qu'elle ne soit pas observée, lorsque, comme c'est le cas ici, la proposition dans laquelle se trouvent ce sujet et ce verbe fait partie d'une période dont les autres propositions ont leurs sujets et leurs verbes au pluriel.

7. Οὐδενὸς λείπεται. Ne reste nullement en arrière; c'est-à-dire qu'un ami dévoué peut nous rendre tous ces services.

8. Ἐξήρκεσεν. Littéralement: *A suffi à le faire. Præstare valuit.* L'aoriste exprime ici l'habitude. — Cicéron complète très ingénieusement cette idée, en faisant remarquer que nous rendons quelquefois à nos amis des services que nous ne nous rendrions pas à nous-mêmes; nous faisons plus pour eux que pour nous: *Quam multa quæ nostra*

πεύειν τοῦ καρποῦ ἕνεκεν, τοῦ δὲ παμφορωτάτου κτήματος, ὃ καλεῖται φίλος, ἀργῶς καὶ ἀνειμένως οἱ πλεῖστοι ἐπιμέλονται.

V. — Pour avoir de vrais amis, il faut s'en montrer digne.

1. Ἤκουσα δέ ποτε καὶ ἄλλον αὐτοῦ λόγον, ὃς ἐδόκει μοι προτρέπειν τὸν ἀκούοντα ἐξετάζειν ἑαυτὸν ὁπόσου τοῖς φίλοις ἄξιος εἴη. Ἰδὼν γάρ τινα τῶν συνόντων ἀμελοῦντα φίλου πενίᾳ πιεζομένου, ἤρετο Ἀντισθένη[1] ἐναντίον τοῦ ἀμελοῦντος αὐτοῦ καὶ ἄλλων πολλῶν, 2. Ἆρ', ἔφη, ὦ Ἀντίσθενες, εἰσί τινες ἀξίαι φίλων, ὥσπερ οἰκετῶν; τῶν γὰρ οἰκετῶν ὁ μέν που δυοῖν μναῖν ἄξιός ἐστιν, ὁ δὲ οὐδ' ἡμιμναίου, ὁ δὲ πέντε μνῶν, ὁ δὲ καὶ δέκα· Νικίας δὲ ὁ Νικηράτου[2] λέγεται ἐπιστάτην εἰς τἀργύρεια πρίασθαι ταλάντου. Σκοποῦμαι δὴ τοῦτο, ἔφη, εἰ ἄρα ὥσπερ τῶν οἰκετῶν, οὕτω καὶ τῶν φίλων[3] εἰσὶν ἀξίαι. — 3. Ναὶ μὰ

causa nunquam faceremus, facimus causa amicorum! precari ab indigno, supplicare, tum acerbius in aliquem invehi insectarique vehementius; quæ in nostris rebus non satis honeste, in amicorum fiunt honestissime (Lælius, sive de Amicitia, xvi).

1. Ἀντισθένη. Antisthènes. Ce philosophe avait été d'abord disciple de Gorgias, et il avait commencé à enseigner lui-même comme rhéteur, quand il connut Socrate. Son attachement pour son nouveau maître était si grand qu'il quittait chaque jour le Pirée pour venir l'entendre. Socrate lui reprochait cependant ses défauts avec vivacité: « Un jour, nous dit Diogène Laërce, qu'il voyait Antisthènes tourner son manteau de manière à mettre les trous en évidence, il lui cria: « J'aperçois ton orgueil à travers les trous de ton manteau. » Antisthènes pensait que la sagesse consiste à ne suivre que la raison et à mépriser les choses extérieures. Comme il était étranger, il dut donner ses leçons en dehors de la ville, dans le Cynosarge, qui était une sorte de gymnase pour les enfants bâtards. C'est de là que ses disciples reçurent le nom de Cyniques, nom qu'il justifièrent par leur mépris grossier de toutes les élégances de la vie et de toutes les bienséances sociales. L'école cynique peut être considérée comme le germe de l'école stoïcienne, à laquelle elle se rattache par Cratès, qui fut le maître de Zénon de Cittium.

2. Νικίας ὁ Νικηράτου. Nicias, fils de Nicérate. Plutarque a raconté la vie de ce personnage. Xénophon, dans son traité des *Revenus*, nous raconte que Nicias occupait chaque jour mille ouvriers à l'exploitation de ses mines d'argent.

3. Φίλων εἰσὶν ἀξίαι. Pour qu'il pût y avoir ainsi des *taux* divers

Δί', ἔφη ὁ Ἀντισθένης· ἐγὼ γοῦν βουλοίμην ἂν τὸν μέν τινα φίλον[4] μοι εἶναι μᾶλλον ἢ δύο μνᾶς, τὸν δ' οὐδ' ἂν ἡμιμναίου προτιμήσαιμ' ἄν, τὸν δὲ καὶ πρὸ δέκα μνῶν ἑλοίμην ἄν, τὸν δὲ πρὸ πάντων χρημάτων [καὶ πόνων][5] πριαίμην ἂν φίλον μοι εἶναι. — 4. Οὐκοῦν, ἔφη ὁ Σωκράτης, εἴ γε ταῦτα τοιαῦτά ἐστι, καλῶς ἂν ἔχοι ἐξετάζειν τινὰ ἑαυτὸν πόσου ἄρα τυγχάνει τοῖς φίλοις ἄξιος ὢν καὶ πειρᾶσθαι ὡς πλείστου ἄξιος εἶναι, ἵνα ἧττον αὐτὸν οἱ φίλοι προδιδῶσιν. Ἐγὼ γάρ τοι, ἔφη, πολλάκις ἀκούων τοῦ μὲν ὅτι προὔδωκεν αὐτὸν φίλος ἀνήρ, τοῦ δ' ὅτι μνᾶν ἀνθ' ἑαυτοῦ μᾶλλον εἵλετο ἀνὴρ ὃν ᾤετο φίλον εἶναι, 5. [καὶ] τὰ τοιαῦτα πάντα σκοπῶ μὴ[6] ὥσπερ, ὅταν τις οἰκέτην πονηρὸν πωλῇ, ἀποδίδοται τοῦ εὑρόντος[7], οὕτω καὶ τὸν πονηρὸν φίλον, ὅταν ἐξῇ τὸ πλέον τῆς ἀξίας

auxquels on estimerait tel ou tel ami, il faudrait pouvoir dire au juste pour quelles qualités on aime un ami. Or, les choses ne se passent point de la sorte. Nous pouvons découvrir dans un ami des qualités nouvelles, sans que l'amitié proprement dite en soit augmentée ; et nous pouvons, d'autre part, découvrir qu'il n'a pas certaines qualités dont nous le croyions doué, sans que notre affection subisse pour cela aucun déchet. Il y a donc quelque chose dans l'amitié qui échappe à toute appréciation raisonnée et à tout calcul. Il est, en outre, difficile de décider quelles sont au juste les qualités que nous aimons dans ceux qui nous sont chers. Les uns disent que ce sont nos propres qualités, et que le *semblable aime le semblable*; les autres assurent que ce sont des qualités opposées, et que le *contraire aime le contraire* (Voir, sur cette question, Aristote : VIIIe livre de la *Morale à Nicomaque*). Platon, dans le *Lysis*, soutient une ingénieuse théorie, d'après laquelle nous recherchons dans nos amis des qualités en partie semblables, en partie contraires aux nôtres ; nous aimons en eux quelque chose qui s'harmonise avec notre propre nature et qui la complète.

4. Τὸν μέν τινα φίλον. *Un ami* ; d'une manière indéterminée, sans que celui qui parle ait plutôt dans l'esprit l'idée de l'un que de l'autre.

5. Καὶ πόνων. D'autres éditions portent : καὶ πόρων. On peut expliquer les deux leçons. Καὶ πόνων : au prix de beaucoup de dépenses et de peines ; non seulement on dépenserait beaucoup d'argent, mais on s'imposerait aussi beaucoup de fatigue pour les acquérir. Καὶ πόρων : au prix de toutes mes richesses et de tous mes revenus.

6. Τὰ τοιαῦτα πάντα σκοπῶ, μή. Il n'y a aucune nécessité de sous-entendre διά en tête de cette phrase. Elle s'explique tout naturellement de la manière suivante : Je considère toutes choses (non pas dans la crainte que, mais) dans la pensée que, etc.

7. Ἀποδίδοται τοῦ εὑρόντος. *Livre au prix qu'il trouve.*

λαβεῖν, ἐπαγωγὸν ἢ ἀποδίδοσθαι. Τοὺς δὲ χρηστοὺς οὔτε οἰκέτας πάνυ τι πωλουμένους ὁρῶ οὔτε φίλους προδιδομένους.

VI. — Ce qu'il faut faire pour choisir et gagner des amis.

1. Ἐδόκει δέ μοι καὶ εἰς τὸ δοκιμάζειν φίλους ὁποίους ἄξιον κτᾶσθαι φρενοῦν τοιάδε λέγων· Εἰπέ μοι, ἔφη, ὦ Κριτόβουλε[1], εἰ δεοίμεθα φίλου ἀγαθοῦ, πῶς ἂν ἐπιχειροῖμεν σκοπεῖν; ἆρα πρῶτον μὲν[2] ζητητέον, ὅστις ἄρχει γαστρός τε καὶ φιλοποσίας καὶ λαγνείας καὶ ὕπνου καὶ ἀργίας; ὁ γὰρ ὑπὸ τούτων κρατούμενος οὔτ᾽ αὐτὸς ἑαυτῷ δύναιτ᾽ ἂν οὔτε φίλῳ τὰ δέοντα πράττειν; — Μὰ Δί᾽, οὐ δῆτα, ἔφη. — Οὐκοῦν τοῦ μὲν ὑπὸ τούτων ἀρχομένου ἀφεκτέον δοκεῖ σοι εἶναι; — Πάνυ μὲν οὖν, ἔφη.

— 2. Τί γάρ[3]; ἔφη, ὅστις δαπανηρὸς ὢν μὴ αὐτάρκης ἐστίν, ἀλλ᾽ ἀεὶ τῶν πλησίον δεῖται[4], καὶ λαμβάνων μὲν μὴ δύναται ἀποδιδόναι, μὴ λαμβάνων δὲ τὸν μὴ διδόντα μισεῖ, οὐ δοκεῖ σοι καὶ οὗτος χαλεπὸς φίλος εἶναι; — Πάνυ γ᾽, ἔφη. — Οὐκοῦν ἀφεκτέον καὶ τούτου; — Ἀφεκτέον μέντοι, ἔφη. — 3. Τί γάρ; ὅστις χρηματίζεσθαι

---

1. Κριτόβουλε. Critobule, fils aîné de Criton ; il assista avec son père aux derniers moments de Socrate. C'est avec ce personnage que Socrate converse dans l'*Economique*.

2. Ἆρα πρῶτον μέν. N'est-il pas vrai, tout d'abord, que... Il faudrait régulièrement : ἆρ᾽ οὐ. Mais, en latin aussi, *ne* enclitique a quelquefois la valeur de *nonne*. Πρῶτον μέν semble promettre pour plus tard εἶτα δέ ; mais, dans le dialogue socratique, la suite régulière des formes grammaticales est nécessairement interrompue, bien que la suite des pensées ne le soit pas.

3. Τί γάρ. Plus loin : τί δέ. *Mais quoi !* Transition brusque, qui sert surtout à Socrate, quand il s'agit de développer par de nouveaux exemples une pensée déjà exprimée : — Il faut, pour s'en faire un ami, choisir un homme qui n'ait point la passion de l'ivrognerie... — Mais quoi! un homme qui aime la dépense, faudra-t-il le choisir?.. un homme querelleur, faudra-t-il s'y fier?...

4. Ἀεὶ τῶν πλησίον δεῖται. *A toujours besoin de ceux qui sont autour de lui ;* est sans cesse à leur tendre la main, à les importuner. — Le caractère de l'emprunteur est tracé en deux lignes de main de maître.

μὲν δύναται, πολλῶν δὲ χρημάτων ἐπιθυμεῖ, καὶ διὰ τοῦτο δυσσύμβολός⁵ ἐστι, καὶ λαμβάνων μὲν ἥδεται, ἀποδιδόναι δὲ μὴ βούλεται; — Ἐμοὶ μὲν δοκεῖ, ἔφη, οὗτος ἔτι πονηρότερος ἐκείνου εἶναι. — 4. Τί δ'; ὅστις διὰ τὸν ἔρωτα τοῦ χρηματίζεσθαι μηδὲ πρὸς ἓν ἄλλο σχολὴν ποιεῖται⁶ ἢ ὁπόθεν αὐτός τι κερδανεῖ; — Ἀφεκτέον καὶ τούτου, ὡς ἐμοὶ δοκεῖ· ἀνωφελὴς γὰρ ἂν εἴη τῷ χρωμένῳ. — Τί δέ; ὅστις στασιώδης τέ ἐστι καὶ θέλων πολλοὺς τοῖς φίλοις ἐχθροὺς παρέχειν; — Φευκτέον νὴ Δία καὶ τοῦτον. — Εἰ δέ τις τούτων μὲν τῶν κακῶν μηδὲν ἔχοι, εὖ δὲ πάσχων ἀνέχεται, μηδὲν φροντίζων τοῦ ἀντευεργετεῖν; — Ἀνωφελὴς ἂν εἴη καὶ οὗτος. Ἀλλὰ ποῖον, ὦ Σώκρατες, ἐπιχειρήσομεν φίλον ποιεῖσθαι; — 5. Οἶμαι μέν, ὅστις τἀναντία τούτων ἐγκρατὴς μὲν εἴη τῶν τοῦ σώματος ἡδονῶν, εὔνους δὲ καὶ εὐσύμβολος ὢν τυγχάνει καὶ φιλόνικος πρὸς τὸ μὴ λείπεσθαι⁷ εὖ ποιῶν τοὺς εὐεργετοῦντας αὐτόν, ὥστε λυσιτελεῖν τοῖς χρωμένοις. — 6. Πῶς οὖν ἂν ταῦτα δοκιμάσαιμεν, ὦ Σώκρατες, πρὸ τοῦ χρῆσθαι; — Τοὺς μὲν ἀνδριαντοποιούς, ἔφη, δοκιμάζομεν οὐ τοῖς λόγοις αὐτῶν τεκμαιρόμενοι, ἀλλ' ὃν ἂν ὁρῶμεν τοὺς πρόσθεν ἀνδριάντας καλῶς εἰργασμένον, τούτῳ πιστεύομεν καὶ τοὺς λοιποὺς εὖ ποιήσειν. — 7. Καὶ ἄνδρα δὴ λέγεις, ἔφη, ὃς ἂν τοὺς φίλους τοὺς πρόσθεν εὖ ποιῶν φαίνηται, δῆλον εἶναι καὶ τοὺς ὕστερον εὐεργετήσοντα; — Καὶ γὰρ ἵπποις, ἔφη, ὃν ἂν ὁρῶ τοῖς

---

5. Δυσσύμβολος. *Difficile en affaires.* Il n'aime pas à rendre ce qu'on lui prête; non plus, comme l'homme dont il était question tout à l'heure, parce qu'il dépense tout, mais, au contraire, parce qu'il accumule, il thésaurise.

6. Μηδὲ πρὸς ἓν ἄλλο. Μηδείς et οὐδείς sont souvent décomposés, et, sous cette forme, leur signification négative est augmentée. Autres passages de Xénophon: Οὐδ' ὑφ' ἑνὸς τῶν πώποτε ἀνθρώπων κρατηθέντες: Et qui n'ont encore été soumis par personne. *Hellénique*: V, IV. Μελετᾶτε μηδὲ πρὸς μίαν ἡδονὴν ἀπλήστως διακεῖσθαι.

7. Λείπεσθαι. Sauppe: ἐλλείπεσθαι.

πρόσθεν καλῶς χρώμενον, τοῦτον κἂν ἄλλοις οἶμαι καλῶς χρῆσθαι. — 8. Εἶεν, ἔφη· ὃς δ' ἂν ἡμῖν ἄξιος φιλίας δοκῇ εἶναι, πῶς χρὴ φίλον τοῦτον ποιεῖσθαι; — Πρῶτον μέν, ἔφη, τὰ παρὰ τῶν θεῶν ἐπισκεπτέον[8], εἰ συμβουλεύουσιν αὐτὸν φίλον ποιεῖσθαι. — Τί οὖν; ἔφη, ὃν ἂν ἡμῖν τε δοκῇ καὶ οἱ θεοὶ μὴ ἐναντιῶνται[9], ἔχεις εἰπεῖν ὅπως οὗτος θηρατέος[10]; — 9. Μὰ Δί', ἔφη, οὐ κατὰ πόδας[11] ὥσπερ ὁ λαγῶς, οὐδ' ἀπάτῃ ὥσπερ αἱ ὄρνιθες, οὐδὲ βίᾳ ὥσπερ οἱ κάπροι. Ἄκοντα γὰρ φίλον ἑλεῖν ἐργῶδες· χαλεπὸν δὲ καὶ δήσαντα κατέχειν ὥσπερ δοῦλον· ἐχθροὶ γὰρ μᾶλλον ἢ φίλοι γίγνονται [οἱ] τοιαῦτα πάσχοντες. — Φίλοι δὲ πῶς; ἔφη. — 10. Εἶναι μέν τινάς φασιν ἐπῳδάς, ἃς οἱ ἐπιστάμενοι ἐπᾴδοντες οἷς ἂν βούλωνται φίλους αὐτοὺς ποιοῦνται· εἶναι δὲ καὶ φίλτρα[12],

---

8. Τὰ παρὰ τῶν θεῶν ἐπισκεπτέον. Le choix des amis rentre parfaitement dans l'ordre des choses au sujet desquelles il faut consulter les dieux (Voir liv. I, ch. II), parce qu'elles ne relèvent pas de la science et que *l'issue en est douteuse*.

9. Μὴ ἐναντιῶνται. Par un pressentiment intérieur ou par un présage; c'est la part de la divination dans cet ordre de choses.

10. Ὅπως θηρατέος. *Comment faut-il le poursuivre? Comment faut-il lui donner la chasse?* — On verra, en effet, par la suite, que c'est une espèce de chasse, qui se fait sans violence, mais avec sagacité, et dans laquelle la meilleure ruse est à la fin la franchise. — Nous entrons ici dans le cœur du sujet, et l'on peut remarquer la savante composition de ce chapitre. Socrate a indiqué d'abord quels sont et les amis qu'il faut éviter et ceux qu'il faut rechercher ; il a montré comment on conclut de ce qu'un homme a été dans ses amitiés antérieures à ce qu'il sera dans ses amitiés futures ; d'autre part, l'amitié étant une de ces choses dont l'issue est douteuse, il a fait voir qu'avant de la contracter il faut consulter les dieux. Nous allons maintenant trouver l'énumération des moyens par lesquels on arrive à la conquête d'un ami.

11. Κατὰ πόδας. Peut s'expliquer de deux manières : *à la course*, ou : *à la piste*.

12. Ἐπῳδὰς καὶ φίλτρα. Par une curieuse assimilation des choses de l'amitié à celles de l'amour, analogue à celle que l'on rencontre dans le *Banquet*, Xénophon signale d'abord les *incantations* et les *philtres*. — Les incantations, qui se sont continuées dans les temps modernes par les sérénades, reposent sur l'idée d'une grande puissance communicative de la musique, qui fait passer un sentiment d'une âme dans une autre d'une manière bien plus prompte et bien plus sûre que ne ferait la parole. — Les philtres (φίλτρα, φίλητρα, moyens de faire aimer), étaient des breuvages composés par les magiciennes et dans lesquels

εἰς οἱ ἐπιστάμενοι πρὸς οὓς ἂν βούλωνται χρώμενοι φιλοῦνται ὑπ' αὐτῶν. — 11. Πόθεν οὖν, ἔφη, ταῦτα μάθοιμεν ἄν; — Ἃ μὲν αἱ Σειρῆνες ἐπῇδον τῷ Ὀδυσσεῖ ἤκουσας Ὁμήρου, ὧν ἐστὶν ἀρχὴ τοιάδε τις[13].

Δεῦρ' ἄγε δή[14], πολύαιν' Ὀδυσεῦ, μέγα κῦδος Ἀχαιῶν.

— Ταύτην οὖν, ἔφη, τὴν ἐπῳδὴν, ὦ Σώκρατες, καὶ τοῖς ἄλλοις ἀνθρώποις αἱ Σειρῆνες ἐπᾴδουσαι κατεῖχον, ὥστε μὴ ἀπιέναι ἀπ' αὐτῶν τοὺς ἐπασθέντας; — 12. Οὐκ· ἀλλὰ τοῖς ἐπ' ἀρετῇ φιλοτιμουμένοις οὕτως ἐπῇδον. — Σχεδόν τι λέγεις τοιαῦτα χρῆναι ἑκάστῳ ἐπᾴδειν οἷα μὴ νομιεῖ ἀκούων τὸν ἐπαινοῦντα καταγελῶντα λέγειν. Οὕτω μὲν γὰρ ἐχθίων τ' ἂν εἴη[15] καὶ ἀπελαύνει τοὺς ἀνθρώπους ἀφ' ἑαυτοῦ, εἰ τὸν εἰδότα ὅτι μικρός τε καὶ αἰσχρὸς καὶ ἀσθενής ἐστιν ἐπαινοίη λέγων ὅτι καλός τε καὶ μέγας καὶ ἰσχυρός ἐστιν. Ἄλλας δὲ τινας οἶσθα ἐπῳδάς; — 13. Οὐκ· ἀλλ' ἤκουσα μὲν ὅτι Περικλῆς πολλὰς ἐπίσταιτο[16], ἃς ἐπᾴδων τῇ πόλει ἐποίει αὐτὴν

---

entrait surtout la mandragore. Les anciens employaient aussi des moyens magiques de faire haïr, des μίσητρα.

13. Ἀρχὴ τοιάδε τις. *Cela commence à peu près ainsi.* En effet, le début du passage, cité de mémoire, est légèrement altéré. Au lieu de : Δεῦρ' ἄγε δή, il y a dans le texte : Δεῦρ' ἄγ' ἰών.

14. Δεῦρ' ἄγε δή. Voir au livre XII, vers 184 et suivants, de l'*Odyssée* l'ensemble du passage. Les Sirènes s'adressent à l'âme généreuse d'Ulysse en la tentant par la science, comme le serpent dans la Genèse. Elles lui promettent surtout la révélation de tous les grands événements qui se sont passés sur la surface de la terre :

Ἴδμεν γάρ τοι πάνθ', ὅσ' ἐνὶ Τροίῃ εὐρείῃ
Ἀργεῖοι Τρῶές τε θεῶν ἰότητι μόγησαν·
ἴδμεν δ' ὅσσα γένηται ἐπὶ χθονὶ πουλυβοτείρῃ

15. Οὕτω γὰρ ἐχθίων ἂν εἴη. De même, plus haut, quand il a été question un moment de l'emploi de la violence : Ἐχθροὶ μᾶλλον ἢ φίλοι γίγνονται ταῦτα πάσχοντες. On voit la délicatesse de cet art socratique, la *chasse aux amis*; les moyens maladroits, par exemple les flatteries intempestives, iraient contre le but.

16. Ὅτι Περικλῆς πολλὰς ἐπίσταιτο. Semblable aux Sirènes, qui n'auraient pas eu la maladresse de faire entendre aux autres hommes les compliments qu'elles adressaient à Ulysse, Périclès savait varier les flatteries qu'il adressait aux Athéniens; il en avait pour les hommes

φιλεῖν αὐτόν. — Θεμιστοκλῆς δὲ πῶς ἐποίησε τὴν πόλιν φιλεῖν αὐτόν; — Μὰ Δί' οὐκ ἐπᾴδων, ἀλλὰ περιάψας[17] τι ἀγαθὸν αὐτῇ. — 14. Δοκεῖς μοι λέγειν, ὦ Σώκρατες, ὡς, εἰ μέλλομεν ἀγαθόν τινα κτήσεσθαι φίλον, αὐτοὺς ἡμᾶς ἀγαθοὺς δεῖ γενέσθαι [λέγειν τε καὶ πράττειν[18]]. — Σὺ δ' ᾤου, ἔφη ὁ Σωκράτης, οἷόν τ' εἶναι καὶ πονηρὸν ὄντα χρηστοὺς φίλους κτήσασθαι; — 15. Ἑώρων γάρ, ἔφη ὁ Κριτόβουλος, ῥήτοράς τε φαύλους ἀγαθοῖς δημηγόροις φίλους ὄντας, καὶ στρατηγεῖν οὐχ ἱκανοὺς πάνυ στρατηγικοῖς ἀνδράσιν ἑταίρους. — 16. Ἆρ' οὖν, ἔφη, καί, περὶ οὗ διαλεγόμεθα[19], οἶσθά τινας οἳ ἀνωφελεῖς ὄντες ὠφελίμους δύνανται φίλους ποιεῖσθαι; — Μὰ Δί' οὐ δῆτ', ἔφη· ἀλλ' εἰ ἀδύνατόν ἐστι πονηρὸν ὄντα καλοὺς κἀγαθοὺς φίλους κτήσασθαι, ἐκεῖνο ἤδη μέλει μοι, εἰ ἔστιν αὐτὸν καλὸν κἀγαθὸν γενόμενον ἐξ ἑτοίμου τοῖς καλοῖς κἀγαθοῖς φίλον εἶναι. — 17. Ταράττει σε, ὦ Κριτόβουλε, ὅτι[20] πολλάκις ἄνδρας καὶ τὰ καλὰ πράττοντας

de tout rang et de toute condition. Sur cet art de Périclès, Voir le Gorgias.

17. Θεμιστοκλῆς, οὐκ ἐπᾴδων, ἀλλὰ περιάψας... Cette phrase nous présente, dans sa brièveté saisissante, un curieux parallèle entre Périclès et Thémistocle. Périclès était un *charmeur d'âmes* ; Thémistocle était un *conquérant des âmes*. On peut signaler la ressemblance qui existe entre cette pensée et la célèbre phrase d'Othello : « Je fus aimé d'elle pour les périls que j'avais conrus ; je n'ai jamais employé d'autre sorcellerie.» Seulement, ici, au lieu de récits d'aventures, il est question de services effectifs et considérables. D'après quelques commentateurs, cette expression si précise : περιάψας τι ἀγαθόν, ne ferait pas allusion à la gloire dont Thémistocle a doté sa patrie par la victoire de Salamine, mais au surcroit de prospérité qu'il lui assura par la construction du Pirée.

18. Λέγειν τε καὶ πράττειν. Malgré cette préférence pour Thémistocle, Socrate conclut qu'il faut unir les deux choses, l'action et la parole ; un Athénien ne renonce jamais entièrement aux droits de la persuasion.

19. Περὶ οὗ διαλεγόμεθα. *Ce qui est l'objet propre de notre entretien.*

20. Ταράττει σε ὅτι. Dindorf : Θράττει. Sauppe : Ὁ ταράττει. Il faut, dans ce cas, considérer ὅ comme étant mis pour τοῦτο, ou bien, devant ὅτι, il faut sous-entendre τοῦτ' ἐστίν. — *Ce qui te trouble, ce qui t'inquiète* (ce qui met sur ce point le désordre dans tes idées), *c'est que*... Il est question ici d'un trouble analogue à celui que nous

καὶ τῶν αἰσχρῶν ἀπεχομένους ὁρᾷς ἀντὶ τοῦ φίλους εἶναι στασιάζοντας ἀλλήλοις καὶ χαλεπώτερον χρωμένους τῶν μηδενὸς ἀξίων ἀνθρώπων. — 18. Καὶ οὐ μόνον γ', ἔφη ὁ Κριτόβουλος, οἱ ἰδιῶται τοῦτο ποιοῦσιν, ἀλλὰ καὶ πόλεις αἱ τῶν τε καλῶν μάλιστα ἐπιμελόμεναι καὶ τὰ αἰσχρὰ ἥκιστα προσιέμεναι πολλάκις πολεμικῶς ἔχουσι πρὸς ἀλλήλας. 19. Ἃ λογιζόμενος πάνυ ἀθύμως ἔχω[21] πρὸς τὴν τῶν φίλων κτῆσιν· οὔτε γὰρ τοὺς πονηροὺς ὁρῶ φίλους ἀλλήλοις δυναμένους εἶναι· πῶς γὰρ ἂν ἢ ἀχάριστοι ἢ ἀμελεῖς ἢ πλεονέκται ἢ ἄπιστοι ἢ ἀκρατεῖς ἄνθρωποι δύναιντο φίλοι γενέσθαι; οἱ μὲν οὖν πονηροὶ πάντως ἔμοιγε δοκοῦσιν ἀλλήλοις ἐχθροὶ μᾶλλον ἢ φίλοι πεφυκέναι. 20. Ἀλλὰ μήν, ὥσπερ σὺ λέγεις, οὐδ' ἂν τοῖς χρηστοῖς οἱ πονηροί ποτε συναρμόσειαν εἰς φιλίαν· πῶς γὰρ οἱ τὰ πονηρὰ ποιοῦντες τοῖς τὰ τοιαῦτα μισοῦσι φίλοι γένοιντ' ἄν; εἰ δὲ δὴ καὶ οἱ ἀρετὴν ἀσκοῦντες στασιάζουσί τε περὶ τοῦ πρωτεύειν ἐν ταῖς πόλεσι καὶ φθονοῦντες ἑαυτοῖς μισοῦσιν ἀλλήλους, τίνες ἔτι φίλοι ἔσονται καὶ ἐν τίσιν ἀνθρώποις εὔνοια καὶ πίστις ἔσται; — 21. Ἀλλ' ἔχει μέν, ἔφη ὁ Σωκράτης, ποικίλως πως ταῦτα[22], ὦ Κριτόβουλε. Φύσει γὰρ ἔχουσιν οἱ ἄνθρωποι τὰ μὲν φιλικά· δέονταί τε γὰρ

---

ressentons en voyant, par exemple, la vertu persécutée, la loi morale sans véritable sanction. La raison nous dit, en effet, que l'amitié doit être essentiellement l'union désintéressée des âmes, la sympathie des bons pour les bons. Or, que nous montre, au contraire, l'expérience? Elle nous montre les hommes de bien en lutte les uns contre les autres pour la poursuite des dignités et des honneurs ; et ce qui est vrai pour les individus est vrai également pour les cités, même pour celles qui s'intéressent le plus aux belles choses: Οὐ μόνον οἱ ἰδιῶται, ἀλλὰ καὶ πόλεις αἱ τῶν καλῶν μάλιστα ἐπιμελόμεναι.

21. Ἃ λογιζόμενος πάνυ ἀθύμως ἔχω. *Réfléchissant sur ces choses, je me sens tout à fait découragé.* — Il n'y a pas d'amitié possible ; car 1° pas d'amitié des méchants avec les méchants, 2° pas d'amitié des méchants avec les bons, 3° pas même d'amitié des bons avec les bons. Très beau développement.

22. Ἔχει ποικίλως πως ταῦτα. C'est que la question est compliquée et comme embrouillée. Socrate va découvrir la vérité qu'il cherche, en séparant les éléments complexes de ce problème.

ἀλλήλων καὶ ἐλεοῦσι καὶ συνεργοῦντες ὠφελοῦσι καὶ τοῦτο συνιέντες χάριν ἔχουσιν ἀλλήλοις· τὰ δὲ πολεμικά[23]· τά τε γὰρ αὐτὰ καλὰ καὶ ἡδέα νομίζοντες ὑπὲρ τούτων μάχονται[24] καὶ διχογνωμονοῦντες ἐναντιοῦνται. Πολεμικὸν δὲ καὶ ἔρις καὶ ὀργή· καὶ δυσμενὲς μὲν ὁ τοῦ πλεονεκτεῖν ἔρως, μισητὸν δὲ ὁ φθόνος[25]. 22. Ἀλλ᾽ ὅμως διὰ τούτων πάντων ἡ φιλία διαδυομένη[26] συνάπτει τοὺς καλούς τε

23. Τὰ μὲν φιλικά... τὰ δὲ πολεμικά. Le système dont Socrate commence ici l'exposition se rattache aux idées d'Empédocle. L'amitié et la discorde sont à la fois dans le cœur humain comme elles sont à la fois dans la nature ; mais c'est l'amitié qui finira par triompher et qui débrouillera le chaos confus que produit la discorde et dans lequel elle se complaît.

24. Τά τε γὰρ αὐτὰ καλὰ καὶ ἡδέα νομίζοντες, ὑπὲρ τούτων μάχονται. Gail traduit : « Car, croyant que l'agréable est la même chose que le bien, ils combattent pour se procurer les plaisirs. » M. Fouillée, adoptant cette traduction, la commente ainsi : « C'est la confusion du bien avec l'agréable qui est l'origine de l'inimitié. Les hommes s'imaginent que ce qui est bon ou beau et ce qui cause du plaisir, c'est une seule et même chose ; voilà une illusion d'optique intellectuelle. L'agréable n'est pas le même pour tous les hommes ; mais le bien est le même pour tous. L'agréable les divise donc, tandis que le bien les rapprocherait. Dans leur folie, ils se disputent toutes les choses agréables, comme les honneurs, les richesses, les voluptés, et ils croient se disputer des biens. La diversité des opinions se manifeste alors. L'un préfère les richesses, l'autre, les honneurs ; c'est ce que Socrate appelle τὸ διχογνωμονεῖν, en l'opposant à l'unité de la vraie science. Cette diversité passe dans les actions et y engendre l'opposition mutuelle ; ἐναντιοῦνται. Nous retrouvons donc dans le monde moral, comme dans le monde physique, les deux principes dont parle Empédocle. » Malgré toute l'autorité de M. Fouillée, nous pensons que ce n'est pas là le véritable sens. L'idée qui domine tout ce passage, c'est, nous l'avons vu déjà, la difficulté, on pourrait dire l'impossibilité de l'amitié. *O mes amis, il n'y a pas d'amis!* Les bons eux-mêmes ne peuvent pas facilement être amis, parce que, de deux choses l'une : ou bien, ils considèrent les mêmes choses comme bonnes et les mêmes choses comme agréables ; en d'autres termes : *ils s'accordent sur le bien et sur l'agréable ;* et alors, ils sont en lutte les uns avec les autres pour les posséder (on voit que c'est une idée assez semblable, *mutatis mutandis*, au système de Hobbes, au *bellum omnium contra omnes*) ; ou bien ils diffèrent sur l'appréciation de ces mêmes choses ; et alors, quoique par une raison contraire, ils sont encore en opposition les uns avec les autres ; de là les partis et les factions.

25. Μισητὸν ὁ φθόνος. Remarquer, dans toute cette phrase, les adjectifs neutres unis à des substantifs masculins ou féminins.

26. Ἡ φιλία διαδυομένη. Voilà l'expression principale empruntée au système d'Empédocle. *L'amitié se glisse, s'insinue à travers tous ces conflits.* Elle introduit dans les âmes le sentiment et le désir de la

κἀγαθούς. Διὰ γὰρ τὴν ἀρετὴν αἱροῦνται μὲν ἄνευ πόνου τὰ μέτρια κεκτῆσθαι μᾶλλον ἢ διὰ πολέμου πάντων κυριεύειν, καὶ δύνανται πεινῶντες καὶ διψῶντες ἀλύπως σίτου καὶ ποτοῦ κοινωνεῖν... 23. Δύνανται δὲ καὶ χρημάτων οὐ μόνον τοῦ πλεονεκτεῖν ἀπεχόμενοι νομίμως κοινωνεῖν, ἀλλὰ καὶ ἐπαρκεῖν ἀλλήλοις· δύνανται δὲ καὶ τὴν ἔριν οὐ μόνον ἀλύπως, ἀλλὰ καὶ συμφερόντως ἀλλήλοις διατίθεσθαι, καὶ τὴν ὀργὴν κωλύειν εἰς τὸ μεταμελησόμενον προϊέναι. Τὸν δὲ φθόνον παντάπασιν ἀφαιροῦσι, τὰ μὲν ἑαυτῶν ἀγαθὰ τοῖς φίλοις οἰκεῖα παρέχοντες, τὰ δὲ τῶν φίλων ἑαυτῶν νομίζοντες[27]. 24. Πῶς οὖν οὐκ εἰκὸς τοὺς καλοὺς κἀγαθοὺς καὶ τῶν πολιτικῶν τιμῶν μὴ μόνον ἀβλαβεῖς, ἀλλὰ καὶ ὠφελίμους ἀλλήλοις κοινωνοὺς εἶναι; οἱ μὲν γὰρ ἐπιθυμοῦντες ἐν ταῖς πόλεσι τιμᾶσθαί τε καὶ ἄρχειν, ἵνα ἐξουσίαν ἔχωσι χρήματά τε κλέπτειν καὶ ἀνθρώπους βιάζεσθαι καὶ ἡδυπαθεῖν, ἄδικοί τε καὶ πονηροὶ ἂν εἶεν καὶ ἀδύνατοι ἄλλῳ συναρμόσαι. 25. Εἰ δέ τις ἐν πόλει τιμᾶσθαι βουλόμενος, ὅπως αὐτός τε μὴ ἀδικῆται καὶ τοῖς φίλοις τὰ δίκαια βοηθεῖν δύνηται, [καὶ] ἄρξας[28] ἀγαθόν τι ποιεῖν τὴν πατρίδα πειρᾶται, διὰ τί ὁ τοιοῦτος ἄλλῳ τοιούτῳ οὐκ ἂν δύναιτο συναρμόσαι; πότερον τοὺς φίλους ὠφελεῖν μετὰ τῶν καλῶν κἀγαθῶν ἧττον δυνήσεται; ἢ τὴν πόλιν εὐεργετεῖν ἀδυνατώτερος ἔσται καλοὺς κἀγαθοὺς ἔχων συνεργούς; 26. Ἀλλὰ καὶ ἐν τοῖς γυμνικοῖς ἀγῶσι δῆλόν ἐστιν ὅτι, εἰ ἐξῆν τοῖς κρατίστοις συνθεμένους ἐπὶ τοὺς χείρους ἰέναι, πάντας ἂν τοὺς ἀγῶνας οὗτοι ἐνίκων καὶ πάντα τὰ ἆθλα οὗτοι ἐλάμβανον. Ἐπεὶ οὖν ἐκεῖ μὲν οὐκ ἐῶσι τοῦτο ποιεῖν, ἐν δὲ τοῖς πολιτικοῖς[29], ἐν

---

justice. Dès lors, chacun se sent plus heureux de vivre avec moins de biens dans une société mieux ordonnée.

27. Τὰ δὲ τῶν φίλων ἑαυτῶν νομίζοντες. Les Epicuriens surtout développeront ce principe. Πάντα φίλων κοινά.

28. Ἄρξας. Une fois devenu magistrat.

29. Ἐπεὶ οὖν ἐκεῖ μέν (i. e. ἐν τοῖς γυμνικοῖς ἀγῶσιν)..., ἐν δὲ τοῖς

εἰς οἱ καλοὶ κἀγαθοὶ κρατιστεύουσιν, οὐδεὶς κωλύει μεθ' οὗ ἄν τις βούληται τὴν πόλιν εὐεργετεῖν. Πῶς οὐ λυσιτελεῖ τοὺς βελτίστους φίλους κτησάμενον πολιτεύεσθαι, τούτοις κοινωνοῖς καὶ συνεργοῖς τῶν πράξεων μᾶλλον ἢ ἀνταγωνισταῖς χρώμενον; 27. Ἀλλὰ μὴν κἀκεῖνο δῆλον ὅτι ἐάν πολεμῇ τίς τινι, συμμάχων δεήσεται, καὶ τούτων πλειόνων, ἐὰν καλοῖς κἀγαθοῖς ἀντιτάττηται. Καὶ μὴν οἱ συμμαχεῖν ἐθέλοντες εὖ ποιητέοι, ἵν' ἐθέλωσι προθυμεῖσθαι. Πολὺ δὲ κρεῖττον τοὺς βελτίστους ἐλάττονας [ὄντας] εὖ ποιεῖν ἢ τοὺς χείρονας πλείονας ὄντας· οἱ γὰρ πονηροὶ πολὺ πλειόνων εὐεργεσιῶν ἢ οἱ χρηστοὶ δέονται. 28. Ἀλλὰ θαρρῶν, ἔφη, ὦ Κριτόβουλε, πειρῶ ἀγαθὸς γίγνεσθαι, καὶ τοιοῦτος γενόμενος θηρᾶν ἐπιχείρει τοὺς καλούς τε κἀγαθούς. Ἴσως δ' ἄν τί σοι κἀγὼ συλλαβεῖν[30] εἰς τὴν τῶν καλῶν τε κἀγαθῶν θήραν ἔχοιμι διὰ τὸ ἐρωτικὸς εἶναι[31]. Δεινῶς γὰρ ὧν ἂν ἐπιθυμήσω ἀνθρώπων ὅλος ὥρμημαι ἐπὶ τὸ φιλῶν τε αὐτοὺς ἀντιφιλεῖσθαι ὑπ' αὐτῶν[32] καὶ ποθῶν ἀντιποθεῖσθαι καὶ ἐπιθυμῶν συνεῖναι ἀντεπιθυμεῖσθαι τῆς συνουσίας. 29. Ὁρῶ δὲ καὶ σοὶ τούτων δεήσον, ὅταν ἐπιθυμήσῃς φιλίαν πρός τινας ποιεῖσθαι. Μὴ οὖν ἀποκρύπτου με οἷς ἂν βούλοιο φίλος γενέσθαι· διὰ γὰρ τὸ ἐπιμελεῖσθαι τοῦ ἀρέσαι τῷ ἀρέσκοντί μοι οὐκ ἀπείρως

πολιτικοῖς... La pensée est que, les ligues entre les meilleurs et les plus forts n'étant pas défendues dans les combats politiques, comme elles le sont dans les luttes du gymnase, il faut que les meilleurs s'unissent les uns aux autres pour le bien de l'Etat.

30. Συλλαβεῖν. C'est ici un terme de chasse. Plus loin : σύνθηρον.

31. Διὰ τὸ ἐρωτικὸς εἶναι. Parce que j'ai l'expérience des choses de l'amitié. C'est la célèbre parole du *Banquet* : Je ne suis qu'une toute petite science, l'amour.

32. Φιλῶν αὐτοὺς ἀντιφιλεῖσθαι ὑπ' αὐτῶν. Il n'est pas seulement naturel que celui qui aime désire être aimé en retour ; c'est la loi même de l'amitié, qui n'existe pas, tant qu'elle n'est pas réciproque. Cf. Aristote, *Morale à Nicomaque*, livre VIII, chapitre II. La bienveillance, quand elle est réciproque, s'appelle l'amitié. Εὔνοιαν ἐν ἀντιπεπονθόσιν φιλίαν εἶναι.

οἶμαι ἔχειν πρὸς θήραν ἀνθρώπων³³. — Καὶ ὁ Κριτόβουλος ἔφη, 30. Καὶ μὴν, ὦ Σώκρατες, τούτων ἐγὼ τῶν μαθημάτων πάλαι ἐπιθυμῶ... 31... 32... 33... — Καὶ ὁ Σωκράτης ἔφη, Ὅταν οὖν, ὦ Κριτόβουλε, φίλος τινὶ βούλῃ γενέσθαι, ἐάσεις με κατειπεῖν σου πρὸς αὐτὸν ὅτι ἄγασαί τε αὐτοῦ καὶ ἐπιθυμεῖς φίλος αὐτοῦ εἶναι; — Κατηγόρει, ἔφη ὁ Κριτόβουλος· οὐδένα γὰρ οἶδα μισοῦντα τοὺς ἐπαινοῦντας. — 34. Ἐὰν δέ σου προσκατηγορήσω, ἔφη, ὅτι διὰ τὸ ἄγασθαι αὐτοῦ καὶ εὐνοϊκῶς ἔχεις πρὸς αὐτὸν, ἆρα μὴ διαβάλλεσθαι δόξεις ὑπ' ἐμοῦ; — Ἀλλὰ καὶ αὐτῷ μοι, ἔφη, ἐγγίγνεται εὔνοια πρὸς οὓς ἂν ὑπολάβω εὐνοϊκῶς ἔχειν πρὸς ἐμέ. — 35. Ταῦτα μὲν δή, ἔφη ὁ Σωκράτης, ἐξέσται μοι λέγειν περὶ σοῦ πρὸς οὓς ἂν βούλῃ φίλους ποιήσασθαι· ἐὰν δέ μοι ἔτι ἐξουσίαν δῷς λέγειν περὶ σοῦ ὅτι ἐπιμελής τε τῶν φίλων εἶ καὶ οὐδενὶ οὕτω χαίρεις ὡς φίλοις ἀγαθοῖς, καὶ ἐπί τε τοῖς καλοῖς ἔργοις τῶν φίλων ἀγάλλει οὐχ ἧττον ἢ ἐπὶ τοῖς σαυτοῦ καὶ ἐπὶ τοῖς ἀγαθοῖς τῶν φίλων χαίρεις· οὐδὲν ἧττον ἢ ἐπὶ τοῖς σαυτοῦ, ὅπως τε ταῦτα γίγνηται τοῖς φίλοις οὐκ ἀποκάμνεις μηχανώμενος, καὶ ὅτι ἔγνωκας ἀνδρὸς ἀρετὴν εἶναι νικᾶν τοὺς μὲν φίλους εὖ ποιοῦντα, τοὺς δ' ἐχθροὺς κακῶς, πάνυ ἂν οἶμαί σοι ἐπιτήδειον εἶναί με σύνθηρον τῶν ἀγαθῶν φίλων. — 36. Τί οὖν, ἔφη ὁ Κριτόβουλος, ἐμοὶ τοῦτο λέγεις, ὥσπερ οὐκ ἐπὶ σοὶ ὂν ὅ τι ἂν βούλῃ περὶ ἐμοῦ λέγειν; — Μὰ Δί' οὔχ, ὥς ποτε ἐγὼ Ἀσπασίας³⁴ ἤκουσα· ἔφη γὰρ τὰς ἀγαθὰς προμνη-

---

33. Οὐκ ἀπείρως οἶμαι ἔχειν πρὸς θήραν ἀνθρώπων. *Je crois n'être pas sans expérience dans la chasse aux hommes.* Les mêmes idées sont encore exprimées dans le *Banquet*, mais sous une forme plus rude.

34. Ἀσπασίας. Aspasie de Milet, célèbre courtisane de cette époque. Il serait peut-être plus exact de l'appeler simplement une étrangère, comme Diotime, l'étrangère de Mantinée, dont il est question dans le *Banquet*, comme Herpyllis, qui fut la compagne d'Aristote. Ces femmes étrangères, d'un esprit supérieur, scandalisaient les Athéniens, dont

στρίας μετὰ μὲν ἀληθείας τἀγαθὰ διαγγελλούσας δεινὰς εἶναι συνάγειν ἀνθρώπους εἰς κηδείαν, ψευδομένας δ' οὐκ [ἐθέλειν] ἐπαινεῖν· τοὺς γὰρ ἐξαπατηθέντας ἅμα μισεῖν ἀλλήλους τε καὶ τὴν προμνησαμένην[35]. Ἃ δὴ καὶ ἐγὼ πεισθεὶς ὀρθῶς ἔχειν ἡγοῦμαι οὐκ ἐξεῖναί μοι περὶ σοῦ λέγειν ἐπαινοῦντι οὐδὲν ὅ τι ἂν μὴ ἀληθεύω. — 37. Σὺ μὲν ἄρα, ἔφη ὁ Κριτόβουλος, τοιοῦτός μοι φίλος εἶ, ὦ Σώκρατες, οἷος, ἂν μέν τι αὐτὸς ἔχω ἐπιτήδειον εἰς τὸ φίλους κτήσασθαι, συλλαμβάνειν μοι· εἰ δὲ μή, οὐκ ἂν ἐθέλοις πλάσας τι εἰπεῖν ἐπὶ τῇ ἐμῇ ὠφελείᾳ. — Πότερα δ' ἄν, ἔφη ὁ Σωκράτης, ὦ Κριτόβουλε, δοκῶ σοι μᾶλλον ὠφελεῖν σε τὰ ψευδῆ ἐπαινῶν ἢ πείθων πειρᾶσθαί σε ἀγαθὸν ἄνδρα γενέσθαι; 38. Εἰ δὲ μὴ φανερὸν οὕτω σοι, ἐκ τῶνδε σκέψαι· εἰ γάρ σε βουλόμενος φίλον ποιῆσαι ναυκλήρῳ ψευδόμενος ἐπαινοίην, φάσκων ἀγαθὸν εἶναι κυβερνήτην, ὁ δέ μοι πεισθεὶς ἐπιτρέψειέ σοι τὴν ναῦν μὴ ἐπισταμένῳ κυβερνᾶν, ἔχεις τινὰ ἐλπίδα μὴ ἂν σαυτόν τε καὶ τὴν ναῦν ἀπολέσαι; ἢ εἴ σοι πείσαιμι κοινῇ τὴν πόλιν ψευδόμενος ὡς ἂν στρατηγικῷ τε καὶ δικαστικῷ καὶ πολιτικῷ ἑαυτὴν ἐπιτρέψαι, τί ἂν οἴει σεαυτὸν καὶ τὴν πόλιν ὑπὸ σοῦ πα-

---

les femmes restaient enfermées dans le *gynécée*; elles les étonnaient surtout par leurs relations avec les philosophes, par leurs conversations avec les hommes d'Etat, par l'élégance de leurs manières et de leur langage; mais il ne faudrait pas les confondre trop facilement avec les hétaïres et les courtisanes. C'étaient elles qui tenaient les *salons* de l'époque, et quelques-unes furent épousées par de grands personnages, bien que ces mariages, sans être illégitimes au sens propre du mot, ne conférassent pas aux enfants la qualité de citoyens. C'est ainsi que Périclès répudia sa femme légitime pour épouser Aspasie, qui lui donna des conseils pour l'administration de l'Etat et la protection des arts. Elle fut l'amie de Socrate, d'Alcibiade et de Phidias. Xénophon en parle encore au IIIe chapitre de l'*Economique*.

35. Καὶ τὴν προμνησαμένην. C'étaient alors des entremetteuses, προμνήστριδες, qui arrangeaient les mariages, et qui, par conséquent, essuyaient les reproches, quand les unions étaient mal assorties. Voir les *Nuées*: v. 41-42:

Εἴθ' ὤφελ' ἡ προμνήστρι' ἀπολέσθαι κακῶς
ἥτις μὲ γῆμαι 'πῆρε τὴν σὴν μητέρα.

θεῖν; ἢ εἴ τινας ἰδίᾳ τῶν πολιτῶν πείσαιμι ψευδόμενος ὡς ὄντι οἰκονομικῷ τε καὶ ἐπιμελεῖ τὰ ἑαυτῶν ἐπιτρέψαι, ἆρ' οὐκ ἂν πεῖραν διδοὺς ἅμα τε βλαβερὸς εἴης καὶ καταγέλαστος φαίνοιο; 39. Ἀλλὰ συντομωτάτη[36] τε καὶ ἀσφαλεστάτη καὶ καλλίστη ὁδός, ὦ Κριτόβουλε, ὅ τι ἂν βούλῃ δοκεῖν ἀγαθὸς εἶναι, τοῦτο καὶ γενέσθαι ἀγαθὸν πειρᾶσθαι. Ὅσαι δ' ἐν ἀνθρώποις ἀρεταὶ λέγονται, σκοπούμενος εὑρήσεις πάσας μαθήσει τε καὶ μελέτῃ αὐξανομένας. Ἐγὼ μὲν οὖν, ὦ Κριτόβουλε, οἶμαι δεῖν ἡμᾶς [θηρᾶν]· εἰ δὲ σύ πως ἄλλως γιγνώσκεις, δίδασκε.— Καὶ ὁ Κριτόβουλος, Ἀλλ' αἰσχυνοίμην ἄν, ἔφη, ὦ Σώκρατες, ἀντιλέγων τούτοις· οὔτε γὰρ καλὰ οὔτε ἀληθῆ λέγοιμ' ἄν.

VII. — Il vaut mieux exercer un métier que d'être à charge aux siens ou que de vivre dans la misère et dans l'oisiveté.

1. Καὶ μὴν τὰς ἀπορίας γε τῶν φίλων τὰς μὲν δι' ἄγνοιαν ἐπειρᾶτο γνώμῃ[1] ἀκεῖσθαι, τὰς δὲ δι' ἔνδειαν διδάσκων κατὰ δύναμιν ἀλλήλοις ἐπαρκεῖν. Ἐρῶ δὲ καὶ ἐν τούτοις ἃ σύνοιδα αὐτῷ. Ἀριστάρχον[2] γάρ ποτε ὁρῶν σκυθρωπῶς ἔχοντα[3], Ἔοικας, ἔφη, ὦ Ἀρίσταρχε, βαρέως

---

36. Συντομωτάτη. La plus courte. Σύντομος, de σύν et τέμνω : raccourci, abrégé. Cicéron exprime au IIe livre de la *République* une pensée très semblable : *Præclare Socrates hanc viam ad gloriam proximam et quasi compendiariam dicebat esse, si quis id ageret ut, qualis haberi vellet, talis esset.*

VII. 1. Γνώμῃ. Par un bon conseil.

2. Ἀριστάρχον. Personnage inconnu. M. Th. H. Martin conjecture que ce pourrait bien être le même Aristarque dont il est question au livre II, chapitre III, des *Helléniques*. Théramène, se défendant contre Critias, rappelle dans ce passage qu'il dut s'opposer aux menées d'Aristarque, et de deux autres stratèges du parti oligarchique, qui construisaient ostensiblement sur la jetée un fort dans lequel ils voulaient introduire les Lacédémoniens, pour placer la ville sous leur domination. — Conjecture très douteuse, pour une raison qui sera signalée plus bas.

3. Σκυθρωπῶς ἔχοντα. *Ayant un air chagrin*, et rendu farouche par le chagrin. Expression imaginée, donnant bien la physionomie du personnage.

φέρειν⁴ τι. Χρὴ δὲ τοῦ βάρους μεταδιδόναι τοῖς φίλοις·
ἴσως γὰρ ἄν τί σε καὶ ἡμεῖς κουφίσαιμεν. — 2. Καὶ
ὁ Ἀρίσταρχος, Ἀλλὰ μήν, ἔφη, ὦ Σώκρατες, ἐν πολλῇ
γέ εἰμι ἀπορίᾳ. Ἐπεὶ γὰρ ἐστασίασεν ἡ πόλις, πολλῶν
φυγόντων εἰς τὸν Πειραιᾶ⁵, συνεληλύθασιν ὡς ἐμὲ κατα-
λελειμμέναι ἀδελφαί τε καὶ ἀδελφιδαῖ καὶ ἀνεψιαὶ τοσαῦ-
ται ὥστ' εἶναι ἐν τῇ οἰκίᾳ τέτταρας καὶ δέκα τοὺς ἐλευ-
θέρους⁶. Λαμβάνομεν δὲ οὔτε ἐκ τῆς γῆς οὐδέν· οἱ γὰρ
ἐναντίοι⁷ κρατοῦσιν αὐτῆς· οὔτ' ἀπὸ τῶν οἰκιῶν· ὀλιγαν-
θρωπία γὰρ ἐν τῷ ἄστει γέγονε. Τὰ ἔπιπλα δὲ οὐδεὶς
ὠνεῖται⁸, οὐδὲ δανείσασθαι οὐδαμόθεν ἔστιν ἀργύριον,

4. Βαρέως φέρειν. *Être accablé.* Nous disons : *Avoir un poids sur la poitrine.* — Μεταδιδόναι τοῦ βάρους τοῖς φίλοις. *En partager le fardeau avec ses amis.* Très belle expression. On trouve de même dans saint Paul : Ἀλλήλων τὰ βάρη βαστάζετε. — La métaphore se continue : Ἴσως ἄν τί κουφίσαιμεν. *Nous pourrions peut-être te l'alléger.*

5. Πολλῶν φευγόντων εἰς τὸν Πειραιᾶ. Après que les trente tyrans eurent été imposés par Lysandre aux Athéniens, les partisans de la démocratie, malgré les menaces de Sparte, furent en général bien accueillis dans les états voisins, et surtout en Béotie ; c'est là qu'ils préparèrent leur revanche. Ils commencèrent par s'emparer de Philé, forteresse frontière dans les montagnes qui sont au nord de l'Attique ; puis, après avoir repoussé une attaque des Trente, ils marchèrent de là sur le Pirée, où Thrasybule réorganisa les forces de la démocratie, et ne tarda pas à infliger à ses adversaires une rude défaite. C'est alors que les partisans de la démocratie quittèrent Athènes en grand nombre pour se rendre au Pirée. Il est donc vraisemblable que les sœurs, nièces et cousines de l'Aristarque dont il est question ici avaient pour maris ou pour pères des amis de Thrasybule.

6. Τοὺς ἐλευθέρους. Xénophon emploie ici le masculin, bien qu'il n'ait été question plus haut que de sœurs, de nièces et de cousines, peut-être parce qu'Aristarque se compte lui-même au milieu d'elles ; peut-être aussi parce qu'il n'y a rien dans cette phrase qui se rapporte particulièrement aux femmes ; par suite, l'idée reste indéterminée, comme dans notre expression : *des personnes libres.* On verra, en effet, un peu plus bas ἐλευθέρους répété dans un passage où il ne peut plus s'appliquer qu'aux femmes seules.

7. Οἱ γὰρ ἐναντίοι. L'expression reste vague. Il n'y a pas de raison pour lui faire signifier : les partisans de Thrasybule, ainsi que fait M. Th.-H. Martin. Jusqu'à la marche victorieuse de Thrasybule sur Athènes, le pays appartient d'une manière générale aux Lacédémoniens et au parti de l'oligarchie.

8. Τὰ ἔπιπλα οὐδεὶς ὠνεῖται. Le mot ἔπιπλα est habituellement traduit en latin par *supellex*, et désigne en général les meubles, les richesses mobilières. C'est ainsi que, dans l'*Économique*, ix, 6, Ischoma-

ἀλλὰ πρότερον ἄν τίς μοι δοκεῖ ἐν τῇ ὁδῷ ζητῶν εὑρεῖν ἢ δανειζόμενος λαβεῖν. Χαλεπὸν μὲν οὖν ἐστιν, ὦ Σώκρατες, τοὺς οἰκείους περιορᾶν ἀπολλυμένους, ἀδύνατον δὲ τοσούτους τρέφειν ἐν τοιούτοις πράγμασιν. — 3. Ἀκούσας οὖν ταῦτα ὁ Σωκράτης, Τί ποτέ ἐστιν, ἔφη, ὅτι Κεράμων[9] μὲν πολλοὺς τρέφων οὐ μόνον ἑαυτῷ τε καὶ τούτοις τἀπιτήδεια δύναται παρέχειν, ἀλλὰ καὶ περιποιεῖται τοσαῦτα ὥστε καὶ πλουτεῖν, σὺ δὲ πολλοὺς τρέφων δέδοικας μὴ δι' ἔνδειαν τῶν ἐπιτηδείων ἅπαντες ἀπόλησθε; — Ὅτι νὴ Δί'[10], ἔφη, ὁ μὲν δούλους τρέφει, ἐγὼ δ' ἐλευθέρους. — 4. Καὶ πότερον, ἔφη, τοὺς παρὰ σοὶ ἐλευθέρους οἴει βελτίους εἶναι ἢ τοὺς παρὰ Κεράμωνι δούλους; — Ἐγὼ μὲν οἶμαι, ἔφη, τοὺς παρ' ἐμοὶ ἐλευθέρους. — Οὐκοῦν, ἔφη, αἰσχρὸν τὸν μὲν ἀπὸ τῶν πονηροτέρων εὐπορεῖν, σὲ δὲ πολλῷ βελτίους ἔχοντα ἐν ἀπορίᾳ εἶναι; — Νὴ Δί', ἔφη· ὁ μὲν γὰρ τεχνίτας τρέφει, ἐγὼ δ' ἐλευθερίως πεπαιδευμένους. — 5. Ἆρ' οὖν, ἔφη, τεχνῖταί[11]

chus l'emploie quand il fait à sa jeune femme l'énumération des meubles ou plutôt des effets de toute sorte que contient sa maison : objets nécessaires aux sacrifices, habits, parures, tapis, ustensiles, et même provisions. Toutefois, si on considère l'étymologie du mot (ἐπίπλοα, de ἐπιπλέω), on voit qu'il a dû signifier d'abord les choses qui se transportent sur les navires, par exemple : les blés et autres approvisionnements. Un grammairien explique ainsi le sens qu'il a dans Hérodote : Ἡρόδοτος αὐτὰ ἐπίπλοα εἴρηκεν, οἷον ἃ καὶ πλέων ἄν τις ἐπικομίζοιτο. Nous devons donc penser qu'ici il n'est pas question de meubles, mais de denrées et marchandises venues par les navires ; le commerce maritime, dont Aristarque, comme tant d'autres Athéniens, tirait peut-être ses ressources, était suspendu par suite des événements et de l'occupation du Pirée.

9. Ὁ Κεράμων. Personnage inconnu.

10. Νὴ Δία. Cette expression n'est pas ici une réponse ; elle ne fait que traduire le mouvement général de la pensée : Hé, parbleu ! c'est qu'il nourrit des artisans, et moi des personnes qui ont reçu une éducation libérale.

11. Τεχνῖται. La suite des idées porte ici sur le double sens qu'on peut donner au mot τεχνῖται. Aristippe n'entend que la *condition* ; Socrate se place au point de vue de la *capacité*. Les τεχνῖται sont ceux qui font des choses utiles ; or, le pain, la farine, les vêtements sont des choses utiles ; mais les femmes qui demeurent chez Aristarque savent faire le pain, la farine, les vêtements ; ce sont donc des τεχνῖται.

εἰσιν οἱ χρήσιμόν τι ποιεῖν ἐπιστάμενοι; — Μάλιστά γ᾽, ἔφη. — Οὐκοῦν χρήσιμά γ᾽ ἄλφιτα; — Σφόδρα γε. — Τί δ᾽ ἄρτοι; — Οὐδὲν ἧττον. — Τί γάρ; ἔφη, ἱμάτιά τε ἀνδρεῖα καὶ γυναικεῖα καὶ χιτωνίσκοι καὶ χλαμύδες καὶ ἐξωμίδες[12]; — Σφόδρα γ᾽, ἔφη, καὶ πάντα ταῦτα χρήσιμα. — Ἔπειτα, ἔφη, οἱ παρὰ σοὶ τούτων οὐδὲν ἐπίστανται ποιεῖν; — Πάντα μὲν οὖν, ὡς ἐγῷμαι. — 6. Εἶτ᾽ οὐκ οἶσθ᾽ ὅτι ἀφ᾽ ἑνὸς μὲν τούτων, ἀλφιτοποιίας, Ναυσικύδης οὐ μόνον ἑαυτόν τε καὶ τοὺς οἰκέτας τρέφει, ἀλλὰ πρὸς τούτοις καὶ ὗς πολλὰς καὶ βοῦς, καὶ περιποιεῖται τοσαῦτα ὥστε καὶ τῇ πόλει πολλάκις λειτουργεῖν[13], ἀπὸ δὲ ἀρτοποιίας Κύρηβος τήν τε οἰκίαν πᾶσαν διατρέφει καὶ ζῇ δαψιλῶς, Δημέας δ᾽ ὁ Κολλυτεὺς[14] ἀπὸ χλαμυδουργίας, Μένων δ᾽ ἀπὸ χλανιδοποιίας, Μεγαρέων δ᾽ οἱ πλεῖστοι ἀπὸ ἐξωμιδοποιίας διατρέφονται; — Νὴ Δί᾽, ἔφη· οὗτοι μὲν γὰρ ὠνούμενοι βαρβάρους ἀνθρώπους ἔχουσιν, ὥστ᾽ ἀναγκάζειν ἐργάζεσθαι[15] ἃ καλῶς ἔχει· ἐγὼ δ᾽ ἐλευθέρους τε καὶ συγγενεῖς. — 7. Ἔπειτ᾽, ἔφη, ὅτι ἐλεύθεροί τ᾽ εἰσὶ καὶ συγγενεῖς σοι, οἴει χρῆναι

---

12. Χιτωνίσκοι, χλαμύδες, ἐξωμίδες. Le vêtement appelé χιτωνίσκος, *tunicula*, était un vêtement d'homme, analogue à la tunique, mais de dimensions moindres ou de qualité inférieure. La *chlamyde* était un manteau léger et court, que portaient les jeunes gens d'Athènes, depuis l'époque où ils devenaient ἔφηβοι jusqu'à l'âge de la virilité. L'*exomide* était un vêtement de travail, sorte de tunique fort courte, sans manches, entièrement ouverte du côté droit, et laissant à découvert l'épaule droite, ainsi que le bras et la poitrine.

13. Λειτουργεῖν. On appelait λειτουργίαι certaines prestations ou charges publiques dont s'acquittaient les personnes riches, surtout lorsqu'elles voulaient se frayer la voie à la popularité et aux honneurs; nous trouverons plus loin parmi elles la *chorégie*, ou soin de rassembler et d'entretenir un chœur. D'autres consistaient à équiper une galère ou à donner des repas publics les jours de fêtes.

14. Κολλυτεύς. Collyte était un dème de l'Attique. D'après quelques auteurs, Platon était originaire de Collyte.

15. Ἐργάζεσθαι ἃ καλῶς ἔχει. A travailler, litt. : aux choses qui vont bien pour eux, c'est-à-dire : aux ouvrages dont les maîtres peuvent tirer le plus de profit. — Ces ateliers d'esclaves s'appelaient à Athènes ἐργαστήρια et à Rome *ergastula*.

αὐτοὺς μηδὲν ἄλλο ποιεῖν ἢ ἐσθίειν καὶ καθεύδειν; πότερον καὶ τῶν ἄλλων ἐλευθέρων τοὺς οὕτω ζῶντας ἄμεινον διάγοντας ὁρᾷς καὶ μᾶλλον εὐδαιμονίζεις ἢ τοὺς ἃ ἐπίστανται χρήσιμα πρὸς τὸν βίον, τούτων ἐπιμελομένους; ἢ τὴν μὲν ἀργίαν καὶ τὴν ἀμέλειαν αἰσθάνει τοῖς ἀνθρώποις πρός τε τὸ μαθεῖν ἃ προσήκει ἐπίστασθαι καὶ πρὸς τὸ μνημονεύειν ἃ ἂν μάθωσι καὶ πρὸς τὸ ὑγιαίνειν τε καὶ ἰσχύειν τοῖς σώμασι καὶ πρὸς τὸ κτήσασθαί τε καὶ σώζειν τὰ χρήσιμα πρὸς τὸν βίον ὠφέλιμα ὄντα, τὴν δ' ἐργασίαν καὶ τὴν ἐπιμέλειαν οὐδὲν χρήσιμα; 8. Ἔμαθον δὲ ἃ φῂς[16] αὐτὰς ἐπίστασθαι πότερον ὡς οὔτε χρήσιμα ὄντα πρὸς τὸν βίον οὔτε ποιήσουσαι αὐτῶν οὐδέν, ἢ τοὐναντίον ὡς καὶ ἐπιμελησόμεναι τούτων καὶ ὠφελησόμεναι ἀπ' αὐτῶν; ποτέρως γὰρ ἂν μᾶλλον ἄνθρωποι σωφρονοῖεν, ἀργοῦντες, ἢ τῶν χρησίμων ἐπιμελόμενοι; ποτέρως δ' ἂν δικαιότεροι εἶεν, εἰ ἐργάζοιντο, ἢ εἰ ἀργοῦντες βουλεύοιντο περὶ τῶν ἐπιτηδείων; 9. Ἀλλὰ καὶ νῦν μέν, ὡς ἐγᾦμαι, οὔτε σὺ ἐκείνας φιλεῖς οὔτ' ἐκεῖναι σέ, σὺ μὲν ἡγούμενος αὐτὰς ἐπιζημίους εἶναι σεαυτῷ, ἐκεῖναι δὲ σὲ ὁρῶσαι ἀχθόμενον ἐφ' ἑαυταῖς. Ἐκ δὲ τούτων κίνδυνος μείζω τε ἀπέχθειαν γίγνεσθαι καὶ τὴν προγεγονυῖαν χάριν μειοῦσθαι. Ἐὰν δὲ προστατήσῃς ὅπως ἐνεργοὶ ὦσι, σὺ μὲν ἐκείνας φιλήσεις, ὁρῶν ὠφελίμους σεαυτῷ οὔσας, ἐκεῖναι δὲ σὲ ἀγαπήσουσιν, αἰσθόμεναι χαίροντα αὐταῖς, τῶν δὲ προγεγονυιῶν εὐεργεσιῶν ἥδιον μεμνημένοι τὴν ἀπ' ἐκείνων χάριν αὐξήσετε καὶ ἐκ τούτων φιλικώτερόν τε καὶ οἰκειότερον ἀλλήλοις ἕξετε. 10. Εἰ μὲν τοίνυν αἰσχρόν τι ἔμελλον ἐργάσεσθαι, θάνατον ἀντ' αὐτοῦ

---

16. Ἔμαθον δὲ ἃ φῂς. C'est dans cette phrase que se pose nettement la question du préjugé contre le travail. Car il ne s'agit pas pour les parentes d'Aristarque de se mettre à des travaux qu'elles ignoreraient, mais seulement d'employer d'une manière utile et pratique des aptitudes qu'elles ont déjà depuis longtemps; mais elles ne veulent pas être ouvrières.

προαιρετέον ἦν· νῦν δὲ ἃ μὲν δοκεῖ κάλλιστα καὶ πρεπωδέστατα γυναιξὶν εἶναι ἐπίστανται, ὡς ἔοικε. Πάντες δὲ ἃ ἐπίστανται ῥᾷστά τε καὶ τάχιστα καὶ κάλλιστα καὶ ἥδιστα ἐργάζονται. Μὴ οὖν ὄκνει, ἔφη, ταῦτα εἰσηγεῖσθαι αὐταῖς ἃ σοί τε λυσιτελήσει κἀκείναις· καί, ὡς εἰκός, ἡδέως ὑπακούσονται. — 11. Ἀλλὰ νὴ τοὺς θεούς, ἔφη ὁ Ἀρίσταρχος, οὕτω μοι δοκεῖς καλῶς λέγειν, ὦ Σώκρατες, ὥστε πρόσθεν μὲν οὐ προσιέμην δανείσεσθαι, εἰδὼς ὅτι ἀναλώσας ὃ ἂν λάβω οὐχ ἕξω ἀποδοῦναι, νῦν δέ μοι δοκῶ εἰς ἔργων ἀφορμὴν[17] ὑπομενεῖν αὐτὸ ποιῆσαι.

12. Ἐκ τούτων δὲ ἐπορίσθη μὲν ἀφορμή, ἐωνήθη δὲ ἔρια, καὶ ἐργαζόμεναι μὲν ἠρίστων, ἐργασάμεναι δὲ ἐδείπνουν, ἱλαραὶ δὲ ἀντὶ σκυθρωπῶν ἦσαν, καὶ ἀντὶ ὑφορωμένων ἑαυτοὺς ἡδέως ἀλλήλοις ἑώρων, καὶ αἱ μὲν ὡς κηδεμόνα ἐφίλουν, ὁ δὲ ὡς ὠφελίμους ἠγάπα. Τέλος δὲ ἐλθὼν πρὸς τὸν Σωκράτην χαίρων διηγεῖτο ταῦτά τε καὶ ὅτι αἰτιῶνται αὐτὸν μόνον[18] τῶν ἐν τῇ οἰκίᾳ ἀργὸν ἐσθίειν. — 13. Καὶ ὁ Σωκράτης ἔφη, Εἶτ' οὐ λέγεις αὐταῖς τὸν τοῦ κυνὸς λόγον[19]; φασὶ γάρ, ὅτε φωνήεντα ἦν τὰ ζῷα[20], τὴν οἶν πρὸς τὸν δεσπότην εἰπεῖν, Θαυμαστὸν ποιεῖς, ὃς ἡμῖν μὲν ταῖς καὶ ἔριά σοι καὶ ἄρνας καὶ τυρὸν παρεχούσαις οὐδὲν δίδως ὅ τι ἂν μὴ ἐκ τῆς γῆς λάβωμεν, τῷ δὲ κυνί, ὃς οὐδὲν τοιοῦτόν σοι παρέχει, μεταδιδῷς οὗπερ αὐτὸς ἔχεις σίτου. 14. Τὸν κύνα οὖν ἀκούσαντα εἰπεῖν, Ναὶ μὰ Δί'· ἐγὼ γάρ εἰμι ὁ καὶ ὑμᾶς αὐτὰς

17. Εἰς ἔργων ἀφορμήν. Il s'agit ici de l'achat des instruments de travail et des matières indispensables, c.-à-d. des laines ; par conséquent, d'une manière plus générale, de l'installation, de la *mise en train*.

18. Αἰτιῶνται αὐτὸν μόνον. Beau passage ; un trait de belle humeur en dit plus long que toute description sur le changement opéré dans cette famille, sur la joie et la confiance réciproques introduites par le travail.

19. Τὸν τοῦ κυνὸς λόγον. Ceci peut s'expliquer de deux manières légèrement différentes ; ou : leur conter la fable *des Brebis et du Chien*, ou : leur tenir le même discours que le chien.

20. Ὅτε φωνήεντα ἦν τὰ ζῷα. *Du temps que les bêtes parlaient.*

σώζων ὥστε μήτε ὑπ' ἀνθρώπων κλέπτεσθαι μήτε ὑπὸ
λύκων ἁρπάζεσθαι, ἐπεὶ ὑμεῖς γε, εἰ μὴ ἐγὼ προφυλάτ-
τοιμι ὑμᾶς, οὐδ' ἂν νέμεσθαι δύναισθε, φοβούμεναι μὴ
ἀπόλησθε. Οὕτω δὴ λέγεται καὶ τὰ πρόβατα συγχωρῆσαι
τὸν κύνα προτιμᾶσθαι. Καὶ σὺ οὖν ἐκείναις λέγε ὅτι ἀντὶ
κυνὸς εἶ φύλαξ καὶ ἐπιμελητής, καὶ διὰ σὲ οὐδ' ὑφ' ἑνὸς
ἀδικούμεναι ἀσφαλῶς τε καὶ ἡδέως ἐργαζόμεναι ζῶσιν.

VIII. — Socrate engage le journalier Euthère à choisir un genre
de vie plus convenable.

1. Ἄλλον δέ ποτε ἀρχαῖον ἑταῖρον διὰ χρόνου[1] ἰδών,
Πόθεν[2], ἔφη, Εὔθηρε[3], φαίνει; — Ὑπὸ μὲν τὴν κατάλυσιν τοῦ πολέμου, ἔφη, ὦ Σώκρατες, ἐκ τῆς ἀποδημίας,
νυνὶ μέντοι αὐτόθεν. Ἐπειδὴ γὰρ ἀφῃρέθην μὲν τὰ ἐν
τῇ ὑπερορίᾳ κτήματα[4], ἐν δὲ τῇ Ἀττικῇ ὁ πατήρ μοι
οὐδὲν κατέλιπεν, ἀναγκάζομαι νῦν ἐπιδημήσας τῷ σώματι
ἐργαζόμενος τὰ ἐπιτήδεια πορίζεσθαι. Δοκεῖ δέ μοι τοῦτο
κρεῖττον εἶναι ἢ δεῖσθαί τινος ἀνθρώπων, ἄλλως τε καὶ[5]
μηδὲν ἔχοντα ἐφ' ὅτῳ ἂν δανειζοίμην. — 2. Καὶ πόσον
ἂν χρόνον οἴει σοι, ἔφη, τὸ σῶμα ἱκανὸν εἶναι μισθοῦ τὰ
ἐπιτήδεια ἐργάζεσθαι[6]; — Μὰ τὸν Δί', ἔφη, οὐ πολὺν
χρόνον. — Καὶ μήν, ἔφη, ὅταν γε πρεσβύτερος γένῃ,
δῆλον ὅτι δαπάνης μὲν δεήσει, μισθὸν δὲ οὐδείς σοι ἐθε-

VIII. 1. Διὰ χρόνου. Après un long espace de temps, après une longue
séparation.
2. Πόθεν φαίνει. Littéralement: D'où apparais-tu? Nous disons familièrement, dans des rencontres de ce genre: D'où sors-tu?
3. Εὔθηρε. Personnage inconnu.
4. Ἀφῃρέθημεν τὰ ἐν ὑπερορίᾳ κτήματα. La paix de Théramène,
qui mit fin à la guerre du Péloponnèse, enleva aux Athéniens tout ce
qu'ils possédaient en dehors de l'Attique et ruina ainsi tous les citoyens
dont les propriétés se trouvaient dans la zone prise par l'ennemi. Le
mot ὑπερορία désigne le pays situé au-delà des montagnes qui séparent
l'Attique de la Béotie. Il est fait allusion à ces montagnes dans l'entretien avec le jeune Périclès : III, 5.
5. Ἄλλως τε καί. Surtout.
6. Ἐργάζεσθαι. Laborando quærere.

λήσει τῶν τοῦ σώματος ἔργων διδόναι. — Ἀληθῆ λέγεις, ἔφη. — 3. Οὐκοῦν, ἔφη, κρεῖττόν ἐστιν αὐτόθεν[7] τοῖς τοιούτοις τῶν ἔργων ἐπιτίθεσθαι ἅ καὶ πρεσβυτέρῳ γενομένῳ ἐπαρκέσει, καὶ προσελθόντα τῳ τῶν πλείονα χρήματα κεκτημένων, [τῷ] δεομένῳ τοῦ συνεπιμελησομένου, ἔργων τε ἐπιστατοῦντα καὶ συγκομίζοντα καρποὺς καὶ συμφυλάττοντα τὴν οὐσίαν, ὠφελοῦντα ἀντωφελεῖσθαι. — 4. Χαλεπῶς ἄν, ἔφη, ἐγώ, ὦ Σώκρατες, δουλείαν[8] ὑπομείναιμι. — Καὶ μὴν οἵ γε ἐν ταῖς πόλεσι προστατεύοντες καὶ τῶν δημοσίων ἐπιμελόμενοι οὐ δουλοπρεπέστεροι ἕνεκα τούτου, ἀλλ' ἐλευθεριώτεροι νομίζονται. — 5. Ὅλως, ἔφη, ὦ Σώκρατες, τὸ ὑπαίτιον εἶναί τινι οὐ πάνυ[9] προσίεμαι. — Καὶ μήν, ἔφη, Εὔθηρε, οὐ πάνυ γε ῥᾴδιόν ἐστιν εὑρεῖν ἔργον ἐφ' ᾧ οὐκ ἄν τις αἰτίαν ἔχοι. Χαλεπὸν [μὲν] γὰρ οὕτω τι ποιῆσαι ὥστε μηδὲν ἁμαρτεῖν, χαλεπὸν δὲ καὶ ἀναμαρτήτως τι ποιήσαντα μὴ ἀγνώμονι κριτῇ περιτυχεῖν· ἐπεὶ καὶ οἷς νῦν ἐργάζεσθαι φῇς θαυμάζω εἰ ῥᾴδιόν ἐστιν ἀνέγκλητον διαγίγνεσθαι. 6. Χρὴ οὖν πειρᾶσθαι τοὺς φιλαιτίους φεύγειν καὶ τοὺς εὐγνώμονας διώκειν, καὶ τῶν πραγμάτων ὅσα μὲν δύνασαι ποιεῖν ὑπομένειν, ὅσα δὲ μὴ δύνασαι φυλάττεσθαι, ὅ τι δ' ἂν πράττῃς, τούτου ὡς κάλλιστα καὶ προθυμότατα ἐπιμελεῖσθαι. Οὕτω γὰρ ἥκιστ' ἂν μέν σε οἶμαι ἐν αἰτίᾳ εἶναι, μάλιστα δὲ τῇ ἀπορίᾳ βοήθειαν εὑρεῖν, ῥᾷστα δὲ καὶ ἀκινδυνότατα ζῆν καὶ εἰς τὸ γῆρας διαρκέστατα.

---

7. Αὐτόθεν. Employé plus haut dans son sens ordinaire, c'est-à-dire comme adverbe de lieu; ici, comme adverbe de temps.

8. Δουλείαν. Ces fonctions d'intendant ou d'économe, qui viennent d'être décrites, étaient en général remplies par un esclave. On voit donc qu'ici encore Socrate décrit un préjugé antique.

9. Οὐ πάνυ. Comme s'il y avait : πάνυ οὔ, tout à fait non, pas du tout. On peut cependant traduire : je ne suis guère disposé...

IX. — Socrate indique à Criton le moyen de se mettre à l'abri des sycophantes.

1. Οἶδα δέ ποτε αὐτὸν καὶ Κρίτωνος ἀκούσαντα ὡς χαλεπὸν ὁ βίος Ἀθήνησιν εἴη ἀνδρὶ βουλομένῳ τὰ ἑαυτοῦ πράττειν. Νῦν γάρ, ἔφη, ἐμέ τινες εἰς δίκας ἄγουσιν, οὐχ ὅτι ἀδικοῦνται ὑπ' ἐμοῦ, ἀλλ' ὅτι νομίζουσιν ἥδιον ἄν με ἀργύριον τελέσαι ἢ πράγματα ἔχειν. — 2. Καὶ ὁ Σωκράτης, Εἰπέ μοι, ἔφη, ὦ Κρίτων, κύνας δὲ τρέφεις, ἵνα σοι τοὺς λύκους ἀπὸ τῶν προβάτων ἀπερύκωσι; — Καὶ μάλα, ἔφη· μᾶλλον γάρ μοι λυσιτελεῖ τρέφειν ἢ μή. — Οὐκ ἂν οὖν θρέψαις καὶ ἄνδρα ὅστις ἐθέλοι τε καὶ δύναιτό σου ἀπερύκειν τοὺς ἐπιχειροῦντας ἀδικεῖν σε; — 3. Ἡδέως γ' ἄν, ἔφη, εἰ μὴ φοβοίμην ὅπως μὴ ἐπ' αὐτόν με τράποιτο. — Τί δ'; ἔφη, οὐχ ὁρᾷς ὅτι πολλῷ ἥδιόν ἐστι χαριζόμενον οἵῳ σοὶ ἀνδρί[1] ἢ ἀπεχθόμενον ὠφελεῖσθαι; εὖ ἴσθ' ὅτι εἰσὶν ἐνθάδε τῶν τοιούτων ἀνδρῶν, οἳ πάνυ ἂν φιλοτιμηθεῖεν φίλῳ σοι χρῆσθαι.

4. Καὶ ἐκ τούτων ἀνευρίσκουσιν Ἀρχέδημον[2], πάνυ μὲν ἱκανὸν εἰπεῖν τε καὶ πρᾶξαι, πένητα δέ· οὐ γὰρ ἦν οἷος ἀπὸ παντὸς κερδαίνειν, ἀλλὰ φιλόχρηστός τε καὶ εὐφυέστερος[3] ἀπὸ τῶν συκοφαντῶν[4] λαμβάνειν. Τούτῳ οὖν ὁ

IX. 1. Οἵῳ σοὶ ἀνδρί, p. ἀνδρὶ οἷος σὺ εἶ.
2. Ἀρχέδημον. Xénophon, au livre Ier, chapitre vii, des *Helléniques*, parle d'un Archedème, « chef du peuple et distributeur du diobole, » qui proposa une amende contre Erasinide, un des généraux vainqueurs aux îles Arginuses, en l'accusant de s'être emparé dans l'Hellespont de sommes qui appartenaient au peuple. — Il nous paraît douteux que ce soit le même personnage dont il est question ici.
3. Φιλόχρηστος καὶ εὐφυέστερος. On peut traduire, en s.-ent., ὥστε : Il aimait le bien et avait l'âme trop haute pour se laisser corrompre par l'argent des sycophantes (Talbot). — Si des exemples suffisants autorisaient à traduire par *ami de l'utile* le mot φιλόχρηστος, composé de χρηστός, qui signifie d'abord *utile*, et ensuite *bon*, une autre traduction, plus conforme à la suite des idées, deviendrait possible : Il n'était pas homme à tirer profit de tout ; mais il aimait son intérêt, et il était (litt. : mieux doué que les autres) particulièrement habile, particulièrement ingénieux à tirer de l'argent des sycophantes. — Quant à la leçon : καὶ

Κρίτων, ὁπότε συγκομίζοι ἢ σῖτον ἢ ἔλαιον ἢ οἶνον ἢ ἔρια ἤ τι ἄλλο τῶν ἐν ἀγρῷ γιγνομένων χρησίμων πρὸς τὸν βίον, ἀφελὼν[5] ἐδίδου· καὶ ὁπότε θύοι, ἐκάλει[6], καὶ τὰ τοιαῦτα πάντα ἐπεμελεῖτο. 5. Νομίσας δὲ ὁ Ἀρχέδημος ἀποστροφήν οἱ[7] τὸν Κρίτωνος οἶκον μάλα περιεῖπεν αὐτόν. Καὶ εὐθὺς τῶν συκοφαντούντων τὸν Κρίτωνα ἀνευρίσκει πολλὰ μὲν ἀδικήματα, πολλοὺς δ' ἐχθρούς· καὶ προσεκαλέσατο εἰς δίκην δημοσίαν, ἐν ᾗ αὐτὸν ἔδει κριθῆναι ὅ τι δεῖ παθεῖν ἢ ἀποτῖσαι. 6. Ὁ δὲ συνειδὼς αὑτῷ πολλὰ καὶ πονηρὰ πάντ' ἐποίει ὥστε ἀπαλλαγῆναι τοῦ Ἀρχεδήμου. Ὁ δὲ Ἀρχέδημος οὐκ ἀπηλλάττετο, ἕως τόν τε Κρίτωνα ἀφῆκε καὶ αὐτῷ[8] χρήματα ἔδωκεν. — 7. Ἐπεὶ δὲ τοῦτό τε καὶ ἄλλα τοιαῦτα ὁ Ἀρχέδημος διεπράξατο, ἤδη τότε, ὥσπερ ὅταν νομεὺς ἀγαθὸν κύνα ἔχῃ, καὶ οἱ ἄλλοι νομεῖς βούλονται πλησίον αὐτοῦ τὰς ἀγέλας ἱστάναι, ἵνα τοῦ κυνὸς ἀπολαύωσιν, οὕτω δὴ καὶ Κρίτωνος πολλοὶ τῶν φίλων ἐδέοντο καὶ σφίσι παρέχειν φύλακα τὸν Ἀρχέδημον. 8. Ὁ δὲ Ἀρχέδημος τῷ Κρίτωνι ἡδέως ἐχαρίζετο, καὶ οὐχ ὅτι μόνος ὁ Κρίτων ἐν ἡσυχίᾳ ἦν, ἀλλὰ

ἔφη ῥᾷστον εἶναι : « et il disait qu'il n'y a rien de plus facile que de tirer de l'argent des sycophantes », elle s'appuie sur l'autorité des manuscrits et est conservée par Sauppe et Breitenbach ; mais il faut avouer qu'elle est peu naturelle et coupe bizarrement la phrase. Elle se rapporte cependant, elle aussi, à un détail qui se trouve plus loin : « Il ne lâcha point cet homme qu'il n'eût laissé Criton en paix et ne lui eût donné à lui-même quelque argent ; καὶ αὐτῷ χρήματα ἔδωκεν. »

4. Ἀπὸ τῶν συκοφαντῶν. Originairement : *ceux qui dénonçaient l'exportation illégale des figues*. Plus tard et par extension : des personnages analogues à ceux que les Romains appelaient *delatores* et que nous appellerions *mouchards*. Ils étaient devenus à cette époque un véritable fléau de l'état.

5. Ἀφελών. Il lui en donnait une partie, *en la détachant* du tas.

6. Ἐκάλει. Il l'invitait au repas qui suivait ce sacrifice.

7. Νομίσας ἀποστροφήν οἱ. *Ayant pris l'habitude de considérer la maison de Criton comme un refuge pour lui*. On voit que Xénophon développe ici une véritable théorie d'économie domestique sur l'art de se créer en quelque sorte des serviteurs du dehors, qui complètent par leurs services indirectement rétribués ceux des serviteurs de la maison.

8. Αὐτῷ. A Archédème, non à Criton.

καὶ οἱ φίλοι αὐτοῦ. Εἰ δέ τις αὐτῷ τούτων οἷς ἀπήχθετο ὀνειδίζοι ὡς ὑπὸ Κρίτωνος ὠφελούμενος κολακεύει αὐτόν, Πότερον οὖν, ἔφη ὁ Ἀρχέδημος, αἰσχρόν ἐστιν εὐεργετούμενον ὑπὸ χρηστῶν ἀνθρώπων καὶ ἀντευεργετοῦντα τοὺς μὲν τοιούτους φίλους ποιεῖσθαι, τοῖς δὲ πονηροῖς διαφέρεσθαι, ἢ τοὺς μὲν καλοὺς κἀγαθοὺς ἀδικεῖν πειρώμενον ἐχθροὺς ποιεῖσθαι, τοῖς δὲ πονηροῖς συνεργοῦντα πειρᾶσθαι φίλους ποιεῖσθαι καὶ χρῆσθαι τούτοις ἀντ᾽ ἐκείνων; — Ἐκ δὲ τούτου εἷς τε τῶν Κρίτωνος φίλων Ἀρχέδημος ἦν καὶ ὑπὸ τῶν ἄλλων Κρίτωνος φίλων ἐτιμᾶτο.

X. — Il engage Diodore à secourir Hermogène dans la pauvreté.

1 Οἶδα δὲ καὶ Διοδώρῳ[1] αὐτὸν ἑταίρῳ ὄντι τοιάδε διαλεχθέντα· Εἰπέ μοι, ἔφη, ὦ Διόδωρε, ἄν τίς σε τῶν οἰκετῶν ἀποδρᾷ, ἐπιμελεῖ ὅπως ἀνασώσει; — 2. Καὶ ἄλλους γε νὴ Δί᾽, ἔφη, παρακαλῶ, σῶστρα[2] τούτου ἀνακηρύττων. — Τί γάρ; ἔφη, ἐάν τίς σοι κάμῃ τῶν οἰκετῶν, τούτου ἐπιμελεῖ καὶ παρακαλεῖς ἰατρούς, ὅπως μὴ ἀποθάνῃ; — Σφόδρα γ᾽, ἔφη. — Εἰ δέ τίς σοι τῶν γνωρίμων[3], ἔφη, πολὺ τῶν οἰκετῶν χρησιμώτερος ὢν κινδυνεύει δι᾽ ἔνδειαν ἀπολέσθαι, οὐκ οἴει σοι ἄξιον εἶναι ἐπιμεληθῆναι ὅπως διασωθῇ; 3. Καὶ μὴν οἶσθά γε ὅτι οὐκ ἀγνώμων ἐστὶν Ἑρμογένης[4]· αἰσχύνοιτο δ᾽ ἄν, εἰ ὠφελούμενος ὑπὸ σοῦ μὴ ἀντωφελοίη σε. Καὶ

X. 1. Διοδώρῳ. Personnage inconnu.
2. Σῶστρα, de σώζω. En général: prix que l'on paie pour la conservation d'une chose; sacrifices aux dieux pour le salut d'un malade; honoraires du médecin, etc. Ici: récompense à qui ramène un esclave fugitif.
3. Τίς τῶν γνωρίμων. Quelqu'un de ta connaissance.
4. Ἑρμογένης. Hermogène, fils d'Hipponicus et frère de Callias; Platon nous apprend dans le *Cratyle* qu'il n'était point en possession de la richesse de ses ancêtres, mais sans nous apprendre pourquoi il était devenu pauvre tandis que Callias était resté riche. Il est question d'Hermogène dans un certain nombre de dialogues de Platon et il figure comme interlocuteur dans le *Banquet* et dans le *Cratyle*.

τοι τὸ ὑπηρέτην ἑκόντα τε καὶ εὔνουν καὶ παραμόνιμον [καὶ τὸ κελευόμενον ἱκανὸν ποιεῖν] ἔχειν, καὶ μὴ μόνον τὸ κελευόμενον ἱκανὸν ὄντα ποιεῖν, ἀλλὰ δυνάμενον καὶ ἀφ' ἑαυτοῦ χρήσιμον εἶναι καὶ προνοεῖν καὶ προβουλεύεσθαι πολλῶν οἰκετῶν οἶμαι ἀντάξιον εἶναι. 4. Οἱ μέντοι ἀγαθοὶ οἰκονόμοι, ὅταν τὸ πολλοῦ ἄξιον μικροῦ ἐξῇ πρίασθαι, τότε φασὶ δεῖν ὠνεῖσθαι[5]. Νῦν δὲ διὰ τὰ πράγματα[6] εὐωνοτάτους[7] ἔστι φίλους ἀγαθοὺς κτήσασθαι. — 5. Καὶ ὁ Διόδωρος, Ἀλλὰ καλῶς τε, ἔφη, λέγεις, ὦ Σώκρατες, καὶ κέλευσον ἐλθεῖν[8] ὡς ἐμὲ τὸν Ἑρμογένην. — Μὰ Δί', ἔφη, οὐκ ἔγωγε· νομίζω γὰρ οὔτε σοὶ κάλλιον εἶναι τὸ καλέσαι ἐκεῖνον τοῦ αὐτὸν ἐλθεῖν πρὸς ἐκεῖνον οὔτ' ἐκείνῳ μεῖον ἀγαθὸν τὸ πραχθῆναι ταῦτα ἢ σοί. — 6. Οὕτω δὴ ὁ Διόδωρος ᾤχετο πρὸς τὸν Ἑρμογένην· καὶ οὐ πολὺ τελέσας ἐκτήσατο φίλον, ὃς ἔργον εἶχε σκοπεῖν ὅ τι ἂν ἢ λέγων ἢ πράττων ὠφελοίη τε καὶ εὐφραίνοι Διόδωρον.

5. Τότε δεῖν ὠνεῖσθαι. Quand une denrée précieuse est à bas prix, c'est alors qu'il faut l'acheter. — C'est la loi économique de l'offre et de la demande.
6. Διὰ τὰ πράγματα. Grâce à l'état présent des affaires, par le temps qui court.
7. Εὐωνοτάτους. Superlatif de εὔωνος, pour εὐώνητος, à bas prix : εὖ et ὠνοῦμαι. — Horace : Ep. I, xii, 22 :

Vilis amicorum est annona, bonis ubi quid deest.

8. Ἐλθεῖν ὡς ἐμέ. De passer chez moi. Ce ton hautain et protecteur montre que Diodore n'a compris qu'à moitié la leçon de Socrate, et cela rend la scène très vivante.

ΞΕΝΟΦΩΝΤΟΣ

ΑΠΟΜΝΗΜΟΝΕΥΜΑΤΩΝ

ΒΙΒΛΙΟΝ ΤΡΙΤΟΝ

I. — Devoirs d'un général.

1. Ὅτι δὲ τοὺς ὀρεγομένους τῶν καλῶν [1] ἐπιμελεῖς ὧν ὀρέγοιντο ποιῶν ὠφέλει [2], νῦν τοῦτο διηγήσομαι. Ἀκούσας γάρ ποτε Διονυσόδωρον [3] εἰς τὴν πόλιν ἥκειν ἐπαγγελλόμενον στρατηγεῖν διδάξειν, ἔλεξε πρός τινα τῶν συνόντων, ὃν ᾐσθάνετο βουλόμενον τῆς τιμῆς ταύτης [ἐν τῇ πόλει] τυχεῖν, 2. Αἰσχρὸν μέντοι, ὦ νεανία, τὸν βουλόμενον [ἐν τῇ πόλει [4]] στρατηγεῖν, ἐξὸν τοῦτο μαθεῖν [5], ἀμελῆσαι αὐτοῦ· καὶ δι-

---

I. 1. Τῶν καλῶν. Il s'agit ici des *charges honorables*, des *dignités*.

2. Ἐπιμελεῖς ποιῶν ὠφέλει. Il leur était utile en les habituant à s'y exercer, à s'y appliquer, à s'en rendre dignes. Xénophon continue à signaler le caractère universellement pratique de l'enseignement de Socrate. Dans le *Gorgias*, Calliclès fait honte à Socrate de s'être attardé à l'étude de la philosophie, au lieu de prendre part aux affaires de l'Etat. Mais Socrate, ne désirant pas pour lui-même les charges publiques, dressait les autres à s'en bien acquitter.

3. Διονυσόδωρον. Ce Dionysodore était un sophiste, frère d'Euthydème, qui a donné son nom à l'un des plus ingénieux dialogues de Platon. Il faut voir dans l'*Euthydème* à quelles misérables subtilités de discussion se livraient les deux frères. En voici un exemple : Réponds-moi sur-le-champ, ô Ctésippe, interrompit Dionysodore. As-tu un chien ? — Oui, et même très méchant. — A-t-il des petits chiens ? — Oui, et méchants comme lui. — Ton chien n'est-il pas leur père ? — Certainement. — Eh bien ! ce chien n'est-il pas à toi ? — Il est à moi. — Ainsi donc, il est père et il est tien ; de sorte que ton chien se trouve être ton père, et tu es le frère des petits chiens.

4. Ἐν τῇ πόλει. Supprimé les deux fois par quelques éditeurs. Cette expression est cependant très naturelle. La dignité de stratège était une fonction qu'on exerçait dans sa cité ; on y arrivait par élection. A Athènes, il y avait dix stratèges, élus chacun par une des tribus de la ville.

5. Ἐξὸν τοῦτο μαθεῖν. *Id discere quum liceat.* Hellénisme très curieux et très fréquent. C'est, d'après Matthiæ, §564, un nominatif absolu. On emploie de même παρέχον, παρόν. Παρέχον δὲ τῆς Ἀσίης πάσης ἄρ-

καίως ἂν οὗτος ὑπὸ τῆς πόλεως ζημιοῖτο πολὺ μᾶλλον ἢ εἴ τις ἀνδριάντας ἐργολαβοίη [6] μὴ μεμαθηκὼς ἀνδριαντοποιεῖν. 3. Ὅλης γὰρ τῆς πόλεως ἐν τοῖς πολεμικοῖς κινδύνοις ἐπιτρεπομένης τῷ στρατηγῷ, μεγάλα τά τε ἀγαθὰ κατορθοῦντος αὐτοῦ καὶ τὰ κακὰ διαμαρτάνοντος [7] εἰκὸς γίγνεσθαι. Πῶς οὖν οὐκ ἂν δικαίως ὁ τοῦ μὲν μανθάνειν τοῦτο ἀμελῶν, τοῦ δὲ αἱρεθῆναι ἐπιμελόμενος ζημιοῖτο; τοιαῦτα μὲν δὴ λέγων ἔπεισεν αὐτὸν ἐλθόντα [8] μανθάνειν. 4. Ἐπεὶ δὲ μεμαθηκὼς ἧκε, προσέπαιζεν αὐτῷ λέγων, Οὐ δοκεῖ ὑμῖν, ὦ ἄνδρες, ὥσπερ Ὅμηρος τὸν Ἀγαμέμνονα γεραρὸν ἔφη εἶναι [9], [οὕτω] καὶ ὅδε στρατηγεῖν μαθὼν γεραρώτερος φαίνεσθαι; καὶ γὰρ ὥσπερ ὁ κιθαρίζειν μαθών, καὶ ἐὰν μὴ κιθαρίζῃ [10], κιθαριστής ἐστι, καὶ ὁ μαθὼν ἰᾶσθαι, κἂν μὴ ἰατρεύῃ, ὅμως ἰατρός ἐστιν, οὕτω καὶ ὅδε ἀπὸ τοῦδε τοῦ χρόνου διατελεῖ στρατηγὸς ὤν, κἂν μηδεὶς αὐτὸν ἕληται. Ὁ δὲ μὴ ἐπιστάμενος οὔτε στρατηγὸς οὔτε ἰατρός ἐστιν, οὐδ' ἐὰν ὑπὸ πάντων ἀνθρώπων αἱρεθῇ. 5. Ἀτάρ, ἔφη, ἵνα κἂν ἡμῶν τις ἢ ταξιαρχῇ ἢ λοχαγῇ [11] σοι [12], ἐπιστημονέστεροι τῶν

γειν. Quand vous auriez pu commander à toute l'Asie. Δέον, *quum oportet*. Οἱ δ' οὐ βοηθήσαντες, δέον. Ceux-ci, n'ayant pas porté secours, quand ils auraient dû le faire. Δοκοῦν, δόξαν, δεδογμένον. *Quum videatur, visum esset*, etc.

6. Ἐργολαβοίη. *Fingendus susciperet*.
7. Κατορθοῦντος... διαμαρτάνοντος. Non pas précisément : s'en acquittant bien ou mal, mais : *réussissant* ou *échouant*.
8. Ἐλθόντα. Allant, sous-entendu : vers le maître : *Ad discendum accedentem*.
9. Γεραρὸν ἔφη εἶναι. Voici les vers d'Homère; *Iliade*, III, v. 170-171 :

Καλὸν δ' οὕτω ἐγὼν οὔτω ἴδον ὀφθαλμοῖσιν,
οὐδ' οὕτω γεραρόν· βασιλῆι γὰρ ἀνδρὶ ἔοικεν.

Ceci est extrait des paroles, mêlées de regret et de remords, qu'Hélène adresse au roi Priam, lorsque, assise auprès de lui sur les remparts de Troie, elle lui nomme les principaux chefs des Grecs.

10. Καὶ ἐὰν μὴ κιθαρίζῃ. La science acquise est une aptitude, un talent, une habitude qui persiste même quand on ne l'exerce pas. Aristote fera usage de cet exemple dans sa théorie de la *puissance* et de *l'acte*.

11. Ταξιαρχῇ ἢ λοχαγῇ. La *taxis* se composait de cent hommes en-

πολεμικῶν ὦμεν, λέξον ἡμῖν πόθεν ἤρξατό σε διδάσκειν τὴν στρατηγίαν¹³. — Καὶ ὅς, Ἐκ τοῦ αὐτοῦ, ἔφη, εἰς ὅπερ καὶ ἐτελεύτα · τὰ γὰρ τακτικὰ ἐμέ γε καὶ ἄλλο οὐδὲν ἐδίδαξεν. — 6. Ἀλλὰ μὴν, ἔφη ὁ Σωκράτης, τοῦτό γε πολλοστὸν μέρος ἐστὶ στρατηγίας. Καὶ γὰρ παρασκευαστικὸν τῶν εἰς τὸν πόλεμον τὸν στρατηγὸν εἶναι χρὴ καὶ ποριστικὸν τῶν ἐπιτηδείων τοῖς στρατιώταις καὶ μηχανικὸν καὶ ἐργαστικὸν καὶ ἐπιμελῆ καὶ καρτερικὸν καὶ ἀγχίνουν, καὶ φιλόφρονά τε καὶ ὠμόν¹⁴, καὶ ἁπλοῦν τε καὶ ἐπίβουλον, καὶ φυλακτικόν τε καὶ κλέπτην, καὶ προετικὸν καὶ ἅρπαγα, καὶ φιλόδωρον καὶ πλεονέκτην, καὶ ἀσφαλῆ καὶ ἐπιθετικόν, καὶ ἄλλα πολλὰ καὶ φύσει καὶ ἐπιστήμῃ δεῖ τὸν εὖ στρατηγήσοντα ἔχειν. 7. Καλὸν δὲ καὶ τὸ τακτικὸν εἶναι · πολὺ γὰρ διαφέρει στράτευμα τεταγμένον ἀτάκτου, ὥσπερ λίθοι τε καὶ πλίνθοι καὶ ξύλα καὶ κέραμος¹⁵ ἀτάκτως μὲν ἐρριμμένα οὐδὲν χρήσιμά ἐστιν, ἐπειδὰν δὲ ταχθῇ κάτω μὲν καὶ ἐπιπολῆς τὰ μήτε σηπόμενα μήτε τηκόμενα, οἵ τε λίθοι καὶ ὁ κέραμος, ἐν μέσῳ δὲ¹⁶ αἵ

---

viron dont le chef s'appelait *taxiarque*; le *lochos*, était un corps de seize, douze, dix ou huit hommes, dont le commandant s'appelait *lochage* (TALBOT.)

12. Σοί. Sous tes ordres.

13. Τὴν στρατηγίαν. Τὰ τακτικά. On voit par les explications qui suivent que la différence entre la stratégie et la tactique est plus grande pour Xénophon qu'elle ne l'est pour nous. Le stratégiste est pour nous l'homme qui sait faire un plan de campagne et diriger de grandes masses sur un champ de bataille; le tacticien est celui qui sait bien ranger, bien faire mouvoir, chacune dans sa sphère, ce que nous appelons les *unités tactiques*. Le stratège, pour Xénophon, est l'homme qui connait et met en œuvre tout ce qui se rapporte à la conduite d'une armée.

14. Καὶ φιλόφρονά τε καὶ ὠμόν. L'enclitique τε qui est introduit ici et qui se répète trois fois est destiné à modifier l'allure de la phrase à partir du moment où les qualités du stratège, au lieu d'être simplement énumérées, s'opposent deux à deux.

15. Κέραμος. *Les tuiles*. En général, tout ouvrage de terre pétrie et séchée au soleil; d'où nous avons fait : *céramique*.

16. Κάτω μὲν καὶ ἐπιπολῆς..., ἐν μέσῳ δέ. Xénophon fait ici une allusion très nette et très détaillée à un mode de construction qui consistait à placer en bas et en haut, dans les fondements et sur les combles, les matériaux, tels que les pierres et les tuiles, qui ne peuvent s'altérer sous l'action de l'humidité du sol ou de l'humidité de l'atmosphère, et dans la partie moyenne ceux qui s'altèrent facilement, comme le bois

τε πλίνθοι καὶ τὰ ξύλα, ὥσπερ ἐν οἰκοδομίᾳ[17] [συντίθεται], τότε γίγνεται πολλοῦ ἄξιον κτῆμα οἰκία[18]. — 8. Ἀλλὰ πάνυ, ἔφη ὁ νεανίσκος, ὅμοιον, ὦ Σώκρατες, εἴρηκας[19]. Καὶ γὰρ ἐν τῷ πολέμῳ πρώτους [μὲν] τοὺς ἀρίστους δεῖ τάττειν καὶ τελευταίους, ἐν μέσῳ δὲ τοὺς χειρίστους, ἵνα ὑπὸ μὲν τῶν ἄγωνται, ὑπὸ δὲ τῶν ὠθῶνται[20]. — 9. Εἰ μὲν τοίνυν, ἔφη,

---

et les briques. M. Viollet-Leduc, dans son *Histoire de l'habitation humaine*, parle, à propos de l'architecture en Ionie et en Grèce, de ce mélange de matériaux. « Autrefois, au dire des anciens (il s'agit des Ioniens de l'Asie), notre contrée était très riche en bois de charpente ; nos pères construisaient des demeures toutes composées de troncs d'arbres. Nos voisins, les Tyrrhéniens, bâtissaient et bâtissent encore leurs demeures avec de grandes pierres qu'ils savent joindre et tailler avec art... Nous avons combiné les deux systèmes, et, ne considérant plus les bois que comme des matériaux qu'il faut laisser en contact avec les habitants, nous avons enveloppé cette structure par de la pierre qui compose les murs et les parties les plus solides ; c'est pourquoi vous voyez nos murailles revêtues dans les intérieurs de panneaux de bois. » — Voici un passage qui se rapporte plus nettement à la *superposition* des matériaux : « Pour que ces colonnes de bois ne fussent pas altérées à leur extrémité inférieure par l'humidité du sol, nous les avons posées sur des bases de pierre. » Ailleurs encore, le même écrivain signale l'habitude qu'on avait dans certaines régions de placer au dessus du bois non seulement de la tuile, mais quelquefois de la pierre. « Je ne vous dissimulerai pas que certains architectes emploient un procédé mixte, notamment dans la Grande-Grèce, c'est-à-dire que, sur des architraves de bois ils ne craignent pas de poser des frises et corniches de pierre ; mais cela est défectueux et est considéré comme une mauvaise construction. Le bois qui est élastique, léger et compressible dans le sens du fil, ne saurait être propre à porter la pierre, qui est compacte, sans élasticité et lourde. »

17. Ὥσπερ ἐν οἰκοδομίᾳ. Non pas : comme dans une bâtisse, mais : *comme dans l'action de bâtir : Sicut in ædium structura*. Les matériaux, inutiles (οὐδὲν χρήσιμα) dans leur état primitif d'isolement, ne prennent leur utilité que dans l'*acte*, ou, pour parler ce qui sera un peu plus tard le langage d'Aristote, le *mouvement* de la construction.

18. Τότε γίγνεται πολλοῦ ἄξιον κτῆμα, οἰκία. *Tum efficitur res magni pretii, domus*. M. Talbot dit, au sujet de cette très belle phrase : « Nous ne connaissons dans aucun auteur une phrase qui soit aussi ingénieusement construite que celle-ci : tout s'y ordonne, s'y agence et s'y place comme dans la réalité. Il semble qu'on voie d'abord jeter les fondements de l'édifice, dont chaque partie s'élève ensuite progressivement jusqu'à l'achèvement complet du tout, exprimé par le mot final *maison*. »

19. Πάνυ ὅμοιον εἴρηκας. *Tu as fait une comparaison tout à fait juste*.

20. Ὑπὸ μὲν τῶν ἄγωνται, ὑπὸ δὲ αὖ τῶν ὠθῶνται. *Afin qu'ils soient conduits par les uns, poussés par les autres*. L'ordre ici indiqué est l'ordre qu'on appelle homérique, parce qu'Homère, au IV° livre de l'*Iliade*, v. 297-300, nous montre Agamemnon disposant ainsi les rangs de l'armée grecque :

καὶ διαγιγνώσκειν σε τοὺς ἀγαθοὺς καὶ τοὺς κακοὺς ἐδίδαξεν[21]. εἰ δὲ μή, τί σοι ὄφελος [22] ὧν ἔμαθες; οὐδὲ γὰρ εἰ σε ἀργύριον ἐκέλευσε πρῶτον μὲν καὶ τελευταῖον τὸ κάλλιστον τάττειν, ἐν μέσῳ δὲ τὸ χείριστον, μὴ διδάξας διαγιγνώσκειν τό τε καλὸν καὶ τὸ κίβδηλον, οὐδὲν ἄν σοι ὄφελος ἦν — Ἀλλὰ μὰ Δί', ἔφη, οὐκ ἐδίδαξεν· ὥστε αὐτοὺς ἂν ἡμᾶς δέοι τούς τε ἀγαθοὺς καὶ τοὺς κακοὺς κρίνειν. — 10. Τί οὖν οὐ σκοποῦμεν, ἔφη, πῶς ἂν αὐτῶν μὴ διαμαρτάνοιμεν; — Βούλομαι, ἔφη ὁ νεανίσκος. — Οὐκοῦν, ἔφη, εἰ μὲν ἀργύριον δέοι ἁρπάζειν, τοὺς φιλαργυρωτάτους πρώτους καθιστάντες ὀρθῶς ἂν τάττοιμεν; — Ἔμοιγε δοκεῖ. — Τί δὲ τοὺς κινδυνεύειν μέλλοντας; ἆρα τοὺς φιλοτιμοτάτους προτακτέον; — Οὗτοι γοῦν εἰσιν, ἔφη, οἱ ἕνεκα ἐπαίνου κινδυνεύειν ἐθέλοντες. Οὐ τοίνυν οὗτοί γε ἄδηλοι, ἀλλ' ἐπιφανεῖς πανταχοῦ ὄντες εὐεύρετοι [23] ἂν εἶεν· — 11. Ἀτάρ, ἔφη, πότερά σε τάττειν μόνον ἐδίδαξεν, ἢ καὶ ὅπη καὶ ὅπως [24] χρηστέον ἑκάστῳ τῶν ταγμάτων; — Οὐ πάνυ, ἔφη. — Καὶ μὴν πολλά γ' ἐστὶ πρὸς ἃ οὔτε τάττειν οὔτε ἄγειν ὡσαύτως προσήκει. — Ἀλλὰ μὰ Δί', ἔφη, οὐ διεσαφήνιζε ταῦτα. — Νὴ Δί', ἔφη, πάλιν τοίνυν ἐλθὼν ἐπανερώτα· ἦν γὰρ

Ἱππῆας μὲν πρῶτα σὺν ἵπποισιν καὶ ὄχεσφιν,
πεζοὺς δ' ἐξόπιθε στῆσαι πολέας τε καὶ ἐσθλούς,
ἕρκος ἔμεν πολέμοιο· κακοὺς δ' ἐς μέσσον ἔλασσεν,
ὄφρα καὶ οὐκ ἐθέλων τις ἀναγκαίῃ πολεμίζοι.

Cicéron et Quintilien recommandent de disposer de même les arguments, dans cette partie de l'art oratoire qu'on appelle la confirmation.
21. Εἰ μὲν τοίνυν... ἐδίδαξεν. Après cette première proposition conditionnelle, il faut sous-entendre quelque chose, par exemple : εὖ ἔχει; cela va bien.
22. Εἰ δὲ μή, τί σοι ὄφελός; Dans la stratégie, comme ailleurs, une science purement formelle est stérile. L'art de ranger les bons et les mauvais soldats ne signifie rien sans l'art de distinguer les uns et les autres; l'art de connaître les hommes est donc indispensable au stratège.
23. Εὐεύρετοι. Les anciennes éditions portent εὐχίρετοι, leçon que Dindorf avait encore conservée dans l'édition Didot.
24. Ὅπῃ καὶ ὅπως. Il semble que tout l'art de la stratégie se résume dans ces deux mots.

ἐπίστηται καὶ μὴ ἀναιδὴς ᾖ, αἰσχυνεῖται ἀργύριον εἰληφὼς ἐνδεᾶ σε ἀποπέμψασθαι.

II. — Un bon général doit veiller à la conservation et au bien-être de ceux qu'il a sous ses ordres.

1. Ἐντυχὼν δέ ποτε στρατηγεῖν ᾑρημένῳ τῳ[1], Τοῦ ἕνεκεν, ἔφη, Ὅμηρον οἴει τὸν Ἀγαμέμνονα προσαγορεῦσαι ποιμένα λαῶν[2]; ἆρά γε ὅτι ὥσπερ τὸν ποιμένα δεῖ ἐπιμελεῖσθαι ὅπως σῷ[3] τε ἔσονται αἱ οἶες καὶ τἀπιτήδεια ἕξουσι, καὶ οὗ ἕνεκα τρέφονται, τοῦτο ἔσται· οὕτω καὶ τὸν στρατηγὸν ἐπιμελεῖσθαι δεῖ ὅπως σῷ τε οἱ στρατιῶται ἔσονται καὶ τὰ ἐπιτήδεια ἕξουσι, καὶ οὗ ἕνεκα στρατεύονται, τοῦτο ἔσται; στρατεύονται δέ, ἵνα κρατοῦντες τῶν πολεμίων εὐδαιμονέστεροι ὦσιν[4]. 2. Ἤ τί δήποτε οὕτως ἐπῄνεσε τὸν Ἀγαμέμνονα εἰπών,

Ἀμφότερον, βασιλεύς τ' ἀγαθὸς κρατερός τ' αἰχμητής[5];

ἆρά γε ὅτι αἰχμητής τε κρατερὸς ἂν εἴη, οὐκ εἰ μόνος αὐτὸς εὖ ἀγωνίζοιτο πρὸς τοὺς πολεμίους, ἀλλ' εἰ καὶ[6]

II. 1. Στρατηγεῖν ᾑρημένῳ τῳ. Il y avait deux espèces de stratèges : les *phalangiarques*, qui avaient sous leurs ordres 4096 hommes, et les généraux en chef. On les élisait de telle sorte que, bien souvent, ils ne présentaient aucune garantie de capacité.

2. Ποιμένα λαῶν. *Pasteur de peuples*. Épithète fréquente dans Homère, une de celles qui reconstituent le mieux pour nous l'origine des civilisations.

3. Σῷ τε ἔσονται αἱ οἶες. Dindorf et Schenkl donnent seuls cette forme attique. Les autres éditions portent : σῷαί τε αἱ οἶες..., σῷοί τε οἱ στρατιῶται.

4. Κρατοῦντες τῶν πολεμίων εὐδαιμονέστεροι ὦσιν. Ce bonheur qu'on obtient par la guerre consiste sans doute, d'après Xénophon, non pas à devenir plus riches et plus puissants, par les dépouilles et les conquêtes, mais à vivre plus tranquilles. C'est à peu près la pensée qu'exprime Cicéron dans le *De officiis* : *Ut sine injuria in pace vivatur*.

5. Κρατερός τ' αἰχμητής. Iliade, III, 177. Ce vers est encore extrait de la conversation d'Hélène et de Priam.

6. Οὐκ εἰ μόνος... ἀλλ' εἰ καί. Traduit incomplètement par Gail : « Non en combattant... mais en communiquant... » Il faut dire : *Non seulement parce qu'il combattait lui-même avec courage, mais encore parce qu'il disposait toute l'armée à en faire autant*.

παντὶ τῷ στρατοπέδῳ τούτου αἴτιος εἴη, καὶ βασιλεὺς ἀγαθός, οὐκ εἰ μόνον τοῦ ἑαυτοῦ βίου καλῶς προεστήκοι, ἀλλ' εἰ καὶ ὧν βασιλεύει, τούτοις εὐδαιμονίας αἴτιος εἴη;
3. Καὶ γὰρ βασιλεὺς αἱρεῖται οὐχ ἵνα ἑαυτοῦ καλῶς ἐπιμελῆται, ἀλλ' ἵνα καὶ οἱ ἑλόμενοι δι' αὐτὸν εὖ πράττωσι· καὶ στρατεύονται δὲ πάντες, ἵνα ὁ βίος αὐτοῖς ὡς βέλτιστος ᾖ, καὶ στρατηγοὺς αἱροῦνται τούτου ἕνεκα, ἵνα πρὸς τοῦτο αὐτοῖς ἡγεμόνες ὦσι. 4. Δεῖ οὖν τὸν στρατηγοῦντα τοῦτο παρασκευάζειν τοῖς ἑλομένοις αὐτὸν στρατηγόν· καὶ γὰρ οὔτε κάλλιον τούτου ἄλλο ῥᾴδιον εὑρεῖν οὔτε αἴσχιον τοῦ ἐναντίου. Καὶ οὕτως ἐπισκοπῶν τίς εἴη ἀγαθοῦ ἡγεμόνος ἀρετὴ τὰ μὲν ἄλλα περιῄρει, κατέλειπε δὲ[7] τὸ εὐδαίμονας ποιεῖν ὧν ἂν ἡγῆται.

III. — Le commandant de la cavalerie doit l'améliorer en se montrant sévère sur le choix des chevaux, en exerçant les hommes à la manœuvre et en s'en faisant aimer et obéir.

1. Καὶ ἱππαρχεῖν[1] δέ τινι ᾑρημένῳ οἶδά ποτε αὐτὸν τοιάδε διαλεχθέντα· Ἔχοις ἄν, ὦ νεανία, εἰπεῖν ἡμῖν ὅτου ἕνεκα ἐπεθύμησας ἱππαρχεῖν; οὐ γὰρ δὴ τοῦ πρῶτος τῶν ἱππέων ἐλαύνειν[2]· καὶ γὰρ οἱ ἱπποτοξόται[3] τούτου γε

---

7. Τὰ μὲν ἄλλα περιῄρει, κατέλειπε δέ. Il ne faudrait pas entendre cette phrase dans un sens trop absolu. Ceci ne veut pas dire que Socrate méprisait les autres qualités d'un bon général, mais seulement qu'il en faisait abstraction, qu'il les laissait momentanément de côté pour mettre en relief la qualité dominante.

III. 1. Ἱππαρχεῖν. Il y avait à Athènes deux hipparques qui se partageaient le commandement de la cavalerie, laquelle était composée de mille hommes. Dans son traité du *Commandant de cavalerie*, Xénophon explique que sous les ordres des hipparques étaient des phylarques, correspondant à peu près à ce que nous appelons des chefs d'escadron, et qui, sous la surveillance des commandants, veillaient à la bonne tenue de la cavalerie. Xénophon recommande de nommer en outre dans chaque tribu un certain nombre de décadarques ayant sous leurs ordres des compagnies de dix hommes, et destinés à servir de chefs de file.

2. Τοῦ πρῶτος τῶν ἱππέων ἐλαύνειν. De marcher, de parader (littéralement : de pousser, de lancer ton cheval) *en tête de la cavalerie*; on voit, en effet, par ce qui suit, que les commandants ne défilaient qu'à la suite de l'avant-garde.

ἀξιοῦνται· προελαύνουσι γοῦν καὶ τῶν ἱππάρχων. — Ἀληθῆ λέγεις, ἔφη. — Ἀλλὰ μὴν οὐδὲ τοῦ γνωσθῆναί γε[4]· ἐπεὶ καὶ οἱ μαινόμενοί γε ὑπὸ πάντων γιγνώσκονται. — Ἀληθές, ἔφη, καὶ τοῦτο λέγεις. — 2. Ἀλλ' ἄρα ὅτι τὸ ἱππικὸν οἴει ἂν τῇ πόλει βέλτιον ποιήσας παραδοῦναι, καὶ εἴ τις χρεία γίγνοιτο ἱππέων, τούτων ἡγούμενος ἀγαθοῦ τινος αἴτιος γενέσθαι τῇ πόλει; — Καὶ μάλα, ἔφη. — Καὶ ἔστι γε νὴ Δί', ἔφη ὁ Σωκράτης, καλόν, ἐὰν δύνῃ ταῦτα ποιῆσαι. Ἡ δὲ ἀρχή που ἐφ' ἣν ᾔρησαι ἵππων τε καὶ ἀμβατῶν[5] ἐστιν. — Ἔστι γὰρ οὖν, ἔφη. — 3. Ἴθι δὴ λέξον ἡμῖν τοῦτο πρῶτον, ὅπως διανοεῖ τοὺς ἵππους βελτίους ποιῆσαι; — Καὶ ὅς, Ἀλλὰ τοῦτο μέν, ἔφη, οὐκ ἐμὸν οἶμαι τὸ ἔργον εἶναι[6], ἀλλὰ ἰδίᾳ ἕκαστον δεῖν τοῦ ἑαυτοῦ ἵππου ἐπιμελεῖσθαι. — 4. Ἐὰν οὖν, ἔφη ὁ Σωκράτης, παρέχωνταί σοι[7] τοὺς ἵππους οἱ μὲν οὕτω κακόποδας ἢ κακοσκελεῖς ἢ ἀσθενεῖς, οἱ δὲ οὕτως ἀτρόφους ὥστε μὴ δύνασθαι ἀκολουθεῖν, οἱ δὲ οὕτως ἀναγώγους ὥστε μὴ μένειν ὅπου ἂν σὺ τάξῃς, οἱ δὲ οὕτω λακτιστὰς ὥστε μηδὲ τάξαι δυνατὸν εἶναι, τί σοι τοῦ ἱππικοῦ ὄφελος

---

3. Οἱ ἱπποτοξόται. *Les archers à cheval.* Ils étaient au nombre de deux cents et formaient l'avant-garde. Ce corps était peu estimé ; on le composait d'étrangers, surtout de Scythes, et, en outre, de *métèques* ou étrangers domiciliés, et de *thètes* ou citoyens de la dernière classe, ne payant aucun impôt.

4. Τοῦ γνωσθῆναί γε. *Pour que l'on sache ton nom ;* car tout le monde dans la ville connaît le nom des fous.

5. Ἀμβατῶν, pour ἀναβατῶν. *De ceux qui montent les chevaux,* c.-à-d. des cavaliers.

6. Τοῦτο οὐκ ἐμὸν τὸ ἔργον εἶναι. *Il me semble que ce n'est pas là mon affaire.* Socrate montrera dans la suite que, si chaque cavalier isolément doit prendre soin de son cheval, il appartient au commandant de prendre des mesures générales pour que les chevaux présentent tous les mêmes qualités et qu'il en résulte un bon ensemble.

7. Ἐὰν παρέχωνταί σοι (οἱ ἱππεῖς)... *Si les cavaliers te présentaient,* c.-à-d. *t'amenaient...* Dans le premier chapitre de son traité du Commandant de cavalerie, Xénophon donne sur ce point quelques détails. Il explique qu'il faut refuser les chevaux de luxe, incapables de supporter la fatigue, les chevaux fougueux, qui ne feraient que jeter le trouble dans le rang, etc. Il signale aussi les règles à suivre pour la réforme des chevaux.

ἔσται; ἢ πῶς δυνήσει τοιούτων ἡγούμενος ἀγαθόν τι ποιῆσαι τὴν πόλιν; — Καὶ ὅς, Ἀλλὰ καλῶς τε λέγεις, ἔφη, καὶ πειράσομαι τῶν ἵππων εἰς τὸ δυνατὸν ἐπιμελεῖσθαι. — 5. Τί δέ; τοὺς ἱππέας οὐκ ἐπιχειρήσεις, ἔφη, βελτίονας ποιῆσαι; — Ἔγωγ᾽, ἔφη. — Οὐκοῦν πρῶτον μὲν ἀναβατικωτέρους[8] ἐπὶ τοὺς ἵππους ποιήσεις [αὐτούς][8]; — Δεῖ γοῦν, ἔφη· καὶ γὰρ εἴ τις αὐτῶν καταπέσοι, μᾶλλον ἂν οὕτω σώζοιτο. — 6. Τί γάρ; ἐάν που κινδυνεύειν δέῃ, πότερον ἐπάγειν τοὺς πολεμίους ἐπὶ τὴν ἄμμον[9] κελεύσεις, ἔνθαπερ εἰώθατε ἱππεύειν, ἢ πειράσει τὰς μελέτας ἐν τοιούτοις ποιεῖσθαι χωρίοις ἐν οἷσπερ οἱ πόλεμοι γίγνονται; — Βέλτιον γοῦν, ἔφη. — 7. Τί γάρ; τοῦ βάλλειν[10] ὡς πλείστους ἀπὸ τῶν ἵππων ἐπιμέλειάν τινα ποιήσει; — Βέλτιον γοῦν, ἔφη, καὶ τοῦτο. — Θήγειν δὲ τὰς ψυχὰς τῶν ἱππέων καὶ ἐξοργίζειν πρὸς τοὺς πολεμίους, ἅπερ ἀλκιμωτέρους ποιεῖ[11], διανενόησαι; — Εἰ δὲ μή[12], ἀλλὰ νῦν γε πειράσομαι, ἔφη. — 8. Ὅπως δὲ σοι πείθωνται οἱ ἱππεῖς πεφρόντικάς τι; ἄνευ γὰρ δὴ τούτου οὔτε ἵππων οὔτε ἱππέων ἀγαθῶν καὶ ἀλκίμων οὐδὲν ὄφελος. — Ἀληθῆ λέγεις, ἔφη· ἀλλὰ πῶς ἄν τις μά-

---

8. Ἀναβατικωτέρους. *Plus habiles, plus lestes à monter à cheval.* Ceci est développé au premier chapitre du *Commandant de cavalerie* et au chapitre VII du traité de l'*Équitation*. Xénophon va jusqu'à expliquer comment les cavaliers plus âgés s'aideront les uns les autres à monter à cheval ou même se feront aider par des palefreniers.

9. Τὴν ἄμμον. On appelait ainsi le lieu sablé, le manège où se faisaient les exercices de la cavalerie. Socrate explique ironiquement que l'on ne pourra inviter l'ennemi à combattre dans le manège où l'on se sera exercé. On doit donc s'habituer à faire manœuvrer les chevaux sur toute espèce de terrain. « Il faut conseiller aux cavaliers de s'exercer, par exemple lorsqu'ils se rendent à leurs maisons de campagne, soit en sortant des chemins tracés, soit en lançant leurs chevaux au galop sur des terrains de différentes espèces. » (Traité de l'*Équitation*.)

10. Βάλλειν. *Lancer des traits, des javelots*; ἀκοντίζειν.

11. Ἅπερ ἀλκιμωτέρους ποιεῖ. *Ce qui contribue encore à les rendre plus forts.* Xénophon pense vraisemblablement ici à des chants guerriers, à des discours ou proclamations, en un mot à des moyens moraux.

12. Εἰ δὲ μή. *Si je n'y ai pas pensé jusqu'à présent.*

λιστα, ὦ Σώκρατες, ἐπὶ τοῦτο αὐτοὺς προτρέψαιτο; —
9. Ἐκεῖνο μὲν δήπου οἶσθα, ὅτι ἐν παντὶ πράγματι οἱ ἄνθρωποι τούτοις μάλιστα ἐθέλουσι πείθεσθαι οὓς ἂν ἡγῶνται βελτίστους εἶναι. Καὶ γὰρ ἐν νόσῳ ὃν ἂν ἡγῶνται ἰατρικώτατον εἶναι, τούτῳ μάλιστα πείθονται, καὶ ἐν πλῷ [οἱ πλέοντες], ὃν ἂν κυβερνητικώτατον, καὶ ἐν γεωργίᾳ, ὃν ἂν γεωργικώτατον. — Καὶ μάλα, ἔφη. — Οὐκοῦν εἰκός, ἔφη, καὶ ἐν ἱππικῇ ὃς ἂν μάλιστα εἰδὼς φαίνηται ἃ δεῖ ποιεῖν, τούτῳ μάλιστα ἐθέλειν τοὺς ἄλλους πείθεσθαι. — 10. Ἐὰν οὖν, ἔφη, ἐγώ, ὦ Σώκρατες, βέλτιστος ὢν αὐτῶν δῆλος ὦ, ἀρκέσει μοι τοῦτο εἰς τὸ πείθεσθαι αὐτοὺς ἐμοί; — Ἐάν γε πρὸς τούτῳ, ἔφη, διδάξῃς αὐτοὺς ὡς τὸ πείθεσθαί σοι κάλλιόν τε καὶ σωτηριώτερον αὐτοῖς ἔσται. — Πῶς οὖν, ἔφη, τοῦτο διδάξω; — Πολὺ νὴ Δί', ἔφη, ῥᾷον ἢ εἴ σοι δέοι διδάσκειν ὡς τὰ κακὰ τῶν ἀγαθῶν[13] ἀμείνω καὶ λυσιτελέστερά ἐστι. — 11. Λέγεις, ἔφη, σὺ τὸν ἵππαρχον πρὸς τοῖς ἄλλοις ἐπιμελεῖσθαι δεῖν καὶ τοῦ λέγειν δύνασθαι; — Σὺ δ' ᾤου, ἔφη, χρῆναι σιωπῇ ἱππαρχεῖν; ἢ οὐκ ἐντεθύμησαι ὅτι ὅσα τε νόμῳ μεμαθήκαμεν κάλλιστα ὄντα, δι' ὧν γε ζῆν ἐπιστάμεθα, ταῦτα πάντα διὰ λόγου ἐμάθομεν[14], καὶ εἴ τι ἄλλο καλὸν μανθάνει τις μάθημα, διὰ λόγου μανθάνει, καὶ οἱ ἄριστα

---

13. Ὡς τὰ κακὰ τῶν ἀγαθῶν... Pourquoi Socrate s'exprime-t-il d'une manière si détournée? Il semble qu'il y ait d'abord ici cette pensée toute philosophique, que la puissance de l'idée du bien est irrésistible, et qu'en toutes choses il suffit de montrer ce qui est bien pour amener dans les esprits la persuasion. Mais on dirait qu'il y a aussi une allusion ironique aux calomnies de ceux qui l'accusaient de faire passer le mal pour le bien.

14. Ταῦτα πάντα διὰ λόγου ἐμάθομεν. Socrate croit en effet que la parole a sa part dans la transmission de toutes les choses utiles; par exemple, que ceux qui exercent le mieux les arts ou les métiers sont en même temps les plus capables de bien parler et de bien persuader sur eux (Voir, à ce sujet, la première partie du *Gorgias*); et que, de même, l'usage (νόμος) ne suffirait pas à nous inculquer les arts de la vie, les habitudes de l'éducation, si la parole n'intervenait pour nous en expliquer la valeur.

διδάσκοντες μάλιστα λόγῳ χρῶνται καὶ οἱ τὰ σπου-
δαιότατα [μάλιστα] ἐπιστάμενοι κάλλιστα διαλέγον-
ται; 12. Ἦ τόδε οὐκ ἐντεθύμησαι, ὡς ὅταν γε χορὸς εἷς
ἐκ τῆσδε τῆς πόλεως γίγνηται, ὥσπερ ὁ εἰς Δῆλον πεμπόμενος[15], οὐδεὶς ἄλλοθεν οὐδαμόθεν τούτῳ ἐφάμιλλος γίγνεται, οὐδὲ εὐανδρία[16] ἐν ἄλλῃ πόλει ὁμοία τῇ ἐνθάδε συν-
άγεται; — Ἀληθῆ λέγεις, ἔφη. — 13. Ἀλλὰ μὴν οὔτε
εὐφωνίᾳ τοσοῦτον διαφέρουσιν Ἀθηναῖοι τῶν ἄλλων οὔτε
σωμάτων μεγέθει καὶ ῥώμῃ, ὅσον φιλοτιμίᾳ[17], ἥπερ
μάλιστα παροξύνει πρὸς τὰ καλὰ καὶ ἔντιμα. — Ἀληθές,
ἔφη, καὶ τοῦτο. — 14. Οὐκοῦν οἴει, ἔφη, καὶ τοῦ ἱππικοῦ
τοῦ ἐνθάδε εἴ τις ἐπιμεληθείη, [ὡς] πολὺ ἂν καὶ τούτῳ
διενεγκεῖν τῶν ἄλλων, ὅπλων τε καὶ ἵππων παρασκευῇ καὶ
εὐταξίᾳ καὶ τῷ ἑτοίμως κινδυνεύειν πρὸς τοὺς πολεμίους,
εἰ νομίσειαν[18] ταῦτα ποιοῦντες ἐπαίνου καὶ τιμῆς τεύ-
ξεσθαι; — Εἰκός γε, ἔφη. — 15. Μὴ τοίνυν ὄκνει, ἔφη, ἀλλὰ
πειρῶ τοὺς ἄνδρας ἐπὶ ταῦτα προτρέπειν[19], ἀφ' ὧν αὐτός
τε ὠφελήσει καὶ οἱ ἄλλοι πολῖται διὰ σέ. — Ἀλλὰ νὴ Δία
πειράσομαι, ἔφη.

---

15. Ὁ εἰς Δῆλον πεμπόμενος. C'est la célèbre ambassade sacrée, la théorie que les Athéniens envoyaient tous les ans à Délos, pour acquitter le vœu de Thésée et pour prendre part aux fêtes annuelles qui se célébraient dans cette île en l'honneur d'Apollon et qu'on appelait les Délies.

16. Εὐανδρία. Collection, choix de beaux hommes, jeunes gens ou vieillards. Xénophon nous apprend dans le Banquet (iv, 17) qu'à la fête des Panathénées, comme aux fêtes de Délos, on choisissait pour thallophores de beaux vieillards : θαλλοφόρους τῇ Ἀθηνᾷ τοὺς καλοὺς γέροντας ἐκλέγονται, ὡς συμπαρομαρτοῦντος πάσῃ τῇ ἡλικίᾳ τοῦ κάλλους.

17. Ὅσον φιλοτιμίᾳ : Cf. Graiis ingenium..... præter laudem nullius avaris.

18. Εἰ νομίσειαν. Développement de la même idée. Voilà le rôle de la parole dans tous les arts ; elle n'enseigne pas précisément ces arts eux-mêmes, mais elle crée dans les âmes la disposition à s'y adonner et à y exceller.

19. Προτρέπειν. C'est une des idées essentielles du livre tout entier. Socrate veut non seulement pousser ses concitoyens vers tous les genres d'activité utile, mais encore susciter des hommes qui les y encouragent à leur tour.

IV. — Les qualités d'un bon économe sont très utiles à un général.

1. Ἰδὼν δέ ποτε Νικομαχίδην¹ ἐξ ἀρχαιρεσιῶν² ἀπιόντα ἤρετο, Τίνες, ὦ Νικομαχίδη, στρατηγοὶ ᾕρηνται; — Καὶ ὅς, Οὐ γάρ, ἔφη, ὦ Σώκρατες, τοιοῦτοί εἰσιν Ἀθηναῖοι³, ὥστε ἐμὲ μὲν οὐχ εἵλοντο, ὃς ἐκ καταλόγου⁴ στρατευόμενος κατατέτριμμαι⁵ καὶ λοχαγῶν καὶ ταξιαρχῶν⁶ καὶ τραύματα ὑπὸ τῶν πολεμίων τοσαῦτα ἔχω· — ἅμα δὲ τὰς οὐλὰς τῶν τραυμάτων ἀπογυμνούμενος ἐπεδείκνυεν· — Ἀντισθένην⁷ δέ, ἔφη, εἵλοντο, τὸν οὔτε ὁπλίτην πω στρατευσάμενον, ἔν τε τοῖς ἱππεῦσιν οὐδὲν περίβλεπτον⁸ ποιήσαντα ἐπιστάμενόν τε ἄλλο οὐδὲν ἢ χρήματα συλλέγειν; — 2. Οὐκοῦν, ἔφη ὁ Σωκράτης, τοῦτο μὲν ἀγαθόν, εἴ γε τοῖς στρατιώταις ἱκανὸς ἔσται τὰ

IV. 1. Νικομαχίδην. *Nicomachide.* Personnage à peu près inconnu; on sait seulement qu'il appartenait à l'avant-dernière des quatre classes dont se composait le peuple athénien, celle des *zeugistes.*
2. Ἐξ ἀρχαιρεσιῶν. Les assemblées populaires où l'on élisait les généraux.
3. Οὐ γὰρ τοιοῦτοί εἰσιν Ἀθηναῖοι; Ne sont-ce pas bien là les Athéniens? Ne les reconnais-tu pas bien là?
4. Ἐκ καταλόγου. Le κατάλογος était le tableau d'enrôlement que l'on dressait pour faire la levée des hoplites.
5. Κατατέτριμμαι. Littéralement : j'ai été meurtri, j'ai été broyé par les fatigues de la guerre. Nicomachide ne se présente pourtant pas comme épuisé par ces fatigues, puisqu'il demande un commandement : *Je suis rompu aux fatigues de la guerre; j'ai vieilli au milieu d'elles :*

Et ne suis-je blanchi dans les travaux guerriers..!

6. Λοχαγῶν, ταξιαρχῶν. Nous avons vu plus haut l'explication de ces deux termes. Nicomachide insiste sur cette idée qu'il a traversé tous les grades. Il amène ainsi Socrate à montrer que dans le stratège il doit y avoir aussi et surtout un administrateur.
7. Ἀντισθένην. Il ne s'agit pas ici du philosophe, dont la mère était thrace, et qui, par conséquent, d'après une loi de Périclès dont il sera bientôt parlé, n'avait même pas droit au titre de citoyen d'Athènes. Il s'agit simplement d'un personnage riche, d'une classe supérieure, et qui avait servi dans la cavalerie.
8. Οὐδὲν περίβλεπτον. *Rien de remarquable ;* littéralement : qui attire les regards.

ἐπιτήδεια πορίζειν; — Καὶ γὰρ οἱ ἔμποροι, ἔφη ὁ Νικομαχίδης, χρήματα συλλέγειν ἱκανοί εἰσιν· ἀλλ' οὐχ ἕνεκα τούτου καὶ στρατηγεῖν δύναιντ' ἄν. — 3. Καὶ ὁ Σωκράτης ἔφη, Ἀλλὰ καὶ φιλόνεικος[9] Ἀντισθένης ἐστίν, ὁ στρατηγῷ προσεῖναι[10] ἐπιτήδειόν ἐστιν· οὐχ ὁρᾷς ὅτι καὶ ὁσάκις κεχορήγηκε[11] πᾶσι τοῖς χοροῖς νενίκηκε[12];
— Μὰ Δί, ἔφη ὁ Νικομαχίδης, ἀλλ' οὐδὲν ὅμοιόν ἐστι χοροῦ τε καὶ στρατεύματος προεστάναι. — 4. Καὶ μήν, ἔφη ὁ Σωκράτης, οὐδὲ ᾠδῆς γε ὁ Ἀντισθένης οὐδὲ χορῶν διδασκαλίας ἔμπειρος ὢν ὅμως ἐγένετο ἱκανὸς εὑρεῖν τοὺς κρατίστους ταῦτα[13]. — Καὶ ἐν τῇ στρατιᾷ οὖν, ἔφη ὁ Νικομαχίδης, ἄλλους μὲν εὑρήσει τοὺς τάξοντας ἀνθ' ἑαυ-

---

9. Φιλόνεικος. Le sens premier de ce mot est : disputeur, querelleur; pris en bonne part, comme ici, il veut dire : plein d'émulation, *légitimement ambitieux*. — Cette leçon nous semble ici préférable à φιλόνικος.

10. Προσεῖναι. Ce n'est pas la qualité essentielle du stratège, mais il est bon qu'elle s'ajoute aux autres.

11. Κεχορήγηκε. *Il a été chorège.* C'était une des λειτουργίαι, une des prestations dont il a été question précédemment et auxquelles les riches citoyens d'Athènes étaient assujettis. Elle consistait à réunir, équiper et faire instruire un chœur. On distinguait diverses espèces de chœurs : cycliques, dithyrambiques, tragiques et comiques, et même, un peu plus tard, des chœurs de musique purement instrumentale. Chaque chœur était attribué à un poète pour représenter son œuvre, et quand ce poète était vainqueur le chorège partageait avec lui l'honneur de la victoire.

12. Πᾶσι νενίκηκε. Il y avait des chorèges qui considéraient leur *liturgie* comme une corvée, et qui, par avarice, se souciaient peu d'être vainqueurs. Platon, au livre VIII, chapitre IX, de la *République*, à l'occasion de la décadence du gouvernement oligarchique, nous dépeint un de ces avares, qui ayant à figurer, avec leurs ressources privées, dans quelque rivalité honorable, n'entendent pas dépenser leur argent pour de tels combats et seulement pour l'honneur. « Il craint de réveiller en lui les passions prodigues et de les appeler à son secours pour la compétition et la lutte; il combat donc en véritable oligarque, avec une faible partie de ses ressources; il a généralement le dessous, mais... il est riche! » (*Voir notre Traduction* de ce VIIIe livre : *Belin*, 1882.) Antisthène, au contraire, étant ambitieux, cherchait dans les victoires de la *chorégie* un moyen d'arriver à la popularité et aux honneurs.

13. Τοὺς κρατίστους ταῦτα. Le chorège ne se chargeait pas lui-même de la χοροῦ διδασκαλία, de l'instruction du chœur; il choisissait pour cela un musicien auquel il déléguait son autorité, tout en conservant la direction et la haute main. On voit donc que le succès ou l'échec dépendait en grande partie du plus ou moins d'habileté qu'il déployait dans ce choix.

τοῦ, ἄλλους δὲ τοὺς μαχουμένους. — 5. Οὐκοῦν, ἔφη ὁ Σωκράτης, ἐάν γε καὶ ἐν τοῖς πολεμικοῖς τοὺς κρατίστους, ὥσπερ ἐν τοῖς χορικοῖς, ἐξευρίσκῃ τε καὶ προαιρῆται, εἰκότως ἂν καὶ τούτου νικηφόρος εἴη· καὶ δαπανᾶν δ' αὐτὸν εἰκὸς μᾶλλον ἂν ἐθέλειν εἰς τὴν σὺν ὅλῃ τῇ πόλει τῶν πολεμικῶν νίκην ἢ εἰς τὴν σὺν τῇ φυλῇ[14] τῶν χορικῶν. — 6. Λέγεις σύ, ἔφη, ὦ Σώκρατες, ὡς τοῦ αὐτοῦ ἀνδρός ἐστι χορηγεῖν τε καλῶς καὶ στρατηγεῖν; — Λέγω ἔγωγ', ἔφη, ὡς ὅτου ἄν τις προστατεύῃ, ἐὰν γιγνώσκῃ τε ὧν δεῖ καὶ ταῦτα πορίζεσθαι δύνηται, ἀγαθὸς ἂν εἴη προστάτης, εἴτε χοροῦ εἴτε οἴκου εἴτε πόλεως εἴτε στρατεύματος προστατεύοι[15]. — 7. Καὶ ὁ Νικομαχίδης, Μὰ Δί', ἔφη, ὦ Σώκρατες, οὐκ ἄν ποτε ᾤμην ἐγώ σου ἀκοῦσαι ὡς οἱ ἀγαθοὶ οἰκονόμοι ἀγαθοὶ στρατηγοὶ ἂν εἶεν. — Ἴθι δή, ἔφη, ἐξετάσωμεν τὰ ἔργα ἑκατέρου αὐτῶν, ἵνα εἰδῶμεν πότερον τὰ αὐτά ἐστιν ἢ διαφέρει τι. — Πάνυ γε, ἔφη. — 8. Οὐκοῦν, ἔφη, τὸ μὲν τοὺς ἀρχομένους κατηκόους τε καὶ εὐπειθεῖς ἑαυτοῖς παρασκευάζειν ἀμφοτέρων ἐστὶν ἔργον; — Καὶ μάλα, ἔφη. — Τί δέ; τὸ προστάττειν ἕκαστα τοῖς ἐπιτηδείοις πράττειν; — Καὶ τοῦτ', ἔφη. — Καὶ μὴν τὸ τοὺς κακοὺς κολάζειν καὶ τοὺς ἀγαθοὺς τιμᾶν ἀμφοτέροις οἶμαι προσήκειν. — Πάνυ μὲν οὖν, ἔφη. — 9. Τὸ δὲ τοὺς ὑπηκόους εὐμενεῖς ποιεῖσθαι πῶς οὐ καλὸν ἀμφοτέροις; — Καὶ τοῦτ', ἔφη. — Συμμάχους δὲ καὶ βοηθοὺς προσάγεσθαι δοκεῖ σοι συμφέρειν ἀμφοτέροις ἢ οὔ; — Πάνυ μὲν οὖν, ἔφη. — Ἀλλὰ φυλακτικοὺς τῶν

---

14. Σὺν τῇ φυλῇ. La tribu qui avait élu le chorège avait aussi sa part dans l'honneur de la victoire.

15. Εἴτε χοροῦ..., εἴτε στρατεύματος προστατεύοι. On voit, d'après ceci, que les facultés d'administrateur, facultés qui se manifestent surtout par l'habileté à choisir des aides, des collaborateurs, des lieutenants, sont considérées par Xénophon comme indépendantes de l'objet auquel on les applique. Qui a bien administré un chœur, administrera bien une armée.

ὄντων οὐκ ἀμφοτέρους εἶναι προσήκει; — Σφόδρα γ', ἔφη.
— Οὐκοῦν καὶ ἐπιμελεῖς καὶ φιλοπόνους ἀμφοτέρους εἶναι
προσήκει περὶ τὰ αὑτῶν ἔργα; — 10. Ταῦτα μέν, ἔφη,
πάντα ὁμοίως ἀμφοτέρων ἐστίν· ἀλλὰ τὸ μάχεσθαι οὐκέτι
ἀμφοτέρων[16]. — Ἀλλ' ἐχθροί γέ τοι ἀμφοτέροις γίγνονται; — Καὶ μάλα, ἔφη, τοῦτό γε. — Οὐκοῦν τὸ περι-
γενέσθαι τούτων ἀμφοτέροις συμφέρει; — 11. Πάνυ γ',
ἔφη· ἀλλ' ἐκεῖνο παρίης, ἂν δέῃ μάχεσθαι, τί ὠφελήσει
ἡ οἰκονομική; — Ἐνταῦθα δήπου καὶ πλεῖστον[17], ἔφη·
ὁ γὰρ ἀγαθὸς οἰκονόμος, εἰδὼς ὅτι οὐδὲν οὕτω λυσιτελές
τε καὶ κερδαλέον ἐστὶν ὡς τὸ μαχόμενον τοὺς πολεμίους
νικᾶν, οὐδὲ οὕτως ἀλυσιτελές τε καὶ ζημιῶδες ὡς τὸ ἡττᾶσθαι, προθύμως μὲν τὰ πρὸς τὸ νικᾶν συμφέροντα[18]
ζητήσει καὶ παρασκευάσεται, ἐπιμελῶς δὲ τὰ πρὸς τὸ
ἡττᾶσθαι φέροντα σκέψεται καὶ φυλάξεται, ἐνεργῶς δ',
ἂν τὴν παρασκευὴν ὁρᾷ νικητικὴν οὖσαν, μαχεῖται, οὐχ
ἥκιστα δὲ τούτων, ἐὰν ἀπαράσκευος ᾖ, φυλάξεται συνάπτειν μάχην[19]. 12. Μὴ καταφρόνει, ἔφη, ὦ Νικομαχίδη,
τῶν οἰκονομικῶν ἀνδρῶν· ἡ γὰρ τῶν ἰδίων ἐπιμέλεια
πλήθει μόνον διαφέρει τῆς τῶν κοινῶν, τὰ δ' ἄλλα παρα-
πλήσια ἔχει [,τὸ δὲ μέγιστον, ὅτι οὔτε ἄνευ ἀνθρώπων
οὐδέτερα γίγνεται, οὔτε δι' ἄλλων μὲν ἀνθρώπων τὰ ἴδια

16. Οὐκέτι ἀμφοτέρων. Nicomachide veut dire qu'ici l'analogie cesse.
17. Ἐνταῦθα δήπου καὶ πλεῖστον. Elle sera utile (là ou à ce moment) et plus que partout ailleurs.
18. Τὰ πρὸς τὸ νικᾶν συμφέροντα... Non seulement les armes, mais les vivres; le stratège de Xénophon est à la fois bon général et bon intendant.
19. Φυλάξεται συνάπτειν μάχην. Il se gardera bien d'engager le combat. On retrouve dans tout ceci l'énumération des qualités que Xénophon a déployées lui-même dans la Retraite des Dix-Mille; il a été, par exemple, au suprême degré, φυλάκτικος τῶν ὄντων. Mais, cette réserve faite, on ne peut s'empêcher de reconnaître que l'idée du stratégiste s'efface ici entièrement devant celle du stratège administrateur d'armée. Tout cela ne supplée pas, dans les grandes occasions, au sang-froid et au coup d'œil, à l'intuition de génie pour faire choix d'une position inexpugnable, pour découvrir une faute de l'ennemi, pour exécuter au moment décisif une manœuvre hardie.

πράττεται, δι' ἄλλων δὲ τὰ κοινά²⁰]· οὐ γὰρ ἄλλοις τισὶν
ἀνθρώποις οἱ τῶν κοινῶν ἐπιμελόμενοι χρῶνται ἢ οἷσπερ οἱ
τὰ ἴδια οἰκονομοῦντες· οἷς οἱ ἐπιστάμενοι χρῆσθαι καὶ τὰ
ἴδια καὶ τὰ κοινὰ καλῶς πράττουσιν, οἱ δὲ μὴ ἐπιστάμενοι ἀμφοτέρωθι πλημμελοῦσι.

V. — Il expose au fils de Périclès les causes de la décadence
d'Athènes et les moyens de rendre aux Athéniens leur
prospérité passée et leur ancienne vertu.

1. Περικλεῖ¹ δέ ποτε τῷ τοῦ πάνυ Περικλέους² υἱῷ
διαλεγόμενος, Ἐγώ τοι, ἔφη, ὦ Περίκλεις, ἐλπίδα ἔχω
σοῦ στρατηγήσαντος ἀμείνω τε καὶ ἐνδοξοτέραν τὴν πόλιν
εἰς τὰ πολεμικὰ ἔσεσθαι καὶ τῶν πολεμίων κρατήσειν.
— Καὶ ὁ Περικλῆς, Βουλοίμην ἄν, ἔφη, ὦ Σώκρατες, ἃ
λέγεις· ὅπως δὲ ταῦτα γένοιτ' ἂν οὐ δύναμαι γνῶναι. —
Βούλει οὖν, ἔφη ὁ Σωκράτης, διαλογιζόμενοι περὶ αὐτῶν
ἐπισκοπῶμεν ὅπου ἤδη τὸ δυνατόν ἐστι³; — Βούλομαι,
ἔφη. — 2. Οὐκοῦν οἶσθα, ἔφη, ὅτι πλήθει μὲν οὐδὲν μείους
εἰσὶν Ἀθηναῖοι Βοιωτῶν; — Οἶδα γάρ, ἔφη. — Σώματα
δὲ ἀγαθὰ καὶ καλὰ πότερον ἐκ Βοιωτῶν οἴει⁴ πλείω ἂν

---

20. Οὔτε δι' ἄλλων τὰ ἴδια, δι' ἄλλων τὰ κοινά. Encore une pensée qu'il ne faudrait point exagérer. Connaître les hommes, c'est, à beaucoup d'égards, connaître leurs aptitudes spéciales, qui permettent de les appliquer à des œuvres différentes. — Dindorf supprime ce passage.

V. — 1. Περικλεῖ. Ce jeune homme était fils de Périclès et d'Aspasie; par conséquent, comme fils d'une étrangère, et en vertu même de la loi que son père avait fait adopter, il n'avait pas droit au titre de citoyen d'Athènes; mais les deux fils légitimes de Périclès, Xanthippe et Paralus, ayant été enlevés par la peste, les Athéniens, touchés d'un tel malheur, inscrivirent ce jeune homme sur la liste d'une tribu et lui donnèrent le nom de son père. Ce second Périclès est un des généraux vainqueurs aux Iles Arginuses, qui furent condamnés à mort pour n'avoir pas enseveli les cadavres.

2. Τοῦ πάνυ Περικλέους. Belle expression; ellipse hardie. On peut sous-entendre : περιβοήτου. De même, saint Basile : Οὗτος ὁ Μωϋσῆς ὁ πάνυ. Thucydide : Οἱ πάνυ τῶν στρατιωτῶν.

3. Ὅπου ἤδη τὸ δυνατόν ἐστι. Non traduit par Gail. — Littéralement : où se trouve déjà la possibilité de ce résultat; par quels moyens on pourra un jour y atteindre.

4. Πότερον ἐκ Βοιωτῶν οἴει. Légèrement ironique. On savait très bien

ἐκλεχθῆναι ἢ ἐξ Ἀθηναίων; — Οὐδὲ ταύτῃ μοι δοκοῦσι λείπεσθαι. — Εὐμενεστέρους δὲ ποτέρους ἑαυτοῖς⁵ εἶναι νομίζεις; — Ἀθηναίους ἔγωγε· Βοιωτῶν μὲν γὰρ πολλοὶ πλεονεκτούμενοι ὑπὸ Θηβαίων δυσμενῶς αὐτοῖς ἔχουσιν, Ἀθήνησι δὲ οὐδὲν ὁρῶ τοιοῦτον. — 3. Ἀλλὰ μὴν φιλοτιμότατοί γε καὶ μεγαλοφρονέστατοι πάντων εἰσίν· ἅπερ οὐχ ἥκιστα παροξύνει κινδυνεύειν ὑπὲρ εὐδοξίας τε καὶ πατρίδος. — Οὐδὲ ἐν τούτοις Ἀθηναῖοι μεμπτοί. — Καὶ μὴν προγόνων γε καλὰ ἔργα οὐκ ἔστιν οἷς μείζω καὶ πλείω ὑπάρχει ἢ Ἀθηναίοις· ᾧ πολλοὶ ἐπαιρόμενοι προτρέπονταί τε ἀρετῆς ἐπιμελεῖσθαι καὶ ἄλκιμοι γίγνεσθαι. — 4. Ταῦτα μὲν ἀληθῆ λέγεις πάντα, ὦ Σώκρατες· ἀλλ' ὁρᾷς ὅτι ἀφ' οὗ ἥ τε σὺν Τολμίδῃ τῶν χιλίων ἐν Λεβαδείᾳ⁶ συμφορὰ ἐγένετο καὶ ἡ μεθ' Ἱπποκράτους ἐπὶ Δηλίῳ⁷, ἐκ τούτων τεταπείνωται μὲν ἡ τῶν Ἀθηναίων δόξα πρὸς τοὺς Βοιωτούς, ἐπῆρται δὲ τὸ τῶν Θηβαίων φρόνημα πρὸς τοὺς Ἀθηναίους· ὥστε Βοιωτοὶ μέν, οἱ πρόσθεν οὐδ' ἐν τῇ ἑαυτῶν τολμῶντες Ἀθηναίοις ἄνευ Λακεδαιμονίων τε καὶ

que la population de l'Attique était plus belle que celle de la Béotie. Voir, vers la fin de l'avant-dernier chapitre : Οὐδὲ εὐανδρία ἐν ἄλλῃ πόλει ὁμοία.

5. Εὐμενεστέρους ἑαυτοῖς. *Les plus bienveillants, les mieux disposés envers eux-mêmes.* C'est-à-dire : Quel est, parmi ces deux peuples, celui dont les citoyens sont le plus unis, celui dont les diverses classes sont le moins travaillées par la discorde sociale. Voir, à ce sujet, dans le VIIIe livre de la *République*, la théorie de la discorde sociale, στάσις, διάστασις, considérée comme la maladie de l'État, πόλεως νόσημα.

6. Ἥ τε σὺν Τολμίδῃ τῶν χιλίων ἐν Λεβαδείᾳ. Cette bataille de Lébadie est habituellement désignée sous le nom de bataille de Coronée ; elle s'est livrée en effet à peu de distance de ces deux localités et dans le voisinage de l'Hélicon et de l'antre de Trophonius. — La préposition ἐν avec un nom de lieu n'indique souvent que la proximité, mais toujours dans les limites du territoire appartenant à une ville ou à une bourgade. — Le général Tolmidas, qui perdit en 447 la bataille de Lébadie, avait précédemment, de 458 à 456, ravagé les côtes du Péloponnèse.

7. Καὶ ἡ μεθ' Ἱπποκράτους ἐπὶ Δηλίῳ. Délium est une petite ville de Béotie, située près de l'Euripe et dans la dépendance de Tanagre. C'est dans cette bataille de Délium que Socrate, qui servait comme hoplite, sauva la vie à Xénophon, qui combattait dans la cavalerie et qui était tombé de cheval.

τῶν ἄλλων Πελοποννησίων ἀντιτάττεσθαι, νῦν ἀπειλοῦσιν αὐτοὶ καθ' αὑτοὺς⁸ ἐμβαλεῖν εἰς τὴν Ἀττικήν, Ἀθηναῖοι δέ, οἱ πρότερον [, ὅτε Βοιωτοὶ μόνοι ἐγένοντο,] πορθοῦντες τὴν Βοιωτίαν, φοβοῦνται μὴ Βοιωτοὶ δῃώσωσι τὴν Ἀττικήν. — 5. Καὶ ὁ Σωκράτης, Ἀλλ' αἰσθάνομαι μέν, ἔφη, ταῦτα οὕτως ἔχοντα· δοκεῖ δέ μοι ἀνδρὶ ἀγαθῷ ἄρχοντι νῦν εὐαρεστοτέρως διακεῖσθαι ἡ πόλις. Τὸ μὲν γὰρ θάρρος ἀμέλειάν τε καὶ ῥᾳθυμίαν καὶ ἀπείθειαν ἐμβάλλει, ὁ δὲ φόβος προσεκτικωτέρους τε καὶ εὐπειθεστέρους καὶ εὐτακτοτέρους ποιεῖ. 6. Τεκμαίρομαι δ' ἂν τοῦτο καὶ ἀπὸ τῶν ἐν ταῖς ναυσίν· ὅταν μὲν γὰρ δήπου μηδὲν φοβῶνται, μεστοὶ εἰσιν ἀταξίας· ἔστ' ἂν δὲ ἢ χειμῶνα ἢ πολεμίους δείσωσιν, οὐ μόνον τὰ κελευόμενα πάντα ποιοῦσιν, ἀλλὰ καὶ σιγῶσι καραδοκοῦντες τὰ προσταχθησόμενα, ὥσπερ χορευταί⁹. — 7. Ἀλλὰ μήν, ἔφη ὁ Περικλῆς, εἴ γε νῦν μάλιστα πείθοιντο, ὥρα ἂν εἴη λέγειν πῶς ἂν αὐτοὺς προτρεψαίμεθα πάλιν ἀνερασθῆναι¹⁰ τῆς ἀρχαίας ἀρετῆς τε καὶ εὐκλείας καὶ εὐδαιμονίας. — 8. Οὐκοῦν, ἔφη ὁ Σωκράτης, εἰ μὲν ἐβουλόμεθα χρημάτων αὐτοὺς ὧν [οἱ] ἄλλοι εἶχον ἀντιποιεῖσθαι, ἀποδεικνύντες αὐτοῖς ταῦτα πατρῷά τε ὄντα καὶ προσήκοντα¹¹ μάλιστ' ἂν οὕτως αὐτοὺς ἐξορμῷμεν ἀντέχεσθαι τούτων· ἐπεὶ δὲ τοῦ μετ' ἀρετῆς πρωτεύειν αὐτοὺς ἐπιμελεῖσθαι βουλόμεθα, τοῦτ' αὖ δεικτέον ἐκ παλαιοῦ μάλιστα προσῆκον αὐτοῖς, καὶ ὡς

---

8. Αὐτοὶ καθ' αὑτούς. *A eux seuls et sans alliés.* Comme on a dit de nos jours : *L'Italia farà da se.*

9. Ὥσπερ χορευταί. *Comme des choristes*, qui attendent le signal du coryphée ; comme des musiciens, l'œil fixé sur le bâton du chef d'orchestre.

10. Ἀνερασθῆναι. *A s'éprendre de nouveau.* Autre leçon : ἀνερεθισθῆναι. *A se relever, se redresser, se reprendre d'ardeur pour ; studio priscæ virtutis incendi.*

11. Πατρῷά τε καὶ προσήκοντα. *Ont appartenu à leurs pères et leur appartiennent de droit.* — Il ne faut pas de virgule après προσήκοντα, bien qu'il y en ait une dans presque toutes les éditions, parce que ἀποδεικνύντες dépend étroitement de οὕτως ἐξορμῷμεν.

τούτου ἐπιμελόμενοι πάντων ἂν εἶεν κράτιστοι. — 9. Πῶς
οὖν ἂν τοῦτο διδάσκοιμεν; — Οἶμαι μέν, εἰ τούς γε παλαιτάτους ὧν ἀκούομεν προγόνους αὐτῶν ἀναμιμνήσκοιμεν
αὐτοὺς [ἀκηκοότας] ἀρίστους γεγονέναι[12]. — 10. Ἆρα λέγεις
τὴν τῶν θεῶν κρίσιν[13], ἣν οἱ περὶ Κέκροπα[14] δι' ἀρετὴν
ἔκριναν; — Λέγω γάρ, καὶ τὴν Ἐρεχθέως[15] γε τροφὴν
καὶ γένεσιν, καὶ τὸν πόλεμον τὸν ἐπ' ἐκείνου γενόμενον[16]
πρὸς τοὺς ἐκ τῆς ἐχομένης ἠπείρου πάσης[17], καὶ τὸν ἐφ'
Ἡρακλειδῶν πρὸς τοὺς ἐν Πελοποννήσῳ[18], καὶ πάντας

12. Ἀρίστους γεγονέναι. Ἀρίστους doit être rattaché à παλαιτάτους προγόνους. Voici la construction de la phrase : En leur rappelant (bien qu'ils ne l'ignorent pas, bien qu'ils l'aient déjà entendu dire,) que leurs ancêtres les plus anciens ont été des hommes (très vertueux,) très éminents. — Dindorf supprime ἀκηκοότας.

13. Τὴν τῶν θεῶν κρίσιν. Le jugement porté, non par les dieux, mais sur la querelle des dieux. Il s'agit de la contestation bien connue de Neptune et de Minerve, se disputant l'honneur de donner un nom à Athènes et d'en devenir la divinité poliade. D'après quelques traditions, c'est Erechthée qui aurait eu à juger cette querelle des dieux.

14. Οἱ περὶ Κέκροπα. Les expressions οἱ περί, οἱ ἀμφί, dans les meilleurs écrivains, ne désignent jamais un personnage seul, mais ce personnage avec ceux qui lui font cortège, ses compagnons, ses collaborateurs. Ici : Cécrops et les autres juges qui siégèrent avec lui.

15. Τὴν Ἐρεχθέως γε τροφὴν καὶ γένεσιν. Il faut distinguer deux Erechthée. Celui dont il est question ici est le même dont parle Homère : Iliade, II, 547-8.

... Ἐρεχθέος μεγαλήτορος, ὅν ποτ' Ἀθήνη
θρέψε, Διὸς θυγάτηρ, τέκε δὲ ζείδωρος Ἄρουρα.

Le second Erechthée, petit-fils du premier, est le frère de Procné et de Philomèle; il fut le sixième roi d'Athènes.

16. Τὸν ἐπ' ἐκείνου γενόμενον. M. Th.-H. Martin fait remarquer que la guerre dont il est question ici est une guerre contre les Thraces, qui eut lieu sous le règne du second Erechthée.

17. Ἐκ τῆς ἐχομένης ἠπείρου πάσης. Il ne s'agit que de la Grèce continentale qui, d'après la tradition, était tombée tout entière, à l'exception de l'Attique, sous la domination des Thraces.

18. Τὸν ἐφ' Ἡρακλειδῶν πρὸς τοὺς ἐν Πελοποννήσῳ. Il s'agit d'une guerre glorieuse que les Athéniens eurent à soutenir contre Eurysthée et ses cinq fils, après avoir accueilli dans leurs murs les descendants d'Hercule chassés du Péloponnèse. D'après le plus grand nombre des écrivains, Eurysthée fut vaincu, ou même tué de la propre main d'Hyllus, fils d'Hercule. C'est après avoir été ainsi protégés par les Athéniens que, beaucoup plus tard, les Héraclides, se mirent à la tête de l'invasion dorienne dans le Péloponnèse.

τοὺς ἐπὶ Θησέως πολεμηθέντας[19], ἐν οἷς πᾶσιν ἐκεῖνοι δῆλοι γεγόνασι τῶν καθ' ἑαυτοὺς ἀνθρώπων ἀριστεύσαντες. 11. Εἰ δὲ βούλει, ἃ ὕστερον οἱ ἐκείνων μὲν ἀπόγονοι, οὐ πολὺ δὲ πρὸ ἡμῶν γεγονότες, ἔπραξαν, τὰ μὲν αὐτοὶ καθ' αὑτοὺς ἀγωνιζόμενοι[20] πρὸς τοὺς κυριεύοντας τῆς τε Ἀσίας πάσης καὶ τῆς Εὐρώπης μέχρι Μακεδονίας καὶ πλείστην τῶν προγεγονότων δύναμιν[21] καὶ ἀφορμὴν κεκτημένους καὶ μέγιστα ἔργα κατειργασμένους, τὰ δὲ καὶ μετὰ Πελοποννησίων ἀριστεύοντες καὶ κατὰ γῆν καὶ κατὰ θάλατταν· οἱ δὴ[22] καὶ λέγονται πολὺ διενεγκεῖν τῶν καθ' αὑτοὺς ἀνθρώπων. — Λέγονται γάρ, ἔφη. — 12. Τοιγαροῦν πολλῶν μὲν μεταναστάσεων[23] ἐν τῇ Ἑλλάδι γεγονυιῶν διέμειναν ἐν τῇ ἑαυτῶν[24], πολλοὶ δὲ ὑπὲρ δικαίων

19. Καὶ πάντας τοὺς ἐπὶ Θησέως πολεμηθέντας. « Guerre contre Créon, roi de Thèbes, qui avait refusé la sépulture à Polynice et à tous les morts de l'armée argienne; contre les Amazones, filles de Mars; contre le Minotaure; contre les Centaures; contre les brigands dont l'Attique était infestée. » (Talbot).
20. Ἀγωνιζόμενοι. Cette dernière phrase se rapporte aux guerres médiques. Τὰ μὲν αὐτοὶ καθ' αὑτούς; plus loin : τὰ δὲ καὶ μετὰ Πελοποννησίων. Il y a, en effet, deux périodes dans les guerres médiques. A Marathon, les Athéniens furent seuls ou presque seuls; il n'y eut que les Platéens qui arrivèrent à temps pour les secourir. A Salamine, à Platées, à Mycale, ils combattirent avec les peuples du Péloponnèse.
21. Πλείστην τῶν προγεγονότων δύναμιν. Non pas simplement : une puissance plus grande que celle de leurs devanciers, mais : *la puissance la plus grande, l'empire le plus vaste qui eût encore été formé jusqu'à eux*.
22. Οἱ δή. Ces mots ne se rapportent pas aux Lacédémoniens, cités implicitement dans le dernier membre de phrase, mais à οἱ ἐκείνων ἀπόγονοι, sujet de la phrase tout entière.
23. Μεταναστάσεων ἐν τῇ Ἑλλάδι. On voit qu'il ne s'agit pas d'émigrations hors de la Grèce, mais d'immigrations dans la Grèce même. Partout ailleurs qu'à Athènes (c'était, du moins, la prétention des Athéniens), les races autochthones avaient été recouvertes par plusieurs couches de populations nouvelles.
24. Διέμειναν ἐν τῇ ἑαυτῶν, s.-ent. χώρᾳ. Les Athéniens se prétendaient autochthones, nés de leur propre sol, αὐτόχθονες, γηγενεῖς. Aristophane fait dire à un chœur de vieillards athéniens : *Guêpes*, 1075 :

Ἐσμὲν
Ἀττικοί, μόνοι δικαίως εὐγενεῖς αὐτόχθονες.

Platon, dans l'oraison funèbre du *Ménexène*, s'exprime ainsi : « Ils n'ont pas pour ancêtres des étrangers, dont les descendants seraient

ἀντιλέγοντες ἐπέτρεπον ἐκείνοις²⁵, πολλοὶ δὲ ὑπὸ κρειττόνων ὑβριζόμενοι κατέφευγον πρὸς ἐκείνους. — 13. Καὶ ὁ Περικλῆς, Καὶ θαυμάζω γ', ἔφη, ὦ Σώκρατες, ἡ πόλις ὅπως ποτ' ἐπὶ τὸ χεῖρον ἔκλινεν. — Ἐγὼ μέν, ἔφη, οἶμαι, ὁ Σωκράτης, ὥσπερ καὶ ἀθληταί τινες διὰ τὸ πολὺ ὑπερενεγκεῖν καὶ κρατιστεῦσαι καταρραθυμήσαντες ὑστερίζουσι τῶν ἀντιπάλων, οὕτω καὶ Ἀθηναίους πολὺ διενεγκόντας ἀμελῆσαι ἑαυτῶν²⁶, καὶ διὰ τοῦτο χείρους γεγονέναι. — 14. Νῦν οὖν, ἔφη, τί ἂν ποιοῦντες ἀναλάβοιεν τὴν ἀρχαίαν ἀρετήν; — Καὶ ὁ Σωκράτης, Οὐδὲν ἀπόκρυφον δοκεῖ μοι εἶναι, ἀλλ' εἰ μὲν ἐξευρόντες τὰ τῶν προγόνων ἐπιτηδεύματα μηδὲν χεῖρον ἐκείνων ἐπιτηδεύοιεν, οὐδὲν ἂν χείρους ἐκείνων γενέσθαι· εἰ δὲ μή, τούς γε νῦν πρωτεύοντας μιμούμενοι²⁷ καὶ τούτοις τὰ αὐτὰ ἐπιτηδεύοντες, ὁμοίως μὲν τοῖς αὐτοῖς χρώμενοι οὐδὲν ἂν χείρους ἐκείνων εἶεν, εἰ δ' ἐπιμελέστερον, καὶ βελτίους. — 15. Λέγεις, ἔφη, πόρρω που εἶναι τῇ πόλει τὴν καλοκἀγαθίαν. Πότε γὰρ οὕτως Ἀθηναῖοι ὥσπερ Λακεδαιμόνιοι

venus d'un autre pays s'établir dans celui-ci; ils sont autochthones; ils habitent et ils vivent dans leur vraie patrie, et ce n'est pas en marâtre, comme il arrive aux autres, c'est avec une tendresse maternelle que la terre où ils habitaient les a nourris. Aujourd'hui qu'ils sont morts, ils reposent dans le sein du pays qui les enfanta et qui les nourrit après les avoir reçus à leur naissance. »

25. Ἐπέτρεπον ἐκείνοις. Les Athéniens étaient si fiers de ces arbitrages que, dans leurs traditions, ils les étendaient aux différends des dieux, comme on le voit, par exemple, dans le dénouement des *Euménides* d'Eschyle.

26. Ἀμελῆσαι ἑαυτῶν, χείρους γεγονέναι. Salluste a dit de même, en décrivant la dangereuse sécurité des Romains après la destruction de Carthage: *Catil.*, 10 : *Qui labores, pericula, dubias atque asperas res facile toleraverant, eis otium, divitiæ, optanda alias, oneri miseriæque fuere.*

27. Τοὺς νῦν πρωτεύοντας μιμούμενοι. Ce passage est très curieux, en ce qu'il montre que les préférences de Xénophon pour les institutions et les mœurs de Sparte ne dénotent pas chez lui absence de patriotisme. Il ne signale la supériorité momentanée des rivaux d'Athènes que pour exciter ses concitoyens à les surpasser et pour exprimer l'espoir qu'ils les surpasseront en effet.

ἢ πρεσβυτέρους αἰδέσονται[23], οἱ ἀπὸ τῶν πατέρων ἄρχονται καταφρονεῖν τῶν γεραιτέρων· ἢ σωμασκήσουσιν οὕτως, οἱ οὐ μόνον αὐτοὶ εὐεξίας ἀμελοῦσιν, ἀλλὰ καὶ τῶν ἐπιμελομένων καταγελῶσι; 16. Πότε δὲ οὕτω πείσονται τοῖς ἄρχουσιν[29], οἱ καὶ ἀγάλλονται ἐπὶ τῷ καταφρονεῖν τῶν ἀρχόντων· ἢ πότε οὕτως ὁμονοήσουσιν, οἵ γε ἀντὶ μὲν τοῦ συνεργεῖν ἑαυτοῖς τὰ συμφέροντα ἐπηρεάζουσιν ἀλλήλοις καὶ φθονοῦσιν ἑαυτοῖς μᾶλλον ἢ τοῖς ἄλλοις ἀνθρώποις, μάλιστα δὲ πάντων ἔν τε ταῖς ἰδίαις συνόδοις καὶ ταῖς κοιναῖς διαφέρονται, καὶ πλείστας δίκας ἀλλήλοις δικάζονται, καὶ προαιροῦνται μᾶλλον οὕτω κερδαίνειν ἀπ' ἀλλήλων ἢ συνωφελοῦντες αὑτούς, τοῖς δὲ κοινοῖς ὥσπερ ἀλλοτρίοις χρώμενοι, περὶ τούτων αὖ μάχονται καὶ ταῖς εἰς τὰ τοιαῦτα δυνάμεσι μάλιστα χαίρουσιν; 17. ἐξ ὧν πολλὴ μὲν ἀτηρία καὶ κακία τῇ πόλει ἐμφύεται, πολλὴ δὲ ἔχθρα καὶ μῖσος ἀλλήλων τοῖς πολίταις ἐγγίγνεται, δι' ἃ ἔγωγε μάλα φοβοῦμαι ἀεὶ μή τι μεῖζον ἢ ὥστε φέρειν δύνασθαι κακὸν τῇ πόλει συμβῇ. — 18. Μηδαμῶς, ἔφη ὁ Σωκράτης, ὦ Περίκλεις, οὕτως ἡγοῦ ἀνηκέστῳ πονηρίᾳ νοσεῖν Ἀθηναίους. Οὐχ ὁρᾷς ὡς εὔτακτοι μέν εἰσιν ἐν τοῖς ναυτικοῖς, εὐτάκτως δ' ἐν τοῖς γυμνικοῖς ἀγῶσι πείθονται τοῖς ἐπιστάταις, οὐδένων δὲ καταδεέστερον ἐν τοῖς χοροῖς ὑπηρετοῦσι τοῖς διδασκάλοις; — 19. Τοῦτο γάρ τοι, ἔφη, καὶ θαυμαστόν ἐστι, τὸ τοὺς μὲν τοιούτους πειθαρχεῖν τοῖς ἐφεστῶσι, τοὺς δὲ ὁπλίτας καὶ τοὺς ἱππέας, οἳ δοκοῦσι καλοκἀγαθίᾳ προκεκρίσθαι τῶν πολιτῶν, ἀπειθεστάτους εἶναι πάντων. — 20. Καὶ ὁ Σωκράτης ἔφη, Ἡ δὲ ἐν Ἀρείῳ πάγῳ βουλή[30], ὦ Περί-

---

28. Ὥσπερ Λακεδαιμόνιοι, πρεσβυτέροις αἰδέσονται. Au sujet de ce respect qu'on avait à Sparte pour les vieillards, Cicéron a dit : *Nusquam tantum tribuitur ætati, nusquam est senectus honoratior.*

29. Πότε δ' οὕτω πείσονται τοῖς ἄρχουσιν. Tout ce passage sur les causes de la décadence d'Athènes est excellent.

30. Ἡ ἐν Ἀρείῳ πάγῳ βουλή. L'Aréopage, le plus célèbre tribunal

κλεις, οὐκ ἐκ τῶν δεδοκιμασμένων καθίσταται; — Καὶ μάλα, ἔφη. — Οἶσθα οὖν τινας, ἔφη, κάλλιον ἢ νομιμώτερον ἢ σεμνότερον ἢ δικαιότερον τάς τε δίκας δικάζοντας καὶ τἄλλα πάντα πράττοντας; — Οὐ μέμφομαι, ἔφη, τούτοις. — Οὐ τοίνυν, ἔφη, δεῖ ἀθυμεῖν ὡς οὐκ εὐτάκτων ὄντων Ἀθηναίων. — 21. Καὶ μὴν ἔν γε τοῖς στρατιωτικοῖς, ἔφη, ἔνθα μάλιστα δεῖ σωφρονεῖν τε καὶ εὐτακτεῖν καὶ πειθαρχεῖν, οὐδενὶ τούτων προσέχουσιν. — Ἴσως γάρ, ἔφη ὁ Σωκράτης, ἐν τούτοις οἱ ἥκιστα ἐπιστάμενοι ἄρχουσιν αὐτῶν. Οὐχ ὁρᾷς ὅτι κιθαριστῶν μὲν καὶ χορευτῶν καὶ ὀρχηστῶν οὐδὲ εἷς ἐπιχειρεῖ ἄρχειν μὴ ἐπιστάμενος, οὐδὲ παλαιστῶν οὐδὲ παγκρατιαστῶν; ἀλλὰ πάντες οἱ τούτων ἄρχοντες ἔχουσι δεῖξαι ὁπόθεν ἔμαθον ταῦτα ἐφ᾽ οἷς ἐφεστᾶσι· τῶν δὲ στρατηγῶν οἱ πλεῖστοι αὐτοσχεδιάζουσιν[31]. 22. Οὐ μέντοι σέ γε τοιοῦτον ἐγὼ νομίζω εἶναι, ἀλλ᾽ οἶμαί σε οὐδὲν ἧττον ἔχειν εἰπεῖν ὁπότε στρατηγεῖν ἢ ὁπότε παλαίειν ἤρξω μανθάνειν. Καὶ πολλὰ μὲν οἶμαί σε τῶν πατρῴων στρατηγημάτων παρειληφότα διασῴζειν, πολλὰ δὲ πανταχόθεν συνηχέναι, ὁπόθεν οἷόν τε ἦν μαθεῖν τι ὠφέλιμον εἰς στρατηγίαν. 23. Οἶμαι δέ σε πολλὰ μεριμνᾶν ὅπως μὴ λάθῃς σεαυτὸν[32] ἀγνοῶν τι τῶν εἰς στρατηγίαν ὠφελίμων, καὶ ἐάν τι τοιοῦτον αἴσθῃ

---

d'Athènes, ainsi appelé parce qu'il siégeait d'abord dans un lieu appelé la Colline de Mars. Les traditions d'Athènes le faisaient remonter à l'époque où Athènes eut à juger le différend d'Apollon et des Furies au sujet d'Oreste, meurtrier de sa mère. Voir cette scène si curieuse à la fin du beau drame d'Eschyle, les Euménides. L'Aréopage était composé surtout des archontes sortant de charge.

31. Αὐτοσχεδιάζουσιν. Ne font qu'improviser. Comme ils ignorent les principes de l'art de la guerre, l'art de régler d'une manière méthodique les mouvements d'une armée, ils s'en remettent, pour se tirer d'affaire, à l'inspiration du moment. Xénophon risque un peu ici de méconnaître les droits de l'inspiration véritable et du génie.

32. Ὅπως μὴ λάθῃς σεαυτόν. Plus loin : Οὐ λανθάνεις με. — Λανθάνειν se construit le plus souvent avec le participe, mais quelquefois aussi avec ὅτι et l'indicatif. Autre exemple de cette dernière construction. Platon : Phédon : Σφᾶς γε οὐ λελήθασιν ὅτι ἄξιοί εἰσι τοῦτο πάσχειν.

σεαυτὸν μὴ εἰδότα, ζητεῖν τοὺς ἐπισταμένους ταῦτα, οὔτε δώρων οὔτε χαρίτων φειδόμενον, ὅπως μάθῃς παρ' αὐτῶν ἃ μὴ ἐπίστασαι καὶ συνεργοὺς ἀγαθοὺς ἔχῃς. — 24. Καὶ ὁ Περικλῆς, Οὐ λανθάνεις με, ὦ Σώκρατες, ἔφη, ὅτι οὐκ οἰόμενός με τούτων ἐπιμελεῖσθαι ταῦτα λέγεις, ἀλλ' ἐγχειρῶν με διδάσκειν ὅτι τὸν μέλλοντα στρατηγεῖν τούτων ἁπάντων ἐπιμελεῖσθαι δεῖ. Ὁμολογῶ μέντοι κἀγώ σοι ταῦτα. — 25. Τοῦτο δ', ἔφη, ὦ Περίκλεις, κατανενόηκας, ὅτι πρόκειται τῆς χώρας ἡμῶν ὄρη μεγάλα[33], καθήκοντα ἐπὶ τὴν Βοιωτίαν, δι' ὧν εἰς τὴν χώραν εἴσοδοι στεναί τε καὶ προσάντεις εἰσί, καὶ ὅτι μέση διέζωσται[34] ὄρεσιν ἐρυμνοῖς; — Καὶ μάλα, ἔφη. — 26. Τί δέ; ἐκεῖνο ἀκήκοας, ὅτι Μυσοὶ καὶ Πισίδαι[35] ἐν τῇ βασιλέως[36] χώρᾳ κατέχοντες ἐρυμνὰ πάνυ χωρία καὶ κούφως ὡπλισμένοι δύνανται πολλὰ μὲν τὴν βασιλέως χώραν καταθέοντες κακοποιεῖν[37], αὐτοὶ δὲ ζῆν ἐλεύθεροι; — Καὶ τοῦτό γ', ἔφη, ἀκούω. — 27. Ἀθηναίους δ' οὐκ

---

33. Πρόκειται τῆς χώρας ἡμῶν ὄρη μεγάλα. Ces montagnes qui servent de rempart à l'Attique du côté de la Béotie sont le Cithéron et le Parnès. « La longue croupe du Cithéron, où le mythe a fait naître Bacchus, relie les montagnes de la Béotie méridionale à celles de l'Attique, roches de marbre devenues fameuses par le voisinage de la cité qu'elles abritent. Au nord d'Athènes s'étend le Parnès, au profil si pur et si rhythmique. » Elisée RECLUS : *Géographie universelle.*

34. Μέσῃ διέζωσται ὄρεσιν ἐρυμνοῖς. Cette ceinture de montagnes comprend le Parnès au nord; le Corydale, au nord-ouest; à l'est, le Pentélique, « où se trouvent les cavernes de Pikermi, fameuses par leurs ossements fossiles; au sud, le mont Hymette, dont les anciens ont chanté les abeilles. Puis le Laurion, aux riches scories d'argent, se prolonge au sud-est et se termine par le beau cap Sunium, consacré à Minerve et à Neptune, et portant encore quinze colonnes d'un ancien temple. » ID., *ibid.*

35. Μυσοὶ καὶ Πισίδαι. La *Mysie* et la *Pisidie* sont deux provinces de l'Asie-Mineure ; la Mysie était l'ancienne Troade ; la Pisidie était située entre la Phrygie au nord et la Pamphilie au sud.

36. Βασιλέως. Ce mot employé seul désigne ordinairement le *grand Roi.*

37. Καταθέοντες κακοποιεῖν. Cette expression désigne très heureusement les ravages de peuples montagnards qui font des incursions rapides dans la plaine et regagnent aussitôt leurs montagnes avec le butin qu'ils ont conquis.

ἂν οἴει, ἔφη, μέχρι τῆς ἐλαφρᾶς ἡλικίας[38] ὡπλισμένους κουφοτέροις ὅπλοις καὶ τὰ προκείμενα τῆς χώρας ὄρη κατέχοντας βλαβεροὺς μὲν τοῖς πολεμίοις εἶναι, μεγάλην δὲ προβολὴν[39] τοῖς πολίταις τῆς χώρας κατεσκευάσθαι; — Καὶ ὁ Περικλῆς, Πάντ᾽ οἶμαι, ἔφη, ὦ Σώκρατες, καὶ ταῦτα χρήσιμα εἶναι. — 28. Εἰ τοίνυν, ἔφη ὁ Σωκράτης, ἀρέσκει σοι ταῦτα, ἐπιχείρει αὐτοῖς, ὦ ἄριστε· ὅ τι μὲν γὰρ ἂν τούτων καταπράξῃς, καὶ σοὶ καλὸν ἔσται καὶ τῇ πόλει ἀγαθόν· ἐὰν δέ τι αὐτῶν ἀδυνατῇς, οὔτε τὴν πόλιν βλάψεις οὔτε σαυτὸν καταισχυνεῖς.

VI. — Il engage Glaucon, jeune homme sans expérience, à ne pas se mêler des affaires de l'Etat.

1. Γλαύκωνα δὲ τὸν Ἀρίστωνος[1], ὅτ᾽ ἐπεχείρει δημογορεῖν, ἐπιθυμῶν προστατεύειν τῆς πόλεως οὐδέπω εἴκοσιν ἔτη γεγονὼς[2], τῶν ἄλλων οἰκείων τε καὶ φίλων οὐδεὶς ἐδύνατο παῦσαι ἑλκόμενόν τε ἀπὸ τοῦ βήματος[3] καὶ κατα-

---

38. Μέχρι τῆς ἐλαφρᾶς ἡλικίας. Jusqu'à la fin de l'âge d'agilité.
39. Προβολήν. Expression imagée. Chose jetée en avant; poste avancé.
VI. — 1. Γλαύκωνα τὸν Ἀρίστωνος. Le chapitre qui commence ici et le suivant sont deux chapitres antithétiques. Dans le premier, Socrate raille l'audace et l'aplomb d'un jeune homme qui veut se livrer prématurément aux affaires publiques avant d'avoir étudié aucune des questions qui s'y rattachent. Dans le second, il secoue la timidité d'un de ses amis qui, rebuté par les apparentes difficultés de la vie publique, n'ose pas mettre ses talents et son expérience au service de ses concitoyens. — Glaucon, fils d'Ariston, ne doit pas être confondu avec Glaucon l'ancien dont il sera parlé un peu plus loin. Glaucon le jeune, dont il est parlé ici, est le même qu'on retrouvera en étudiant le VIIIe livre de la *République*, où il soutient avec son frère Adimante la discussion contre Socrate. Il paraît aussi dans le *Parménide* et le *Banquet*.
2. Οὐδέπω εἴκοσιν ἔτη γεγονώς. C'est seulement à l'âge de 20 ans accomplis qu'on passait de la liste des éphèbes sur la liste des hommes faits et qu'on était admis à prendre part aux affaires de l'Etat.
3. Ἑλκόμενον ἀπὸ τοῦ βήματος. Quand un orateur déplaisait à l'assemblée et la fatiguait, ou, comme c'est le cas ici, voulait parler sans en avoir le droit, les prytanes le faisaient arracher de la tribune par les τοξόται ou archers, qui étaient au nombre de 1200 et qui formaient la garde de la ville. — Nous empruntons à une imitation en vers qu'Andrieux

γέλαστον ὄντα· Σωκράτης δέ, εὔνους ὢν αὐτῷ διά τε Χαρμίδην τὸν Γλαύκωνος καὶ διὰ Πλάτωνα[4], μόνος ἔπαυσεν. 2. Ἐντυχὼν γὰρ αὐτῷ πρῶτον μὲν εἰς τὸ ἐθελῆσαι ἀκούειν τοιάδε λέξας κατέσχεν[5]· Ὦ Γλαύκων, ἔφη, προστατεύειν ἡμῖν[6] διανενόησαι τῆς πόλεως; — Ἔγωγ', ἔφη, ὦ Σώκρατες. — Νὴ Δί', ἔφη, καλὸν γάρ, εἴπερ τι καὶ ἄλλο τῶν ἐν ἀνθρώποις. Δῆλον γὰρ ὅτι ἐὰν τοῦτο διαπράξῃ, δυνατὸς μὲν ἔσει αὐτὸς τυγχάνειν ὅτου ἂν ἐπιθυμῇς, ἱκανὸς δὲ τοὺς φίλους ὠφελεῖν, ἐπαρεῖς δὲ τὸν πατρῷον οἶκον, αὐξήσεις δὲ τὴν πατρίδα, ὀνομαστὸς δ' ἔσει πρῶτον μὲν ἐν τῇ πόλει, ἔπειτα ἐν τῇ Ἑλλάδι, ἴσως δ', ὥσπερ Θεμιστοκλῆς, καὶ ἐν τοῖς βαρβάροις· ὅπου δ' ἂν ᾖς, πανταχοῦ περίβλεπτος ἔσει. 3. Ταῦτ' οὖν ἀκούων ὁ Γλαύκων ἐμεγαλύνετο καὶ ἡδέως παρέμενε. Μετὰ δὲ ταῦτα ὁ Σωκράτης, Οὐκοῦν, ἔφη, τοῦτο μέν, ὦ Γλαύκων, δῆλον, ὅτι εἴπερ τιμᾶσθαι βούλει, ὠφελητέα σοι ἡ

a faite de ce chapitre, et que M. Talbot cite dans sa traduction, tout le passage qui se rapporte à la peinture du caractère de Glaucon :

> Glaucon avait trente ans, bon air, bonne figure;
> Mais parmi les présents que lui fit la nature,
> Elle avait oublié celui du jugement.
> Glaucon se croyait fait pour le gouvernement.
> Pour avoir eu jadis un prix de rhétorique,
> Il s'estimait au monde un personnage unique;
> Sitôt qu'à la tribune il s'était accroché
> Aucun pouvoir humain ne l'en eût détaché.

4. Διὰ Πλάτωνα. On peut remarquer ici que Xénophon ne parle jamais ou presque jamais de Platon. S'il le nomme ici, c'est d'une manière tout à fait accidentelle.

5. Εἰς τὸ ἐθελῆσαι ἀκούειν κατέσχεν. Nous avons déjà vu par un autre exemple que la grande difficulté pour Socrate, c'était de réussir à se faire écouter des jeunes gens auxquels il voulait donner des avis. Il s'y prenait pour cela très habilement; il leur jetait l'hameçon, il flattait leur manie. Alors, comme il est dit plus loin de Glaucon, ils se redressaient, ils restaient là avec plaisir; ἐμεγαλύνετο καὶ ἡδέως παρέμενε. C'est à ce moment qu'il leur faisait entendre des vérités utiles et souvent désagréables.

6. Ἡμῖν. Terme explétif, très souvent employé en grec comme en français. Ici, particulièrement ironique : Tu t'es donc mis dans la tête de gouverner notre ville, de faire marcher nos affaires.

πόλις ἐστί; — Πάνυ μὲν οὖν, ἔφη. — Πρὸς θεῶν, ἔφη, μὴ τοίνυν ἀποκρύψῃ[7], ἀλλ' εἶπον ἡμῖν ἐκ τίνος ἄρξει τὴν πόλιν εὐεργετεῖν. 4. Ἐπεὶ δὲ ὁ Γλαύκων διεσιώπησεν, ὡς ἂν τότε σκοπῶν ὁπόθεν ἄρχοιτο, Ἆρ', ἔφη ὁ Σωκράτης, ὥσπερ φίλου οἶκον εἰ αὐξῆσαι βούλοιο, πλουσιώτερον αὐτὸν ἐπιχειροίης ἂν ποιεῖν, οὕτω καὶ τὴν πόλιν πειράσει πλουσιωτέραν ποιῆσαι; — Πάνυ μὲν οὖν, ἔφη. — 5. Οὐκοῦν πλουσιωτέρα γ' ἂν εἴη προσόδων αὐτῇ πλειόνων γενομένων; — Εἰκὸς γοῦν, ἔφη. — Λέξον δή, ἔφη, ἐκ τίνων νῦν αἱ πρόσοδοι τῇ πόλει καὶ πόσαι[8] τινές εἰσι; δῆλον γὰρ ὅτι ἔσκεψαι, ἵνα, εἰ μέν τινες αὐτῶν ἐνδεῶς ἔχουσιν, ἐκπληρώσῃς[9], εἰ δὲ παραλείπονται, προσπορίσῃς. — Ἀλλὰ μὰ Δί', ἔφη ὁ Γλαύκων, ταῦτά γε οὐκ ἐπέσκεμμαι. — 6. Ἀλλ' εἰ τοῦτο, ἔφη, παρέλιπες, τάς γε δαπάνας τῆς πόλεως ἡμῖν εἰπέ· δῆλον γὰρ ὅτι καὶ τούτων τὰς περιττὰς ἀφαιρεῖν διανοεῖ. — Ἀλλὰ μὰ τὸν Δί', ἔφη, οὐδὲ πρὸς ταῦτά πω ἐσχόλακα[10]. — Οὐκοῦν, ἔφη, τὸ

7. Ἀποκρύψῃ, et non ἀποκρύψῃς. Le moyen exprime ici l'idée de cacher non une chose étrangère, mais sa propre pensée, de la tenir en réserve, d'en faire mystère.

8. Ἐκ τίνων καὶ πόσαι. D'où on les tire et à combien ils montent. Xénophon a écrit un petit traité sur les Revenus de l'État. Il y passe en revue toutes les ressources qu'Athènes peut se procurer non seulement grâce à la fécondité de son sol et à ses productions naturelles, mais encore par l'exploitation de ses carrières de marbre et de ses minerais d'argent. « Ce ne sont pas seulement, dit-il, les productions qu'une année voit naître et vieillir qui donnent la supériorité à notre contrée, mais elle possède encore d'éternelles richesses. Le sein de la terre y est rempli de marbres, et ses mines d'argent sont un bienfait du Ciel. » Il signale encore les divers revenus que l'État pourrait s'assurer, soit en attirant en plus grand nombre des métèques qui paieraient un droit de domicile, soit en établissant des droits de stationnement et d'entrepôt pour les vaisseaux et les marchandises.

9. Ἐκπληρώσῃς..., προσπορίσῃς. Afin que si quelques-uns ne donnent pas des produits suffisants, tu les augmentes, et que si quelques autres viennent à manquer, tu les remplaces.

10. Οὐδὲ πρὸς ταῦτά πω ἐσχόλακα. Je n'ai pas eu encore le loisir de m'en occuper. Glaucon varie ses défaites. Plus haut, il a feint de ne savoir par où commencer, tant il y aurait de choses à dire; plus loin, il déclarera qu'il ne peut parler de tant d'affaires sans préparation et sans notes (ἀπὸ στόματος), et, quand Socrate lui demandera de voir les notes

μὲν πλουσιωτέραν τὴν πόλιν ποιεῖν ἀναβαλούμεθα[11]· πῶς γὰρ οἷόν τε μὴ εἰδότα γε τὰ ἀναλώματα καὶ τὰς προσόδους ἐπιμεληθῆναι τούτου; — 7. Ἀλλ', ὦ Σώκρατες, ἔφη ὁ Γλαύκων, δυνατόν ἐστι καὶ ἀπὸ πολεμίων τὴν πόλιν πλουτίζειν. — Νὴ Δία σφόδρα γ', ἔφη ὁ Σωκράτης, ἐάν τις αὐτῶν κρείττων ᾖ· ἥττων δὲ ὢν καὶ τὰ ὄντα προσαποβάλοι ἄν. — Ἀληθῆ λέγεις, ἔφη. — 8. Οὐκοῦν, ἔφη, τόν γε βουλευσόμενον πρὸς οὕστινας δεῖ πολεμεῖν τήν τε τῆς πόλεως δύναμιν καὶ τὴν τῶν ἐναντίων εἰδέναι δεῖ, ἵνα, ἐὰν μὲν ἡ τῆς πόλεως κρείττων ᾖ, συμβουλεύῃ ἐπιχειρεῖν τῷ πολέμῳ, ἐὰν δὲ ἡ τῶν ἐναντίων, εὐλαβεῖσθαι πείθῃ. — Ὀρθῶς λέγεις, ἔφη. — 9. Πρῶτον μὲν τοίνυν, ἔφη, λέξον ἡμῖν τῆς πόλεως τήν τε πεζὴν καὶ τὴν ναυτικὴν δύναμιν, εἶτα τὴν τῶν ἐναντίων. — Ἀλλὰ μὰ τὸν Δί', ἔφη, οὐκ ἂν ἔχοιμί σοι οὕτω γε ἀπὸ στόματος εἰπεῖν. — Ἀλλ' εἰ γέγραπταί σοι, ἔνεγκε, ἔφη· πάνυ γὰρ ἡδέως ἂν τοῦτο ἀκούσαιμι. — Ἀλλὰ μὰ τὸν Δί', ἔφη, οὐδὲ γέγραπταί μοι πω. — 10. Οὐκοῦν, ἔφη, καὶ περὶ πολέμου συμβουλεύειν τήν γε πρώτην[12] ἐπισχήσομεν· ἴσως γὰρ καὶ διὰ τὸ μέγεθος αὐτῶν ἄρτι ἀρχόμενος τῆς προστατείας οὔπω ἐξήτακας[13]. Ἀλλά τοι περί γε φυλακῆς τῆς χώρας οἶδ' ὅτι ἤδη σοι μεμέληκε, καὶ οἶσθα ὁπόσαι τε φυλακαὶ ἐπίκαιροί εἰσι καὶ ὁπόσαι μή, καὶ ὁπόσοι τε φρουροὶ[14] ἱκανοί εἰσι καὶ ὁπόσοι μή εἰσι· καὶ τὰς μὲν ἐπικαίρους φυλακὰς συμβουλεύσεις μείζονας ποιεῖν, τὰς δὲ περιτ-

---

qu'il a pu préparer sur ce sujet, il se trouvera encore qu'il n'a rien écrit.

11. Ἀναβαλούμεθα. *Nous remettrons à plus tard.* Ironique.

12. Τὴν γε πρώτην. S.-ent. ὁρμήν. *Du premier mouvement, du premier coup.* De même : Il ne répondit pas tout de suite : Οὐκ ἀπεκρίνατο τὴν πρώτην.

13. Ἄρτι ἀρχόμενος τῆς προστατείας οὔπω ἐξήτακας. Très ironique. *N'étant encore qu'au début de ton administration, tu n'as pas encore arrangé tout cela dans ton esprit, tu ne t'es pas encore arrêté à ton plan définitif.*

14. Φυλακαί... φρουροί; Φυλακαί, *les garnisons;* φρουροί, *les soldats qui occupent ces garnisons.*

τὰς ἀφαιρεῖν. — 11. Νὴ Δί', ἔφη ὁ Γλαύκων, ἀπάσας μὲν οὖν ἔγωγε, ἕνεκά γε τοῦ οὕτως αὐτὰς φυλάττεσθαι ὥστε κλέπτεσθαι τὰ ἐκ τῆς χώρας[15]. — Ἐὰν δέ τις ἀφέλῃ γ', ἔφη, τὰς φυλακάς, οὐκ οἴει καὶ ἁρπάζειν ἐξουσίαν ἔσεσθαι τῷ βουλομένῳ; ἀτάρ, ἔφη, πότερον ἐλθὼν αὐτὸς ἐξήτακας τοῦτο, ἢ πῶς οἶσθα ὅτι κακῶς φυλάττονται; — Εἰκάζω, ἔφη. — Οὐκοῦν, ἔφη, καὶ περὶ τούτων, ὅταν μηκέτι εἰκάζωμεν, ἀλλ' ἤδη εἰδῶμεν[16], τότε συμβουλεύσομεν; — Ἴσως, ἔφη ὁ Γλαύκων, βέλτιον. — 12. Εἰς γε μήν, ἔφη, τἀργύρεια[17] οἶδ' ὅτι οὐκ ἀφῖξαι, ὥστ' ἔχειν εἰπεῖν διότι νῦν ἐλάττω ἢ πρόσθεν προσέρχεται αὐτόθεν. — Οὐ γὰρ οὖν ἐλήλυθα, ἔφη. — Καὶ γὰρ νὴ Δί', ἔφη ὁ Σωκράτης, λέγεται βαρὺ[18] τὸ χωρίον εἶναι, ὥστε, ὅταν περὶ τούτου δέῃ συμβουλεύειν, αὕτη σοι ἡ πρόφασις ἀρκέσει. — Σκήπτομαι[19], ἔφη ὁ Γλαύκων,

15. Ὥστε κλέπτεσθαι τὰ ἐκ τῆς χώρας. Cela ne signifie pas que ces choses enlevées sortent du pays, qu'elles soient transportées ailleurs; mais simplement que ces garnisons prennent tout ce que la région produit; elles dévorent le pays.
16. Εἰκάζωμεν, εἰδῶμεν. Quand nous n'aurons plus sur ce sujet des conjectures, mais des connaissances certaines. On reconnaît ici la distinction de la conjecture, εἰκασία, et de la science, ἐπιστήμη, qui repose sur l'idée.
17. Τἀργύρεια. Ce sont les fameuses mines du Laurium ; elles ont été dans le passé une si grande source de richesses qu'Athènes a songé de nos jours à en reprendre l'exploitation. Au chapitre IVe du traité des Revenus, Xénophon insiste sur la richesse de ces mines; il montre que, si leur rendement a diminué quelque peu, ce n'est nullement qu'elles soient épuisées; et il propose tout un plan d'exploitation économique et productive.
18. Βαρύ. Malsain. De même, en latin; locus ou annus pestilentia gravis.
19. Σκήπτομαι. C'est, en effet, mon excuse; c'est le prétexte que je mets en avant. Le passage est très controversé, et on a proposé successivement plusieurs leçons. Σκέπτομαι ou σκέψομαι n'est évidemment pas soutenable. La leçon σκώπτομαι, suivie dans la traduction de Gail et dans celle de M. Talbot, est excessivement ingénieuse. Rien de plus comique que la situation d'un personnage qui s'aperçoit qu'on le raille, lorsque l'ironie finit par devenir trop forte, et qui s'écrie : On se moque de moi! Mais il semble que Glaucon, après avoir compris qu'on se moque de lui, ne devrait plus continuer de répondre comme il a fait précédemment; or, on trouve encore plus loin : Λέγεις παμμέγεθες

— 13. Ἀλλ' ἐκείνου γέ τοι, ἔφη, οἶδ' ὅτι οὐκ ἠμέληκας, ἀλλ' ἔσκεψαι, πόσον χρόνον ἱκανός ἐστιν ὁ ἐκ τῆς χώρας γιγνόμενος σῖτος διατρέφειν τὴν πόλιν, καὶ πόσου εἰς τὸν ἐνιαυτὸν προσδεῖται, ἵνα μὴ τούτου γε λάθῃ σέ ποτε ἡ πόλις ἐνδεὴς[20] γενομένη, ἀλλ' εἰδὼς ἔχῃς[21] ὑπὲρ τῶν ἀναγκαίων συμβουλεύων τῇ πόλει βοηθεῖν τε καὶ σώζειν αὐτήν. — Λέγεις, ἔφη ὁ Γλαύκων, παμμέγεθες πρᾶγμα, εἴ γε καὶ τῶν τοιούτων ἐπιμελεῖσθαι δεήσει. — 14. Ἀλλὰ μέντοι, ἔφη ὁ Σωκράτης, οὐδ' ἂν τὸν ἑαυτοῦ ποτε οἶκον καλῶς τις οἰκήσειεν, εἰ μὴ πάντα μὲν εἴσεται ὧν προσδεῖται, πάντων δὲ ἐπιμελόμενος ἐκπληρώσει. Ἀλλ' ἐπεὶ ἡ μὲν πόλις ἐκ πλειόνων ἢ μυρίων οἰκιῶν συνέστηκε[22], χαλεπὸν δ' ἐστὶν ἅμα τοσούτων οἴκων[23] ἐπιμελεῖσθαι, πῶς οὐχ ἕνα τὸν τοῦ θείου[24] πρῶτον ἐπειράθης αὐξῆσαι; δεῖται δέ.

πρᾶγμα : C'est une grosse affaire dont tu me parles là, Socrate, s'il faut encore veiller à tous ces détails ! Peut-être est-ce pour cette raison que Schenkl n'adopte pas la leçon σκώπτομαι, acceptée par Sauppe, Dindorf et Breitenbach.
20. Τούτου... ἐνδεής. Breitenbach : Τοῦτο.
21. Ἀλλ' εἰδὼς ἔχῃς. Mais que tu saches à l'avance ce qu'il faut faire, que tu ne sois pas pris au dépourvu.
22. Συνέστηκε. « Il faut ajouter que souvent, et surtout durant la guerre du Péloponnèse, les habitants des campagnes, qui n'avaient ni feu ni lieu, se réfugiaient dans la ville où ils construisaient à la hâte, dans les quartiers les moins fréquentés, des cabanes dont la forme ronde se rapprochait des ruches ou des tonneaux. D'ailleurs, les rues d'Athènes, d'après un fragment de Dicéarque, étaient d'une irrégularité frappante, la ville mal pourvue d'eau, et les maisons chétives, à l'exception d'un très petit nombre. Ce n'est, dit ce géographe, qu'en arrivant au théâtre et en découvrant le grand temple de Minerve, bâti au sommet de l'Acropole, qu'on commence à se reconnaître et à sortir de l'incertitude où vous jette le peu de rapport qui existe entre la réalité et l'immense éclat de la renommée. » (TALBOT.)
23. Οἴκων. Ce mot signifie ici maisons, dans le sens de familles, comme, plus haut, οἰκιῶν signifie maisons, dans le sens d'habitations. En supputant la population d'Athènes d'après le rapport moyen des habitations ou des familles aux individus, on arrive à penser qu'il devait y avoir à Athènes et au Pirée environ 180 000 habitants, libres ou esclaves (Voir Bœckh : Economie politique des Athéniens).
24. Θείου. De ton oncle. Cet oncle, ou plutôt ce frère de Périctionè, mère de Platon, mais seulement belle-mère de Glaucon, est Charmide, fils de Glaucon l'ancien. Il sera question de lui dans tout le chapitre suivant. Il était ruiné depuis la guerre, qui lui avait fait perdre tous

Κἂν μὲν τοῦτον δύνῃ, καὶ πλείοσιν ἐπιχειρήσεις· ἐγὼ δὲ μὴ δυνάμενος ὠφελῆσαι πῶς ἂν πολλούς γε δυνηθείην; ὥσπερ εἴ τις ἓν τάλαντον μὴ δύναιτο φέρειν, πῶς οὐ φανερὸν ὅτι πλείω γε φέρειν οὐδ' ἐπιχειρητέον αὐτῷ; — 15. Ἀλλ' ἔγωγ', ἔφη ὁ Γλαύκων, ὠφελοίην ἂν τὸν τοῦ θείου οἶκον, εἴ μοι ἐθέλει πείθεσθαι[25]. — Εἶτα, ἔφη ὁ Σωκράτης, τὸν θεῖον οὐ δυνάμενος πείθειν, Ἀθηναίους πάντας μετὰ τοῦ θείου νομίζεις δυνήσεσθαι ποιῆσαι πείθεσθαί σοι; 16. Φυλάττου, ἔφη, ὦ Γλαύκων, ὅπως μὴ τοῦ εὐδοξεῖν ἐπιθυμῶν εἰς τοὐναντίον ἔλθῃς. Ἢ οὐχ ὁρᾷς ὡς σφαλερόν ἐστι τὸ ἃ μὴ οἶδέ τις, ταῦτα ἢ λέγειν ἢ πράττειν; ἐνθυμοῦ δὲ τῶν ἄλλων, ὅσους οἶσθα τοιούτους, οἷοι φαίνονται καὶ λέγοντες ἃ μὴ ἴσασι καὶ πράττοντες, πότερά σοι δοκοῦσιν[26] ἐπὶ τοῖς τοιούτοις ἐπαίνου μᾶλλον ἢ ψόγου τυγχάνειν καὶ πότερον θαυμάζεσθαι μᾶλλον ἢ καταφρονεῖσθαι· 17. Ἐνθυμοῦ δὲ καὶ τῶν εἰδότων ὅ τί τε λέ-

---

ses domaines en dehors du territoire athénien. Au chapitre IV du *Banquet*, il fait de sa pauvreté un éloge plein d'originalité et de bonne humeur : « Quand j'étais riche, je craignais qu'un voleur n'enfonçât ma maison, ne m'enlevât mon argent et ne me fît à moi-même un mauvais parti. A présent que je suis dépouillé de ce que j'avais hors des frontières, je dors paisiblement couché de tout mon long ; la république a confiance en moi ; je ne suis plus menacé, mais c'est moi qui menace les autres. Aujourd'hui je ressemble à un tyran, tandis qu'autrefois j'étais esclave. Jadis je payais un tribut à l'État ; aujourd'hui la république est devenue ma tributaire et me nourrit. »

25. Εἴ μοι ἐθέλοι πείθεσθαι. *S'il voulait m'écouter.* Encore le ton du jeune homme qui ne doute de rien. Mais de cette réponse même Socrate va tirer un argument nouveau, une ironie inattendue : « Ainsi donc, tu ne peux persuader ton oncle, et tu te crois de force à te faire écouter de tous les Athéniens et de ton oncle avec eux. » Le trait : Ἀθηναίους πάντας μετὰ τοῦ θείου est une boutade qui rappelle d'assez près celle de La Fontaine : *Tout le monde et son père.*

26. Ἐνθυμοῦ τῶν ἄλλων ὅσους... πότερά σοι δοκοῦσιν... Hellénisme très remarquable, dans lequel le régime du premier verbe devient le sujet d'une proposition interrogative. De même, dans les *Helléniques*, II, 2. Xénophon dit, au sujet de Théramène : Εἰδὼς ἥξει Λακεδαιμονίους, πότερον ἐξανδραποδίσασθαι τὴν πόλιν βουλόμενοι ἀντέχουσι περὶ τῶν τειχῶν ἢ πίστεως ἕνεκα. Il ira demander aux Lacédémoniens si c'est pour asservir la ville ou simplement comme garantie qu'ils posent la condition relative aux murs.

γουσι καὶ ὅ τι ποιοῦσι· καί, ὡς ἐγὼ νομίζω, εὑρήσεις ἐν πᾶσιν ἔργοις τοὺς μὲν εὐδοκιμοῦντάς τε καὶ θαυμαζομένους ἐκ τῶν μάλιστα ἐπισταμένων ὄντας, τοὺς δὲ κακοδοξοῦντάς τε καὶ καταφρονουμένους ἐκ τῶν ἀμαθεστάτων. 18. Εἰ οὖν ἐπιθυμεῖς εὐδοκιμεῖν τε καὶ θαυμάζεσθαι ἐν τῇ πόλει, πειρῶ κατεργάσασθαι ὡς μάλιστα τὸ εἰδέναι ἃ βούλει πράττειν· ἐὰν γὰρ τούτῳ διενεγκὼν τῶν ἄλλων ἐπιχειρῇς τὰ τῆς πόλεως πράττειν, οὐκ ἂν θαυμάσαιμι εἰ πάνυ ῥᾳδίως τύχοις ὧν ἐπιθυμεῖς.

VII. — Il engage Charmide, homme d'une grande modestie, à s'occuper des affaires publiques.

1. Χαρμίδην δὲ τὸν Γλαύκωνος[1] ὁρῶν ἀξιόλογον μὲν ἄνδρα ὄντα καὶ πολλῷ δυνατώτερον τῶν τὰ πολιτικὰ τότε πραττόντων, ὀκνοῦντα δὲ προσιέναι τῷ δήμῳ καὶ τῶν τῆς πόλεως πραγμάτων ἐπιμελεῖσθαι, Εἰπέ μοι, ἔφη, ὦ Χαρ-

VII.—1. Χαρμίδην τὸν Γλαύκωνος. Nous venons de voir que ce Charmide était le frère de Périctioné, mère de Platon et belle-mère de Glaucon et d'Adimante. Il était aussi cousin germain de Critias, qu'il avait eu pour tuteur. Comme toute sa famille, il était attaché à l'aristocratie, et l'on va voir, dans ce chapitre même, que son éloignement des affaires publiques provenait de son aversion et de son déd... pour les violences des assemblées populaires. Après la bataille d'Ægos-Potamos et la prise d'Athènes, il devint un des chefs du Pirée que Lysandre adjoignit aux trente tyrans. Il périt à la bataille de Phylé, en combattant avec Critias contre Thrasybule. Platon a donné le nom de Charmide à un dialogue où il traite de la sagesse. Nous pouvons encore rappeler au sujet de ce Charmide qu'il a été, parmi les amis de Socrate, un de ceux sur lesquels s'est exercée la faculté divinatoire du philosophe. Socrate cherche, dans ce chapitre, à le pousser vers les affaires publiques ; dans une autre circonstance, et sous l'inspiration de son génie, il avait cherché vainement à le détourner d'une autre occupation. Voici le passage du *Théagès* qui se rapporte à cela : « Vous connaissez le beau Charmide, fils de Glaucon ; un jour, il vint me faire part du projet qu'il avait d'aller disputer le prix de la course aux jeux Néméens. À peine commençait-il à s'en ouvrir que la voix se fit entendre. Je l'en détournai donc en lui disant : « Tandis que tu parlais, j'ai entendu la voix du démon ; ne va donc pas à Némée. » Il me répondit : « Peut-être te dit-elle que je ne serai pas vainqueur ; mais, quand même je ne le serais pas, j'aurai toujours gagné à m'exercer pendant ce temps. » Cela dit, il s'en alla aux jeux. Vous pouvez savoir de lui-même ce qui lui arriva. La chose le mérite bien. »

μίδη, εἰ τις ἱκανὸς ὢν τοὺς στεφανίτας ἀγῶνας νικᾶν, καὶ διὰ τοῦτο αὐτός τε τιμᾶσθαι καὶ τὴν πατρίδα ἐν τῇ Ἑλλάδι εὐδοκιμωτέραν ποιεῖν², μὴ ἐθέλει ἀγωνίζεσθαι, ποῖόν τινα τοῦτον νομίζοις ἂν τὸν ἄνδρα εἶναι; — Δῆλον ὅτι, ἔφη, μαλακόν τε καὶ δειλόν. — 2. Εἰ δέ τις, ἔφη, δυνατὸς ὢν τῶν τῆς πόλεως πραγμάτων ἐπιμελόμενος τήν τε πόλιν αὔξειν καὶ αὐτὸς διὰ τοῦτο τιμᾶσθαι, ὀκνείη δὴ τοῦτο πράττειν, οὐκ ἂν εἰκότως δειλὸς νομίζοιτο; — Ἴσως, ἔφη· ἀτὰρ πρὸς τί με ταῦτ' ἐρωτᾷς; — Ὅτι, ἔφη, οἶμαί σε δυνατὸν ὄντα ὀκνεῖν ἐπιμελεῖσθαι, καὶ ταῦτα ὧν ἀνάγκη σοι μετέχειν πολίτῃ γε ὄντι. — 3. Τὴν δὲ ἐμὴν δύναμιν, ἔφη ὁ Χαρμίδης, ἐν ποίῳ ἔργῳ καταμαθὼν ταῦτά μου καταγιγνώσκεις; — Ἐν ταῖς συνουσίαις, ἔφη, αἷς σύνει τοῖς τὰ τῆς πόλεως πράττουσι· καὶ γὰρ ὅταν τι ἀνακοινῶνταί σοι, ὁρῶ σε καλῶς συμβουλεύοντα, καὶ ὅταν τι ἁμαρτάνωσιν, ὀρθῶς ἐπιτιμῶντα. — 4. Οὐ ταὐτόν ἐστιν³, ἔφη, ὦ Σώκρατες, ἰδίᾳ τε διαλέγεσθαι καὶ ἐν τῷ πλήθει ἀγωνίζεσθαι. — Καὶ μήν, ἔφη, ὅ γε ἀριθμεῖν δυνάμενος οὐδὲν ἧττον ἐν τῷ πλήθει ἢ μόνος ἀριθμεῖ, καὶ οἱ κατὰ μόνας ἄριστα κιθαρίζοντες οὗτοι καὶ ἐν τῷ πλήθει κρατιστεύουσιν. — 5. Αἰδῶ δὲ καὶ φόβον, ἔφη, οὐχ ὁρᾷς ἔμφυτά τε ἀνθρώποις ὄντα καὶ πολλῷ μᾶλλον ἐν τοῖς ὄχλοις ἢ ἐν ταῖς ἰδίαις ὁμιλίαις παρισταμένα; — Καὶ σέ γε διδάξων, ἔφη, ὥρμημαι, ὅτι

---

2. Καὶ τὴν πατρίδα ἐν τῇ Ἑλλάδι εὐδοκιμωτέραν ποιεῖν. On voit par les *Odes* de Pindare que la gloire du vainqueur dans les jeux publics (au moins dans ceux qu'on appelait στεφανῖται ou φυλλῖται, parce qu'on y donnait comme prix des couronnes de feuillage) rejaillissait sur sa patrie et qu'elle y était toujours associée.

3. Οὐ ταὐτόν ἐστιν. Ici commence une discussion intéressante. Socrate a laissé entendre dans les lignes précédentes qu'au point de vue de la sagesse des arguments c'est la même chose de discuter en public ou en particulier sur les affaires de l'État. Mais Charmide montre fort bien que, pratiquement, ce n'est pas la même chose, parce que les hommes sages et timides sont méconnus ou même bafoués dans les assemblées tumultueuses des démocraties.

οὔτε τοὺς φρονιμωτάτους αἰδούμενος οὔτε τοὺς ἰσχυροτάτους φοβούμενος ἐν τοῖς ἀφρονεστάτοις τε καὶ ἀσθενεστάτοις αἰσχύνει λέγειν. 6. Πότερον γὰρ τοὺς κναφέας αὐτῶν ἢ τοὺς σκυτέας ἢ τοὺς τέκτονας ἢ τοὺς χαλκέας ἢ τοὺς γεωργοὺς ἢ τοὺς ἐμπόρους[4] ἢ τοὺς ἐν τῇ ἀγορᾷ μεταβαλλομένους καὶ φροντίζοντας ὅ τι ἐλάττονος πριάμενοι πλείονος ἀπόδωνται αἰσχύνει; ἐκ γὰρ τούτων ἁπάντων ἡ ἐκκλησία συνίσταται[5]. 7. Τί δὲ οἴει διαφέρειν ὃ σὺ ποιεῖς ἢ τῶν ἀσκητῶν ὄντα κρείττω τοὺς ἰδιώτας φοβεῖσθαι; σὺ γὰρ[6] τοῖς πρωτεύουσιν ἐν τῇ πόλει, ὧν ἔνιοι καταφρονοῦσί σου, ῥᾳδίως διαλεγόμενος, καὶ τῶν ἐπιμελομένων τοῦ τῇ πόλει διαλέγεσθαι πολὺ περιών, ἐν τοῖς μηδεπώποτε φροντίσασι τῶν πολιτικῶν μηδὲ σοῦ καταπεφρονηκόσιν ὀκνεῖς λέγειν,

---

4. Ἢ τοὺς ἐμπόρους. Par cette expression, Xénophon désigne les marchands qui vont de ville en ville, par opposition avec les marchands sédentaires. Platon, de son côté, a signalé cette distinction dans deux dialogues différents, la *République* et le *Sophiste*. Au second livre de la *République*, il montre les changements qui ont été introduits dans les sociétés primitives par la multiplication des besoins et la division du travail. Au fur et à mesure que les besoins factices s'ajoutent aux besoins nécessaires, les professions et les métiers se multiplient; il se crée, entre autres choses, deux catégories de marchands. On appelle marchands, au sens propre du mot (καπήλους), « ceux qui, demeurant sur place, ne font d'autre métier que d'acheter et de vendre, réservant le nom de commerçants pour ceux qui voyagent d'un État à un autre. Καπήλους καλοῦμεν τοὺς πρὸς ὠνήν τε καὶ πρᾶσιν διακονοῦντας ἱδρυμένους ἐν ἀγορᾷ, τοὺς δὲ πλανήτας ἐπὶ τὰς πόλεις ἐμπόρους. » Dans le *Sophiste*, la même différence est établie au cours de la longue et plaisante division par laquelle les interlocuteurs poursuivent la définition du sophiste : « L'acquisition par vente et par achat (ἀγοραστική) se divise en deux parties : l'une où l'on vend les produits de sa propre industrie; c'est le commerce de première main (αὐτοπωλική); l'autre où on livre les produits d'une industrie étrangère; c'est le commerce de seconde main (μεταβλητική). Mais, dans le commerce de seconde main, celui qui se fait dans la ville même se nomme le trafic (καπηλική); et l'autre, où l'on va de ville en ville, vendant et achetant, s'appelle le négoce (ἐμπορική). »

5. Ἐκ γὰρ τούτων ἡ ἐκκλησία συνίσταται. *C'est, en effet, de ces gens-là que se compose une assemblée populaire.* Cicéron : Ve *Tusculane* : *An quidquam stultius quam quos singulos sicut operarios barbarosque contemnas, eos esse aliquid putare universos?*

6. Σὺ γάρ. Les éditions nouvelles donnent toutes cette leçon. Nous préférerions, pour notre part, comme plus vive et plus naturelle, la tour-

δεδιὼς μὴ καταγελασθῇς. — 8. Τί δ'; ἔφη, οὐ δοκοῦσί σοι πολλάκις οἱ ἐν τῇ ἐκκλησίᾳ τῶν ὀρθῶς λεγόντων καταγελᾶν; — Καὶ γὰρ οἱ ἕτεροι[7], ἔφη· διὸ καὶ θαυμάζω σοῦ, εἰ ἐκείνους, ὅταν τοῦτο ποιῶσι, ῥᾳδίως χειρούμενος, τούτοις μηδένα τρόπον οἴει δυνήσεσθαι προσενεχθῆναι. 9. Ὠγαθέ, μὴ ἀγνόει σεαυτόν[8], μηδὲ ἁμάρτανε ἃ οἱ πλεῖστοι ἁμαρτάνουσιν· οἱ γὰρ πολλοὶ ὡρμηκότες ἐπὶ τὸ σκοπεῖν τὰ τῶν ἄλλων πράγματα οὐ τρέπονται ἐπὶ τὸ ἑαυτοὺς ἐξετάζειν. Μὴ οὖν ἀπορραθύμει τούτου, ἀλλὰ διατείνου μᾶλλον πρὸς τὸ σαυτῷ προσέχειν· καὶ μὴ ἀμέλει τῶν τῆς πόλεως, εἴ τι δυνατόν ἐστι διὰ σὲ βέλτιον ἔχειν. Τούτων γὰρ καλῶς ἐχόντων οὐ μόνον οἱ ἄλλοι πολῖται, ἀλλὰ καὶ οἱ σοὶ φίλοι καὶ αὐτὸς σὺ οὐκ ἐλάχιστα ὠφελήσει.

VIII. — Discussion avec Aristippe sur le bien et le beau.

1. Ἀριστίππου δὲ ἐπιχειροῦντος ἐλέγχειν τὸν Σωκράτην, ὥσπερ αὐτὸς ὑπ' ἐκείνου τὸ πρότερον[1] ἠλέγχετο, βουλόμενος τοὺς συνόντας ὠφελεῖν ὁ Σωκράτης ἀπεκρίνατο οὐχ ὥσπερ οἱ φυλαττόμενοι μή πῃ ὁ λόγος ἐπαλλαχθῇ[2], ἀλλ' ὡς ἂν πεπεισμένος μάλιστα πράττειν τὰ δέοντα.

nure interrogative : σὺ γάρ, traduite par M. Talbot : *N'est-il pas vrai, en effet, que?* la négation portant sur la phrase tout entière.

7. Καὶ γὰρ οἱ ἕτεροι. Mais quelle différence entre la moquerie fine des hommes distingués et la moquerie grossière des assemblées démagogiques!

8. Μὴ ἀγνόει σεαυτόν. Le conseil est piquant, puisqu'il s'adresse à un homme qui a échoué en voulant exercer une aptitude qu'il n'avait pas, et qui reste inutile en n'exerçant pas une aptitude qu'il possède réellement. On voit aussi par cette anecdote que, d'après Socrate, se connaître soi-même, ce n'est pas simplement connaître d'une manière générale sa nature d'homme, c'est surtout se rendre compte de ses aptitudes personnelles et, par suite, des fonctions qu'on est apte à remplir. De même, Cicéron, dans une de ses *Lettres à Quintus* : *Cessator esse noli, et illud Γνῶθι σεαυτόν noli putare ad arrogantiam minuendam solum esse dictum, verum etiam ut bona nostra norimus.*

VIII. — 1. Τὸ πρότερον. Voir au livre 1er, chapitre v.

2. Μή πῃ ὁ λόγος ἐπαλλαχθῇ. *Ne qua parte sermo invertatur.*

2. Ὁ μὲν γὰρ αὐτὸν ἤρετο εἴ τι εἰδείη ἀγαθόν, ἵνα, εἴ τι εἴποι τῶν τοιούτων, οἷον ἢ σιτίον ἢ ποτὸν ἢ χρήματα ἢ ὑγίειαν ἢ ῥώμην ἢ τόλμαν[3], δεικνύοι δὴ τοῦτο κακὸν ἐνίοτε ὄν. Ὁ δὲ εἰδὼς ὅτι[4], ἐάν τι ἐνοχλῇ ἡμᾶς, δεόμεθα τοῦ παύσοντος, ἀπεκρίνατο ᾗπερ καὶ ποιεῖν κράτιστον.

3. Ἆρά γε, ἔφη, ἐρωτᾷς με εἴ τι οἶδα πυρετοῦ[5] ἀγαθόν; — Οὐκ ἔγωγ', ἔφη. — Ἀλλ' ὀφθαλμίας; — Οὐδὲ τοῦτο. — Ἀλλὰ λιμοῦ; — Οὐδὲ λιμοῦ. — Ἀλλὰ μήν, ἔφη, εἴ γ' ἐρωτᾷς με εἴ τι ἀγαθὸν οἶδα ὃ μηδενὸς ἀγαθόν ἐστιν[6], οὔτ' οἶδα, ἔφη, οὔτε δέομαι[7].

4. Πάλιν δὲ τοῦ Ἀριστίππου ἐρωτῶντος αὐτὸν εἰ

---

3. Ἢ σιτίον... ἢ τόλμαν. Il semblerait que ni pour le bien ni pour le beau cette réponse ne fût à attendre de Socrate. Nous avons vu ailleurs (livre Ier, chapitre III) qu'il ne faut demander aux dieux aucune chose déterminée, parce qu'on ne peut savoir si elle sera un bien ou un mal. D'autre part, dans le *Premier Hippias*, Socrate se moque du sophiste, qui définit le beau en disant que c'est une belle fille. « Mais, une belle fille, objecte Socrate, est laide auprès d'une déesse. Ainsi donc, au lieu de satisfaire à ma demande, tu me donnes pour beau ce qui, d'après toi-même, n'est pas plutôt beau que laid. »

4. Εἰδὼς ὅτι. *Considérant que...* c'est-à-dire : se plaçant à ce point de vue, ne considérant la question que sous cet aspect, afin de dérouter son interlocuteur. Il n'en faudrait pas conclure que le bien fût exclusivement pour Socrate ce qui nous affranchit du mal.

5. Πυρετοῦ, ὀφθαλμίας ἀγαθόν. Le bien de la fièvre, de l'ophthalmie, c'est-à-dire : *ce qui les guérit, le remède spécifique.* Λιμοῦ ἀγαθόν. Le bien de la faim, c'est-à-dire : *la nourriture, qui calme l'appétit.*

6. Τι ἀγαθὸν ὃ μηδενὸς ἀγαθόν ἐστιν. Il est curieux de trouver dans cette partie de l'enseignement de Socrate que nous transmet particulièrement Xénophon le germe des idées d'Aristote sur ce sujet. Aristote, dans sa polémique contre Platon, rejette l'idée d'un bien en soi, qui ne serait pas le bien de tel être, de telle faculté. « Le bien, dit-il (*Morale à Nicomaque*, I, III), peut se présenter sous autant d'acceptions diverses que l'être lui-même. Ainsi le bien dans la catégorie de la substance, c'est Dieu et l'intelligence ; dans la catégorie de la qualité, ce sont les vertus ; dans celle de la quantité, c'est la mesure ; dans celle de la relation, c'est l'utile ; dans celle du temps, c'est l'occasion. Le bien n'est donc pas une sorte d'universel commun à toutes les catégories. Si le bien était un, il faudrait qu'il n'y eût qu'une science unique de tous les biens quels qu'ils fussent. Mais loin de là, il y a plusieurs sciences même pour les biens d'une seule catégorie. Ainsi la science de l'occasion, c'est dans la guerre la science stratégique ; c'est dans la maladie la science médicale. »

7. Οὔτε δέομαι. *Et je n'en ai pas besoin*, je ne m'en soucie pas (de la connaître).

τι εἰδείη καλόν, Καὶ πολλά, ἔφη. — Ἆρ' οὖν, ἔφη, πάντα ὅμοια ἀλλήλοις; — Ὡς οἷόν τε μὲν οὖν, ἔφη, ἀνομοιότατα ἔνια. — Πῶς οὖν, ἔφη, τὸ τῷ καλῷ ἀνόμοιον καλὸν ἂν εἴη; — Ὅτι νὴ Δί', ἔφη, ἔστι μὲν τῷ καλῷ πρὸς δρόμον ἀνθρώπῳ ἄλλος ἀνόμοιος καλὸς πρὸς πάλην, ἔστι δὲ ἀσπὶς καλὴ πρὸς τὸ προβάλλεσθαι ὡς ἔνι[8] ἀνομοιοτάτη τῷ ἀκοντίῳ, καλῷ πρὸς τὸ σφόδρα τε καὶ ταχὺ φέρεσθαι. — 5. Οὐδὲν διαφερόντως, ἔφη, ἀποκρίνει μοι ἢ ὅτε σε ἠρώτησα εἴ τι ἀγαθὸν εἰδείης. — Σὺ δ' οἴει, ἔφη, ἄλλο μὲν ἀγαθόν, ἄλλο δὲ καλὸν εἶναι; οὐκ οἶσθ' ὅτι πρὸς ταὐτὰ πάντα καλά τε κἀγαθά ἐστι[9]; πρῶτον μὲν γὰρ ἡ ἀρετὴ οὐ πρὸς ἄλλα μὲν ἀγαθόν, πρὸς ἄλλα δὲ καλόν[10] ἐστιν· ἔπειτα οἱ ἄνθρωποι τὸ αὐτό τε καὶ πρὸς τὰ αὐτὰ καλοί τε κἀγαθοὶ λέγονται· πρὸς τὰ αὐτὰ δὲ καὶ τὰ σώματα τῶν ἀνθρώπων καλά τε κἀγαθὰ φαίνεται, πρὸς ταὐτὰ δὲ καὶ τἆλλα πάντα οἷς ἄνθρωποι χρῶνται καλά τε κἀγαθὰ νομίζεται, πρὸς ἅπερ ἂν εὔχρηστα ᾖ. — 6. Ἆρ' οὖν, ἔφη, καὶ κόφινος κοπροφόρος καλόν ἐστι[11]; — Νὴ Δί', ἔφη, καὶ χρυσῆ γε ἀσπὶς αἰσχρόν[12], ἐὰν πρὸς τὰ ἑαυτῶν ἔργα

---

8. Ὡς ἔνι, p. ὡς ἔνεστι. *Autant que possible.* Nous disons de même en français : *Autant qu'il est en elle.*

9. Οὐ πρὸς ταὐτὰ πάντα καλά τε κἀγαθά ἐστι; *N'est-il pas vrai que c'est par le même caractère que les choses sont belles et sont bonnes?* C'est la théorie de l'identité du beau et du bien. Les Grecs cherchaient en tout cette identité comme un idéal ; de là leur conception morale de l'homme beau et bon, καλοκἀγαθός. Cette conception, vraie en un sens éminent, ne peut être appliquée aux choses de l'art sans de très grandes restrictions.

10. Οὐ πρὸς ἄλλα μὲν ἀγαθόν, πρὸς ἄλλα δὲ καλόν. D'après Gœthe, la vertu, tant qu'elle est engagée dans la lutte et dans l'effort, n'est pas encore belle. Affermie par l'habitude, devenue aisée et gracieuse, elle prend enfin son caractère esthétique.

11. Ἆρ' οὖν καὶ κόφινος κοπροφόρος καλόν ἐστιν; *Comment! Est-ce qu'un panier à ordures est aussi une belle chose?* De même, dans le *Premier Hippias* : « *Socrate :* Réponds-moi ; une belle marmite, n'est-ce pas une belle chose ? *Hippias :* Ah ! Socrate, il n'est pas possible qu'un homme soit assez grossier pour employer des termes si bas dans une matière si relevée. »

12. Καὶ χρυσῆ γε ἀσπὶς αἰσχρόν. Toutes les armes de luxe, toutes les choses d'art sont inutiles. La théorie exposée ici serait mortelle

ὁ μὲν καλῶς πεποιημένος ᾖ, ἡ δὲ κακῶς. — Λέγεις, σὺ ἔφη, καλά τε καὶ αἰσχρὰ τὰ αὐτὰ εἶναι; — 7. Καὶ ν Δί᾽ ἔγωγ᾽, ἔφη, ἀγαθά τε καὶ κακά· πολλάκις γὰρ τὸ τ λιμοῦ ἀγαθὸν πυρετοῦ κακόν ἐστι καὶ τὸ πυρετοῦ ἀγαθὸ λιμοῦ κακόν ἐστι· πολλάκις δὲ τὸ μὲν πρὸς δρόμον καλὸ πρὸς πάλην αἰσχρόν, τὸ δὲ πρὸς πάλην καλὸν πρὸς δρό μον αἰσχρόν· πάντα γὰρ ἀγαθὰ μὲν καὶ καλά ἐστι πρὸ ἃ ἂν εὖ ἔχῃ [13], κακὰ δὲ καὶ αἰσχρὰ πρὸς ἃ ἂν κακῶς.

8. Καὶ οἰκίας δὲ λέγων τὰς αὐτὰς καλάς τε εἶνα καὶ χρησίμους παιδεύειν ἔμοιγ᾽ ἐδόκει οἵας χρὴ οἰκοδομεῖ σθαι [14]. Ἐπεσκόπει δὲ ὧδε· Ἆρά γε τὸν μέλλοντα οἰκία

pour l'art. Il faut, pour saisir ce qu'il peut y avoir de partiellement vra dans la pensée de Xénophon, rapporter ceci à la célèbre formule d Kant : *le beau est une finalité sans fin*. Un bouclier en or, artistemen ciselé, n'a pas de fin proprement dite, c'est-à-dire d'utilité extérieur et pratique; mais il a une finalité interne, c'est-à-dire que toutes se parties se rapportent à une certaine unité qui satisfait notre imagination notre raison même, en lui représentant une idée, une essence. L'art comme le jeu, vise à une fin tout intérieure; les arabesques de l'ar sont la satisfaction d'un besoin interne de créer et d'ordonner pou nous-mêmes.

13. Πρὸς ἃ ἂν εὖ ἔχῃ. L'idée non plus d'une identité, mais d'un relation étroite et naturelle entre l'utile et le beau a été reprise d'une manière fort originale, par l'illustre philosophe anglais Herber Spencer. On lit dans un de ses Essais, intitulé l'*Utile et le Beau*: « C'es Emerson qui le remarque. Ce que la nature a jadis créé afin de pour voir à un besoin, ensuite elle s'en sert comme d'ornement; et il cit en exemple la structure d'un coquillage de mer chez lequel les organ qui, à une certaine période, ont été la bouche se trouvent à une autr période de sa croissance rejetés en arrière et deviennent des nœuds e des épines dont le coquillage est paré. La même remarque peut s'ap pliquer au progrès de l'humanité. Ici, de même, les œuvres d'un époque servent à l'embellissement de la suivante. Les châteaux e ruines sont un exemple tout prêt de cette métamorphose qui d l'utile tire le beau. Pour les barons féodaux et leurs tenanciers, i s'agissait d'être en sécurité; c'était le but principal, sinon le seu qu'on eût en vue, dans le choix qu'on faisait d'un site et d'un styl pour ces forteresses. Mais ce qui avait été bâti pour être un abri e une sauvegarde, ce qui, dans ces anciens temps, avait dans l'économi de la société un rôle essentiellement utile, est devenu aujourd'hui pu ornement... On met ces ruines en tableaux pour décorer nos salons. » (*Essais de morale, de science et d'esthétique*, traduction de M. Burdeau.

14. Οἵας χρὴ οἰκοδομεῖσθαι. La beauté en architecture ne se confon pas absolument avec l'utilité; mais le type architectural qui domin dans un pays est nécessairement en rapport avec les conditions parti

σίαν χρὴ ἔχειν τοῦτο δεῖ μηχανᾶσθαι, ὅπως ἡδίστη τε ἐνδιαιτᾶσθαι καὶ χρησιμωτάτη ἔσται ; 9. Τούτου δὲ ὁμολογουμένου, Οὐκοῦν ἡδὺ μὲν θέρους ψυχεινὴν ἔχειν, ἡδὺ δὲ χειμῶνος ἀλεεινήν; Ἐπειδὴ δὲ καὶ τοῦτο συμφαῖεν, Οὐκοῦν ἐν ταῖς πρὸς μεσημβρίαν[15] βλεπούσαις οἰκίαις τοῦ μὲν χειμῶνος ὁ ἥλιος εἰς τὰς παστάδας[16] ὑπολάμπει, τοῦ δὲ θέρους ὑπὲρ ἡμῶν αὐτῶν καὶ τῶν στεγῶν πορευόμενος σκιὰν παρέχει. Οὐκοῦν εἴ γε καλῶς ἔχει ταῦτα οὕτω γίγνεσθαι, οἰκοδομεῖν δεῖ ὑψηλότερα μὲν τὰ πρὸς μεσημβρίαν, ἵνα ὁ χειμερινὸς ἥλιος μὴ ἀποκλείηται, χθαμαλώτερα δὲ τὰ πρὸς ἄρκτον, ἵνα οἱ ψυχροὶ μὴ ἐμπίπτωσιν ἄνεμοι. 10. Ὡς δὲ συνελόντι εἰπεῖν[17] ὅποι πάσας ὥρας αὐτός τε ἂν ἥδιστα καταφεύγοι καὶ τὰ ὄντα ἀσφαλέστατα τίθοιτο, αὕτη ἂν εἰκότως ἡδίστη τε καὶ καλλίστη οἴκησις εἴη. Γραφαὶ δὲ καὶ ποικιλίαι[18] πλείονας εὐφρο-

culières du climat; la beauté des maisons et des édifices résulte donc d'une certaine harmonie avec ces conditions. Tel est le principe que pose Socrate. Nous le trouvons encore développé dans le même ouvrage de M. Spencer : « Entre un chalet suisse et un paysage suisse il y a un rapport visible. Le toit aigu et d'une grandeur si disproportionnée au regard des toits ordinaires semble un des pics des montagnes voisines ; et les larges corniches qui surplombent font une pente où tout glisse comme sur les branches d'un pin..... Quand un paysage est plein de formes irrégulières, si l'on y met une construction artificielle, il faut qu'elle soit irrégulière, pour avoir l'air de faire partie du paysage. Un château fort, de tous les genres d'édifice le plus irrégulier dans son dessin, ne nous plaît nulle part autant qu'au milieu des rocs et des précipices : tandis qu'un tel château va mal, à ce qu'il semble, si on l'édifie au milieu d'une plaine. »

15. Πρὸς μεσημβρίαν. Du côté du midi. Ce mot est formé de μέση et de ἡμέρα. La partie du ciel où le soleil passe au milieu du jour.

16. Εἰς τὰς παστάδας. « Les παστάδες sont des galeries extérieures couvertes d'un toit. Pendant l'hiver, le soleil, s'élevant peu au-dessus de l'horizon, donne du jour sous ces galeries, au moins du côté du midi. Pendant l'été, au contraire, passant presque verticalement sur le toit de ces mêmes galeries, il y donne de l'ombre durant la chaleur du jour. » (Th.-H. Martin.)

17. Ὡς συνελόντι εἰπεῖν. Littéralement : Comme il est possible de le dire à quelqu'un qui condense, qui abrège le plus possible. Ut summatim dicam.

18. Γραφαὶ καὶ ποικιλίαι. Γραφαὶ : des peintures représentant des scènes, des personnages, ou du moins des objets d'une certaine com-

σύνας ἀποστεροῦσιν ἢ παρέχουσι. Ναοῖς γε μὴν καὶ βωμοῖς χώραν ἔφη εἶναι πρεπωδεστάτην ἥτις ἐμφανεστάτη οὖσα ἀστιβεστάτη εἴη· ἡδὺ μὲν γὰρ ἰδόντας προσεύξασθαι[19], ἡδὺ δὲ ἁγνῶς ἔχοντας προσιέναι.

IX. — Pensées diverses de Socrate sur le courage, la tempérance, la sagesse, l'envie, le loisir, le pouvoir politique et le bonheur.

1. Πάλιν δὲ ἐρωτώμενος ἡ ἀνδρεία πότερον εἴη διδακτὸν ἢ φυσικόν[1], Οἶμαι μέν, ἔφη, ὥσπερ σῶμα σώματος ἰσχυρότερον πρὸς τοὺς πόνους φύεται, οὕτω καὶ ψυχὴν ψυχῆς ἐρρωμενεστέραν πρὸς τὰ δεινὰ φύσει γίγνεσθαι. Ὁρῶ γὰρ ἐν τοῖς αὐτοῖς νόμοις τε καὶ ἔθεσι τρεφομένους πολὺ διαφέροντας ἀλλήλων τόλμῃ. 2. Νομίζω μέντοι πᾶσαν φύσιν μαθήσει καὶ μελέτῃ πρὸς ἀνδρείαν αὔξεσθαι. Δῆλον μὲν γὰρ ὅτι Σκύθαι καὶ Θρᾷκες οὐκ ἂν τολμήσειαν ἀσπίδας καὶ δόρατα λαβόντες Λακεδαιμονίοις διαμάχεσθαι· φανερὸν δ' ὅτι Λακεδαιμόνιοι οὔτ' ἂν Θρᾳξὶν [ἐν] πέλταις[2] καὶ ἀκοντίοις οὔτε Σκύθαις [ἐν] τόξοις ἐθέλοιεν ἂν διαγωνίζεσθαι. 3. Ὁρῶ δ' ἔγωγε καὶ ἐπὶ τῶν ἄλλων πάντων ὁμοίως καὶ φύσει διαφέροντας ἀλλήλων τοὺς ἀνθρώπους καὶ ἐπιμελείᾳ πολὺ ἐπιδιδόντας[3]. Ἐκ δὲ τού-

plexité. Ποικιλίαι : des bariolages, des ornements, des arabesques. C'est la différence de l'art d'imitation et de l'art d'ornementation.

19. Ἰδόντας προσεύξασθαι. Les anciens (on le voit par ce passage) voulaient que les temples fussent bien à découvert, afin que les adorateurs pussent adresser leurs hommages à la divinité en tenant leurs regards fixés sur son sanctuaire. — Vitruve : *Ædificia deorum ita constituantur uti prætereuntes possint respicere et in conspectu salutationes facere.*

IX. — 1. Διδακτὸν ἢ φυσικόν. Cette question générale : La vertu peut-elle être enseignée ? Est-elle un produit de l'étude ou un don de la nature ? a été traitée par Platon dans plusieurs dialogues, par ex : le *Phèdre*, le *Protagoras* et le *Ménon*. Au sujet du courage, elle a été traitée spécialement dans la *Lachès*.

2. [Ἐν] πέλταις... [ἐν] τόξοις· Ἐν, rejeté, d'ailleurs, par les éditions les plus récentes, serait ici pour σύν. Nous disons de même : *En armes*.

3. Ἐπιδιδόντας. Littéralement : donnant en plus. Par suite : *faisant des progrès*.

των δηλόν ἐστιν ὅτι πάντας χρὴ καὶ τοὺς εὐφυεστέρους καὶ τοὺς ἀμελυτέρους τὴν φύσιν ἐν οἷς ἂν ἀξιόλογοι βούλωνται γενέσθαι, ταῦτα καὶ μανθάνειν καὶ μελετᾶν.

4. Σοφίαν δὲ καὶ σωφροσύνην[4] οὐ διώριζεν, ἀλλὰ τῷ τὰ μὲν καλά τε κἀγαθὰ γιγνώσκοντα χρῆσθαι αὐτοῖς καὶ τῷ τὰ αἰσχρὰ εἰδότα εὐλαβεῖσθαι σοφόν τε καὶ σώφρονα ἔκρινε. Προσερωτώμενος δὲ εἰ τοὺς ἐπισταμένους μὲν ἃ δεῖ πράττειν, ποιοῦντας δὲ τἀναντία, σοφούς τε καὶ ἐγκρατεῖς εἶναι νομίζοι, Οὐδέν γε μᾶλλον, ἔφη, ἢ[5] ἀσόφους τε καὶ ἀκρατεῖς· πάντας γὰρ οἶμαι προαιρουμένους ἐκ τῶν ἐνδεχομένων ἃ οἴονται συμφορώτατα αὑτοῖς εἶναι, ταῦτα πράττειν. Νομίζω οὖν τοὺς μὴ ὀρθῶς πράττοντας οὔτε σοφοὺς οὔτε σώφρονας εἶναι. 5. Ἔφη δὲ καὶ τὴν δικαιοσύνην καὶ τὴν ἄλλην πᾶσαν ἀρετὴν σοφίαν εἶναι. Τά τε γὰρ δίκαια καὶ πάντα ὅσα ἀρετῇ πράττεται καλά τε κἀγαθὰ εἶναι· καὶ οὔτ' ἂν τοὺς ταῦτα εἰδότας ἄλλο ἀντὶ τούτων οὐδὲν προελέσθαι οὔτε τοὺς μὴ ἐπισταμένους δύνασθαι πράττειν, ἀλλὰ καὶ ἐὰν ἐγχειρῶσιν, ἁμαρτάνειν. Οὕτω καὶ τὰ καλά τε κἀγαθὰ τοὺς μὲν σοφοὺς πράττειν, τοὺς δὲ μὴ σοφοὺς οὐ δύνασθαι, ἀλλὰ καὶ ἐὰν ἐγχειρῶσιν, ἁμαρτάνειν. Ἐπεὶ οὖν τά τε δίκαια καὶ τἆλλα καλά τε κἀγαθὰ πάντα ἀρετῇ πράττεται, δῆλον εἶναι ὅτι καὶ δικαιοσύνη καὶ ἡ ἄλλη πᾶσα ἀρετὴ σοφία ἐστί. 6. Μανίαν γε μὴν ἐναντίον μὲν ἔφη εἶναι σοφίᾳ[6], οὐ μέντοι γε τὴν ἀνεπιστημοσύνην μανίαν ἐνό-

---

4. Σοφίαν καὶ σωφροσύνην. La sagesse dans l'ordre théorique et dans l'ordre pratique.
5. Οὐδέν γε μᾶλλον ἤ. C'est-à-dire qu'aucune qualification ne leur convient davantage.
6. Μανίαν ἐναντίον ἔφη σοφίᾳ. Dans le passage qui commence ici, Socrate distingue nettement trois états de l'esprit. La folie, qui est essentiellement un désaccord entre les pensées et les actes, est le contraire de la sagesse. Si un homme connait le bien et fait le mal, c'est qu'il est fou. L'ignorance des choses extérieures n'est pas folie; mais l'ignorance de soi-même, l'état de l'homme qui croit savoir ce qu'il ignore, est une disposition voisine de la folie.

μιζε. Τὸ δὲ ἀγνοεῖν ἑαυτόν, καὶ ἃ μὴ οἶδε[7] δοξάζειν τε καὶ οἴεσθαι γιγνώσκειν, ἐγγυτάτω μανίας ἐλογίζετο εἶναι. Τοὺς μέντοι πολλοὺς ἔφη, ἃ μὲν οἱ πλεῖστοι ἀγνοοῦσι, τοὺς διημαρτηκότας τούτων οὐ φάσκειν μαίνεσθαι, τοὺς δὲ διημαρτηκότας ὧν οἱ πολλοὶ γιγνώσκουσι μαινομένους καλεῖν. 7. Ἐάν τε γάρ τις μέγας οὕτως οἴηται εἶναι ὥστε κύπτειν τὰς πύλας τοῦ τείχους διεξιών[8], ἐάν τε οὕτως ἰσχυρὸς ὥστ' ἐπιχειρεῖν οἰκίας αἴρεσθαι ἢ ἄλλῳ τῳ ἐπιθέσθαι τῶν πᾶσι δήλων ὅτι ἀδύνατά ἐστι, τοῦτον μαίνεσθαι φάσκειν· τοὺς δὲ μικρῶν διαμαρτάνοντας οὐ δοκεῖν τοῖς πολλοῖς μαίνεσθαι, ἀλλ' ὥσπερ τὴν ἰσχυρὰν ἐπιθυμίαν ἔρωτα καλοῦσιν, οὕτω καὶ τὴν μεγάλην παράνοιαν μανίαν αὐτοὺς καλεῖν.

8. Φθόνον δὲ σκοπῶν ὅ τι εἴη, λύπην μέν τινα ἐξηύρισκεν αὐτὸν ὄντα, οὔτε μέντοι τὴν ἐπὶ φίλων ἀτυχίαις οὔτε τὴν ἐπ' ἐχθρῶν εὐτυχίαις γιγνομένην, ἀλλὰ μόνους ἔφη φθονεῖν τοὺς ἐπὶ ταῖς τῶν φίλων εὐπραξίαις ἀνιωμένους. Θαυμαζόντων δέ τινων εἴ τις φιλῶν τινα ἐπὶ τῇ εὐπραξίᾳ αὐτοῦ λυποῖτο, ὑπεμίμνησκεν ὅτι πολλοὶ οὕτω πρός τινας ἔχουσιν ὥστε κακῶς μὲν πράττοντας μὴ δύνασθαι περιορᾶν, ἀλλὰ βοηθεῖν ἀτυχοῦσιν, εὐτυχούντων δὲ λυπεῖσθαι[9]. Τοῦτο μέντοι φρονίμῳ μὲν ἀνδρὶ οὐκ ἂν συμβῆναι, τοὺς ἠλιθίους δὲ ἀεὶ πάσχειν αὐτό.

9. Σχολὴν δὲ σκοπῶν τί εἴη, ποιοῦντας μέν τι τοὺς πλείστους εὑρίσκειν ἔφη· καὶ γὰρ τοὺς πεττεύοντας καὶ τοὺς γελωτοποιοῦντας ποιεῖν τι, πάντας δὲ τούτους ἔφη

---

7. Ἃ μὴ οἶδε, s.-ent. τις.
8. Τὰς πύλας τοῦ τείχους διεξιών. *En passant sous les murs de la ville. S'il s'agissait des murailles d'une maison, il y aurait τὰς θύρας τοῦ τοίχου.*
9. Εὐτυχούντων δὲ λυπεῖσθαι. *Observation morale d'une grande profondeur. Larochefoucauld n'aurait pas de peine à la rattacher à son système. Il expliquerait que nous trouvons une certaine joie dans l'infortune de nos amis, parce qu'alors nous nous sentons plus grands qu'eux; mais nous sommes humiliés par leur bonheur.*

σχολάζειν· ἐξεῖναι γὰρ αὐτοῖς ἰέναι πράξοντας τὰ βελτίω τούτων. Ἀπὸ μέντοι τῶν βελτιόνων ἐπὶ τὰ χείρω ἰέναι οὐδένα σχολάζειν· εἰ δέ τις ἴοι, τοῦτον ἀσχολίας αὐτῷ οὔσης κακῶς ἔφη τοῦτο πράττειν.

10. Βασιλέας δὲ καὶ ἄρχοντας οὐ τοὺς τὰ σκῆπτρα ἔχοντας ἔφη εἶναι οὐδὲ τοὺς ὑπὸ τῶν τυχόντων αἱρεθέντας οὐδὲ τοὺς κλήρῳ λαχόντας[10] οὐδὲ τοὺς βιασαμένους οὐδὲ τοὺς ἐξαπατήσαντας, ἀλλὰ τοὺς ἐπισταμένους[11] ἄρχειν. 11. Ὁπότε γάρ τις ὁμολογήσειε τοῦ μὲν ἄρχοντος εἶναι τὸ προστάττειν ὅ τι χρὴ ποιεῖν, τοῦ δὲ ἀρχομένου τὸ πείθεσθαι, ἐπεδείκνυεν ἔν τε νηῒ τὸν μὲν ἐπιστάμενον ἄρχοντα, τὸν δὲ ναύκληρον καὶ τοὺς ἄλλους τοὺς ἐν τῇ νηῒ πάντας πειθομένους τῷ ἐπισταμένῳ, καὶ ἐν γεωργίᾳ τοὺς κεκτημένους ἀγρούς, καὶ ἐν νόσῳ τοὺς νοσοῦντας, καὶ ἐν σωμασκίᾳ τοὺς σωμασκοῦντας, καὶ τοὺς ἄλλους πάντας οἷς ὑπάρχει τι ἐπιμελείας δεόμενον, ἂν μὲν αὐτοὶ ἡγῶνται ἐπίστασθαι ἐπιμελεῖσθαι· εἰ δὲ μή, τοῖς ἐπισταμένοις οὐ μόνον παροῦσι πειθομένους, ἀλλὰ καὶ ἀπόντας μεταπεμπομένους, ὅπως ἐκείνοις πειθόμενοι τὰ δέοντα πράττωσιν· ἐν δὲ ταλασίᾳ καὶ τὰς γυναῖκας ἐπεδείκνυεν ἀρχούσας τῶν ἀνδρῶν, διὰ τὸ τὰς μὲν εἰδέναι ὅπως χρὴ ταλασιουργεῖν, τοὺς δὲ μὴ εἰδέναι. 12. Εἰ δέ τις πρὸς ταῦτα λέγοι ὅτι τῷ τυράννῳ ἔξεστι μὴ πείθεσθαι τοῖς ὀρθῶς λέγουσι, Καὶ πῶς ἄν, ἔφη, ἐξείη μὴ πείθεσθαι, ἐπικειμένης γε ζημίας, ἐάν τις τῷ εὖ λέγοντι μὴ πείθηται; ἐν ᾧ γὰρ ἄν τις πράγματι μὴ πείθηται τῷ εὖ

---

10. Ὑπὸ τῶν τυχόντων αἱρεθέντας... κλήρῳ λαχόντας. Ceci se rapporte aux deux griefs principaux de Socrate contre la démocratie d'Athènes; l'élection par la foule, par les premiers venus, et surtout l'élection par le sort.

11. Ἀλλὰ τοὺς ἐπισταμένους. Ce sont les hommes instruits, ce sont les philosophes qui doivent être rois; lors même qu'ils ne le sont pas réellement, ils le sont en quelque sorte de droit, parce que, seuls, ils ont *des âmes royales*. Voir, sur l'éducation des hommes d'État, les livres VI et VII de la *République*.

λέγοντι, ἁμαρτήσεται δήπου, ἁμαρτάνων δὲ ζημιώσεται.
13. Εἰ δὲ φαίη τις τῷ τυράννῳ ἐξεῖναι καὶ ἀποκτεῖναι τὸν εὖ φρονοῦντα, Τὸν δὲ ἀποκτείναντα, ἔφη, τοὺς κρατίστους[12] τῶν συμμάχων οἴει ἀζήμιον γίγνεσθαι ἢ ὡς ἔτυχε ζημιοῦσθαι; πότερα γὰρ ἂν μᾶλλον οἴει σώζεσθαι τὸν τοῦτο ποιοῦντα ἢ οὕτω καὶ τάχιστ' ἂν ἀπολέσθαι;
14. Ἐρομένου δέ τινος αὐτὸν τί δοκοίη αὐτῷ κράτιστον ἀνδρὶ ἐπιτήδευμα εἶναι, ἀπεκρίνατο εὐπραξίαν[13]. Ἐρομένου δὲ πάλιν εἰ καὶ τὴν εὐτυχίαν[14] ἐπιτήδευμα νομίζοι εἶναι, Πᾶν μὲν οὖν τοὐναντίον ἔγωγ', ἔφη, τύχην καὶ πρᾶξιν ἡγοῦμαι· τὸ μὲν γὰρ μὴ ζητοῦντα ἐπιτυχεῖν τινι τῶν δεόντων εὐτυχίαν οἶμαι εἶναι, τὸ δὲ μαθόντα τε καὶ μελετήσαντά τι εὖ ποιεῖν εὐπραξίαν νομίζω, καὶ οἱ τοῦτο ἐπιτηδεύοντες δοκοῦσί μοι εὖ πράττειν. 15. Καὶ ἀρίστους δὲ καὶ θεοφιλεστάτους ἔφη εἶναι ἐν μὲν γεωργίᾳ τοὺς τὰ γεωργικὰ εὖ πράττοντας, ἐν δ' ἰατρείᾳ τοὺς τὰ ἰατρικά, ἐν δὲ πολιτείᾳ τοὺς τὰ πολιτικά· τὸν δὲ μηδὲν εὖ πράττοντα οὔτε χρήσιμον οὐδὲν ἔφη εἶναι οὔτε θεοφιλῆ.

X. — Conseils artistiques donnés à Parrhasius, à Cliton et à Pistias sur la peinture, la statuaire et la fabrication des armes.

1. Ἀλλὰ μὴν καὶ εἴ ποτε τῶν τὰς τέχνας ἐχόντων καὶ

12. Ἀποκτείναντα τοὺς κρατίστους. Sur la nécessité qui s'impose aux tyrans de se défaire des meilleurs citoyens, Voir le VIIIe livre de la *République*, chapitres XVII et XVIII.
13. Ἀπεκρίνατο εὐπραξίαν. Breitenbach donne cette leçon, mais il ponctue ainsi : ἀπεκρίνατο· Εὐπραξίαν. D'autre part, Dindorf, Sauppe et Schenkl écrivent : ἀπεκρίνατο εὐπραξία. La leçon et la ponctuation que nous avons adoptées nous semblent être justifiées par l'analogie qui existe entre le mouvement de cette phrase et celui de la suivante.
14. Εὐπραξίαν... εὐτυχίαν. M. Talbot explique dans une note de sa traduction comment les Grecs passaient si facilement de l'une à l'autre de ces deux idées. « Nous disons parfois familièrement d'un homme qui réussit, qu'*il fait bien;* les Grecs le disaient tout ensemble d'une manière relative et d'une manière absolue, et entendaient conséquemment par là *bien agir et réussir*. »

ἐργασίας ἕνεκα χρωμένων αὐταῖς διαλέγοιτό τινι, καὶ τούτοις ὠφέλιμος ἦν¹. Εἰσελθὼν μὲν γάρ ποτε πρὸς Παρράσιον τὸν ζωγράφον² καὶ διαλεγόμενος αὐτῷ, Ἆρα, ἔφη, ὦ Παρράσιε, [ἡ] γραφική ἐστιν εἰκασία τῶν ὁρωμένων; τὰ γοῦν κοῖλα καὶ τὰ ὑψηλὰ³ καὶ τὰ σκοτεινὰ καὶ τὰ φωτεινὰ καὶ τὰ σκληρὰ καὶ τὰ μαλακὰ καὶ τὰ τραχέα καὶ τὰ λεῖα καὶ τὰ νέα καὶ τὰ παλαιὰ σώματα διὰ τῶν χρωμάτων ἀπεικάζοντες ἐκμιμεῖσθε. — 2. Ἀληθῆ λέγεις, ἔφη. — Καὶ μὴν τά γε καλὰ εἴδη ἀφομοιοῦντες, ἐπειδὴ οὐ ῥᾴδιον ἑνὶ ἀνθρώπῳ περιτυχεῖν ἄμεμπτα⁴ πάντα ἔχοντι, ἐκ πολλῶν συνάγοντες τὰ ἐξ ἑκάστου κάλλιστα⁵ οὕτως ὅλα

X. — 1. Καὶ τούτοις ὠφέλιμος ἦν. Xénophon, toujours préoccupé de mettre en lumière l'utilité de l'enseignement de Socrate, va nous montrer dans ce chapitre qu'il savait donner de bons conseils non seulement aux oisifs, mais encore à ceux qui gagnaient leur vie par le travail, aux artistes et aux artisans.

2. Παρράσιον τὸν ζωγράφον. *Parrhasius d'Éphèse*, contemporain et rival de Zeuxis. Ses œuvres les plus célèbres dans le genre héroïque furent : la Folie feinte d'Ulysse ; la Lutte d'Ajax et d'Ulysse pour la possession des armes d'Achille ; Agamemnon, Achille et Ulysse autour de Télèphe, Philoctète à Samos. On connaît l'histoire ou la légende du rideau de Parrhasius, qui trompa Zeuxis. Parrhasius fit aussi quelques peintures d'un genre plus léger, entre autres un tableau représentant Méléagre et Atalante, que Tibère reçut en legs et qu'il plaça dans sa chambre à coucher (Gebhart : *La Peinture de genre dans l'antiquité*). Quintilien écrit au sujet de ce peintre : « Il a le premier observé les proportions, mis de la finesse dans les airs de tête, de l'élégance dans les cheveux, de la grâce dans la bouche, et, de l'aveu des artistes, il a remporté la palme pour les contours. C'est dans la peinture l'habileté suprême. Rendre, en peignant le corps, le milieu des objets, c'est sans doute quelque chose ; mais en cela beaucoup ont réussi ; au lieu que faire les extrémités du corps, bien terminer les contours de l'œuvre, c'est ce que peu d'artistes exécutent avec succès ; car l'extrémité doit tourner et finir de manière à promettre autre chose derrière elle et à faire voir même ce qu'elle cache. » Malgré tous ces mérites, on reproche à Parrhasius, et en général à l'école asiatique dont il est le principal représentant d'avoir sacrifié l'idéal à l'illusion et au trompe-l'œil, et d'être resté ainsi au-dessous de Polygnote, qui excellait « à reproduire quelques sentiments simples, exprimés par des visages calmes et nobles. »

3. Τὰ κοῖλα καὶ τὰ ὑψηλά. *Concava et eminentia*; les creux et les reliefs, les enfoncements et les saillies. Cette partie de l'art de la peinture a été, d'après Plutarque, inventée par Apollodore l'Athénien, surnommé le *Skiagraphe*, qui exprima le premier la dégradation des couleurs au moyen de la dégradation des ombres.

4. Ἄμεμπτα. Irréprochables, parfaites, idéales.

5. Τὰ ἐξ ἑκάστου κάλλιστα. La beauté idéale et parfaite n'est jamais

τὰ σώματα καλὰ ποιεῖτε φαίνεσθαι. — Ποιοῦμεν γάρ, ἔφη, οὕτω. — 3. Τί γάρ; ἔφη, τὸ πιθανώτατον καὶ ἥδιστον καὶ φιλικώτατον καὶ ποθεινότατον καὶ ἐρασμιώτατον ἀπομιμεῖσθε τῆς ψυχῆς ἦθος; ἢ οὐδὲ μιμητόν ἐστι τοῦτο; — Πῶς γὰρ ἄν, ἔφη, μιμητὸν εἴη[6], ὦ Σώκρατες, ὃ μήτε συμμετρίαν μήτε χρῶμα μήτε ὧν σὺ εἶπας ἄρτι μηδὲν ἔχει μηδὲ ὅλως ὁρατόν ἐστιν; — 4. Ἆρ' οὖν, ἔφη, γίγνεται ἐν ἀνθρώπῳ τό τε φιλοφρόνως καὶ τὸ ἐχθρῶς βλέπειν πρός τινας; — Ἔμοιγε δοκεῖ, ἔφη. — Οὐκ οὖν τοῦτό γε μιμητὸν ἐν τοῖς ὄμμασι; — Καὶ μάλα, ἔφη. — Ἐπὶ δὲ τοῖς τῶν φίλων ἀγαθοῖς καὶ τοῖς κακοῖς ὁμοίως σοι δοκοῦσιν ἔχειν τὰ πρόσωπα οἵ τε φροντίζοντες καὶ οἱ μή; — Μὰ Δί' οὐ δῆτα, ἔφη· ἐπὶ μὲν γὰρ τοῖς ἀγαθοῖς φαι-

---

réalisée ici-bas; mais il est donné à l'artiste d'en recueillir et d'en rassembler les divers éléments épars çà et là. Ainsi, Praxitèle, quand il voulait représenter Aphrodite, prenait à la fois pour modèles plusieurs jeunes filles et empruntait à chacune un trait de la beauté absolue.

6. Πῶς γὰρ ἂν μιμητὸν εἴη; Autre leçon, très acceptable : μιμητέον. — On voit par ce passage que Parrhasius était enclin à négliger l'expression morale. Il faut, d'ailleurs, reconnaître que cette expression est la partie la plus difficile et comme le triomphe de l'art. L'histoire des écoles archaïques, non seulement de peinture, mais aussi de sculpture, nous montre que les artistes sont arrivés successivement à exprimer d'abord la proportion, la συμμετρία dont il sera question tout à l'heure, puis le mouvement, puis, en dernier lieu, l'expression. En voici une preuve entre plusieurs autres, que nous empruntons à une *Etude* de M. Vitet sur l'école d'Égine : « Cette école, dit-il, comprend et exprime le mouvement du corps, mais elle ne comprend point encore le mouvement bien plus essentiel de la physionomie. Considérons, par exemple, le célèbre marbre d'Égine, aujourd'hui à Munich, qui représente la lutte des Grecs et des Troyens autour du cadavre de Patrocle : les corps y sont animés de mouvements énergiques et variés, quoique rappelant encore un peu la raideur de l'époque hiératique par leur caractère trop mesuré, trop rythmique et un peu monotone; mais les figures n'y ont aucune physionomie, aucune expression. La lutte est vive et passionnée; mais rien, dans les visages uniformément placides, n'en reflète les émotions et les ardeurs. Ainsi l'œuvre entière offre l'inconcevable disparate de têtes qui n'ont pas l'air d'appartenir aux corps qui les soutiennent. Les corps sont étudiés avec un art admirable; ils ont des mouvements aussi libres et aussi justes, des attitudes aussi vraies et aussi naturelles que s'ils sortaient des mains de Phidias; et sur ces corps nous voyons des visages sans vie et sans intelligence, immobiles, grimaçants, hébétés, physionomies presque bestiales, qui semblent l'œuvre d'un art moitié puéril, moitié barbare. »

δροί, ἐπὶ δὲ τοῖς κακοῖς σκυθρωποὶ γίγνονται. — Οὐκοῦν, ἔφη, καὶ ταῦτα δυνατὸν ἀπεικάζειν ; — Καὶ μάλα, ἔφη. — 5. Ἀλλὰ μὴν καὶ τὸ μεγαλοπρεπές τε καὶ ἐλευθέριον καὶ τὸ ταπεινόν τε καὶ ἀνελεύθερον καὶ τὸ σωφρονικόν τε καὶ φρόνιμον καὶ τὸ ὑβριστικόν τε καὶ ἀπειρόκαλον καὶ διὰ τοῦ προσώπου καὶ διὰ τῶν σχημάτων[7] καὶ ἑστώτων καὶ κινουμένων ἀνθρώπων διαφαίνει. — Ἀληθῆ λέγεις, ἔφη. — Οὐκοῦν καὶ ταῦτα μιμητά ; — Καὶ μάλα, ἔφη. — Πότερον οὖν, ἔφη, νομίζεις ἥδιον[8] ὁρᾶν τοὺς ἀνθρώπους δι' ὧν τὰ καλά τε καὶ ἀγαθὰ καὶ ἀγαπητὰ ἤθη φαίνεται ἢ δι' ὧν τὰ αἰσχρά τε καὶ πονηρὰ καὶ μισητά ; — Πολὺ νὴ Δί' ἔφη, διαφέρει, ὦ Σώκρατες.

6. Πρὸς δὲ Κλείτωνα[9] τὸν ἀνδριαντοποιὸν εἰσελθών ποτε καὶ διαλεγόμενος αὐτῷ, Ὅτι μέν, ἔφη, ὦ Κλείτων, καλοὶ οὕς[10] ποιεῖς δρομέας τε καὶ παλαιστὰς καὶ πύκτας καὶ παγκρατιαστὰς ὁρῶ τε καὶ οἶδα· ὃ δὲ μάλιστα ψυχαγωγεῖ διὰ τῆς ὄψεως τοὺς ἀνθρώπους, τὸ ζωτικοὺς

7. Διὰ τοῦ προσώπου, διὰ τῶν σχημάτων. Ebauche des idées qui ont été développées dans les théories modernes sur les rapports entre les sentiments de l'âme et les expressions de la physionomie. Voir : Duchenne (de Boulogne), Gratiolet, Darwin.

8. Ἥδιον. Il ne faudrait point exagérer cette idée qui, en réduisant l'art à l'expression exclusive des belles formes ou des caractères sympathiques, aboutirait à lui enlever la variété et la vie. L'imitation artistique de la laideur et du vice a son agrément. A peine est-il nécessaire de rappeler les vers de Boileau :

> Il n'est pas de serpent ni de monstre odieux
> Qui, par l'art imité, ne puisse *plaire* aux yeux.

9. Κλείτωνα. *Cliton.* On ne sait rien ni de la vie ni des œuvres de ce sculpteur.

10. Καλοὶ οὕς. Nous sommes ici en présence de leçons très diverses. On trouve d'abord, dans quelques anciennes éditions, λαΐνους, C'est la leçon que M. Talbot a traduite : « Te voilà en train de faire des coureurs *en pierre*. » Sauppe et Breitenbach donnent : ἀλλοίους, qui signifierait : de toute forme, de toute espèce. La leçon καλοὶ οὕς, suivie par Schenkl et par Dindorf, nous semble très préférable : elle se rapporte directement à la différence de la beauté et de l'expression dans les œuvres d'art. « Certes, ils sont beaux les coureurs... que tu es en train de faire... mais, etc. »

φαίνεσθαι, πῶς τοῦτο ἐνεργάζει τοῖς ἀνδριᾶσιν; 7. Ἐπεὶ δὲ ἀπορῶν ὁ Κλείτων οὐ ταχὺ ἀπεκρίνατο, Ἆρ', ἔφη, τοῖς τῶν ζώντων εἴδεσιν ἀπεικάζων τὸ ἔργον ζωτικωτέρους ποιεῖς φαίνεσθαι τοὺς ἀνδριάντας; — Καὶ μάλα, ἔφη. — Οὐκοῦν τά τε ὑπὸ τῶν σχημάτων κατασπώμενα καὶ τἀνασπώμενα ἐν τοῖς σώμασι, καὶ τὰ συμπιεζόμενα καὶ τὰ διελκόμενα, καὶ τὰ ἐντεινόμενα καὶ τὰ ἀνιέμενα ἀπεικάζων, ὁμοιότερά τε τοῖς ἀληθινοῖς καὶ πιθανώτερα ποιεῖς φαίνεσθαι; — Πάνυ μὲν οὖν, ἔφη. — 8. Τὸ δὲ καὶ τὰ πάθη τῶν ποιούντων τι σωμάτων[11] ἀπομιμεῖσθαι οὐ ποιεῖ τινα τέρψιν τοῖς θεωμένοις; — Εἰκὸς γοῦν, ἔφη. — Οὐκοῦν καὶ τῶν μὲν μαχομένων ἀπειλητικὰ τὰ ὄμματα ἀπεικαστέον, τῶν δὲ νενικηκότων εὐφραινομένων ἡ ὄψις μιμητέα; — Σφόδρα γ', ἔφη. — Δεῖ ἄρα, ἔφη, τὸν ἀνδριαντοποιὸν τὰ τῆς ψυχῆς ἔργα τῷ εἴδει προσεικάζειν.

9. Πρὸς δὲ Πιστίαν[12] τὸν θωρακοποιὸν εἰσελθών, ἐπιδείξαντος αὐτοῦ τῷ Σωκράτει θώρακας εὖ εἰργασμένους, Νὴ τὴν Ἥραν, ἔφη, καλόν γε, ὦ Πιστία, τὸ εὕρημα τὸ τὰ μὲν δεόμενα σκέπης τοῦ ἀνθρώπου σκεπάζειν τὸν θώρακα, ταῖς δὲ χερσὶ μὴ κωλύειν χρῆσθαι. 10. Ἀτάρ, ἔφη, λέξον μοι, ὦ Πιστία, διὰ τί οὔτ' ἰσχυροτέρους οὔτε πολυτελεστέρους[13] τῶν ἄλλων ποιῶν τοὺς θώρακας πλείονος πωλεῖς; — Ὅτι, ἔφη, ὦ Σώκρατες, εὐρυθμοτέρους[14]

---

11. Τὰ πάθη τῶν σωμάτων. Expression hardie et originale. Les mouvements expressifs, les allures caractéristiques.

12. Πιστίαν. Pistias. On suppose que ce personnage est le même qu'Athénée, dans une diatribe contre Socrate, désigne sous le nom de Piston.

13. Πολυτελεστέρους. D'une matière plus précieuse; par conséquent, plus coûteuse.

14. Εὐρυθμοτέρους. Encore une expression très originale. Ῥέω, ῥυθμός. Elle exprime l'idée de choses essentiellement souples, ondoyantes et flexibles; par conséquent, ici, de cuirasses qui s'adaptent par leur souplesse, et en quelque sorte par leur ondulation, aux diverses attitudes du corps, au rythme naturel de ses mouvements. Pour bien comprendre cela, il faut se rappeler qu'il y eut, dans l'antiquité, divers systèmes de cuirasses. Déjà, dans les cuirasses ordinaires, les deux

ποιῶ. — Τὸν δὲ ῥυθμόν, ἔφη, πότερα μέτρῳ ἢ σταθμῷ[15] ἀποδεικνύων πλείονος τιμᾷ[16]; οὐ γὰρ δὴ ἴσους γε πάντας οὐδὲ ὁμοίους οἶμαί σε ποιεῖν, εἴ γε ἁρμόττοντας ποιεῖς. — Ἀλλὰ νὴ Δί', ἔφη, ποιῶ· οὐδὲν γὰρ ὄφελός ἐστι θώρακος ἄνευ τούτου. — 11. Οὐκοῦν, ἔφη, σώματά γε ἀνθρώπων τὰ μὲν εὔρυθμά ἐστι, τὰ δὲ ἄρρυθμα; — Πάνυ μὲν οὖν, ἔφη. — Πῶς οὖν, ἔφη, τῷ ἀρρύθμῳ σώματι ἁρμόττοντα τὸν θώρακα εὔρυθμον ποιεῖς; — Ὥσπερ καὶ ἁρμόττοντα, ἔφη· ὁ ἁρμόττων γάρ ἐστιν εὔρυθμος. — 12. Δοκεῖς μοι, ἔφη ὁ Σωκράτης, τὸ εὔρυθμον οὐ καθ' ἑαυτὸ λέγειν, ἀλλὰ πρὸς τὸν χρώμενον· ὥσπερ ἂν εἰ φαίης ἀσπίδα, ᾧ ἂν ἁρμόττῃ, τούτῳ εὔρυθμον εἶναι, καὶ χλαμύδα, καὶ τἆλλα ὡσαύτως ἔοικεν ἔχειν τῷ σῷ λόγῳ. 13. Ἴσως δὲ καὶ ἄλλο τι οὐ μικρὸν ἀγαθὸν τῷ ἁρμόττειν πρόσεστι. — Δίδαξον, ἔφη, ὦ Σώκρατες, εἴ τι ἔχεις. — Ἧττον, ἔφη, τῷ βάρει πιέζουσιν οἱ ἁρμόττοντες τῶν ἀναρμόστων τὸν αὐτὸν σταθμὸν ἔχοντες. Οἱ μὲν γὰρ ἀνάρμοστοι ἢ ὅλοι ἐκ τῶν ὤμων κρεμάμενοι ἢ καὶ ἄλλο τι τοῦ σώματος σφόδρα πιέζοντες

---

pièces de métal séparées et distinctes dont elles se composaient étaient rattachées l'une à l'autre par des agrafes et des boucles qui leur laissaient un certain jeu. Mais surtout on ne tarda pas à faire d'autres espèces de cuirasses où entraient diverses pièces de métal, en forme d'écailles de poisson ou de serpent, ou bien dans lesquelles les plaques de métal étaient complétées par tout un système de « bandes d'acier couvrant les épaules et entourant la taille. Tout en s'adoptant aux formes et à la taille de celui qui portait la cuirasse, ces bandes d'acier pouvaient glisser les unes sur les autres, quand les bras étaient levés ou le corps courbé. » (Rich : *Dictionnaire des antiquités*.) Nous devons supposer que Pistias venait d'inventer quelque cuirasse de ce genre. La traduction : *mieux proportionnées* nous semble donc insuffisante. Dans tout ce passage Socrate et Pistias opposent la rigidité d'une cuirasse qui va bien, le corps restant immobile et raide, à la flexibilité d'une cuirasse qui ne gêne pas les mouvements. Voir plus loin : Οὐ τοὺς ἀκριβεῖς, ἀλλὰ τοὺς μὴ λυποῦντας.

15. Μέτρῳ ἢ σταθμῷ. Développement de la même idée. Μέτρον indique ici la proportion proprement dite; σταθμός, la répartition du poids de la cuirasse ou de la gêne qu'elle cause sur les diverses parties du corps. C'est donc toujours une proportion *dynamique* qu'il s'agit de substituer à une proportion *statique*.

16. Τιμᾷ : tu es estimé; tu es en vogue.

δύσφοροι καὶ χαλεποὶ γίγνονται· οἱ δὲ ἁρμόττοντες, διειλημμένοι τὸ βάρος τὸ μὲν ὑπὸ τῶν κλειδῶν καὶ ἐπωμίδων, τὸ δ' ὑπὸ τῶν ὤμων, τὸ δὲ ὑπὸ τοῦ στήθους, τὸ δὲ ὑπὸ τοῦ νώτου, τὸ δὲ ὑπὸ τῆς γαστρός, ὀλίγου δεῖν οὐ φορήματι, ἀλλὰ προσθήματι[17] ἐοίκασιν. — 14. Εἴρηκας, ἔφη, αὐτὸ[18] δι' ὅπερ ἔγωγε τὰ ἐμὰ ἔργα πλείστου ἄξια νομίζω εἶναι· ἔνιοι μέντοι τοὺς ποικίλους καὶ τοὺς ἐπιχρύσους θώρακας μᾶλλον ὠνοῦνται. — Ἀλλὰ μήν, ἔφη, εἴ γε διὰ ταῦτα μὴ ἁρμόττοντας ὠνοῦνται, κακὸν ἔμοιγε δοκοῦσι ποικίλον τε καὶ ἐπίχρυσον ὠνεῖσθαι. 15. Ἀτάρ, ἔφη, τοῦ σώματος μὴ μένοντος, ἀλλὰ τοτὲ μὲν κυρτουμένου, τοτὲ δὲ ὀρθουμένου, πῶς ἂν ἀκριβεῖς θώρακες ἁρμόττοιεν; — Οὐδαμῶς, ἔφη. — Λέγεις, ἔφη, ἁρμόττειν οὐ τοὺς ἀκριβεῖς, ἀλλὰ τοὺς μὴ λυποῦντας ἐν τῇ χρείᾳ. — Αὐτός, ἔφη, τοῦτο λέγεις[19], ὦ Σώκρατες, καὶ πάνυ ὀρθῶς ἀποδέχει[20].

XI. — ... XII. — Les exercices gymnastiques donnent au corps la force et la santé.

1. Ἐπιγένην[1] δὲ τῶν συνόντων τινά, νέον τε ὄντα καὶ τὸ σῶμα κακῶς ἔχοντα, ἰδών, Ὡς ἰδιωτικῶς, ἔφη, τὸ σῶμα ἔχεις, ὦ Ἐπίγενες. — Καὶ ὅς, Ἰδιώτης γάρ[2],

17. Προσθήματι. A une dépendance du corps lui-même.
18. Αὐτό. Cela même, la chose même. Τοῦτο serait inutile, puisque l'expression est tout à fait générale, et que rien n'est montré ni désigné. De même, dans le *Premier Alcibiade*: Αὐτὸ οὐκ εἴρηται, ὃ μάλιστα ἔδει ῥηθῆναι.
19. Αὐτὸς λέγεις. *Ita est.* Cf. Saint Matthieu : Σὺ εἶπας. Saint Luc : Ὑμεῖς λέγετε, ὅτι ἐγώ εἰμι.
20. Πάνυ ὀρθῶς ἀποδέχει. *Rectissime accipis.*
XII. — 1. Ἐπιγένην. *Epigéne*, fils d'Antiphon de Céphisie. Il est désigné dans l'*Apologie* comme un des disciples assidus de Socrate, et il est nommé dans le *Phédon* parmi ceux qui assistaient à la mort du philosophe.
2. Ὡς ἰδιωτικῶς... Ἰδιώτης γάρ. — Ἰδιώτης. *Qui se tient à l'écart.* D'une manière générale : qui est étranger à quelque chose, aux hon-

ἔφη, εἰμί, ὦ Σώκρατες. — Οὐδέν γε μᾶλλον³, ἔφη, τῶν ἐν Ὀλυμπίᾳ μελλόντων ἀγωνίζεσθαι· ἢ δοκεῖ σοι μικρὸς εἶναι ὁ περὶ τῆς ψυχῆς⁴ πρὸς τοὺς πολεμίους ἀγών, ὃν Ἀθηναῖοι θήσουσιν, ὅταν τύχωσι; 2. Καὶ μὴν οὐκ ὀλίγοι μὲν διὰ τὴν τοῦ σώματος καχεξίαν⁵ ἀποθνήσκουσί τε ἐν τοῖς πολεμικοῖς κινδύνοις καὶ αἰσχρῶς σώζονται· πολλοὶ δὲ δι' αὐτὸ τοῦτο ζῶντές τε ἁλίσκονται καὶ ἁλόντες ἤτοι δουλεύουσι τὴν λοιπὸν βίον, ἐὰν οὕτω τύχωσι, τὴν χαλεπωτάτην δουλείαν, ἢ εἰς τὰς ἀνάγκας τὰς ἀλγεινοτάτας ἐμπεσόντες καὶ ἐκτίσαντες ἐνίοτε πλείω τῶν ὑπαρχόντων αὐτοῖς τὸν λοιπὸν βίον ἐνδεεῖς τῶν ἀναγκαίων ὄντες καὶ κακοπαθοῦντες διαζῶσι· πολλοὶ δὲ δόξαν αἰσχρὰν κτῶνται, διὰ τὴν τοῦ σώματος ἀδυναμίαν δοκοῦντες ἀποδειλιᾶν. 3. Ἢ καταφρονεῖς τῶν ἐπιτιμίων τῆς καχεξίας τούτων, καὶ ῥᾳδίως ἂν οἴει φέρειν τὰ τοιαῦτα; καὶ μὴν εἶμαί γε πολλῷ ῥᾴω καὶ ἡδίω τούτων εἶναι ἃ δεῖ ὑπομένειν τὸν ἐπιμελόμενον τῆς τοῦ σώματος εὐεξίας· ἢ ὑγιεινότερόν τε καὶ εἰς τἆλλα χρησιμώτερον νομίζεις εἶναι τὴν καχεξίαν τῆς εὐεξίας; ἢ τῶν διὰ τὴν εὐεξίαν γιγνομένων καταφρονεῖς; 4. Καὶ μὴν πάντα γε τἀναντία συμβαίνει τοῖς εὖ τὰ σώματα ἔχουσιν ἢ τοῖς κακῶς. Καὶ γὰρ ὑγιαίνουσιν οἱ τὰ σώματα εὖ ἔχοντες

---

neurs, aux fonctions, aux études, etc. Ici, en particulier : *qui est étranger aux exercices du gymnase*, par opposition à ἀσκητής. De là l'expression : ἰδιωτικῶς ἔχειν τὸ σῶμα, négliger son corps. Platon : Εὖ τὸ σῶμα ἔχων, καὶ μὴ ἰδιωτικῶς ἢ φαύλως.

3. Οὐδέν γε μᾶλλον (ἰδιώτης). Socrate veut dire qu'Epigène n'est pas plus étranger par état aux exercices de la gymnastique que ceux qui doivent aller combattre comme athlètes aux jeux Olympiques, attendu qu'il peut avoir, comme tous les autres citoyens, à défendre sa patrie et à faire montre de vigueur et d'agilité sur un champ de bataille.

4. Ὁ περὶ τῆς ψυχῆς. *Celui où il s'agit de défendre sa vie; dont la vie est le prix.*

5. Καχεξίαν, d'où nous avons tiré le terme : *cachexie*. — Mauvaise disposition générale du corps; mauvaise complexion naturelle, ou état général de dépérissement, suite d'une longue maladie ou d'une altération du sang. — Plus loin : εὐεξίαν.

καὶ ἰσχύουσι· καὶ πολλοὶ μὲν διὰ τοῦτο ἐκ τῶν πολεμικῶν ἀγώνων σώζονταί τε εὐσχημόνως καὶ τὰ δεινὰ πάντα διαφεύγουσι, πολλοὶ δὲ φίλοις τε βοηθοῦσι καὶ τὴν πατρίδα εὐεργετοῦσι, καὶ διὰ ταῦτα χάριτός τε ἀξιοῦνται καὶ δόξαν μεγάλην κτῶνται καὶ τιμῶν καλλίστων τυγχάνουσι, καὶ [διὰ ταῦτα] τόν τε λοιπὸν βίον ἥδιον καὶ κάλλιον διαζῶσι καὶ τοῖς ἑαυτῶν παισὶ καλλίους ἀφορμὰς εἰς τὸν βίον καταλείπουσιν. 5. Οὔτοι χρή, ὅτι ἡ πόλις οὐκ ἀσκεῖ δημοσίᾳ [6] τὰ πρὸς τὸν πόλεμον, διὰ τοῦτο καὶ ἰδίᾳ ἀμελεῖν, ἀλλὰ μηδὲν ἧττον ἐπιμελεῖσθαι. Εὖ γὰρ ἴσθι ὅτι οὐδὲ ἐν ἄλλῳ οὐδενὶ ἀγῶνι, οὐδὲ ἐν πράξει οὐδεμιᾷ μεῖον ἕξεις διὰ τὸ βέλτιον τὸ σῶμα παρεσκευάσθαι· πρὸς πάντα γὰρ ὅσα πράττουσιν ἄνθρωποι χρήσιμον[7] τὸ σῶμά ἐστιν· ἐν πάσαις δὲ ταῖς τοῦ σώματος χρείαις πολὺ διαφέρει ὡς βέλτιστα τὸ σῶμα ἔχειν. 6. Ἐπεὶ καὶ ἐν ᾧ δοκεῖ ἐλαχίστη τοῦ σώματος χρεία εἶναι, ἐν τῷ διανοεῖσθαι, τίς οὐκ οἶδεν[8] ὅτι καὶ ἐν τούτῳ πολλοὶ μεγάλα σφάλλονται διὰ τὸ μὴ ὑγιαίνειν τὸ σῶμα; καὶ λήθη[9] δὲ καὶ ἀθυμία καὶ δυσκολία καὶ μανία πολλάκις πολλοῖς διὰ τὴν τοῦ σώματος καχεξίαν εἰς τὴν διάνοιαν ἐμπίπτουσιν οὕτως ὥστε καὶ τὰς ἐπιστήμας ἐκβάλλειν[10]. 7. Τοῖς δὲ

---

6. Ὅτι ἡ πόλις οὐκ ἀσκεῖ δημοσίᾳ. Ceci est une critique contre les mœurs et les institutions d'Athènes opposées à celles de Sparte. —

7. Πρὸς πάντα χρήσιμον. Socrate va signaler très rapidement, mais d'une manière précise, la question des rapports de l'âme et du corps, et l'étendre même implicitement aux rapports de la pensée et du cerveau.

8. Ἐπεί... τίς οὐκ οἶδεν. Autre exemple de cet emploi de ἐπεί avec le sens de *car*, et suivi d'une phrase interrogative : Platon ; *Gorgias* : Ἐπεὶ σὺ δέξαιο ἂν μᾶλλον ἀδικεῖσθαι ἢ ἀδικεῖν;

9. Λήθη : *le défaut de mémoire*; (l'amnésie, et non pas simplement l'oubli ; Voir Ribot: *les Maladies de la mémoire*); ἀθυμία : le défaut d'énergie, de volonté, de ressort; *l'apathie*; δυσκολία : l'humeur chagrine, farouche; la *mélancolie*, la *lypémanie*; μανία : *la folie proprement dite*.

10. Τὰς ἐπιστήμας ἐκβάλλειν. *Leur faire perdre ce qu'ils savent.* Ceci peut-être se rapporte à des faits absolument pathologiques, comme ceux que signalent les physiologistes et psychologues contemporains: l'oubli

τὰ σώματα εὖ ἔχουσι πολλὴ ἀσφάλεια καὶ οὐδεὶς κίνδυνος διά γε τὴν τοῦ σώματος καχεξίαν τοιοῦτόν τι παθεῖν, εἰκὸς δὲ μᾶλλον πρὸς τὰ ἐναντία τῶν διὰ τὴν καχεξίαν γιγνομένων [καὶ] τὴν εὐεξίαν χρήσιμον εἶναι. Καίτοι τῶν γε τοῖς εἰρημένοις ἐναντίων ἕνεκα τί οὐκ ἄν τις νοῦν ἔχων ὑπομείνειεν; 8. Αἰσχρὸν δὲ καὶ τὸ διὰ τὴν ἀμέλειαν γηρᾶναι, πρὶν ἰδεῖν ἑαυτὸν ποῖος ἂν κάλλιστος καὶ κράτιστος τῷ σώματι γένοιτο. Ταῦτα δὲ οὐκ ἔστιν ἰδεῖν ἀμελοῦντα· οὐ γὰρ ἐθέλει[11] αὐτόματα γίγνεσθαι.

XIII. — Mots de Socrate sur la colère, la délicatesse dans le genre de vie, les fatigues et les voyages.

1. Ὀργιζομένου δέ ποτέ τινος, ὅτι προσειπών τινα χαίρειν[1] οὐκ ἀντιπροσερρήθη, Γελοῖον, ἔφη, τὸ εἰ μὲν τὸ σῶμα κάκιον ἔχοντι ἀπήντησάς τῳ, μὴ ἂν ὀργίζεσθαι[2], ὅτι δὲ τὴν ψυχὴν ἀγροικοτέρως διακειμένῳ[3] περιέτυχες, τοῦτό σε λυπεῖν.

2. Ἄλλου δὲ λέγοντος ὅτι ἀηδῶς ἐσθίοι, Ἀκουμενός[4], ἔφη, τούτου φάρμακον ἀγαθὸν διδάσκει. Ἐρομένου δέ, Ποῖον; Παύσασθαι ἐσθίοντα, ἔφη· καὶ ἥδιόν τε καὶ εὐτελέστερον καὶ ὑγιεινότερον διάξειν παυσάμενον.

complet d'une langue étrangère ou de toute une période déterminée de la vie, les autres connaissances restant intactes.
11. Οὐκ ἐθέλει, comme οὐ φιλεῖ. N'ont pas coutume.
XIII. — 1. Προσειπὼν χαίρειν : Ayant envoyé, souhaité le bonjour.
2. Μὴ ἂν ὀργίζεσθαι. À rapprocher d'une pensée bien connue de Pascal : D'où vient qu'un boiteux ne nous irrite pas et qu'un esprit boiteux nous irrite ? À cause qu'un boiteux reconnaît que nous allons droit, et qu'un esprit boiteux dit que c'est nous qui boitons.
3. Τὴν ψυχὴν ἀγροικοτέρως διακειμένῳ. Anecdote semblable racontée par Diogène Laërce. Socrate ayant reçu un jour un coup de pied, il demeura imperturbable. Comme quelqu'un s'en étonnait, il dit : Si un âne m'avait donné un coup de pied, irais-je lui faire un procès ? — Ἀγροικοτέρως. On trouve dans Xénophon d'autres exemples de cette forme adverbiale des comparatifs. Ainsi, dans le Banquet ; ἐχθιόνως.
4. Ἀκουμενός. Acuménus et son fils Eryximaque sont des médecins, amis de Socrate ; ils paraissent dans le Phèdre et le Banquet.

3. Ἄλλου δ' αὖ λέγοντος ὅτι θερμὸν εἴη παρ' ἑαυτῷ τὸ ὕδωρ ὃ πίνοι, Ὅταν ἄρ', ἔφη, βούλῃ θερμῷ λούσασθαι, ἕτοιμον ἔσται σοι. — Ἀλλὰ ψυχρόν, ἔφη, ἐστὶν ὥστε λούσασθαι[5]. — Ἆρ' οὖν, ἔφη, καὶ οἱ οἰκέται σου ἄχθονται πίνοντές τε αὐτὸ καὶ λούμενοι αὐτῷ; — Μὰ τὸν Δί', ἔφη· ἀλλὰ καὶ πολλάκις τεθαύμακα ὡς ἡδέως αὐτῷ πρὸς ἀμφότερα ταῦτα χρῶνται. — Πότερον δέ, ἔφη, τὸ παρὰ σοὶ ὕδωρ θερμότερον πιεῖν ἐστιν ἢ τὸ ἐν Ἀσκληπιοῦ; — Τὸ ἐν Ἀσκληπιοῦ[6], ἔφη. — Πότερον δὲ λούσασθαι ψυχρότερον, τὸ παρὰ σοὶ ἢ τὸ ἐν Ἀμφιαράου; — Τὸ ἐν Ἀμφιαράου[7], ἔφη. — Ἐνθυμοῦ οὖν, ἔφη, ὅτι κινδυνεύεις δυσαρεστότερος εἶναι τῶν τε οἰκετῶν καὶ τῶν ἀρρωστούντων.

4. Κολάσαντος δέ τινος ἰσχυρῶς ἀκόλουθον, ἤρετο τί χαλεπαίνοι τῷ θεράποντι. — Ὅτι, ἔφη, ὀψοφαγίστατός τε ὢν βλακότατός ἐστι καὶ φιλαργυρώτατος ὢν ἀργότατος. — Ἤδη ποτὲ οὖν ἐπεσκέψω πότερος πλειόνων πληγῶν δεῖται, σὺ ἢ ὁ θεράπων;

5. Φοβουμένου δέ τινος τὴν εἰς Ὀλυμπίαν ὁδόν, Τί, ἔφη, φοβεῖ τὴν πορείαν; οὐ καὶ οἴκοι[8] σχεδὸν ὅλην τὴν

---

5. Ψυχρὸν ὥστε λούσασθαι. Il faudrait régulièrement le comparatif. Mais, dans Xénophon même, on trouve quelquefois le positif. Ainsi, dans la *Cyropédie* : Ὀλίγοι ἐσμέν, ὥστε ἐγκρατεῖς εἶναι. Nous disons, d'ailleurs, absolument de même en français : Cette eau est *froide*, ou bien *froide*, pour s'y baigner.

6. Τὸ ἐν Ἀσκληπιοῦ. Le temple d'Esculape était situé à Athènes, sur le chemin du théâtre à la citadelle. Il y avait dans ce temple une fontaine d'eau thermale.

7. Τὸ ἐν Ἀμφιαράου. Amphiaraüs, célèbre devin, un des sept chefs contre Thèbes. Beau-frère d'Adraste, il se cacha d'abord pour ne pas aller au siège de Thèbes, où sa science divinatoire lui avait appris qu'il trouverait la mort; mais sa femme Eriphyle, séduite par le présent d'un collier, révéla sa retraite. Eschyle dit de lui, dans les *Sept Chefs* : « Il veut non point paraître brave, mais l'être. Son âme est un sol fécond où germent les prudents conseils. » Son temple était situé à peu de distance d'Orope, sur les confins de l'Attique et de la Béotie. On voit, par ce passage, que les eaux de sa fontaine étaient froides.

8. Οἴκοι. Dans la ville; dans Athènes. Socrate explique dans ce pas-

ἡμέραν περιπατεῖς; καὶ ἐκεῖσε πορευόμενος περιπατήσας
ἀριστήσεις, περιπατήσας δειπνήσεις καὶ ἀναπαύσει. Οὐκ
οἶσθα ὅτι, εἰ ἐκτείναις τοὺς περιπάτους, οὓς ἐν πέντε ἢ
ἓξ ἡμέραις περιπατεῖς, ῥᾳδίως ἂν Ἀθήνηθεν εἰς Ὀλυμπίαν ἀφίκοιο; χαριέστερον δὲ καὶ προεξορμᾶν ἡμέρᾳ μιᾷ
μᾶλλον[9] ἢ ὑστερίζειν. Τὸ μὲν γὰρ ἀναγκάζεσθαι περαι-
τέρω τοῦ μετρίου μηκύνειν τὰς ὁδοὺς χαλεπόν, τὸ δὲ μιᾷ
ἡμέρᾳ πλείονας[10] πορευθῆναι πολλὴν ῥᾳστώνην παρέχει.
Κρεῖττον οὖν ἐν τῇ ὁρμῇ σπεύδειν ἢ ἐν τῇ ὁδῷ.

6. Ἄλλου δὲ λέγοντος ὡς παρετάθη μακρὰν ὁδὸν πο-
ρευθείς, ἤρετο αὐτὸν εἰ καὶ φορτίον ἔφερε. — Μὰ Δί'
οὐκ ἔγωγ', ἔφη, ἀλλὰ τὸ ἱμάτιον. — Μόνος δ' ἐπορεύου,
ἔφη, ἢ καὶ ἀκόλουθός σοι ἠκολούθει; — Ἠκολούθει, ἔφη.
— Πότερον κενός, ἔφη, ἢ φέρων τι; — Φέρων νὴ Δί',
ἔφη, τά τε στρώματα καὶ τἆλλα σκεύη. — Καὶ πῶς [τι],
ἔφη, ἀπήλλαχεν ἐκ τῆς ὁδοῦ; — Ἐμοὶ μὲν δοκεῖν, ἔφη,
βέλτιον ἐμοῦ. — Τί οὖν; ἔφη, εἰ τὸ ἐκείνου φορτίον ἔδει
σε φέρειν, πῶς ἂν οἴει διατεθῆναι; — Κακῶς νὴ Δί', ἔφη·
μᾶλλον δὲ οὐδ' ἂν ἐδυνήθην κομίσαι. — Τὸ οὖν τοσούτῳ
ἧττον τοῦ παιδὸς δύνασθαι πονεῖν πῶς ἠσκημένου[11] δοκεῖ
σοι ἀνδρὸς εἶναι;

XIV. — Réflexions de Socrate sur la bonne chère et la frugalité.

1. Ὁπότε δὲ τῶν συνιόντων ἐπὶ δεῖπνον[1] οἱ μὲν μικρὸν
ὄψον, οἱ δὲ πολὺ φέροιεν, ἐκέλευεν ὁ Σωκράτης τὸν παῖδα

sage que, si l'on met bout à bout les promenades qu'un oisif fait dans la ville avant de déjeuner et avant de dîner, on a bientôt atteint la longueur de route qui sépare Athènes d'Olympie.
9. Μᾶλλον. Ce mot est ici explétif.
10. Πλείονας. S.-ent. : ἡμέρας.
11. Ἠσκημένου. *Qui s'est exercé dans les gymnases* (où les esclaves n'avaient pas droit d'entrer).
XIV. — 1. Ἐπὶ δεῖπνον. On voit que ce repas ressemblerait assez à ce

τὸ μικρὸν ἢ εἰς τὸ κοινὸν τιθέναι ἢ διανέμειν ἑκάστῳ τὸ μέρος. Οἱ οὖν τὸ πολὺ φέροντες ᾐσχύνοντο τό τε μὴ κοινωνεῖν τοῦ εἰς τὸ κοινὸν τιθεμένου καὶ τὸ μὴ ἀντιτιθέναι τὸ ἑαυτῶν. Ἐτίθεσαν οὖν καὶ τὸ ἑαυτῶν εἰς τὸ κοινόν· καὶ ἐπεὶ οὐδὲν πλέον εἶχον τῶν μικρὸν φερομένων, ἐπαύοντο πολλοῦ ὀψωνοῦντες.

2. Καταμαθὼν δέ ποτε τῶν συνδειπνούντων τινὰ τοῦ μὲν σίτου πεπαυμένον, τὸ δὲ ὄψον αὐτὸ καθ' αὑτὸ[2] ἐσθίοντα, λόγου ὄντος περὶ ὀνομάτων, ἐφ' οἵῳ ἔργῳ ἕκαστον εἴη, Ἔχοιμεν ἄν, ἔφη, ὦ ἄνδρες, εἰπεῖν ἐπὶ ποίῳ ποτὲ ἔργῳ ἄνθρωπος ὀψοφάγος[3] καλεῖται; ἐσθίουσι μὲν γὰρ δὴ πάντες ἐπὶ τῷ σίτῳ ὄψον, ὅταν παρῇ· ἀλλ' οὐκ οἶμαί πω ἐπὶ τούτῳ γε ὀψοφάγοι καλοῦνται. — Οὐ γὰρ οὖν, ἔφη τις τῶν παρόντων. — 3. Τί γάρ; ἔφη, ἐάν τις ἄνευ τοῦ σίτου τὸ ὄψον αὐτὸ ἐσθίῃ, μὴ ἀσκήσεως[4], ἀλλ' ἡδονῆς ἕνεκα, πότερον ὀψοφάγος εἶναι δοκεῖ ἢ οὔ; — Σχολῇ γ' ἄν, ἔφη, ἄλλος τις ὀψοφάγος εἴη. — Καί τις ἄλλος τῶν παρόντων, Ὁ δὲ μικρῷ σίτῳ, ἔφη, πολὺ ὄψον ἐπεσθίων; — Ἐμοὶ μέν, ἔφη ὁ Σωκράτης, καὶ οὗτος δοκεῖ δικαίως ἂν ὀψοφάγος καλεῖσθαι· καὶ ὅταν γε οἱ ἄλλοι ἄνθρωποι τοῖς θεοῖς εὔχωνται πολυκαρπίαν, εἰκότως ἂν

que nous appelons un *pique-nique*, s'il n'y manquait de part et d'autre l'urbanité et le laisser-aller que nous avons coutume de mettre aujourd'hui dans des agapes de ce genre.

2. Αὐτὸ καθ' αὑτό. Le sens que présente cette expression dans cet exemple si simple montre bien comment elle se trouve apte à exprimer l'*Idée* dans la doctrine de Platon. L'idéal d'une chose n'est sa perfection que parce que c'est d'abord cette chose elle-même considérée isolément, abstraction faite de toutes les autres qui s'y mêlent dans la réalité et qui en voilent l'essence.

3. Ὀψοφάγος. Pour bien comprendre tout ce qui suit, il faut se rappeler que ὄψον ne signifie pas simplement viande, mais tout ce qui se mange avec le pain. On est donc gourmand, non parce que l'on mange de la viande, mais parce que l'on mange de la viande sans pain ou plus de viande que de pain.

4. Μὴ ἀσκήσεως. Les athlètes mangeaient beaucoup de viande, non par délicatesse, mais par régime, afin de développer le tissu musculaire.

οὗτος πολυοψίαν εὔχοιτο. — 4. Ταῦτα δὲ τοῦ Σωκράτους
εἰπόντος, νομίσας ὁ νεανίσκος εἰς αὐτὸν εἰρῆσθαι τὰ λε-
χθέντα τὸ μὲν ὄψον οὐκ ἐπαύσατο ἐσθίων, ἄρτον δὲ προσ-
έλαβε. Καὶ ὁ Σωκράτης καταμαθὼν, Παρατηρεῖτ᾽, ἔφη,
τοῦτον οἱ πλησίον[5], ὁπότερα τῷ σίτῳ ὄψῳ ἢ τῷ ὄψῳ σίτῳ[6]
χρήσεται.

5. Ἄλλον δέ ποτε τῶν συνδείπνων ἰδὼν ἐπὶ τῷ ἑνὶ
ψωμῷ πλειόνων ὄψων γευόμενον, Ἆρα γένοιτ᾽ ἄν, ἔφη,
πολυτελεστέρα ὀψοποιΐα ἢ μᾶλλον τὰ ὄψα λυμαινομένη
ἢ ἣν ὀψοποιεῖται ὁ [ἅμα πολλὰ ἐσθίων καὶ] ἅμα παν-
τοδαπὰ ἡδύσματα εἰς τὸ στόμα λαμβάνων; πλείω μέν
γε τῶν ὀψοποιῶν συμμιγνύων πολυτελέστερα ποιεῖ· ἃ
δὲ ἐκεῖνοι μὴ συμμιγνύουσιν, ὡς οὐχ ἁρμόττοντα, ὁ συμμιγνύων, εἴπερ ἐκεῖνοι ὀρθῶς ποιοῦσιν, ἁμαρτάνει τε καὶ
καταλύει τὴν τέχνην αὐτῶν. 6. Καίτοι πῶς οὐ γελοῖόν
ἐστι παρασκευάζεσθαι μὲν ὀψοποιοὺς τοὺς ἄριστα ἐπισταμένους, αὐτὸν δὲ μηδ᾽ ἀντιποιούμενον τῆς τέχνης
ταύτης τὰ ὑπ᾽ ἐκείνων ποιούμενα μετατιθέναι; καὶ ἄλλο
δέ τι προσγίγνεται τῷ ἅμα πολλὰ ἐσθίειν ἐθισθέντι· μὴ
παρόντων γὰρ πολλῶν μειονεκτεῖν ἄν τι δοκοίη ποθῶν τὸ
σύνηθες· ὁ δὲ συνεθισθεὶς τὸν ἕνα ψωμὸν ἑνὶ ὄψῳ προπέμ-
πειν, ὅτε μὴ παρείη πολλὰ, δύναιτ᾽ ἂν ἀλύπως τῷ ἑνὶ
χρῆσθαι[7].

7. Ἔλεγε δὲ καὶ ὡς τὸ ἐσθίειν ἐν τῇ Ἀθηναίων γλώττῃ
εὐωχεῖσθαι[8] καλοῖτο· τὸ δὲ εὖ προσκεῖσθαι ἔφη ἐπὶ τῷ

---

5. Παρατηρεῖτ᾽, οἱ πλησίον. *Observez-le, vous qui êtes près de lui.*

6. Ἢ τῷ ὄψῳ σίτῳ. Il y a quelque chose de cette idée dans notre proverbe : *Plus de beurre que de pain.*

7. Τῷ ἑνὶ χρῆσθαι. Aux anecdotes, d'un goût médiocre, qui remplissent ce passage, nous pouvons en ajouter une rapportée par Diogène Laërce : « Un jour que Socrate avait invité à dîner des gens riches, Xanthippe rougissait de la modicité du repas : « Ne t'inquiète point, lui dit-il ; s'ils sont sobres et discrets, ils seront indulgents ; s'ils ne le sont pas, laissons-les pour ce qu'ils valent. »

8. Εὐωχεῖσθαι, de εὖ et du vieux mot ὀχή, nourriture. *Se régaler,*

ταῦτα ἐσθίειν ἃ μήτε τὴν ψυχὴν μήτε τὸ σῶμα λυποίη μηδὲ δυσεύρετα εἴη· ὥστε καὶ τὸ εὐωχεῖσθαι τοῖς κοσμίως διαιτωμένοις ἀνετίθει.

faire bonne chère. «Il y a dans le mot français *bonne chère* quelque analogie avec le double sens du grec. *Chère* est un mot de la langue romane, *chiera*, en provençal moderne *cara*, en espagnol *caro* et en italien *ciera*, qui, pris absolument, a tout à la fois le sens de *visage*, de *mine*, d'*accueil*, de *réception*. Ainsi, dit Ménage, *faire bonne ou mauvaise chère*, c'est être bien ou mal traité à table. De la même manière le mot *chère lie*, qui se trouve dans La Fontaine, équivaut à *ciera lieta*, visage joyeux, et, par suite, bonne mine, régalade.» (Talbot.)

ΞΕΝΟΦΩΝΤΟΣ

ΑΠΟΜΝΗΜΟΝΕΥΜΑΤΩΝ

ΒΙΒΛΙΟΝ ΤΕΤΑΡΤΟΝ

I. — Comment Socrate était utile aux jeunes gens en éprouvant leur naturel et en leur donnant des conseils appropriés à leur caractère et à leurs vues.

1. Οὕτω δὲ Σωκράτης ἦν ἐν παντὶ πράγματι καὶ πάντα τρόπον ὠφέλιμος[1], ὥστε σκοπουμένῳ τῷ[2] καὶ μετρίως αἰσθανομένῳ φανερὸν εἶναι ὅτι οὐδὲν ὠφελιμώτερον ἦν τοῦ Σωκράτει συνεῖναι καὶ μετ' ἐκείνου διατρίβειν ὁπουοῦν καὶ ἐν ὁτῳοῦν πράγματι· ἐπεὶ καὶ τὸ ἐκείνου μεμνῆσθαι μὴ παρόντος οὐ μικρὰ ὠφέλει τοὺς εἰωθότας τε αὐτῷ συνεῖναι καὶ ἀποδεχομένους ἐκεῖνον[3]. Καὶ γὰρ παίζων οὐδὲν ἧττον ἢ σπουδάζων ἐλυσιτέλει τοῖς συνδιατρίβουσι. 2. Πολλάκις γὰρ ἔφη μὲν ἄν[4] τινος ἐρᾶν, φανερὸς δ' ἦν οὐ τῶν τὰ σώματα πρὸς ὥραν[5], ἀλλὰ τῶν τὰς

I. — 1. Ἐν παντὶ πράγματι καὶ πάντα τρόπον ὠφέλιμος. On voit que ces nouveaux développements se rattachent toujours à l'idée générale du livre et à la phrase essentielle par laquelle commence le quatrième chapitre du premier livre.

2. Σκοπουμένῳ τῷ καὶ μετρίως αἰσθανομένῳ. C'est la leçon adoptée par Dindorf et par Sauppe, aussi bien que par Schenkl. L'édition de Breitenbach porte : τῷ σκοπουμένῳ τοῦτο ; d'autres, plus anciennes ajoutent : καὶ εἰ μετρίως αἰσθανομένῳ. Mais τοῦτο est inutile ; καὶ εἰ ne s'emploie pas avec un participe. — Μετρίως αἰσθανομένῳ. *Mediocriter intelligenti.*

3. Καὶ ἀποδεχομένους ἐκεῖνον. *Et qui l'acceptaient pour maître.*

4. Πολλάκις ἔφη ἄν. Il lui arrivait souvent, il avait l'habitude de dire. De même, dans la *Cyropédie* : VII, 1 : Ὁπότε προσβλέψειέ τινα τῶν ἐν ταῖς τάξεσι, τότε μὲν εἶπεν ἄν.... τότε δ' αὖ ἐν ἄλλοις ἂν ἔλεξεν.

5. Ὥραν. Le moment favorable, l'heure du plein épanouissement d'une chose ; ici : la jeunesse ; la beauté, la fraîcheur, *la grâce de la jeunesse.*

ψυχὰς πρὸς ἀρετὴν εὖ πεφυκότων⁶ ἐφιέμενος. Ἐτεκμαίρετο δὲ τὰς ἀγαθὰς φύσεις ἐκ τοῦ ταχύ τε μανθάνειν οἷς προσέχοιεν καὶ μνημονεύειν ἃ μάθοιεν καὶ ἐπιθυμεῖν τῶν μαθημάτων πάντων δι' ὧν ἔστιν οἶκόν τε καλῶς οἰκεῖν καὶ πόλιν καὶ τὸ ὅλον ἀνθρώποις τε καὶ τοῖς ἀνθρωπίνοις πράγμασιν εὖ χρῆσθαι⁷· τοὺς γὰρ τοιούτους ἡγεῖτο παιδευθέντας οὐκ ἂν μόνον αὐτούς τε εὐδαίμονας εἶναι καὶ τοὺς ἑαυτῶν οἴκους καλῶς οἰκεῖν, ἀλλὰ καὶ ἄλλους ἀνθρώπους καὶ πόλεις δύνασθαι εὐδαίμονας ποιεῖν. 3. Οὐ τὸν αὐτὸν δὲ τρόπον ἐπὶ πάντας ᾔει, ἀλλὰ τοὺς μὲν οἰομένους φύσει ἀγαθοὺς εἶναι, μαθήσεως δὲ καταφρονοῦντας, ἐδίδασκεν ὅτι αἱ ἄρισται δοκοῦσαι εἶναι φύσεις μάλιστα παιδείας δέονται, ἐπιδεικνύων τῶν τε ἵππων τοὺς εὐφυεστάτους θυμοειδεῖς τε καὶ σφοδροὺς ὄντας, εἰ μὲν ἐκ νέων δαμασθεῖεν, εὐχρηστοτάτους καὶ ἀρίστους γιγνομένους, εἰ δὲ ἀδάμαστοι γένοιντο, δυσκαθεκτοτάτους καὶ φαυλοτάτους· καὶ τῶν κυνῶν τῶν εὐφυεστάτων, φιλοπόνων τε οὐσῶν καὶ ἐπιθετικῶν τοῖς θηρίοις, τὰς μὲν καλῶς ἀχθείσας⁸ ἀρίστας γίγνεσθαι πρὸς τὰς θήρας καὶ χρησιμωτάτας, ἀναγώγους δὲ γιγνομένας ματαίους τε καὶ μανιώδεις καὶ δυσπειθεστάτας. 4. Ὁμοίως δὲ καὶ τῶν ἀνθρώπων τοὺς εὐφυεστάτους, ἐρρωμενεστάτους τε ταῖς ψυχαῖς ὄντας καὶ ἐξεργαστικωτάτους ὧν ἂν ἐγχειρῶσι, παιδευθέντας μὲν καὶ

---

6. Ἀλλὰ τῶν τὰς ψυχὰς πρὸς ἀρετὴν εὖ πεφυκότων. Cette pensée se retrouve continuellement dans les plus belles pages du *Phèdre* et du *Banquet*.

7. Ἀνθρώποις τε καὶ τοῖς ἀνθρωπίνοις πράγμασιν εὖ χρῆσθαι. Ceci se rapporte à la prudence, à la sagesse pratique, plutôt qu'au calcul de l'intérêt proprement dit.

8. Τὰς μὲν καλῶς ἀχθείσας. *Ceux qu'on a bien exercés.* Plus loin : ἀναγώγους. *Quand on a négligé de les dresser.* — En général, le mot pluriel κύνες s'emploie au féminin. Xénophon : *De la chasse*, chapitre III : Τὰ δὲ γένη τῶν κυνῶν ἐστι δισσά, αἱ μὲν καστόρεαι, αἱ δὲ ἀλωπεκίδες. Platon : la *République*, VIIIᵉ livre, dans le passage où il montre que la licence des démocraties s'étend jusqu'aux animaux : Αἵ τε κύνες καὶ ἵπποι καὶ ὄνοι.

μαθόντας ἃ δεῖ πράττειν, ἀρίστους τε καὶ ὠφελιμωτάτους γίγνεσθαι· πλεῖστα γὰρ καὶ μέγιστα ἀγαθὰ ἐργάζεσθαι· ἀπαιδεύτους δὲ καὶ ἀμαθεῖς γενομένους κακίστους τε καὶ βλαβερωτάτους γίγνεσθαι· κρίνειν γὰρ οὐκ ἐπισταμένους ἃ δεῖ πράττειν πολλάκις πονηροῖς ἐπιχειρεῖν πράγμασι, μεγαλείους δὲ καὶ σφοδροὺς ὄντας δυσκαθέκτους τε καὶ δυσαποτρέπτους εἶναι· διὸ πλεῖστα καὶ μέγιστα κακὰ ἐργάζεσθαι. 5. Τοὺς δ' ἐπὶ πλούτῳ μέγα φρονοῦντας καὶ νομίζοντας οὐδὲν προσδεῖσθαι παιδείας, ἐξαρκέσειν δὲ σφίσι τὸν πλοῦτον οἰομένους πρὸς τὸ διαπράττεσθαί τε ὅ τι ἂν βούλωνται καὶ τιμᾶσθαι ὑπὸ τῶν ἀνθρώπων, ἐφρένου[9] λέγων ὅτι μῶρος μὲν εἴη, εἴ τις οἴεται μὴ μαθὼν τά τε ὠφέλιμα καὶ τὰ βλαβερὰ τῶν πραγμάτων διαγνώσεσθαι, μῶρος δ', εἴ τις μὴ διαγιγνώσκων μὲν ταῦτα, διὰ δὲ τὸν πλοῦτον ὅ τι ἂν βούληται ποριζόμενος οἴεται δυνήσεσθαι τὰ συμφέροντα πράττειν, ἠλίθιος δ', εἴ τις μὴ δυνάμενος τὰ συμφέροντα πράττειν εὖ τε πράττειν οἴεται καὶ τὰ πρὸς τὸν βίον αὑτῷ [ἢ καλῶς ἢ] ἱκανῶς παρεσκευάσθαι, ἠλίθιος δὲ καί, εἴ τις οἴεται διὰ τὸν πλοῦτον μηδὲν ἐπιστάμενος δόξειν τι ἀγαθὸς εἶναι ἢ μηδὲν ἀγαθὸς εἶναι δοκῶν εὐδοκιμήσειν.

II. — Socrate force Euthydème, jeune homme qui se croyait très sage, à faire l'aveu de son ignorance.

1. Τοῖς δὲ νομίζουσι παιδείας τε τῆς ἀρίστης τετυχηκέναι καὶ μέγα φρονοῦσιν ἐπὶ σοφίᾳ ὡς προσεφέρετο, νῦν διηγήσομαι. Καταμαθὼν γὰρ Εὐθύδημον τὸν καλὸν[1]

---

9. Ἐφρένου. Ad sanum animum revocabat.

II. — 1. Εὐθύδημον τὸν καλόν. On ne peut dire avec certitude si τὸν καλόν est ici un surnom, comme τὸν μικρὸν appliqué à Aristodème, ou si c'est simplement une expression gracieuse, une formule de politesse. En tout cas, cet Euthydème ne doit pas être confondu avec le sophiste Euthydème, celui qui a donné son nom à un dialogue de Platon, dont un passage a été cité plus haut.

γράμματα πολλὰ συνειλεγμένον ποιητῶν τε καὶ σοφιστῶν τῶν εὐδοκιμωτάτων, καὶ ἐκ τούτων ἤδη τε νομίζοντα διαφέρειν τῶν ἡλικιωτῶν ἐν σοφίᾳ² καὶ μεγάλας ἐλπίδας ἔχοντα πάντων διοίσειν τῷ δύνασθαι λέγειν τε καὶ πράττειν, πρῶτον μὲν, αἰσθανόμενος αὐτὸν διὰ νεότητα³ οὔπω εἰς τὴν ἀγορὰν εἰσιόντα, εἰ δέ τι βούλοιτο διαπράξασθαι, καθίζοντα εἰς ἡνιοποιεῖόν τι τῶν ἐγγὺς τῆς ἀγορᾶς, εἰς τοῦτο καὶ αὐτὸς ᾔει τῶν μεθ' ἑαυτοῦ τινας ἔχων. 2. Καὶ πρῶτον μὲν πυνθανομένου τινὸς πότερον Θεμιστοκλῆς διὰ συνουσίαν τινὸς τῶν σοφῶν ἢ φύσει τοσοῦτον διήνεγκε τῶν πολιτῶν ὥστε πρὸς ἐκεῖνον ἀποβλέπειν τὴν πόλιν, ὁπότε σπουδαίου ἀνδρὸς δεηθείη, ὁ Σωκράτης βουλόμενος κινεῖν⁴ τὸν Εὐθύδημον εὔηθες ἔφη εἶναι τὸ οἴεσθαι τὰς μὲν ὀλίγου ἀξίας τέχνας μὴ γίγνεσθαι σπουδαίους ἄνευ διδασκάλων ἱκανῶν, τὸ δὲ προεστάναι πόλεως, πάντων ἔργων μέγιστον ὄν, ἀπὸ ταὐτομάτου⁵ παραγίγνεσθαι τοῖς ἀνθρώποις. 3. Πάλιν δέ ποτε παρόντος τοῦ Εὐθυδήμου, ὁρῶν αὐτὸν ἀποχωροῦντα τῆς συνεδρίας, καὶ φυλαττόμενον μὴ δόξῃ τὸν Σωκράτην θαυμάζειν ἐπὶ σοφίᾳ, Ὅτι μέν, ἔφη, ὦ ἄνδρες, Εὐθύδημος οὑτοσὶ ἐν ἡλικίᾳ γενόμενος⁶, τῆς πόλεως

---

2. Ἐν σοφίᾳ. On peut également accepter la leçon de diverses éditions : Ἐπὶ σοφίᾳ. A cause de sa sagesse. Autre exemple de ἐπί avec le datif, dans le sens de : à cause de. Θαυμάζεσθαι ἐπί τινι. S'étonner de quelque chose. Φρονεῖν ἐπί τινι. Etre fier de quelque chose. Platon : *Ménon; Banquet.*

3. Διὰ νεότητα. On a vu déjà, au sujet du jeune Glaucon (III, VIII), que, pour prendre part aux affaires publiques, il fallait avoir atteint l'âge de vingt ans.

4. Κινεῖν. Piquer, stimuler ; *lacessere.* Voilà un exemple de l'art que Socrate déployait pour attirer à son enseignement les jeunes gens auxquels, d'après une inspiration de son génie, il espérait pouvoir être utile. On va le voir triompher peu à peu des dédains que lui oppose d'abord Euthydème. Ce chapitre pourrait être intitulé : *la Conquête d'un disciple.*

5. Ἀπὸ ταὐτομάτου, pour ἀπὸ τοῦ αὐτομάτου. *Sua sponte* ; c'est-à-dire : sans préparation, sans étude, *par inspiration.*

6. Ἐν ἡλικίᾳ γενόμενος. Ἡλικία, dans des locutions de ce genre, désigne le commencement de l'âge d'homme, la fleur de l'âge.

λόγον περί τινος προτιθείσης⁷, οὐκ ἀφέξεται τοῦ συμβουλεύειν εὔδηλον ἐξ ὧν ἐπιτηδεύει· δοκεῖ δέ μοι καλὸν προοίμιον τῶν δημηγοριῶν παρασκευάσασθαι φυλαττόμενος μὴ δόξῃ μανθάνειν τι παρά του. Δῆλον γὰρ ὅτι λέγειν ἀρχόμενος ὧδε προοιμιάσεται· 4. « Παρ' οὐδενὸς μὲν πώποτε, ὦ ἄνδρες Ἀθηναῖοι, οὐδὲν ἔμαθον, οὐδ' ἀκούων τινὰς εἶναι λέγειν τε καὶ πράττειν ἱκανοὺς ἐζήτησα τούτοις ἐντυχεῖν, οὐδ' ἐπεμελήθην τοῦ διδάσκαλόν τινά μοι γενέσθαι τῶν ἐπισταμένων, ἀλλὰ καὶ τἀναντία· διατετέλεκα γὰρ φεύγων οὐ μόνον τὸ μανθάνειν τι παρά τινος, ἀλλὰ καὶ τὸ δόξαι. Ὅμως δὲ ὅ τι ἂν ἀπὸ ταὐτομάτου ἐπίῃ μοι⁸ συμβουλεύσω ὑμῖν. » 5. Ἁρμόσειε δ' ἂν οὕτω προοιμιάζεσθαι καὶ τοῖς βουλομένοις παρὰ τῆς πόλεως ἰατρικὸν ἔργον λαβεῖν⁹· [ἐπιτήδειόν γ' ἂν αὐτοῖς εἴη τοῦ λόγου ἄρχεσθαι ἐντεῦθεν·] « Παρ' οὐδενὸς μὲν πώποτε, ὦ ἄνδρες Ἀθηναῖοι, τὴν ἰατρικὴν τέχνην ἔμαθον, οὐδ' ἐζήτησα διδάσκαλον ἐμαυτῷ γενέσθαι τῶν ἰατρῶν οὐδένα· διατετέλεκα

---

7. Τῆς πόλεως λόγον περί τινος προτιθείσης. *Quand la cité mettra quelque sujet en délibération.* Les sujets sur lesquels l'assemblée du peuple devait délibérer étaient d'abord affichés à l'avance. De plus, quand la discussion allait s'engager, les *proèdres* des 9 tribus qui n'exerçaient point alors la *prytanie* exposaient oralement ces sujets, ou, en d'autres termes, les mettaient officiellement en discussion.

8. Ὅ τι ἂν ἐπίῃ μοι. C'est littéralement notre expression : *Ce qui me viendra à l'esprit.*

9. Παρὰ τῆς πόλεως ἰατρικὸν ἔργον λαβεῖν. *Obtenir l'emploi de médecin public.* Il y avait à Athènes des médecins privés, ἰδιωτεύοντες ἰατροί, et des médecins publics, δημοσιεύοντες ἰατροί. Ces derniers étaient élus par les assemblées populaires. On devine par le caractère ironique de tout ce passage que le peuple ne devait pas choisir souvent les plus expérimentés. Dans le *Gorgias*, Platon fait allusion, entre autres choses, à cette élection populaire des médecins publics : « Lorsqu'une ville s'assemble pour faire choix de médecins, de constructeurs de vaisseaux ou de toute autre espèce d'ouvriers, n'est-il pas vrai que l'orateur n'aura point de conseils à donner ? » Dans les *Acharniens* d'Aristophane, on trouve une allusion comique à cette même institution. Un médecin répond à un cultivateur qui lui demande un onguent pour ses yeux, mais qui ne veut pas le payer :

Ἀλλ' ὦ πόνηρ', οὐ δημοσιεύων τυγχάνω.

γὰρ φυλαττόμενος οὐ μόνον τὸ μαθεῖν τι παρὰ τῶν ἰατρῶν, ἀλλὰ καὶ τὸ δόξαι μεμαθηκέναι τὴν τέχνην ταύτην. Ὅμως δέ μοι τὸ ἰατρικὸν ἔργον δότε· πειράσομαι γὰρ ἐν ὑμῖν ἀποκινδυνεύων μανθάνειν[10]. » Πάντες οὖν οἱ παρόντες ἐγέλασαν ἐπὶ τῷ προοιμίῳ. 6. Ἐπεὶ δὲ φανερὸς ἦν ὁ Εὐθύδημος ἤδη μὲν οἷς ὁ Σωκράτης λέγοι προσέχων[11], ἔτι δὲ φυλαττόμενος αὐτός τι φθέγγεσθαι, καὶ νομίζων τῇ σιωπῇ σωφροσύνης[12] δόξαν περιβάλλεσθαι, τότε ὁ Σωκράτης βουλόμενος αὐτὸν παῦσαι τούτου, Θαυμαστὸν γάρ, ἔφη, τί ποτε οἱ βουλόμενοι κιθαρίζειν ἢ αὐλεῖν ἢ ἱππεύειν ἢ ἄλλο τι τῶν τοιούτων ἱκανοὶ γενέσθαι πειρῶνται ὡς συνεχέστατα ποιεῖν ὅ τι ἂν βούλωνται δυνατοὶ γενέσθαι, καὶ οὐ καθ᾽ ἑαυτούς, ἀλλὰ παρὰ τοῖς ἀρίστοις δοκοῦσιν εἶναι, πάντα ποιοῦντες καὶ ὑπομένοντες[13] ἕνεκα τοῦ μηδὲν ἄνευ τῆς ἐκείνων γνώμης ποιεῖν, ὡς οὐκ ἂν ἄλλως ἀξιόλογοι γενόμενοι· τῶν δὲ βουλομένων δυνατῶν γενέσθαι λέγειν τε καὶ πράττειν τὰ πολιτικὰ νομίζουσί τινες ἄνευ παρασκευῆς καὶ ἐπιμελείας αὐτόματοι ἐξαίφνης δυνατοὶ ταῦτα ποιεῖν ἔσεσθαι. 7. Καίτοι γε τοσούτῳ ταῦτα ἐκείνων δυσκατεργαστότερα φαίνεται ὅσῳπερ πλειόνων περὶ ταῦτα πρα-

---

10. Ἐν ὑμῖν ἀποκινδυνεύων μανθάνειν. *De faire sur vous mon apprentissage à vos risques et périls.* Pline : *Discunt periculis nostris et experimenta per mortes agunt.* Molière : Combien a-t-il été saigné de fois ? — Quinze, monsieur, depuis vingt jours. — Quinze fois saigné ? — Oui. — Et il ne guérit point ? — Non, monsieur. — C'est signe que la maladie n'est pas dans le sang. Nous le ferons purger autant de fois, pour voir si elle n'est pas dans les humeurs ; et, si rien ne nous réussit, nous l'enverrons aux bains (*Monsieur de Pourceaugnac*).

11. Προσέχων. *Commençant à prêter l'oreille.* Voilà un premier point obtenu.

12. Σωφροσύνης. M. Talbot traduit par le mot *modestie*. Cette expression semble assez contestable ; la conversion n'est pas encore si avancée. Les paroles que Socrate ajoute ne se rapporteraient pas à ce changement d'attitude. Euthydème, en s'obstinant à garder le silence, s'imagine encore prendre une attitude d'esprit supérieur.

13. Ὑπομένοντες. *Se résignant à toutes les fatigues ;* résolus à tout endurer. Horace :

Multa tulit fecitque puer, sudavit et alsit.

γματευομένων ἐλάττους οἱ κατεργαζόμενοι γίγνονται. Δῆλον οὖν ὅτι καὶ ἐπιμελείας δέονται πλείονος καὶ ἰσχυροτέρας οἱ τούτων ἐφιέμενοι ἢ οἱ ἐκείνων. 8. Κατ' ἀρχὰς μὲν οὖν ἀκούοντος Εὐθυδήμου[14] τοιούτους λόγους ἔλεγε Σωκράτης· ὡς δ' ᾔσθετο αὐτὸν ἑτοιμότερον[15] ὑπομένοντα, ὅτε διαλέγοιτο, καὶ προθυμότερον ἀκούοντα, μόνος ἦλθεν εἰς τὸ ἡνιοποιεῖον· παρακαθεζομένου δ' αὐτῷ τοῦ Εὐθυδήμου, Εἰπέ μοι, ἔφη, ὦ Εὐθύδημε, τῷ ὄντι, ὥσπερ ἐγὼ ἀκούω, πολλὰ γράμματα συνῆξας τῶν λεγομένων σοφῶν ἀνδρῶν γεγονέναι; — Καὶ ὁ Εὐθύδημος, Νὴ τὸν Δί', ἔφη, ὦ Σώκρατες· καὶ ἔτι γε συνάγω, ἕως ἂν κτήσωμαι ὡς ἂν δύνωμαι πλεῖστα. — 9. Νὴ τὴν Ἥραν, ἔφη ὁ Σωκράτης, ἄγαμαί γέ σου[16], διότι οὐκ ἀργυρίου καὶ χρυσίου προείλου θησαυροὺς κεκτῆσθαι μᾶλλον ἢ σοφίας· δῆλον γὰρ ὅτι νομίζεις ἀργύριον καὶ χρυσίον οὐδὲν βελτίους ποιεῖν τοὺς ἀνθρώπους, τὰς δὲ τῶν σοφῶν ἀνδρῶν γνώμας ἀρετῇ πλουτίζειν τοὺς κεκτημένους. Καὶ ὁ Εὐθύδημος ἔχαιρεν ἀκούων ταῦτα, νομίζων δοκεῖν τῷ Σωκράτει ὀρθῶς μετιέναι τὴν σοφίαν. Ὁ δὲ καταμαθὼν αὐτὸν ἡσθέντα[17] τῷ ἐπαίνῳ τούτῳ, 10. Τί δὲ δὴ βουλόμενος ἀγαθὸς[18] γενέσθαι, ἔφη, ὦ Εὐθύδημε, συλλέγεις τὰ γράμματα; Ἐπεὶ δὲ διεσιώπησεν ὁ Εὐθύδημος σκοπῶν ὅ τι ἀποκρίναιτο, πάλιν ὁ Σωκράτης, Ἆρα μὴ ἰατρός; ἔφη· πολλὰ γὰρ καὶ ἰατρῶν ἐστι συγγράμματα[19]. —

14. Ἀκούοντος Εὐθυδήμου. Euthydème ne faisant toujours qu'écouter.
15. Ἑτοιμότερον. L'expression est un peu vague; elle contient peut-être la nuance suivante. Plus disposé à un rôle actif, à un entretien direct. Ce serait un second résultat acquis.
16. Ἄγαμαί γέ σου. L'expression n'est ni ironique ni emphatique. Il faut la traduire simplement : Je l'aime ainsi; c'est une chose qui me plaît en toi.
17. Καταμαθὼν αὐτὸν ἡσθέντα. Nous avons vu absolument la même situation dans l'entretien avec Glaucon.
18. Τί ἀγαθός. Dans quel art, dans quel ordre de connaissances veux-tu être habile? De même, plus haut : Σπουδαίους τὰς τέχνας.
19. Πολλὰ ἰατρῶν συγγράμματα. «Dès cette époque, il existait un as-

Καὶ ὁ Εὐθύδημος, Μὰ Δί', ἔφη, οὐκ ἔγωγε. — Ἀλλὰ μὴ ἀρχιτέκτων βούλει γενέσθαι; γνωμονικοῦ γὰρ ἀνδρὸς καὶ τοῦτο δεῖ. — Οὔκουν ἔγωγ', ἔφη. — Ἀλλὰ μὴ γεωμέτρης ἐπιθυμεῖς, ἔφη, γενέσθαι ἀγαθός, ὥσπερ ὁ Θεόδωρος[20]; — Οὐδὲ γεωμέτρης, ἔφη. — Ἀλλὰ μὴ ἀστρολόγος[21], ἔφη, βούλει γενέσθαι; Ὡς δὲ καὶ τοῦτο ἠρνεῖτο, Ἀλλὰ μὴ ῥαψῳδός; ἔφη· καὶ γὰρ τὰ Ὁμήρου σέ φασιν ἔπη πάντα κεκτῆσθαι. — Μὰ Δί' οὐκ ἔγωγ', ἔφη· τοὺς γάρ τοι ῥαψῳδοὺς οἶδα τὰ μὲν ἔπη ἀκριβοῦντας, αὐτοὺς δὲ πάνυ ἠλιθίους[22] ὄντας. — 11. Καὶ ὁ Σωκράτης ἔφη, Οὐ δήπου, ὦ Εὐθύδημε, ταύτης τῆς ἀρετῆς ἐφίεσαι δι' ἣν ἄνθρωποι πολιτικοὶ γίγνονται καὶ οἰκονομικοὶ καὶ ἄρχειν ἱκανοὶ καὶ ὠφέλιμοι τοῖς τε ἄλλοις ἀνθρώποις καὶ ἑαυτοῖς; — Καὶ ὁ Εὐθύδημος, Σφόδρα γ', ἔφη, ὦ Σώκρατες, ταύτης τῆς ἀρετῆς δέομαι. — Νὴ Δί', ἔφη ὁ Σωκράτης, τῆς καλλίστης ἀρετῆς καὶ μεγίστης ἐφίεσαι τέχνης· ἔστι γὰρ τῶν βασιλέων αὕτη καὶ καλεῖται

sez grand nombre d'ouvrages relatifs à la médecine, par exemple les traités médicaux d'Acron d'Agrigente, les nombreux ouvrages dus au grand Hippocrate, à son gendre Polybe et à ses deux fils Thassalus et Dracon, et ceux de Dioclès de Caryste; sans parler de quelques médecins d'un moindre mérite, et des anciens philosophes, tels qu'Alcméon, Empédocle, Démocrite, Héraclite, etc., qui avaient donné quelque place à la médecine dans leurs écrits. » (Th.-H. Martin.)

20. Θεόδωρος. Il s'agit ici de Théodore de Cyrène, qui fut un mathématicien distingué et qui eut Platon pour disciple.

21. Ἀστρολόγος. L'astronomie et l'homme qui connaît l'astronomie sont en général désignés à cette époque par les mots ἀστρολογία et ἀστρολόγος. Au chapitre VII, nous trouverons à la fois ἀστρολογίαν et ἀστρονομίαν; mais ce dernier mot dans un passage où il peut aussi bien signifier : *l'ordonnance des astres* que : *la connaissance des astres*.

22. Τὰ μὲν ἔπη ἀκριβοῦντας, αὐτοὺς δὲ πάνυ ἠλιθίους. Cette stupidité des rhapsodes de ce temps-là est encore raillée par Xénophon dans le *Banquet.* « Mon père, dit Nicératus, désirant que je devinsse honnête homme, m'a forcé d'apprendre toutes les œuvres d'Homère, et je pourrais en ce moment vous réciter l'*Iliade* tout entière ainsi que l'*Odyssée*. — Ignores-tu donc, lui répond Antisthènes, que tous les rhapsodes savent par cœur ces deux poèmes?— Comment l'ignorerais-je, quand je les entends presque tous les jours?—Connais-tu pourtant une engeance plus sotte que celle des rhapsodes?— Ma foi, je n'en vois guère, dit Nicératus. — Il est bien évident, ajoute Socrate, qu'ils ne comprennent

βασιλική²³. Ἀτάρ, ἔφη, κατανενόηκας, εἰ οἷόν τέ ἐστι μὴ ὄντα δίκαιον ἀγαθὸν ταῦτα γενέσθαι; — Καὶ μάλα, ἔφη, καὶ οὐχ οἷόν τέ γε ἄνευ δικαιοσύνης ἀγαθὸν πολίτην γενέσθαι. — 12. Τί οὖν; ἔφη, σὺ δὴ τοῦτο κατείργασαι²⁴; — Οἶμαί γ', ἔφη, ὦ Σώκρατες, οὐδενὸς ἂν ἧττον φανῆναι δίκαιος. — Ἆρ' οὖν, ἔφη, τῶν δικαίων ἐστὶν ἔργα ὥσπερ τῶν τεκτόνων; — Ἔστι μέντοι, ἔφη. — Ἆρ' οὖν, ἔφη, ὥσπερ οἱ τέκτονες ἔχουσι τὰ ἑαυτῶν ἔργα ἐπιδεῖξαι, οὕτως οἱ δίκαιοι τὰ αὐτῶν ἔχοιεν ἂν ἐξηγήσασθαι; — Μὴ οὖν, ἔφη ὁ Εὐθύδημος, οὐ δύνωμαι ἐγὼ τὰ τῆς δικαιοσύνης ἔργα ἐξηγήσασθαι; καὶ νὴ Δί' ἔγωγε τὰ τῆς ἀδικίας· ἐπεὶ οὐκ ὀλίγα ἐστὶ καθ' ἑκάστην ἡμέραν τοιαῦτα ὁρᾶν τε καὶ ἀκούειν. — 13. Βούλει οὖν, ἔφη ὁ Σωκράτης, γράψωμεν ἐνταυθοῖ μὲν δέλτα, ἐνταυθοῖ δὲ ἄλφα²⁵; εἶτα ὅ τι μὲν ἂν δοκῇ ἡμῖν τῆς δικαιοσύνης ἔργον εἶναι, πρὸς τὸ δέλτα θῶμεν, ὅ τι δ' ἂν τῆς ἀδικίας, πρὸς τὸ ἄλφα; — Εἴ τί σοι δοκεῖ, ἔφη, προσδεῖν τούτων, ποίει ταῦτα. — 14. Καὶ ὁ Σωκράτης γράψας ὥσπερ εἶπεν, Οὐκοῦν, ἔφη, ἔστιν ἐν ἀνθρώποις τὸ ψεύδεσθαι; — Ἔστι μέντοι, ἔφη. — Ποτέρωσε οὖν, ἔφη, θῶμεν τοῦτο; — Δῆλον, ἔφη, ὅτι πρὸς τὴν ἀδικίαν. — Οὐκοῦν, ἔφη, καὶ τὸ ἐξαπατᾶν

---

même pas le sens des vers.» Platon se moque également des rhapsodes dans l'*Ion*. Il n'est pas étonnant, d'ailleurs, que l'art de ces chanteurs ambulants fût tombé dans une profonde décadence depuis que l'écriture avait multiplié les manuscrits; ils savaient machinalement le texte, ils ne le comprenaient pas.

23. Καλεῖται βασιλική. On trouve dans le *Politique* une théorie d'après laquelle le roi est l'homme doué d'une vertu, d'une habileté et d'une science supérieures, qui vient prendre en main le gouvernail quand le vaisseau de l'État est en détresse.

24. Σὺ δὴ τοῦτο κατείργασαι. *Tu y as donc travaillé?* tu y as donc appliqué tes efforts. Socrate veut dire par là : Je ne me souviens pas que tu aies jamais étudié la justice à l'école d'aucun maître. De même, dans le *Premier Alcibiade*, Socrate fait avouer à son ami qu'il n'a jamais étudié la justice, parce qu'il a toujours cru la connaître.

25. Δέλτα.., ἄλφα. Les premières lettres du mot δίκαιον et du mot ἄδικον.

ἔστι; — Καὶ μάλα, ἔφη. — Τοῦτο οὖν ποτέρωσε θῶμεν; — Καὶ τοῦτο δῆλον ὅτι, ἔφη, πρὸς τὴν ἀδικίαν. — Τί δὲ τὸ κλέπτειν; — Καὶ τοῦτο, ἔφη. — Τὸ δὲ ἀνδραποδίζεσθαι; — Καὶ τοῦτο. — Πρὸς δὲ τῇ δικαιοσύνῃ οὐδὲν ἡμῖν τούτων κείσεται, ὦ Εὐθύδημε; — Δεινὸν γὰρ ἂν εἴη, ἔφη. — 15. Τί δ'; ἐάν τις στρατηγὸς αἱρεθεὶς ἄδικόν τε καὶ ἐχθρὰν πόλιν ἐξανδραποδίσηται, φήσομεν τοῦτον ἀδικεῖν; — Οὐ δῆτα, ἔφη. — Δίκαια δὲ ποιεῖν οὐ φήσομεν; — Καὶ μάλα. — Τί δ'; ἐὰν ἐξαπατᾷ πολεμῶν αὐτοῖς; — Δίκαιον, ἔφη, καὶ τοῦτο. — Ἐὰν δὲ κλέπτῃ τε καὶ ἁρπάζῃ τὰ τούτων, οὐ δίκαια ποιήσει; — Καὶ μάλα, ἔφη, ἀλλ' ἐγώ σε τὸ πρῶτον ὑπελάμβανον πρὸς τοὺς φίλους μόνον ταῦτα ἐρωτᾶν. — Οὐκοῦν, ἔφη, ὅσα πρὸς τῇ ἀδικίᾳ ἐθήκαμεν, ταῦτα καὶ πρὸς τῇ δικαιοσύνῃ θετέον ἂν εἴη; — Ἔοικεν, ἔφη. — 16. Βούλει οὖν, ἔφη, ταῦτα οὕτω θέντες διορισώμεθα πάλιν πρὸς μὲν τοὺς πολεμίους δίκαιον εἶναι τὰ τοιαῦτα ποιεῖν, πρὸς δὲ τοὺς φίλους ἄδικον, ἀλλὰ δεῖν πρός γε τούτους ὡς ἁπλούστατον εἶναι; — Πάνυ μὲν οὖν, ἔφη ὁ Εὐθύδημος. — 17. Τί οὖν; ἔφη ὁ Σωκράτης, ἐάν τις στρατηγὸς ὁρῶν ἀθύμως ἔχον τὸ στράτευμα ψευσάμενος φήσῃ συμμάχους προσιέναι, καὶ τῷ ψεύδει τούτῳ παύσῃ τῆς ἀθυμίας τοὺς στρατιώτας, ποτέρωσε τὴν ἀπάτην ταύτην θήσομεν; — Δοκεῖ μοι, ἔφη, πρὸς τὴν δικαιοσύνην. — Ἐὰν δέ τις υἱὸν ἑαυτοῦ δεόμενον φαρμακείας καὶ μὴ προσιέμενον φάρμακον ἐξαπατήσας[26] ὡς σιτίον τὸ φάρμακον δῷ, καὶ τῷ ψεύδει

---

26. Ἐξαπατήσας. Lucrèce a exprimé cette pensée dans des vers bien célèbres de son *De Natura rerum*, 1, 935 941 :

> Sed veluti pueris absinthia tetra medentes
> Cum dare conantur, prius oras pocula circum
> Contingunt mellis dulci flavoque liquore,
> Ut puerorum aetas improvida ludificetur
> Labrorum tenus, interea perpotet amarum
> Absinthi calicem, deceptaque non capiatur,
> Sed potius tali facto recreata valescat...

Et le Tasse, à son tour, a imité ce passage de Lucrèce dans des vers

χρησάμενος οὕτως ὑγιᾶ ποιήσῃ, ταύτην αὖ τὴν ἀπάτην ποῖ θετέον; — Δοκεῖ μοι, ἔφη, καὶ ταύτην εἰς τὸ αὐτό. — Τί δ'; ἐάν τις, ἐν ἀθυμίᾳ ὄντος φίλου, δείσας μὴ διαχρήσηται ἑαυτόν, κλέψῃ ἢ ἁρπάσῃ ἢ ξίφος ἢ ἄλλο τι τοιοῦτον, τοῦτο αὖ ποτέρωσε θετέον; — Καὶ τοῦτο νὴ Δί', ἔφη, πρὸς τὴν δικαιοσύνην. — 18. Λέγεις, ἔφη, σὺ οὐδὲ πρὸς τοὺς φίλους ἅπαντα δεῖν ἁπλοΐζεσθαι[27]; — Μὰ Δί', οὐ δῆτα, ἔφη· ἀλλὰ μετατίθεμαι τὰ εἰρημένα, εἴπερ ἔξεστι. — Δεῖ γέ τοι, ἔφη ὁ Σωκράτης, ἐξεῖναι πολὺ μᾶλλον ἢ μὴ ὀρθῶς τιθέναι. 19. Τῶν δὲ δὴ τοὺς φίλους ἐξαπατώντων ἐπὶ βλάβῃ, ἵνα μηδὲ τοῦτο παραλίπωμεν ἄσκεπτον, πότερος ἀδικώτερός ἐστιν, ὁ ἑκὼν ἢ ὁ ἄκων; — Ἀλλ', ὦ Σώκρατες, οὐκέτι μὲν ἔγωγε πιστεύω οἷς ἀποκρίνομαι· καὶ γὰρ τὰ πρόσθεν πάντα νῦν ἄλλως ἔχειν δοκεῖ μοι ἢ ὡς ἐγὼ τότε ᾤμην· ὅμως δὲ εἰρήσθω μοι ἀδικώτερον εἶναι τὸν ἑκόντα ψευδόμενον τοῦ ἄκοντος. — 20. Δοκεῖ δέ σοι μάθησις καὶ ἐπιστήμη τοῦ δικαίου εἶναι ὥσπερ τῶν γραμμάτων; — Ἔμοιγε. — Πότερον δὲ γραμματικώτερον κρίνεις, ὃς ἂν ἑκὼν μὴ ὀρθῶς γράφῃ καὶ ἀναγιγνώσκῃ ἢ ὃς ἂν ἄκων; — Ὃς ἂν ἑκών, ἔγωγε· δύναιτο γὰρ ἄν, ὁπότε βούλοιτο, καὶ ὀρθῶς αὐτὰ ποιεῖν. — Οὐκοῦν ὁ μὲν ἑκὼν μὴ ὀρθῶς γράφων γραμματικὸς ἂν εἴη, ὁ δὲ ἄκων ἀγράμματος; — Πῶς γὰρ οὔ; — Τὰ δίκαια δὲ πότερον ὁ ἑκὼν ψευδόμενος καὶ ἐξαπατῶν οἶδεν ἢ ὁ ἄκων; — Δῆλον ὅτι ὁ ἑκών. — Οὐκοῦν γραμματικώ-

---

pleins de grâce, dont voici la traduction : « Ainsi nous présentons à un enfant malade les bords d'un vase imprégnés d'une suave liqueur ; dupé, il boit les sucs amers, et de cette duperie même il reçoit la vie. »

27. Οὐδὲ πρὸς τοὺς φίλους ἅπαντα δεῖν ἁπλοΐζεσθαι. Dans tout ce passage Socrate établit, non sans raison, qu'aucun acte déterminé n'est absolument juste ou injuste; tout dépend des circonstances et beaucoup plus encore des intentions. C'est peut-être à cela que se rapporte l'accusation intentée à Socrate par ses ennemis quand ils lui reprochaient de citer avec complaisance cette parole d'Homère : Ἔργον δ' οὐδὲν ὄνειδος (liv. Iᵉʳ, chap. II).

τερον μὲν τὸν ἐπιστάμενον γράμματα τοῦ μὴ ἐπισταμένου φῂς εἶναι; — Ναί. — Δικαιότερον δὲ τὸν ἐπιστάμενον τὰ δίκαια²⁸ τοῦ μὴ ἐπισταμένου; — Φαίνομαι· δοκῶ δέ μοι καὶ ταῦτα οὐκ οἶδ᾽ ὅπως λέγειν²⁹. — 21. Τί δὲ δή, ὃς ἂν βουλόμενος τἀληθῆ λέγειν μηδέποτε ταὐτὰ περὶ τῶν αὐτῶν λέγῃ, ἀλλ᾽ ὁδόν τε φράζων τὴν αὐτὴν τοτὲ μὲν πρὸς ἕω, τοτὲ δὲ πρὸς ἑσπέραν φράζῃ, καὶ λογισμὸν ἀποφαινόμενος τὸν αὐτὸν³⁰ τοτὲ μὲν πλείω, τοτὲ δ᾽ ἐλάττω ἀποφαίνηται, τί σοι δοκεῖ ὁ τοιοῦτος; — Δῆλος νὴ Δί᾽ εἶναι ὅτι³¹ ἃ ᾤετο εἰδέναι οὐκ οἶδεν. — 22. Οἶσθα δέ τινας ἀνδραποδώδεις καλουμένους; — Ἔγωγε. — Πότερον διὰ σοφίαν ἢ δι᾽ ἀμαθίαν; — Δῆλον ὅτι δι᾽ ἀμαθίαν. — Ἆρ᾽ οὖν διὰ τὴν τοῦ χαλκεύειν ἀμαθίαν τοῦ ὀνόματος τούτου τυγχάνουσιν; — Οὐ δῆτα. — Ἀλλ᾽ ἄρα διὰ τὴν τοῦ τεκταίνεσθαι; — Οὐδὲ διὰ ταύτην. — Ἀλλὰ διὰ τὴν τοῦ σκυτεύειν; — Οὐδὲ δι᾽ ἓν τούτων, ἔφη, ἀλλὰ καὶ τοὐναντίον· οἱ γὰρ πλεῖστοι τῶν γε τὰ τοιαῦτα ἐπισταμένων ἀνδραποδώδεις εἰσίν. —

28. Δικαιότερον δὲ τὸν ἐπιστάμενον τὰ δίκαια. C'est la grande erreur, on peut même dire le grand sophisme de Socrate. Il faut donc le relever en passant. Ce sophisme est amené ici très habilement par une comparaison étudiée, où le parallélisme des termes fait croire au parallélisme scrupuleux des idées : Γραμματικώτερον... δικαιότερον. Τὸν ἐπιστάμενον γράμματα... τὸν ἐπιστάμενον τὰ δίκαια. Seulement, l'homme qui connaît les lettres ne peut mal écrire que par précipitation ou par caprice ; il n'y a donc pas d'exagération à dire que, soit qu'il le veuille ou ne le veuille pas, il est celui qui écrit le mieux. Au contraire, celui qui connaît la justice peut, d'une manière raisonnée et réfléchie, ne pas vouloir la pratiquer. C'est qu'ici deux parties de notre nature sont en présence et en conflit : la raison et la passion.

29. Οὐκ οἶδ᾽ ὅπως λέγειν. On peut trouver que le jeune Euthydème se laisse embarrasser bien facilement; mais le but de la conversation est désormais atteint : Euthydème reconnaît qu'il parle sans savoir ce qu'il dit et qu'il lui faut les leçons d'un maître.

30. Λογισμὸν ἀποφαινόμενος τὸν αὐτόν. Mal traduit par Gail : Calculant la longueur de ce chemin. — Il s'agit ici de faire un calcul d'arithmétique, ou la preuve de ce calcul, et de trouver tantôt plus, tantôt moins.

31. Δῆλος ὅτι, Tournure élégante et hardie. Combinaison des deux formes : δῆλός ἐστιν οὐκ εἰδώς et δῆλόν ἐστιν ὅτι οὐκ οἶδεν.

Ἆρ' οὖν τῶν τὰ καλὰ καὶ ἀγαθὰ καὶ δίκαια μὴ εἰδότων τὸ ὄνομα τοῦτ' ἐστίν; — Ἔμοιγε δοκεῖ, ἔφη. — 23. Οὐκοῦν δεῖ παντὶ τρόπῳ διατειναμένους φεύγειν ὅπως μὴ ἀνδράποδα ὦμεν. — Ἀλλὰ νὴ τοὺς θεούς, ἔφη, ὦ Σώκρατες, πάνυ ᾤμην φιλοσοφεῖν φιλοσοφίαν³² δι' ἧς ἂν μάλιστα ἐνόμιζον παιδευθῆναι τὰ προσήκοντα ἀνδρὶ καλοκἀγαθίας ὀρεγομένῳ· νῦν δὲ πῶς οἴει με ἀθύμως ἔχειν³³, ὁρῶντα ἐμαυτὸν διὰ μὲν τὰ προπεπονημένα οὐδὲ τὸ ἐρωτώμενον ἀποκρίνεσθαι δυνάμενον ὑπὲρ ὧν³⁴ μάλιστα χρὴ εἰδέναι, ἄλλην δὲ ὁδὸν οὐδεμίαν ἔχοντα ἣν ἂν πορευόμενος βελτίων γενοίμην; — 24. Καὶ ὁ Σωκράτης, Εἰπέ μοι, ἔφη, ὦ Εὐθύδημε, εἰς Δελφοὺς δὲ ἤδη πώποτε ἀφίκου; — Καὶ δίς γε νὴ Δί', ἔφη. — Κατέμαθες οὖν πρὸς τῷ ναῷ που γεγραμμένον³⁵ τὸ Γνῶθι σαυτόν; — Ἔγωγε. — Πότερον οὖν οὐδέν σοι τοῦ γράμματος ἐμέλησεν, ἢ προσέσχες τε καὶ ἐπεχείρησας σαυτὸν ἐπισκοπεῖν ὅστις εἴης; — Μὰ Δί', οὐ δῆτα, ἔφη. Καὶ γὰρ δὴ πάνυ τοῦτό γε ᾤμην εἰδέναι· σχολῇ γὰρ ἂν ἄλλο τι ᾔδη, εἴ γε μηδ' ἐμαυτὸν ἐγίγνωσκον. — 25. Πότερα δέ σοι δοκεῖ γιγνώσκειν ἑαυτὸν ὅστις τοὔνομα τὸ ἑαυτοῦ μόνον οἶδεν³⁶, ἢ

---

32. Φιλοσοφεῖν φιλοσοφίαν. M'adonner à une recherche de la vérité, suivre une méthode. Allusion à tous ces livres qu'il rassemblait avec ardeur et qu'il lisait pêle mêle, sans réfléchir par lui-même.
33. Πῶς οἴει με ἀθύμως ἔχειν. C'est ce *moment psychologique* du découragement que Socrate attendait pour proposer à ses nouveaux auditeurs ce qui lui paraissait la vérité par excellence, à savoir qu'il faut commencer par descendre au fond de soi-même et se rendre compte de ses véritables aptitudes.
34. Ὑπὲρ ὧν. Ὑπέρ est ici pour περί. Comme en latin : *super iis quæ*.
35. Πρὸς τῷ ναῷ που γεγραμμένον. On voit par les termes dont Socrate se sert que ces inscriptions de Delphes étaient vraisemblablement des pensées que les sages proposaient à la méditation des pèlerins et qu'on inscrivait en divers endroits du temple. C'est ainsi que Chilon de Lacédémone y aurait fait graver le Γνῶθι σεαυτόν et le Οὐδὲν ἄγαν. Ces préceptes, une fois consacrés par le temps, semblaient émaner du dieu lui-même et descendre du ciel : *E cœlo descendit* Γνῶθι σεαυτόν (Juvénal).
36. Ὅστις τοὔνομα τὸ ἑαυτοῦ μόνον οἶδεν. Dans le *Premier Alcibiade*,

ὅστις, ὥσπερ οἱ τοὺς ἵππους ὠνούμενοι οὐ πρότερον οἴονται γιγνώσκειν ὃν ἂν βούλωνται γνῶναι, πρὶν ἂν ἐπισκέψωνται πότερον εὐπειθής ἐστιν ἢ δυσπειθὴς καὶ πότερον ἰσχυρὸς ἢ ἀσθενὴς καὶ πότερον ταχὺς ἢ βραδύς, καὶ τἆλλα τὰ πρὸς τὴν τοῦ ἵππου χρείαν ἐπιτήδειά τε καὶ ἀνεπιτήδεια ὅπως ἔχει, οὕτως ὁ ἑαυτὸν ἐπισκεψάμενος ὁποῖός ἐστι πρὸς τὴν ἀνθρωπίνην χρείαν[37] ἔγνωκε τὴν αὑτοῦ δύναμιν; — Οὕτως ἔμοιγε δοκεῖ, ἔφη, ὁ μὴ εἰδὼς τὴν αὑτοῦ δύναμιν ἀγνοεῖν ἑαυτόν — 26. Ἐκεῖνο δὲ οὐ φανερόν, ἔφη, ὅτι διὰ μὲν τὸ εἰδέναι ἑαυτοὺς πλεῖστα ἀγαθὰ πάσχουσιν ἄνθρωποι, διὰ δὲ τὸ ἐψεῦσθαι ἑαυτῶν[38] πλεῖστα κακά; οἱ μὲν γὰρ εἰδότες ἑαυτοὺς τά τε ἐπιτήδεια ἑαυτοῖς ἴσασι καὶ διαγιγνώσκουσιν ἅ τε δύνανται καὶ ἃ μή· καὶ ἃ μὲν ἐπίστανται πράττοντες πορίζονταί τε ὧν δέονται καὶ εὖ πράττουσιν, ὧν δὲ μὴ ἐπίστανται ἀπεχόμενοι ἀναμάρτητοι γίγνονται καὶ διαφεύγουσι τὸ κακῶς πράττειν· διὰ τοῦτο δὲ καὶ τοὺς ἄλλους ἀνθρώπους δυνάμενοι δοκιμάζειν[39] καὶ διὰ τῆς τῶν ἄλλων χρείας τά τε ἀγαθὰ πορί-

---

les choses sont présentées autrement. Socrate montre que se connaître soi-même, ce n'est pas se connaître dans son corps, attendu que le corps n'est qu'un instrument au service de l'âme, comme le tranchet entre les mains du cordonnier. Il est amené par là à définir l'âme *quelque chose qui se sert du corps*, τὸ χρώμενον τῷ σώματι, et à en établir ainsi la spiritualité.

37. Πρὸς τὴν ἀνθρωπίνην χρείαν. *Pour l'usage qu'on peut faire de l'homme, pour le profit qu'on en peut tirer.*

38. Ἐψεῦσθαι ἑαυτῶν. Un peu plus loin : διεψευσμένοι (ᾗ) ἑαυτῶν δυνάμεως. Avec un certain nombre de verbes, dont la liste est donnée par Matthiæ, au § 338, on met le régime au génitif pour désigner sous quel rapport, relativement à quelles choses, s'exerce l'action exprimée par ces verbes. De même : Σφάλλεσθαί τινος. Etre déçu au sujet d'une chose. Σφάλλεσθαι ἐλπίδος.

39. Δοκιμάζειν. Juger les autres hommes, *apprécier leur valeur*. C'est la δοκιμασία, dont il est tant question dans l'Apologie, et qui excita contre Socrate tant de colères. Il pensait avoir reçu du dieu de Delphes la mission d'interroger les hommes, particulièrement ceux qui se croyaient le plus de talents ou qui étaient le plus en renom, de dévoiler aux autres ou de leur faire avouer à eux-mêmes leur ignorance, et de démontrer ainsi en leur personne le peu de solidité et de profondeur de la sagesse humaine.

ζονται καὶ τὰ κακὰ φυλάττονται. 27. Οἱ δὲ μὴ εἰδότες, ἀλλὰ διεψευσμένοι τῆς ἑαυτῶν δυνάμεως, πρός τε τοὺς ἄλλους ἀνθρώπους καὶ τἆλλα ἀνθρώπινα πράγματα ὁμοίως διάκεινται, καὶ οὔτε ὧν δέονται ἴσασιν οὔτε ὅ τι πράττουσιν οὔτε οἷς χρῶνται, ἀλλὰ πάντων τούτων διαμαρτάνοντες τῶν τε ἀγαθῶν ἀποτυγχάνουσι καὶ τοῖς κακοῖς περιπίπτουσι. 28. Καὶ οἱ μὲν εἰδότες ὅ τι ποιοῦσιν, ἐπιτυγχάνοντες [40] ὧν πράττουσιν, εὔδοξοί τε καὶ τίμιοι γίγνονται· καὶ οἱ τε ὅμοιοι τούτοις ἡδέως χρῶνται, οἵ τε ἀποτυγχάνοντες τῶν πραγμάτων ἐπιθυμοῦσι τούτους ὑπὲρ αὑτῶν βουλεύεσθαι, καὶ προΐστασθαί τε αὑτῶν τούτους, καὶ τὰς ἐλπίδας τῶν ἀγαθῶν ἐν τούτοις ἔχουσι, καὶ διὰ [πάντα] ταῦτα πάντων μάλιστα τούτους ἀγαπῶσιν. 29. Οἱ δὲ μὴ εἰδότες ὅ τι ποιοῦσι, κακῶς δὲ αἱρούμενοι, καὶ οἷς ἂν ἐπιχειρήσωσιν ἀποτυγχάνοντες, οὐ μόνον ἐν αὐτοῖς τούτοις ζημιοῦνταί τε καὶ κολάζονται, ἀλλὰ καὶ ἀδοξοῦσι διὰ ταῦτα καὶ καταγέλαστοι γίγνονται, καὶ καταφρονούμενοι καὶ ἀτιμαζόμενοι ζῶσιν. Ὁρᾷς δὲ καὶ τῶν πόλεων ὅτι ὅσαι ἂν ἀγνοήσασαι τὴν ἑαυτῶν δύναμιν κρείττοσι πολεμήσωσιν[41], αἱ μὲν ἀνάστατοι γίγνονται, αἱ δ' ἐξ ἐλευθέρων δοῦλαι. — 30. Καὶ ὁ Εὐθύδημος, Ὡς πάνυ μοι δοκοῦν[42], ἔφη, ὦ Σώκρατες, περὶ πολλοῦ ποιητέον εἶναι τὸ ἑαυτὸν γιγνώσκειν, οὕτως ἴσθι· ὁπόθεν δὲ χρὴ ἄρξασθαι ἐπισκοπεῖν ἑαυτόν, τοῦτο πρὸς σὲ ἀποβλέπω[43] εἴ μοι ἐθε-

---

40. Ἐπιτυγχάνοντες. Réussissant. — Οἱ τούτοις ὅμοιοι. Ceux qui leur ressemblent, c.-à-d. qui réussissent comme eux. — Ἀποτυγχάνοντες. Ne réussissent pas, échouant dans leurs entreprises.

41. Κρείττοσι πολεμήσωσιν. On a vu dans les chapitres du livre III consacrés aux qualités d'un bon stratège, combien Socrate recommande de se rendre compte des forces réelles de l'État et de les comparer à celles des ennemis, avant d'engager une guerre.

42. Ὡς πάνυ μοι δοκοῦν. Littéralement : Combien il me paraît vrai, à quel point je suis persuadé qu'il faut attacher un grand prix à la connaissance de soi-même, sache-le bien. D'autres éditions portent : Ὡς πάνυ μοι δοκεῖ.

43. Πρὸς σὲ ἀποβλέπω. Je tiens les yeux fixés sur toi, je suis désireux

λήσαις ἂν ἐξηγήσασθαι. — 31. Οὐκοῦν, ἔφη ὁ Σωκράτης, τὰ μὲν ἀγαθὰ καὶ τὰ κακὰ ὁποῖά ἐστι πάντως που γιγνώσκεις. — Νὴ Δί', ἔφη· εἰ γὰρ μηδὲ ταῦτα οἶδα⁴⁴, καὶ τῶν ἀνδραπόδων φαυλότερος ἂν εἴην. — Ἴθι δή, ἔφη, καὶ ἐμοὶ ἐξήγησαι αὐτά. — Ἀλλ' οὐ χαλεπόν, ἔφη· πρῶτον μὲν γὰρ αὐτὸ τὸ ὑγιαίνειν ἀγαθὸν εἶναι νομίζω, τὸ δὲ νοσεῖν κακόν· ἔπειτα καὶ τὰ αἴτια ἑκατέρου αὐτῶν, καὶ ποτὰ καὶ βρωτὰ καὶ ἐπιτηδεύματα, τὰ μὲν πρὸς τὸ ὑγιαίνειν φέροντα ἀγαθά, τὰ δὲ πρὸς τὸ νοσεῖν κακά. — 32. Οὐκοῦν, ἔφη, καὶ τὸ ὑγιαίνειν καὶ τὸ νοσεῖν, ὅταν μὲν ἀγαθοῦ τινος αἴτια γίγνηται, ἀγαθὰ ἂν εἴη, ὅταν δὲ κακοῦ, κακά. — Πότε δ' ἄν, ἔφη, τὸ μὲν ὑγιαίνειν κακοῦ αἴτιον γένοιτο, τὸ δὲ νοσεῖν ἀγαθοῦ; — Ὅταν νὴ Δί', ἔφη, στρατείας τε αἰσχρᾶς καὶ ναυτιλίας βλαβερᾶς καὶ ἄλλων πολλῶν τοιούτων οἱ μὲν διὰ ῥώμην μετασχόντες ἀπόλωνται, οἱ δὲ δι' ἀσθένειαν ἀπολειφθέντες σωθῶσιν. — Ἀληθῆ λέγεις· ἀλλ' ὁρᾷς, ἔφη; ὅτι καὶ τῶν ὠφελίμων οἱ μὲν διὰ ῥώμην μετέχουσιν, οἱ δὲ δι' ἀσθένειαν ἀπολείπονται. — Ταῦτα οὖν, ἔφη, ποτὲ μὲν ὠφελοῦντα, ποτὲ δὲ βλάπτοντα, μᾶλλον ἀγαθὰ ἢ κακά ἐστιν; — Οὐδὲν μὰ Δία φαίνεται κατά γε τοῦτον τὸν λόγον. 33. Ἀλλ' ἥ γέ τοι σοφία, ὦ Σώκρατες, ἀναμφισβητήτως ἀγαθόν ἐστιν. Ποῖον γὰρ ἄν τις πρᾶγμα οὐ βέλτιον πράττοι σοφὸς ὢν ἢ ἀμαθής; — Τί δέ; τὸν Δαίδαλον⁴⁵, ἔφη,

---

d'apprendre de toi : εἴ μοι ἐθελήσαις ἂν ἐξηγήσασθαι τοῦτο, si tu voudrais me servir de guide dans cette étude.

44. Εἰ μηδὲ ταῦτα οἶδα. Si je ne savais pas une chose si simple.

45. Δαίδαλον. Dédale, personnage fabuleux, personnification de l'activité industrielle et artistique. Dédale est considéré comme le père de la statuaire grecque; Socrate, dans un dialogue de Platon, compare l'opinion, essentiellement instable et mobile, aux statues de Dédale, qui sont toujours prêtes à s'enfuir. On peut voir là un symbole de l'évolution qui se produisit dans la statuaire grecque, quand elle commença à se dégager des formes rigides de l'art égyptien et des écoles archaïques pour exprimer le mouvement et la vie. « Les dieux de l'Egypte, dit à ce sujet M. Gebhart, demeurent assis, immobiles, les bras liés au corps,

οὐκ ἀκήκοας ὅτι ληφθεὶς ὑπὸ Μίνω διὰ τὴν σοφίαν[46] ἠναγκάζετο ἐκείνῳ δουλεύειν, καὶ τῆς τε πατρίδος ἅμα καὶ τῆς ἐλευθερίας ἐστερήθη, καὶ ἐπιχειρῶν ἀποδιδράσκειν μετὰ τοῦ υἱοῦ τόν τε παῖδα ἀπώλεσε καὶ αὐτὸς οὐκ ἐδυνήθη σωθῆναι, ἀλλ' ἀπενεχθεὶς εἰς τοὺς βαρβάρους πάλιν ἐκεῖ ἐδούλευε; — Λέγεται νὴ Δί', ἔφη, ταῦτα. — Τὰ δὲ Παλαμήδους[47] οὐκ ἀκήκοας πάθη; τοῦτον γὰρ δὴ πάντες ὑμνοῦσιν ὡς διὰ σοφίαν φθονηθεὶς ὑπὸ τοῦ Ὀδυσσέως ἀπόλλυται[48]. — Λέγεται καὶ ταῦτα, ἔφη. — Ἄλλους δὲ πόσους οἴει διὰ σοφίαν ἀνασπάστους πρὸς βασιλέα γεγονέναι καὶ ἐκεῖ δουλεύειν; — 34. Κινδυνεύει, ἔφη, ὦ Σώκρατες, ἀναμφιλογώτατον ἀγαθὸν εἶναι τὸ εὐδαιμονεῖν. — Εἴ γε μή τις αὐτό, ἔφη, ὦ Εὐθύδημε, ἐξ

les pieds et les jambes enchaînés et comme soudés ensemble. Dédale délie les membres et donne à ses œuvres le mouvement. » Comme mécanicien, Dédale imagina, dit-on, le vilebrequin, la scie, la hache et le niveau; on lui doit également l'invention des mâts et des voiles. Il construisit enfin pour Minos le fameux labyrinthe de Crète : mais il y fut ensuite retenu captif par ce prince. L'histoire des ailes d'Icare semble bien être encore un symbole de l'invention des navires à voiles.

46. Διὰ τὴν σοφίαν. Deux explications ont été proposées sur la cause pour laquelle Minos aurait retenu Dédale prisonnier; les uns ont dit qu'il voulait le punir d'avoir favorisé les amours adultères de Pasiphaé ; les autres ont cru qu'il voulait être seul à profiter de ses talents et de son génie. Xénophon adopte naturellement cette opinion qui se rapporte à la pensée exprimée par Socrate. L'habileté de Dédale est désignée ici par le mot σοφία, à cause que, pour Socrate, toute application, soit dans l'ordre moral, soit dans l'ordre physique, a son point de départ dans les principes de la science.

47. Παλαμήδους. Palamède, bien qu'il ait été sans doute un personnage réel, est devenu aussi une des personnifications de l'esprit de découverte et d'industrie. On lui attribue l'invention de quelques lettres de l'alphabet grec ; de quelques sciences, comme l'arithmétique ; de diverses applications des sciences, comme la mesure du temps, les pronostics météorologiques, l'usage des balances ; enfin d'un certain nombre de jeux, le jeu de dés, le jeu d'échecs, et enfin, d'après quelques-uns, le jeu de l'oie.

48. Φθονηθεὶς ὑπὸ τοῦ Ὀδυσσέως ἀπόλλυται. D'après les traditions, Palamède aurait déjoué la ruse d'Ulysse qui simulait la folie pour ne pas se rendre au siège de Troie. Ulysse, aidé de Diomède, s'en serait vengé plus tard, soit en le faisant lapider par les Grecs comme coupable de s'être laissé corrompre par Priam, soit en le précipitant dans la mer, un jour qu'il était occupé à pêcher.

ἀμφιλέγων ἀγαθῶν⁴⁹ συντιθείη. — Τί δ' ἂν, ἔφη, τῶν εὐδαιμονικῶν ἀμφίλογον εἴη; — Οὐδέν, ἔφη, εἴ γε μὴ προσθήσομεν αὐτῷ κάλλος ἢ ἰσχὺν ἢ πλοῦτον ἢ δόξαν ἢ καί τι ἄλλο τῶν τοιούτων. — Ἀλλὰ νὴ Δία προσθήσομεν, ἔφη· πῶς γὰρ ἄν τις ἄνευ τούτων εὐδαιμονοίη; — 35. Νὴ Δί', ἔφη, προσθήσομεν ἄρα, ἐξ ὧν πολλὰ καὶ χαλεπὰ συμβαίνει τοῖς ἀνθρώποις· πολλοὶ μὲν γὰρ διὰ τὸ κάλλος ὑπὸ τῶν ἐπὶ τοῖς ὡραίοις παρακεκινηκότων διαφθείρονται, πολλοὶ δὲ διὰ τὴν ἰσχὺν μείζοσιν ἔργοις ἐπιχειροῦντες οὐ μικροῖς κακοῖς περιπίπτουσι, πολλοὶ δὲ διὰ τὸν πλοῦτον διαθρυπτόμενοί τε καὶ ἐπιβουλευόμενοι ἀπόλλυνται, πολλοὶ δὲ διὰ δόξαν καὶ πολιτικὴν δύναμιν μεγάλα κακὰ πεπόνθασιν. — 36. Ἀλλὰ μήν, ἔφη, εἴ γε μηδὲ τὸ εὐδαιμονεῖν ἐπαινῶν ὀρθῶς λέγω, ὁμολογῶ μηδ' ὅ τι πρὸς τοὺς θεοὺς εὔχεσθαι χρὴ εἰδέναι. — Ἀλλὰ ταῦτα μέν, ἔφη ὁ Σωκράτης, ἴσως διὰ τὸ σφόδρα πιστεύειν εἰδέναι οὐδ' ἔσκεψαι· ἐπεὶ δὲ πόλεως δημοκρατουμένης παρασκευάζει προεστάναι, δῆλον ὅτι δημοκρατίαν γε οἶσθα τί ἐστι. — Πάντως δήπου, ἔφη. — 37. Δοκεῖ οὖν σοι δυνατὸν εἶναι δημοκρατίαν εἰδέναι μὴ εἰδότα δῆμον; — Μὰ Δί' οὐκ ἔμοιγε. — Καὶ δῆμον ἄρ' οἶσθα τί ἐστιν; — Οἶμαι ἔγωγε. — Καὶ τί νομίζεις δῆμον εἶναι; — Τοὺς πένητας τῶν πολιτῶν ἔγωγε. — Καὶ τοὺς πένητας ἄρα οἶσθα; — Πῶς γὰρ οὔ; — Ἆρ' οὖν καὶ τοὺς πλουσίους οἶσθα; — Οὐδέν γε ἧττον ἢ καὶ τοὺς πένητας. — Ποίους δὲ πένητας καὶ ποίους πλουσίους καλεῖς; — Τοὺς μέν, οἶμαι, μὴ

---

49. Ἐξ ἀμφιλόγων ἀγαθῶν. *De biens équivoques.* Socrate appelle ici équivoques les choses qui peuvent être également des biens et des maux. «Si Euthydème, dit à ce sujet M. Fouillée, avait appelé le bonheur εὐπραξία, et non pas εὐδαιμονία, Socrate y eût reconnu en effet le bien suprême et absolu. Mais le mot εὐδαιμονία contient encore une équivoque et peut recevoir des acceptions bien diverses, suivant les divers esprits. Il désigne plutôt le *génie favorable,* la *fortune favorable,* que la *bonne et heureuse conduite.*» On voit par là que «le bien iden-

ἱκανὰ ἔχοντας εἰς ἃ δεῖ τελεῖν[50] πένητας, τοὺς δὲ πλείω τῶν ἱκανῶν πλουσίους. — 38. Καταμεμάθηκας οὖν ὅτι ἐνίοις μὲν πάνυ ὀλίγα ἔχουσιν οὐ μόνον ἀρκεῖ ταῦτα, ἀλλὰ καὶ περιποιοῦνται ἀπ' αὐτῶν, ἐνίοις δὲ πάνυ πολλὰ οὐχ ἱκανά ἐστι[51]; — Καὶ νὴ Δί', ἔφη ὁ Εὐθύδημος, ὀρθῶς γάρ με ἀναμιμνήσκεις, οἶδα καὶ τυράννους τινάς, οἳ δι' ἔνδειαν[52] ὥσπερ οἱ ἀπορώτατοι ἀναγκάζονται ἀδικεῖν.
— 39. Οὐκοῦν, ἔφη ὁ Σωκράτης, εἴ γε ταῦτα οὕτως ἔχει, τοὺς μὲν τυράννους εἰς τὸν δῆμον θήσομεν, τοὺς δὲ ὀλίγα κεκτημένους, ἐὰν οἰκονομικοὶ ὦσιν, εἰς τοὺς πλουσίους. —
— Καὶ ὁ Εὐθύδημος ἔφη, Ἀναγκάζει με καὶ ταῦτα ὁμολογεῖν δῆλον ὅτι ἡ ἐμὴ φαυλότης· καὶ φροντίζω μὴ κράτιστον ᾖ μοι σιγᾶν· κινδυνεύω γὰρ ἁπλῶς οὐδὲν[53] εἰδέναι.
— Καὶ πάνυ ἀθύμως ἔχων ἀπῆλθε καὶ καταφρονήσας ἑαυτοῦ καὶ νομίσας τῷ ὄντι ἀνδράποδον εἶναι. Πολλοὶ μὲν οὖν τῶν οὕτω διατεθέντων ὑπὸ Σωκράτους οὐκέτι αὐτῷ προσῇσαν, οὓς καὶ βλακοτέρους ἐνόμιζεν· ὁ δὲ Εὐθύδημος ὑπέλαβεν οὐκ ἂν ἄλλως ἀνὴρ ἀξιόλογος γενέσθαι, εἰ μὴ ὅτι μάλιστα Σωκράτει συνείη· καὶ οὐκ ἀπελείπετο ἔτι αὐτοῦ, εἰ μή τι ἀναγκαῖον εἴη· ἔνια δὲ καὶ ἐμιμεῖτο ὧν ἐκεῖνος ἐπετήδευεν[54]. Ὁ δ' ὡς ἔγνω αὐτὸν οὕτως ἔχοντα,

tique au bonheur, et qui n'a plus rien de *double* et d'*ambigu*, est le terme final de la dialectique, non pas seulement d'après Platon, mais d'après Xénophon. »

50. Τελεῖν. Proprement : payer les impôts. On sait que la population d'Athènes était divisée en quatre classes, d'après la quotité de l'impôt payé. Ici, par extension : *faire des dépenses*. Ce dernier sens est le seul qui nous paraisse s'accorder avec la suite de l'argumentation.

51. Οὐχ ἱκανά ἐστιν. La richesse et la pauvreté, le nécessaire et le superflu sont choses essentiellement relatives.

52. Δι' ἔνδειαν, *à cause du besoin, de la gêne où ils sont*. Et cette gêne elle-même est causée par l'accroissement indéfini des désirs et des passions dans l'âme du tyran. (Voir, sur ce sujet, une théorie du IXe livre de la *République*, citée comme Appendice dans notre édition du VIIIe livre.)

53. Ἁπλῶς οὐδέν. Absolument rien; *rien du tout*.

54. Ἔνια δὲ καὶ ἐμιμεῖτο ὧν ἐπετήδευεν. *Il imitait même quelques-unes de ses habitudes*. Cela ne veut pas dire qu'il le singeât dans ses manières.

ἥκιστα μὲν διετάραττεν, ἁπλούστατα δὲ καὶ σαφέστατα ἐξηγεῖτο ἅ τε ἐνόμιζεν εἰδέναι δεῖν καὶ ἐπιτηδεύειν κράτιστα εἶναι.

III. — De la piété envers les dieux ; pourquoi ils méritent la reconnaissance des hommes et comment il faut les honorer.

1. [Τὸ μὲν οὖν λεκτικοὺς καὶ πρακτικοὺς καὶ μηχανικοὺς¹ γίγνεσθαι τοὺς συνόντας οὐκ ἔσπευδεν, ἀλλὰ πρότερον τούτων ᾤετο χρῆναι σωφροσύνην αὐτοῖς ἐγγενέσθαι. Τοὺς γὰρ ἄνευ τοῦ σωφρονεῖν² ταῦτα δυναμένους ἀδικωτέρους τε καὶ δυνατωτέρους κακουργεῖν ἐνόμιζεν εἶναι. 2. Πρῶτον μὲν δὴ περὶ θεοὺς ἐπειρᾶτο σώφρονας ποιεῖν τοὺς συνόντας. Ἄλλοι μὲν οὖν αὐτῷ πρὸς ἄλλους οὕτως ὁμιλοῦντι³ παραγενόμενοι διηγοῦντο· ἐγὼ δέ, ὅτε πρὸς Εὐθύδημον τοιάδε διελέγετο, παρεγενόμην. 3. Εἰπέ μοι, ἔφη, ὦ Εὐθύδημε, ἤδη ποτέ σοι ἐπῆλθεν ἐνθυμηθῆναι⁴ ὡς ἐπιμελῶς οἱ θεοὶ ὧν οἱ ἄνθρωποι δέονται κατεσκευάκασι ; — Καὶ ὅς, Μὰ τὸν Δί', ἔφη, οὐκ ἔμοιγε. — Ἀλλ' οἶσθά γ', ἔφη, ὅτι πρῶτον μὲν φωτὸς δεόμεθα, ὃ ἡμῖν οἱ θεοὶ παρέχουσι ; — Νὴ Δί', ἔφη, ὅ γ' εἰ μὴ εἴχομεν⁵, ὅμοιοι τοῖς τυφλοῖς ἂν ἦμεν ἕνεκά γε τῶν ἡμετέρων ὀφθαλμῶν⁶.

III. — 1. Λεκτικούς, πρακτικούς, μηχανικούς. *Habiles à parler, habiles à agir, féconds en expédients:* — Ces trois mots résument les principales qualités que Socrate, d'après les entretiens précédents, développait chez ses disciples. Mais Socrate en subordonnait l'acquisition à celle de la sagesse.
2. Ἄνευ τοῦ σωφρονεῖν. Comme Cicéron a dit que la force, sans la justice, n'est pas le courage, mais l'audace ; ou Descartes, que le génie, sans la méthode, n'est qu'une cause d'égarement et de vice.
3. Ὁμιλοῦντι. Se livrant à des conversations familières, devant un cercle d'auditeurs. Ὁμιλία, d'où nous avons tiré *homélie*.
4. Ἐνθυμηθῆναι. Ce mot désigne une espèce de réflexion, dans laquelle le cœur a une certaine place à côté de l'esprit. — Réfléchir, mais avec une sorte d'attachement et d'enthousiasme. — Σοι ἐπῆλθεν. *Tibi in mentem venit.*
5. Ὅ γε εἰ μὴ εἴχομεν. *Quod quidem (lumen) nisi haberemus.*
6. Ἕνεκά γε τῶν ἡμετέρων ὀφθαλμῶν. Ἕνεκα a ici un sens particulier, qu'il est facile de rattacher par quelques intermédiaires à son

— Ἀλλὰ μὴν καὶ ἀναπαύσεώς γε δεομένοις ἡμῖν νύκτα παρέχουσι κάλλιστον ἀναπαυτήριον. — Πάνυ γ', ἔφη, καὶ τοῦτο χάριτος ἄξιον. — 4. Οὐκοῦν καὶ ἐπειδὴ ὁ μὲν ἥλιος φωτεινὸς ὢν τάς τε ὥρας τῆς ἡμέρας ἡμῖν καὶ τἆλλα πάντα σαφηνίζει, ἡ δὲ νὺξ διὰ τὸ σκοτεινὴ εἶναι ἀσαφεστέρα ἐστίν[7], ἄστρα ἐν τῇ νυκτὶ ἀνέφηναν[8], ἃ ἡμῖν τὰς ὥρας τῆς νυκτὸς[9] ἐμφανίζει, καὶ διὰ τοῦτο πολλὰ ὧν δεόμεθα πράττομεν; — Ἔστι ταῦτα, ἔφη. — Ἀλλὰ μὴν ἥ γε σελήνη οὐ μόνον τῆς νυκτός, ἀλλὰ καὶ τοῦ μηνὸς τὰ

sens général, bien qu'il semble, au premier abord, lui être directement opposé. Nous serions semblables aux aveugles à cause de nos yeux, = Nous n'y verrions pas à cause de nos yeux, = Nos yeux ne nous suffiraient pas pour y voir, = Nous n'y verrions pas, malgré nos yeux. De même, dans Plutarque : Ἡλίου μὴ ὄντος, ἕνεκα τῶν ἄλλων ἄστρων εὐφρόνην ἂν ἤγομεν. Si le soleil n'existait pas, nous serions dans une nuit perpétuelle à cause des autres astres, = malgré les autres astres.

7. Ἀσαφεστέρα ἐστίν. Très mal traduit par Gail : Nous cache les objets. Le vrai sens est : *Ne se dévoile pas elle-même*, c'est-à-dire : ne nous laisse pas distinguer ses diverses parties, comme le soleil nous laisse distinguer celles du jour, par les variations d'intensité de sa lumière. M. Talbot a voulu fondre ensemble les deux sens : Ne nous laisse plus rien voir. Il nous semble que c'est à tort. Dans ce passage, Xénophon ne parle que des parties du jour et de la nuit ; il n'est pas question d'autre chose.

8. Ἐν τῇ νυκτὶ ἀνέφηναν. *Ils ont allumé les astres dans le ciel de la nuit.* Voilà, certes, la théorie cause-finalière dans ce qu'elle a de plus contestable. Mais il n'en faut rien conclure contre la légitimité de la croyance aux causes finales. Les hommes s'élèvent des finalités apparentes, qui les frappent tout d'abord, aux finalités véritables et profondes. Qu'on songe à ce que les anciens devaient penser du bienfait de la lune et des étoiles, eux qui n'avaient à leur disposition que de grossiers moyens mécaniques pour mesurer le temps.

9. Τὰς ὥρας τῆς νυκτός, comme plus haut : τὰς ὥρας τῆς ἡμέρας. Non pas les *heures*, mais les parties, les divisions du jour et de la nuit. Quelques lignes plus bas, le mot ὥρας sera encore employé dans le sens de saisons, c'est-à-dire de parties de l'année, ὧραι τοῦ ἐνιαυτοῦ. Enfin, les parties du mois, τὰ μέρη τοῦ μηνός, dont il est également question dans les lignes suivantes, étaient aussi désignées par l'expression ὧραι τοῦ μηνός. Il y avait trois parties de la nuit ; on les appelait également *veilles*, φυλακαί ; la plus importante était celle du milieu, μεσονύκτιον. Le jour était divisé en trois parties : le matin, le midi et le soir. Les heures du jour pouvaient, quand le ciel n'était pas couvert, être appréciées, au moins d'une manière approximative, par les gnomons, et, plus tard, par les cadrans solaires, de plus en plus perfectionnés ; mais les heures de la nuit ne pouvaient être comptées que par les clepsydres.

μέρη φανερὰ ἡμῖν ποιεῖ[10]. — 5. Πάνυ μὲν οὖν, ἔφη. — Τὸ δ', ἐπεὶ τροφῆς δεόμεθα, ταύτην ἡμῖν ἐκ τῆς γῆς ἀναδιδόναι, καὶ ὥρας ἁρμοττούσας πρὸς τοῦτο παρέχειν, αἳ ἡμῖν οὐ μόνον ὧν δεόμεθα πολλὰ καὶ παντοῖα παρασκευάζουσιν, ἀλλὰ καὶ οἷς εὐφραινόμεθα; — Πάνυ, ἔφη, καὶ ταῦτα φιλάνθρωπα. — 6. Τὸ δὲ καὶ ὕδωρ ἡμῖν παρέχειν, οὕτω πολλοῦ ἄξιον ὥστε συμφύειν τε καὶ συναύξειν[11] τῇ γῇ καὶ ταῖς ὥραις πάντα τὰ χρήσιμα ἡμῖν, συντρέφειν δὲ καὶ αὐτοὺς ἡμᾶς, καὶ μιγνύμενον πᾶσι τοῖς τρέφουσιν ἡμᾶς εὐκατεργαστότερά τε καὶ ὠφελιμώτερα καὶ ἡδίω ποιεῖν αὐτά, καὶ ἐπειδὴ πλείστου δεόμεθα τούτου, ἀφθονέστατον[12] αὐτὸ παρέχειν ἡμῖν; — Καὶ τοῦτο, ἔφη, προνοητικόν. — 7. Τὸ δὲ καὶ τὸ πῦρ πορίσαι ἡμῖν, ἐπίκουρον μὲν ψύχους, ἐπίκουρον δὲ σκότους[13], συνεργὸν δὲ

---

10. Φανερὰ ἡμῖν ποιεῖ. Pour apprécier à cet autre point de vue l'importance du cours de la lune, il faut songer que « du temps de Xénophon, les mois n'étaient pas comme maintenant les divisions de l'année solaire; c'étaient de vrais *mois lunaires*. La révolution synodique de la lune étant d'un peu plus de 29 jours 1/2, on faisait les mois tantôt de 29 jours, tantôt et un peu plus souvent de 30, et l'année tantôt de 12 mois, tantôt de 13. Ce fut d'après ce principe, observé déjà par Cléostrate dans l'établissement de sa période de 8 ans, que Méton, l'an 432 avant J.-C., établit à Athènes le cycle de 19 ans, qui porte son nom et qui fut si longtemps en usage. » (Th. H. Martin.)

11. Συμφύειν τε καὶ συναύξειν. — Συμφύειν; car le principe de la naissance des choses vivantes est l'humide. Ce principe posé par Thalès contenait en germe non seulement une théorie de géologie neptunienne, expliquant par l'action de l'eau la formation des roches et des marbres, mais encore un système biologique, d'après lequel toutes les formes de la vie seraient sorties du sein de la mer, système qui n'est pas sans analogie avec les idées émises, au siècle dernier, sur ce même sujet, par l'aventureux naturaliste De Maillet. — Συναύξειν; car c'est la pluie qui féconde la semence confiée au sol; mais elle ne la fait croître qu'avec le concours des sucs nourriciers de la terre et des températures diverses des saisons. — De même, plus loin, συντρέφειν.

12. Ἀφθονέστατον. Ceci se rapporte à l'abondance de l'eau dans la nature; les dieux nous l'ont donnée d'une manière libérale; ils ne nous l'ont pas enviée. Il y a donc dans cette expression quelque chose qui se rapporte encore à l'idée, si répandue chez les anciens, de la jalousie des dieux.

13. Ἐπίκουρον ψύχους... σκότους. Qui vient à notre secours, qui est

πρὸς πᾶσαν τέχνην καὶ πάντα ὅσα ὠφελείας ἕνεκα ἄνθρωποι κατασκευάζονται; ὡς γὰρ συνελόντι εἰπεῖν οὐδὲν ἀξιόλογον ἄνευ πυρὸς ἄνθρωποι τῶν πρὸς τὸν βίον χρησίμων κατασκευάζονται. — Ὑπερβάλλει, ἔφη, καὶ τοῦτο φιλανθρωπίᾳ[14]. — 8. Τὸ δὲ τὸν ἥλιον, ἐπειδὰν ἐν χειμῶνι τράπηται[15], προσιέναι τὰ μὲν ἁδρύνοντα, τὰ δὲ ξηραίνοντα[16], ὧν καιρὸς διελήλυθε, καὶ ταῦτα διαπραξάμενον μηκέτι ἐγγυτέρω προσιέναι, ἀλλ᾽ ἀποτρέπεσθαι φυλαττόμενον μή τι ἡμᾶς μᾶλλον τοῦ δέοντος θερμαίνων βλάψῃ[17], καὶ ὅταν αὖ πάλιν ἀπιὼν γένηται, ἔνθα καὶ ἡμῖν δῆλον

notre auxiliaire contre le froid, contre les ténèbres. Le génitif s'emploie ainsi, d'une manière générale, avec les divers mots qui expriment l'idée de délivrance. Ainsi : Σωθῆναι κακῶν, d'où : σωτὴρ κακῶν, celui qui sauve, qui délivre du malheur; De même, dans Euripide : Καταφυγὴ κακῶν, Cicéron a dit : *Hiemis, non avaritiæ perfugium.* — Σκότους est le génitif de la forme neutre de σκότος.

14. Καὶ τοῦτο φιλανθρωπίᾳ. A la suite de ces mots, on trouve dans les anciennes éditions, une phrase qui n'est évidemment qu'une addition maladroite d'un scoliaste : Τὸ δὲ καὶ ἀέρα ἡμῖν ἀφθόνως οὕτω πανταχοῦ διαχύσαι, οὐ μόνον πρόμαχον καὶ σύντροφον ζωῆς, ἀλλὰ καὶ πελάγη περᾶν δι᾽ αὐτοῦ καὶ τὰ ἐπιτήδεια ἄλλος ἀλλαχόθι καὶ ἐν ἀλλοδαπῇ στελλόμενος πορίζεσθαι, πῶς οὐχ ὑπὲρ λόγον; — Ἀνέκφραστον. — Xénophon n'aurait pas répété fastidieusement les idées et les expressions des phrases précédentes : ἀφθόνως, πρόμαχον, σύντροφον. — Il n'avait pas l'intention de traiter des quatre éléments; car, dans ce qui précède, il ne fait que citer en passant la terre; il se contente de dire que les choses nécessaires à notre nourriture sortent de son sein. Il n'y a pas de ressemblance entre ce passage et celui que Fénelon, dans son *Traité de l'existence de Dieu,* consacré avec une intention expresse aux quatre éléments.

15. Ἐπειδὰν ἐν χειμῶνι τράπηται. *Après qu'il a accompli son changement de direction en hiver.* On appelle τροπαὶ les deux changements de direction que le soleil accomplit, l'un pour se rapprocher de nous, quand il a atteint le solstice d'hiver, c'est-à-dire le point extrême de sa déclinaison australe, l'autre pour s'éloigner de nous, quand il a atteint le solstice d'été.

16. Τὰ μὲν ἁδρύνοντα, τὰ δὲ ξηραίνοντα. *Mûrissant certaines productions de la terre* (les blés et les fruits), *desséchant les autres* (les foins). Expression analogue dans Homère, *Odyssée,* VII, 119 :

Ζέφυρὶν πνείουσα τὰ μὲν φύει, ἄλλα δὲ πέσσει.

17. Μή τι ἡμᾶς μᾶλλον τοῦ δέοντος θερμαίνων βλάψῃ. C'est en développant poétiquement cette idée qu'Ovide, dans son épisode de Phaéthon, a pu faire le tableau de l'embrasement de l'univers (*Métamorphoses,* II, 210-269).

ἔστιν ὅτι εἰ προσωτέρω ἄπεισιν, ἀποπαγησόμεθα ὑπὸ τοῦ ψύχους, πάλιν αὖ τρέπεσθαι καὶ προσχωρεῖν, καὶ ἐνταῦθα τοῦ οὐρανοῦ ἀναστρέφεσθαι ἔνθα μάλιστ᾽ ἂν ἡμᾶς ὠφελοίη; — Νὴ τὸν Δί᾽, ἔφη, καὶ ταῦτα παντάπασιν ἔοικεν ἀνθρώπων ἕνεκα γιγνομένοις. — 9. Τὸ δ᾽, ἐπειδὴ καὶ τοῦτο φανερὸν ὅτι οὐκ ἂν ὑπενέγκοιμεν οὔτε τὸ καῦμα οὔτε τὸ ψῦχος, εἰ ἐξαπίνης γίγνοιτο, οὕτω μὲν κατὰ μικρὸν προσιέναι τὸν ἥλιον, οὕτω δὲ κατὰ μικρὸν ἀπιέναι, ὥστε λανθάνειν ἡμᾶς [18] εἰς ἑκάτερα τὰ ἰσχυρότατα καθισταμένους; — Ἐγὼ μέν, ἔφη ὁ Εὐθύδημος, ἤδη τοῦτο σκοπῶ [19], εἰ ἄρα τί ἐστι τοῖς θεοῖς ἔργον ἢ ἀνθρώπους θεραπεύειν· ἐκεῖνο δὲ μόνον ἐμποδίζει με, ὅτι καὶ τἆλλα ζῷα τούτων μετέχει. — 10. Οὐ γὰρ καὶ τοῦτ᾽, ἔφη ὁ Σωκράτης, φανερὸν ὅτι καὶ ταῦτα ἀνθρώπων ἕνεκα γίγνεταί τε καὶ ἀνατρέφεται [20]; τί γὰρ ἄλλο ζῷον αἰγῶν τε καὶ οἰῶν καὶ βοῶν καὶ ἵππων καὶ ὄνων καὶ τῶν ἄλλων ζῴων τοσαῦτα ἀγαθὰ ἀπολαύει ὅσα ἄνθρωποι; ἐμοὶ μὲν γὰρ δοκεῖ πλείω

---

18. Λανθάνειν ἡμᾶς. Nous arrivons sans nous en apercevoir, et par transitions insensibles, aux saisons extrêmes. Καθισταμένους. Nous nous trouvons, en quelque sorte, établis dans ces saisons extrêmes, sans nous en douter. — La même idée est exprimée dans la *Cyropédie*, VI, II, 29. Διδάσκει δὲ καὶ ὁ θεός, ἀπάγων ἡμᾶς κατὰ μικρὸν ἐκ τοῦ χειμῶνος εἰς τὸ ἀνέχεσθαι ἰσχυρὰ θάλπη, ἔκ τε τοῦ θάλπους εἰς τὸν ἰσχυρὸν χειμῶνα.

19. Ἐγὼ μὲν ἤδη τοῦτο σκοπῶ. *J'en suis même, j'en viens même à me demander.* Cette formule exprime nettement l'état d'esprit d'une personne tellement convaincue, que toute sa crainte est désormais d'aller trop loin. Je ne savais pas si les dieux s'occupaient des hommes; je me demande maintenant s'ils font autre chose que de s'en occuper.

20. Ἀνθρώπων ἕνεκα γίγνεταί τε καὶ ἀνατρέφεται. Aristote développe cette idée au livre Ier, chapitre III, de la *Politique*: « Il faut croire que les plantes sont faites pour les animaux, et les animaux pour l'homme. Privés, ils le servent et le nourrissent; sauvages, ils contribuent, sinon tous, au moins la plupart, à sa subsistance et à ses divers besoins; ils lui fournissent des vêtements et d'autres ressources encore. Si donc la nature ne fait rien d'incomplet, si elle ne fait rien en vain, il faut nécessairement qu'elle ait créé tout cela pour l'homme. » De même, Cicéron dit, dans le *De Legibus*: « *Pecudes, quas perspicuum est partim esse ad usum hominum, partim ad fructum, partim ad vescendum procreatas;* » et il développe longuement cette théorie, au livre II, § 62-64, du *De Natura deorum*.

[ἢ] τῶν φυτῶν²¹· τρέφονται γοῦν καὶ χρηματίζονται οὐδὲν ἧττον ἀπὸ τούτων ἢ ἀπ' ἐκείνων· πολὺ δὲ γένος ἀνθρώπων τοῖς μὲν ἐκ τῆς γῆς φυομένοις εἰς τροφὴν οὐ χρῆται, ἀπὸ δὲ βοσκημάτων γάλακτι καὶ τυρῷ καὶ κρέασι τρεφόμενοι ζῶσι· πάντες δὲ τιθασεύοντες καὶ δαμάζοντες τὰ χρήσιμα τῶν ζῴων εἴς τε πόλεμον καὶ εἰς ἄλλα πολλὰ συνεργοῖς χρῶνται. — Ὁμογνωμονῶ σοι καὶ τοῦτ'²², ἔφη· ὁρῶ γὰρ αὐτῶν καὶ τὰ πολὺ ἰσχυρότερα ἡμῶν οὕτως ὑποχείρια²³ γιγνόμενα τοῖς ἀνθρώποις ὥστε χρῆσθαι αὐτοῖς ὅ τι ἂν βούλωνται· — 11. Τὸ δ', ἐπειδὴ πολλὰ μὲν καλὰ καὶ ὠφέλιμα²⁴, διαφέροντα δὲ ἀλλήλων ἐστί, προσθεῖναι

21. Ἐμοὶ μὲν γὰρ δοκεῖ πλείω [ἢ] τῶν φυτῶν. Le mot ἢ se trouve dans l'édition de Dindorf et dans celle de Breitenbach. Schenkl se contente (et nous croyons que c'est avec raison) de le mettre entre crochets. — Il y a, certainement, dans cette phrase et dans celles qui l'entourent un peu d'obscurité ; mais il nous semble que quelques commentateurs les embrouillent à plaisir et les traduisent mal. En effet, il est certain que tous les manuscrits portent πλείω τῶν φυτῶν, et, malgré cela, on prétend (par ex. M. Th.-H. Martin), en s'appuyant sur quelques exemples au sujet desquels il y aurait des réserves à faire, qu'il faut traduire comme s'il y avait : πλείω ἢ τῶν φυτῶν. Mais, d'autre part, dans la ligne suivante, où il y a : οὐδὲν ἧττον ἀπὸ τούτων ἢ ἀπ' ἐκείνων, on dit, en invoquant encore quelques dérogations à l'usage, qu'il faut traduire comme s'il y avait : ἀπ' ἐκείνων ἢ ἀπὸ τούτων. On arrive ainsi à la traduction suivante de tout ce passage : « Quel autre animal retire des chèvres..., et des autres animaux autant d'avantages que l'homme ? Car il me semble qu'ils nous sont plus utiles que les plantes. On ne se nourrit pas moins, on ne s'enrichit pas moins de ceux-ci que de celles-là ; et, plusieurs races d'hommes qui ne font pas usage pour leur nourriture des productions végétales de la terre, vivent... » Il nous semble qu'il n'y a besoin ni de suppléer ἢ, ni de changer le sens ordinaire de τούτων et de ἐκείνων. Nous traduisons ainsi : *Y a-t-il un autre animal qui retire des chèvres..., et des autres animaux autant d'avantages que les hommes ?* (Non.) *Car, d'une part, il me semble (au premier abord) que les hommes retirent plus de profits des végétaux ; et, certes, on ne se nourrit pas moins, on ne s'enrichit pas moins des uns* (de ceux-ci, τούτων, des végétaux) *que des autres* (de ceux-là, ἐκείνων, des animaux). *Mais, d'autre part, plusieurs races d'hommes...* » Et, après cette courte suspension, après cette réserve toute momentanée, Xénophon reprend l'énumération des avantages que l'homme retire des animaux pour sa nourriture, pour la guerre et pour les autres travaux.
22. Ὁμογνωμονῶ σοι καὶ τοῦτο. *Illud etiam tibi assentior.*
23. Ὑποχείρια. Sous la main, sous la puissance ; *domptés, soumis.*
24. Πολλὰ καλὰ καὶ ὠφέλιμα. Il est question ici des qualités des

τοῖς ἀνθρώποις αἰσθήσεις ἁρμοττούσας πρὸς ἕκαστα, δι᾽ ὧν ἀπολαύομεν πάντων τῶν ἀγαθῶν· τὸ δὲ καὶ λογισμὸν[25] ἡμῖν ἐμφῦσαι, ᾧ περὶ ὧν αἰσθανόμεθα λογιζόμενοί τε καὶ μνημονεύοντες καταμανθάνομεν ὅπῃ ἕκαστα συμφέρει, καὶ πολλὰ μηχανώμεθα δι᾽ ὧν τῶν τε ἀγαθῶν ἀπολαύομεν καὶ τὰ κακὰ ἀλεξόμεθα· 12. τὸ δὲ καὶ ἑρμηνείαν[26] δοῦναι, δι᾽ ἧς πάντων τῶν ἀγαθῶν μεταδίδομέν τε ἀλλήλοις διδάσκοντες καὶ κοινωνοῦμεν καὶ νόμους τιθέμεθα καὶ πολιτευόμεθα ; — Παντάπασιν ἐοίκασιν, ὦ Σώκρατες, οἱ θεοὶ πολλὴν τῶν ἀνθρώπων ἐπιμέλειαν ποιεῖσθαι. — Τὸ δὲ καὶ εἰ ἀδυνατοῦμεν τὰ συμφέροντα προνοεῖσθαι ὑπὲρ τῶν μελλόντων, ἡμῖν αὐτοὺς συνεργεῖν, διὰ μαντικῆς τοῖς πυνθανομένοις φράζοντας τὰ ἀποβησόμενα καὶ διδάσκοντας ᾗ ἂν ἄριστα γίγνοιτο[27] ; — Σοὶ δ᾽, ἔφη, ὦ Σώκρατες, ἐοίκασιν ἔτι φιλικώτερον ἢ τοῖς ἄλλοις χρῆσθαι,

corps, des divers *sensibles*. Les objets sont en rapport avec nous soit par leur propriété de nous être utiles ou nuisibles, soit par leur aptitude à nous plaire ou à nous choquer par leurs harmonies ou leurs discordances. Les sensations sont ainsi, comme dira plus tard Aristote, en *puissance* dans les objets sensibles. Les dieux nous ont donné les sens qui recueillent, en quelque sorte, ces sensations virtuelles éparses dans les objets et qui les font passer à l'*acte*.

25. Λογισμόν. Ce mot désigne ici l'ensemble des facultés par lesquelles nous transformons les sensations en connaissances. Bossuet a dit que les sens donnent lieu à l'acquisition de la connaissance, mais que ce n'est pas précisément par eux que nous connaissons. La faculté appelée ici λογισμός achève la connaissance du monde sensible, et de cette connaissance elle-même nous tirons ensuite les motifs d'action, les principes directeurs d'une conduite prudente.

26. Ἑρμηνείαν. *Le don de communiquer nos pensées*; et, non seulement de les transmettre aux autres, mais de les rendre claires pour nous-mêmes en les analysant. L'homme est essentiellement l'*animal qui parle*; c'est à cette faculté de la parole que se rattachent l'éducation, l'institution des lois, l'organisation des cités.

27. Διδάσκοντας ᾗ ἂν ἄριστα γίγνοιτο. Rappelons que c'est en cela que consiste essentiellement la divination pour Socrate. *Par quelle voie les choses deviendront-elles les meilleures possibles?* Voilà ce qu'elle nous enseigne. La Providence nous arrête aux *carrefours* de la vie ; elle nous détourne par des présages, par des pressentiments intérieurs, de la mauvaise voie. C'est ainsi qu'un jour Socrate, se promenant avec ses disciples, évita une rue pour en prendre une autre, et une maison s'écroula à l'endroit même où ils auraient passé.

εἴ γε μηδὲ ἐπερωτώμενοι[28] ὑπὸ σοῦ προσημαίνουσί σοι ἅ
τε χρὴ ποιεῖν καὶ ἃ μή. — 13. Ὅτι δ' ἀληθῆ λέγω καὶ
σὺ γνώσει, ἂν μὴ ἀναμένῃς ἕως ἂν τὰς μορφὰς τῶν θεῶν
ἴδῃς, ἀλλ' ἐξαρκῇ σοι τὰ ἔργα αὐτῶν ὁρῶντι σέβεσθαι καὶ
τιμᾶν τοὺς θεούς. Ἐννόει δὲ ὅτι καὶ αὐτοὶ οἱ θεοὶ οὕτως
ὑποδεικνύουσιν· οἵ τε γὰρ ἄλλοι ἡμῖν τἀγαθὰ διδόντες
οὐδὲν τούτων εἰς τοὐμφανὲς ἰόντες διδόασι, καὶ ὁ τὸν ὅλον
κόσμον συντάττων τε καὶ συνέχων[29], ἐν ᾧ πάντα καλὰ
καὶ ἀγαθά ἐστι, καὶ ἀεὶ μὲν χρωμένοις ἀτριβῆ τε καὶ
ὑγιᾶ καὶ ἀγήρατον[30] παρέχων, θᾶττον δὲ νοήματος ὑπη-
ρετοῦντα ἀναμαρτήτως, οὗτος τὰ μέγιστα μὲν πράττων
ὁρᾶται[31], τάδε δὲ οἰκονομῶν ἀόρατος ἡμῖν ἐστιν[32].
14. Ἐννόει δ' ὅτι καὶ ὁ πᾶσι φανερὸς δοκῶν εἶναι ἥλιος[33]

28. Μηδὲ ἐπερωτώμενοι. Tout homme peut consulter les dieux pour la divination, et les dieux lui répondent ; mais Socrate était prévenu par la divinité.

29. Οἵ τε γὰρ ἄλλοι..., καὶ ὁ τὸν ὅλον κόσμον συνέχων. Il n'est pas possible de signaler plus nettement la distinction du Dieu suprême et des dieux subalternes. Cette distinction se retrouve souvent dans Platon ; elle est surtout dans le *Timée*.

30. Ἀτριβῆ καὶ ὑγιᾶ καὶ ἀγήρατον. Ἀτριβῆ, littéralement : non usé par le frottement, non fatigué par la durée ; ὑγιᾶ, *plein de santé*, plein de vigueur ; ἀγήρατον, *à l'abri de la vieillesse*. — Expressions analogues dans la *Cyropédie*, VIII, vii, 22, où Xénophon dit en parlant des dieux : Τοὺς ἀεὶ ὄντας καὶ πάντα δυναμένους, οἳ καὶ τήνδε τῶν ὅλων τάξιν συνέχουσιν ἀτριβῆ καὶ ἀγήρατον καὶ ἀναμάρτητον.

31. Ὁρᾶται. On le voit (par les yeux de l'esprit).

32. Ἀόρατος δ' ἐστίν. *Mais il ne se manifeste pas* (aux yeux du corps). Ceci est dirigé contre les poètes, qui, en faisant apparaître les dieux sous une forme réelle, habituaient les hommes à croire que la divinité ne peut agir sans se manifester, et que si elle ne se manifeste pas, c'est donc qu'elle n'agit pas ou même qu'elle n'existe pas. M. Th.-H. Martin, dont l'opinion a été suivie par M. Talbot, explique autrement ces deux membres de phrase : « Dieu se manifeste dans la production de ses œuvres les plus grandes ; mais il reste invisible quand il se borne à administrer l'univers. » Nous ne pensons pas que cette explication soit exacte.

33. Ἥλιος. M. Martin, dans le commentaire qu'il fait de ce passage, nous semble encore commettre une erreur. S'appuyant sur l'autorité d'un passage de Cicéron : *Xenophon paucioribus verbis eadem fere peccat : facit enim in iis, quæ a Socrate dicta retulit, Socratem disputantem formam Dei quæri non oportere ; eumdemque et solem et animum deum dicere ; et modo unum, tum autem plures deos* (De Nat. deor., 1, 12), il pense que Socrate considère ici le soleil comme un dieu subalterne. Mais cette explication a l'inconvénient d'affaiblir la preuve donnée par Socrate. Pour

οὐκ ἐπιτρέπει τοῖς ἀνθρώποις ἑαυτὸν ἀκριβῶς ὁρᾶν, ἀλλ' ἐάν τις αὐτὸν ἀναιδῶς ἐγχειρῇ θεάσασθαι, τὴν ὄψιν ἀφαιρεῖται. Καὶ τοὺς ὑπηρέτας δὲ τῶν θεῶν εὑρήσεις ἀφανεῖς ὄντας· κεραυνός τε γὰρ ὅτι μὲν ἄνωθεν ἀφίεται δῆλον καὶ ὅτι οἷς ἂν ἐντύχῃ πάντων κρατεῖ· ὁρᾶται δ' οὔτ' ἐπιὼν οὔτε κατασκήψας οὔτε ἀπιών[34]· καὶ ἄνεμοι αὐτοὶ μὲν οὐχ ὁρῶνται, ἃ δὲ ποιοῦσι φανερὰ ἡμῖν ἐστι, καὶ προσιόντων αὐτῶν αἰσθανόμεθα. Ἀλλὰ μὴν καὶ ἀνθρώπου γε ψυχή, ἣ εἴπερ τι καὶ ἄλλο τῶν ἀνθρωπίνων τοῦ θείου μετέχει, ὅτι μὲν βασιλεύει ἐν ἡμῖν φανερόν, ὁρᾶται δὲ οὐδ' αὐτή. Ἃ χρὴ κατανοοῦντα μὴ καταφρονεῖν τῶν ἀοράτων, ἀλλ' ἐκ τῶν γιγνομένων τὴν δύναμιν αὐτῶν καταμανθάνοντα τιμᾶν τὸ δαιμόνιον. — 15. Ἐγὼ μέν, ὦ Σώκρατες, ἔφη ὁ Εὐθύδημος, ὅτι μὲν οὐδὲ μικρὸν ἀμελήσω τοῦ δαιμονίου σαφῶς οἶδα· ἐκεῖνο δὲ ἀθυμῶ, ὅτι μοι δοκεῖ τὰς τῶν θεῶν εὐεργεσίας οὐδ' ἂν εἷς ποτε ἀνθρώπων ἀξίαις χάρισιν ἀμείβεσθαι. — 16. Ἀλλὰ μὴ τοῦτο ἀθύμει, ἔφη, ὦ Εὐθύδημε· ὁρᾷς γὰρ ὅτι ὁ ἐν Δελφοῖς θεός, ὅταν τις αὐτὸν ἐπερωτᾷ πῶς ἂν τοῖς θεοῖς χαρίζοιτο, ἀποκρίνεται, Νόμῳ πόλεως[35]. Νόμος δὲ δήπου πανταχοῦ ἐστι κατὰ δύναμιν ἱεροῖς θεοὺς ἀρέσκεσθαι. Πῶς οὖν ἄν τις κάλλιον καὶ εὐσεβέστερον τιμῴη θεοὺς ἢ ὡς αὐτοὶ κελεύουσιν, οὕτω ποιῶν; 17. Ἀλλὰ χρὴ τῆς μὲν δυνάμεως μηδὲν ὑφίεσθαι· ὅταν

---

faire comprendre que les dieux, qui sont essentiellement immatériels, peuvent agir tout en restant invisibles, il est bon de montrer que, dans la nature même, les choses les plus grandes, les forces les plus parfaites, celles que Xénophon appellera plus loin les auxiliaires des dieux, ὑπηρέτας τῶν θεῶν, sont aussi invisibles. Le soleil ne se laisse pas voir, ou, du moins, il ne se laisse pas fixer ; le vent ne se voit pas; l'âme, non plus, ne tombe pas sous les sens.

34. Ὁρᾶται οὔτ' ἐπιών, οὔτε κατασκήψας, οὔτ' ἀπιών. Evidemment, parce que la foudre elle-même, κεραυνός, était considérée par les anciens comme ne se confondant pas plus avec l'éclair, ἀστραπή, qui l'accompagne, qu'avec le tonnerre, βροντή, qui la suit.

35. Νόμῳ πόλεως. Voir à ce sujet un passage de Cicéron : De Legibus, II, xvi.

γάρ τις τοῦτο ποιῇ, φανερὸς δήπου ἐστὶ τότε οὐ τιμῶν θεούς. Χρὴ οὖν μηδὲν ἐλλείποντα κατὰ δύναμιν τιμᾶν τοὺς θεοὺς θαρρεῖν τε καὶ ἐλπίζειν τὰ μέγιστα ἀγαθά· οὐ γὰρ παρ' ἄλλων γ' ἄν τις μείζω ἐλπίζων σωφρονοίη ἢ παρὰ τῶν τὰ μέγιστα ὠφελεῖν δυναμένων, οὐδ' ἂν ἄλλως μᾶλλον ἢ εἰ τούτοις ἀρέσκοι· ἀρέσκοι δὲ πῶς ἂν μᾶλλον ἢ εἰ ὡς μάλιστα πείθοιτο αὐτοῖς; — 18. Τοιαῦτα μὲν δὴ λέγων τε καὶ αὐτὸς ποιῶν εὐσεβεστέρους τε καὶ σωφρονεστέρους τοὺς συνόντας παρεσκεύαζεν.]

IV. — Respect de Socrate pour les lois de son pays. La justice consiste dans l'obéissance à la loi civile et à la loi naturelle.

1. [Ἀλλὰ μὴν καὶ περὶ τοῦ δικαίου γε οὐκ ἀπεκρύπτετο ἣν εἶχε γνώμην, ἀλλὰ καὶ ἔργῳ ἀπεδείκνυτο, ἰδίᾳ τε πᾶσι νομίμως τε καὶ ὠφελίμως χρώμενος καὶ κοινῇ ἄρχουσί τε ἃ οἱ νόμοι προστάττοιεν πειθόμενος καὶ κατὰ πόλιν καὶ ἐν ταῖς στρατείαις οὕτως ὥστε διάδηλος εἶναι παρὰ τοὺς ἄλλους εὐτακτῶν, 2. καὶ ὅτε ἐν ταῖς ἐκκλησίαις ἐπιστάτης γενόμενος οὐκ ἐπέτρεψε τῷ δήμῳ παρὰ τοὺς νόμους ψηφίσασθαι, ἀλλὰ σὺν τοῖς νόμοις ἠναντιώθη τοιαύτῃ ὁρμῇ τοῦ δήμου[1] ἣν οὐκ ἂν οἶμαι ἄλλον οὐδένα ἄνθρωπον ὑπομεῖναι. 3. Καὶ ὅτε οἱ τριάκοντα προσέταττον αὐτῷ παρὰ τοὺς νόμους τι, οὐκ ἐπείθετο· τοῖς τε γὰρ νέοις ἀπαγορευόντων αὐτῶν μὴ διαλέγεσθαι[2] καὶ προσταξάντων ἐκείνῳ τε καὶ ἄλλοις τισὶ τῶν πολιτῶν ἀγαγεῖν τινα ἐπὶ θανάτῳ[3], μόνος οὐκ ἐπείσθη, διὰ τὸ

IV. — 1. Τοιαύτῃ ὁρμῇ τοῦ δήμου. Tanto populi impetui quantum non puto ullum alium hominem toleraturum fuisse. Ceci se rapporte au procès des généraux vainqueurs aux îles Arginuses. Voir dans le premier livre, la fin du chapitre Ier, et dans la dernière note de ce chapitre le passage de l'Apologie où l'on trouve ces mots : « Malgré les orateurs qui s'apprêtaient à me dénoncer, malgré vos menaces, malgré vos cris..., etc.

2. Μὴ διαλέγεσθαι. Voir aussi, sur cette défense bizarre, le livre premier, chapitre II.

3. Ἀγαγεῖν τινα ἐπὶ θανάτῳ. Ceci se rapporte à l'ordre que Socrate

παρὰ τοὺς νόμους αὐτῷ προστάττεσθαι. 4. Καὶ ὅτε τὴν ὑπὸ Μελήτου γραφὴν ἔφευγε⁴, τῶν ἄλλων εἰωθότων ἐν τοῖς δικαστηρίοις πρὸς χάριν τε τοῖς δικασταῖς διαλέγεσθαι καὶ κολακεύειν καὶ δεῖσθαι παρὰ τοὺς νόμους, καὶ διὰ τὰ τοιαῦτα πολλῶν πολλάκις ὑπὸ τῶν δικαστῶν ἀφιεμένων, ἐκεῖνος οὐδὲν ἠθέλησε τῶν εἰωθότων ἐν τῷ δικαστηρίῳ παρὰ τοὺς νόμους ποιῆσαι, ἀλλὰ ῥᾳδίως ἂν ἀφεθεὶς ὑπὸ τῶν δικαστῶν, εἰ καὶ μετρίως τι τούτων ἐποίησε, προείλετο μᾶλλον τοῖς νόμοις ἐμμένων ἀποθνῄσκειν ἢ παρανομῶν ζῆν⁵. 5. Καὶ ἔλεγε δὲ οὕτως καὶ πρὸς ἄλλους μὲν πολλάκις,] οἶδα δέ ποτε αὐτὸν καὶ πρὸς Ἱππίαν τὸν Ἠλεῖον⁶ περὶ τοῦ δικαίου τοιάδε διαλεχθέντα. Διὰ χρό-

reçut des trente tyrans d'aller chercher dans son île natale où il s'était réfugié Léon de Salamine que le parti oligarchique venait de condamner à mort. Voici comment ce fait est raconté dans l'*Apologie* : « Après qu'on eut établi l'oligarchie, les trente tyrans me mandèrent, moi cinquième, au Tholos, et me donnèrent l'ordre d'amener de Salamine Léon le Salaminien, afin qu'on le fît mourir ; car ils donnaient de ces ordres à beaucoup de personnes, pour compromettre le plus de citoyens possible dans leurs iniquités ; et alors je fis voir, non pas en paroles, mais en effet, que je me souciais de la mort, pour parler grossièrement, comme de rien, et que mon unique souci était de ne commettre ni impiétés ni injustices. Toute la puissance de ces trente tyrans, quelque redoutable qu'elle fût, ne m'ébranla point jusqu'à me faire tremper dans cette iniquité impie. Lors donc que nous fûmes sortis du Tholos, les quatre autres s'en allèrent à Salamine et amenèrent Léon ; mais moi, je me retirai dans ma maison. Ainsi je n'ai jamais rien cédé à qui que ce fût contre la justice, non pas même à ces tyrans que mes calomniateurs veulent faire passer pour mes disciples. »

4. Τὴν γραφὴν ἔφευγε. Dans le langage de la procédure grecque, φεύγειν τὴν γραφὴν ou τὴν δίκην signifie *être accusé*. L'accusateur s'appelle ὁ διώκων, et l'accusé ὁ φεύγων.

5. Ἢ παρανομῶν ζῆν. Sur tout ceci, lire l'*Apologie*.

6. Ἱππίαν τὸν Ἠλεῖον. *Hippias d'Elis* (et non pas d'Élée), un des sophistes les plus raillés par Platon qui a donné son nom à deux de ses dialogues, le *Premier Hippias* (*Hippias major*), consacré à la définition du beau, et le *Second Hippias*, dans lequel se trouve une discussion sur le libre arbitre. Il paraît avoir joui d'une grande considération dans sa patrie, qui l'envoya plusieurs fois en ambassade dans les autres villes de la Grèce, et surtout avoir gagné beaucoup d'argent dans ses voyages. Il se vante, dans le *Premier Hippias*, d'avoir été le mieux payé de tous les sophistes : « Si tu savais, Socrate, combien ma profession m'a valu d'argent, tu en serais étonné. Pour ne point parler du reste, étant allé une fois en Sicile, lorsque Protagoras y était et y jouissait d'une grande réputation,

νου⁷ γὰρ ἀφικόμενος ὁ Ἱππίας Ἀθήναζε παρεγένετο τῷ Σωκράτει λέγοντι πρός τινας ὡς θαυμαστὸν εἴη τό, εἰ μέν τις βούλοιτο σκυτέα διδάξασθαί τινα ἢ τέκτονα ἢ χαλκέα ἢ ἱππέα, μὴ ἀπορεῖν ὅποι ἂν πέμψας τούτου τύχοι· [φασὶ δέ τινες καὶ ἵππον καὶ βοῦν τῷ βουλομένῳ δικαίους⁸ ποιήσασθαι πάντα μεστὰ εἶναι τῶν διδαξόντων·] ἐὰν δέ τις βούληται ἢ αὐτὸς μαθεῖν τὸ δίκαιον ἢ υἱὸν ἢ οἰκέτην διδάξασθαι, μὴ εἰδέναι ὅποι ἂν ἐλθὼν τύχοι τούτου. 6. Καὶ ὁ μὲν Ἱππίας ἀκούσας ταῦτα ὥσπερ ἐπισκώπτων αὐτόν, Ἔτι γὰρ σύ, ἔφη, ὦ Σώκρατες, ἐκεῖνα τὰ αὐτὰ λέγεις ἃ ἐγὼ πάλαι ποτέ σου ἤκουσα; — Καὶ ὁ Σωκράτης, Ὃ δέ γε τούτου δεινότερον, ἔφη, ὦ Ἱππία, οὐ μόνον ἀεὶ τὰ αὐτὰ λέγω, ἀλλὰ καὶ περὶ τῶν αὐτῶν⁹· σὺ δ' ἴσως διὰ τὸ πολυ-

quoiqu'il eût déjà un certain âge et que je fusse beaucoup plus jeune que lui, j'amassai en fort peu de temps plus de 150 mines, et plus de 20 mines dans un seul petit endroit qu'on appelle Inicum. De retour chez moi, je donnai cette somme à mon père qui en fut surpris et frappé, ainsi que mes concitoyens. Et je crois avoir gagné seul plus d'argent que deux autres sophistes ensemble, quels qu'ils pussent être. » Hippias se vantait de connaître et d'enseigner non seulement les sciences proprement dites, mais encore la musique et les autres arts, et Platon nous raconte, dans le *Second Hippias*, que, quand les étrangers accouraient en foule dans sa patrie pour les jeux olympiques, il se rendait d'Élis au temple, entouré d'un cortège d'admirateurs et répondant à toutes les questions qu'on pouvait lui poser.

7. Διὰ χρόνου. *Après un long espace de temps* (depuis son premier voyage). La première phrase de l'*Hippias major* nous explique ce passage, en même temps qu'elle nous peint au vif la vanité du sophiste : « Socr. Qu'il y a longtemps, sage et excellent Hippias, que tu n'es venu à Athènes! Hipp. Je n'en ai pas eu le loisir, Socrate. Lorsque Élis a quelque affaire à traiter avec une autre cité, elle s'adresse toujours à moi, préférablement à tout autre citoyen, et me choisit pour son envoyé, persuadée que personne n'est plus capable d'être juge et rapporteur des choses qui lui sont dites de la part de chaque ville. J'ai donc été souvent en différentes villes, mais le plus souvent à Lacédémone, et pour un grand nombre d'affaires très importantes. C'est pour cette raison, puisque tu veux le savoir, que je viens rarement en ces lieux. »

8. Δικαίους. Curieux emploi du mot δίκαιος pour désigner une chose qui est telle qu'elle doit être. On trouve encore dans la *Cyropédie* : Οὔτε γὰρ ἅρμα γένοιτ' ἂν δίκαιον ἀδίκων (ἵππων) συνεζευγμένων, II, ii, 26; et : Γῄδιον πάντων δικαιότατον, VIII, iii, 38. De même, Virgile : *Justissima tellus*. — Cette phrase est supprimée par Dindorf.

9. Ἀλλὰ καὶ περὶ τῶν αὐτῶν. Socrate fait la même réponse à Calliclès dans le *Gorgias*.

μαθὴς εἶναι[10] περὶ τῶν αὐτῶν οὐδέποτε τὰ αὐτὰ λέγεις. — Ἀμέλει[11], ἔφη, πειρῶμαι καινόν τι λέγειν ἀεί. — 7. Πότερον, ἔφη, καὶ περὶ ὧν ἐπίστασαι; οἷον περὶ γραμμάτων ἐάν τις ἔρηταί σε πόσα καὶ ποῖα Σωκράτους ἐστίν[12], ἄλλα μὲν πρότερον, ἄλλα δὲ νῦν πειρᾷ λέγειν; ἢ περὶ ἀριθμῶν τοῖς ἐρωτῶσιν εἰ τὰ δὶς πέντε δέκα ἐστίν, οὐ τὰ αὐτὰ νῦν ἃ καὶ πρότερον ἀποκρίνει; — Περὶ μὲν τούτων, ἔφη, ὦ Σώκρατες, ὥσπερ σὺ, καὶ ἐγὼ ἀεὶ τὰ αὐτὰ λέγω· περὶ μέντοι τοῦ δικαίου πάνυ οἶμαι νῦν ἔχειν εἰπεῖν πρὸς ἃ οὔτε σὺ οὔτ' ἂν ἄλλος οὐδεὶς δύναιτ' ἀντειπεῖν. — 8. Νὴ τὴν Ἥραν, ἔφη, μέγα λέγεις ἀγαθὸν ηὑρηκέναι, εἰ παύσονται μὲν οἱ δικασταὶ δίχα ψηφιζόμενοι, παύσονται δ' οἱ πολῖται περὶ τῶν δικαίων ἀντιλέγοντές τε καὶ ἀντιδικοῦντες καὶ στασιάζοντες, παύσονται δ' αἱ πόλεις διαφερόμεναι περὶ τῶν δικαίων καὶ πολεμοῦσαι. Καὶ ἐγὼ μὲν οὐκ οἶδ' ὅπως ἂν ἀπολειφθείην σου πρὸ τοῦ ἀκοῦσαι τηλικοῦτον ἀγαθὸν ηὑρηκότος. — 9. Ἀλλὰ μὰ Δί', ἔφη, οὐκ ἀκούσει, πρίν γ' ἂν αὐτὸς ἀποφήνῃ ὅ τι νομίζεις τὸ δίκαιον εἶναι. Ἀρκεῖ γὰρ ὅτι[13] τῶν ἄλλων καταγελᾷς ἐρωτῶν μὲν καὶ ἐλέγχων πάντας, αὐτὸς δ' οὐδενὶ ἐθέλων ὑπέχειν λόγον οὐδὲ γνώμην ἀποφαίνεσθαι περὶ οὐδενός[14]. — 10. Τί δέ; ὦ Ἱππία, ἔφη, οὐκ ᾔσθη-

---

10. Διὰ τὸ πολυμαθὴς εἶναι. Pour se rendre compte de ce qu'il y a de ridicule dans cette science universelle, il faut lire un passage du *Second Hippias* dans lequel on voit que le sophiste se vantait de connaître non seulement tous les arts, mais même tous les métiers, et de s'être fait à lui-même son anneau, son cachet, la gravure de son anneau et jusqu'à ses vêtements et ses chaussures.

11. Ἀμέλει. Sans artifice. — *Je l'avoue sans détour que...*

12. Πόσα καὶ ποῖα Σωκράτους ἐστίν. Cet exemple a été employé aussi par Platon dans le *Premier Alcibiade*, et il se retrouve au chapitre VIII de l'*Economique*.

13. Ἀρκεῖ γὰρ ὅτι. Littéralement : il suffit que. *Voilà assez longtemps que.*

14. Ἀποφαίνεσθαι περὶ οὐδενός. Reproche souvent adressé à Socrate dans les dialogues de Platon, par exemple au livre premier de la *République* : « Socrate, dit alors Thrasymaque, à quoi bon tout ce ver-

σαι ὅτι ἐγὼ ἃ δοκεῖ μοι δίκαια εἶναι οὐδὲν παύομαι ἀποδεικνύμενος; — Καὶ ποῖος δή σοι, ἔφη, οὗτος ὁ λόγος ἐστίν; — Εἰ δὲ μὴ λόγῳ, ἔφη, ἀλλ᾽ ἔργῳ ἀποδείκνυμαι· ἢ οὐ δοκεῖ σοι ἀξιοτεκμαρτότερον τοῦ λόγου τὸ ἔργον εἶναι; — Πολύ γε νὴ Δί᾽, ἔφη· δίκαια μὲν γὰρ λέγοντες πολλοὶ ἄδικα ποιοῦσι, δίκαια δὲ πράττων οὐδ᾽ ἂν εἷς ἄδικος εἴη. — 11. Ἤισθησαι οὖν πώποτέ μου ἢ ψευδομαρτυροῦντος ἢ συκοφαντοῦντος ἢ φίλους ἢ πόλιν εἰς στάσιν ἐμβάλλοντος ἢ ἄλλο τι ἄδικον πράττοντος [15]; — Οὐκ ἔγωγ᾽, ἔφη. — Τὸ δὲ τῶν ἀδίκων ἀπέχεσθαι οὐ δίκαιον ἡγεῖ; — Δῆλος εἶ, ἔφη, ὦ Σώκρατες, καὶ νῦν διαφεύγειν ἐγχειρῶν τὸ ἀποδείκνυσθαι γνώμην ὅ τι νομίζεις τὸ δίκαιον· οὐ γὰρ ἃ πράττουσιν οἱ δίκαιοι, ἀλλ᾽ ἃ μὴ πράττουσι, ταῦτα λέγεις. — 12. Ἀλλ᾽ ᾤμην ἔγωγ᾽, ἔφη ὁ Σωκράτης, τὸ μὴ ἐθέλειν ἀδικεῖν ἱκανὸν δικαιοσύνης ἐπίδειγμα εἶναι. Εἰ δέ σοι μὴ δοκεῖ, σκέψαι ἐὰν τόδε σοι μᾶλλον ἀρέσκῃ· φημὶ γὰρ ἐγὼ τὸ νόμιμον δίκαιον εἶναι [16]. — Ἆρα τὸ αὐτὸ λέγεις, ὦ Σώκρατες, νόμιμόν τε καὶ δίκαιον εἶναι; — Ἔγωγε, ἔφη. — 13. Οὐ γὰρ [17] αἰσθάνομαί σου ὁποῖον

---

biage? Pourquoi vous céder comme de concert la victoire l'un à l'autre? Veux-tu sincèrement savoir ce que c'est que la justice? Ne te borne pas à interroger et à te faire une sotte gloire de réfuter les réponses des autres. Tu n'ignores pas qu'il est plus aisé d'interroger que de répondre. Réponds-moi donc à ton tour. »

15. Ἢ ἄλλο τι ἄδικον πράττοντος. Analogie entre tout ce passage et la parole évangélique: *Quis vestrum arguet me de peccato*.

16. Τὸ νόμιμον δίκαιον εἶναι. « Socrate, dit M. Fouillée, détermine d'abord la forme la plus extérieure de la justice, c'est-à-dire la justice sociale ou légalité; mais il ne manque pas ensuite, dans le même entretien avec Hippias, de déterminer une espèce de justice plus profonde et plus intime, sans laquelle la première serait insuffisante; c'est la justice naturelle ou légitimité, qui consiste dans l'observation des lois non écrites. Seulement *légal* et *légitime* s'expriment en grec par un seul mot, νόμιμος, synonyme de δίκαιος. »

17. Οὐ γάρ. Il n'est pas nécessaire de sous-entendre une phrase pour établir la transition. Nous avons une expression toute simple, qui traduit ceci très naturellement: *C'est que je ne comprends pas bien, d'après ce que tu as dit, quelles sont les choses que tu appelles légales et les choses que tu appelles justes*.

νόμιμον ἢ ποῖον δίκαιον λέγεις. — Νόμους δὲ πόλεως, ἔφη, γιγνώσκεις; — Ἔγωγε, ἔφη. — Καὶ τίνας τούτους νομίζεις; — Ἃ οἱ πολῖται, ἔφη, συνθέμενοι ἅ τε δεῖ ποιεῖν καὶ ὧν ἀπέχεσθαι ἐγράψαντο. — Οὐκοῦν, ἔφη, νόμιμος μὲν ἂν εἴη ὁ κατὰ ταῦτα πολιτευόμενος, ἄνομος δὲ ὁ ταῦτα παραβαίνων;— Πάνυ μὲν οὖν, ἔφη. —Οὐκοῦν καὶ δίκαια μὲν ἂν πράττοι ὁ τούτοις πειθόμενος, ἄδικα δ' ὁ τούτοις ἀπειθῶν; — Πάνυ μὲν οὖν. — Οὐκοῦν ὁ μὲν τὰ δίκαια πράττων δίκαιος, ὁ δὲ τὰ ἄδικα ἄδικος; — Πῶς γὰρ οὔ; — Ὁ μὲν ἄρα νόμιμος δίκαιός ἐστιν, ὁ δὲ ἄνομος ἄδικος. — 14. Καὶ ὁ Ἱππίας, Νόμους δ', ἔφη, ὦ Σώκρατες, πῶς ἄν τις ἡγήσαιτο σπουδαῖον πρᾶγμα εἶναι ἢ τὸ πείθεσθαι αὐτοῖς, οὕς γε πολλάκις αὐτοὶ οἱ θέμενοι ἀποδοκιμάσαντες μετατίθενται; — Καὶ γὰρ πόλεμον, ἔφη ὁ Σωκράτης, πολλάκις ἀράμεναι αἱ πόλεις πάλιν εἰρήνην ποιοῦνται. — Καὶ μάλα, ἔφη. — Διάφορον οὖν τι οἴει ποιεῖν, ἔφη, τοὺς τοῖς νόμοις πειθομένους φαυλίζων, ὅτι καταλυθεῖεν ἂν οἱ νόμοι[18], ἢ εἰ τοὺς ἐν τοῖς πολέμοις εὐτακτοῦντας ψέγοις ὅτι γένοιτ' ἂν εἰρήνη; ἢ καὶ τοὺς ἐν τοῖς πολέμοις ταῖς πατρίσι προθύμως βοηθοῦντας μέμφει; — Μὰ Δί' οὐκ ἔγωγ', ἔφη. — 15. Λυκοῦργον δὲ τὸν Λακεδαιμόνιον[19], ἔφη ὁ Σωκράτης, καταμεμάθηκας ὅτι οὐδὲν ἂν διάφορον τῶν ἄλλων πόλεων τὴν Σπάρτην ἐποίησεν, εἰ μὴ τὸ πείθεσθαι τοῖς νόμοις μάλιστα ἐνειργάσατο αὐτῇ; τῶν δὲ ἀρχόντων ἐν ταῖς πόλεσιν οὐκ οἶσθα ὅτι οἵτινες ἂν τοῖς πολίταις αἰτιώτατοι ὦσι τοῦ τοῖς νόμοις πείθεσθαι, οὗτοι ἄριστοί εἰσι, καὶ πόλις ἐν ᾗ μάλιστα οἱ

---

18. Ὅτι καταλυθεῖεν ἂν οἱ νόμοι. M. Fouillée fait encore observer à ce sujet que «les lois non écrites exigent seules une obéissance définitive, absolue, uniforme comme elles. Mais les lois écrites, surtout dans les pays libres où elles peuvent être modifiées par la discussion, exigent au moins une obéissance provisoire.»

19. Λυκοῦργον τὸν λακεδαιμόνιον. On cite un trait analogue de Solon; mais Xénophon, épris des institutions de Sparte, préfère citer Lycurgue.

πολῖται τοῖς νόμοις πείθονται, ἐν εἰρήνῃ τε ἄριστα διάγει καὶ ἐν πολέμῳ ἀνυπόστατός ἐστιν; 16. Ἀλλὰ μὴν καὶ ὁμόνοιά γε μέγιστόν τε ἀγαθὸν δοκεῖ ταῖς πόλεσιν εἶναι καὶ πλειστάκις ἐν αὐταῖς αἵ τε γερουσίαι καὶ οἱ ἄριστοι ἄνδρες παρακελεύονται τοῖς πολίταις ὁμονοεῖν, καὶ πανταχοῦ ἐν τῇ Ἑλλάδι νόμος κεῖται τοὺς πολίτας ὀμνύναι ὁμονοήσειν, καὶ πανταχοῦ ὀμνύουσι τὸν ὅρκον τοῦτον· οἶμαι δ' ἐγὼ ταῦτα γίγνεσθαι οὐχ ὅπως τοὺς αὐτοὺς χοροὺς κρίνωσιν οἱ πολῖται, οὐδ' ὅπως τοὺς αὐτοὺς αὐλητὰς ἐπαινῶσιν, οὐδ' ὅπως τοὺς αὐτοὺς ποιητὰς αἱρῶνται, οὐδ' ἵνα τοῖς αὐτοῖς ἥδωνται, ἀλλ' ἵνα τοῖς νόμοις πείθωνται. Τούτοις γὰρ τῶν πολιτῶν ἐμμενόντων[20], αἱ πόλεις ἰσχυρόταταί τε καὶ εὐδαιμονέσταται γίγνονται· ἄνευ δὲ ὁμονοίας οὔτ' ἂν πόλις εὖ πολιτευθείη οὔτ' οἶκος καλῶς οἰκηθείη. 17. Ἰδίᾳ δὲ πῶς μὲν ἄν τις ἧττον ὑπὸ πόλεως ζημιοῖτο, πῶς δ' ἂν μᾶλλον τιμῷτο ἢ εἰ τοῖς νόμοις πείθοιτο; πῶς δ' ἂν ἧττον ἐν τοῖς δικαστηρίοις ἡττῷτο ἢ πῶς ἂν μᾶλλον νικῴη; τίνι δ' ἄν τις μᾶλλον πιστεύσειε παρακαταθέσθαι ἢ χρήματα ἢ υἱοὺς ἢ θυγατέρας; τίνα δ' ἂν ἡ πόλις ὅλη ἀξιοπιστότερον ἡγήσαιτο τοῦ νομίμου; παρὰ τίνος δ' ἂν μᾶλλον τῶν δικαίων τύχοιεν ἢ γονεῖς ἢ οἰκεῖοι ἢ οἰκέται ἢ φίλοι ἢ πολῖται ἢ ξένοι; τίνι δ' ἂν μᾶλλον πολέμιοι πιστεύσειαν ἢ ἀνοχὰς ἢ σπονδὰς ἢ συνθήκας περὶ εἰρήνης; τίνι δ' ἂν μᾶλλον ἢ τῷ νομίμῳ σύμμαχοι ἐθέλοιεν γίγνεσθαι; τῷ δ' ἂν μᾶλλον οἱ σύμμαχοι πιστεύσειαν ἢ ἡγεμονίαν ἢ φρουραρχίαν ἢ πόλεις; τίνα δ' ἄν τις εὐεργετήσας ὑπολάβοι χάριν κομιεῖσθαι μᾶλλον ἢ τὸν νόμιμον; ἢ τίνα μᾶλλον ἄν τις εὐεργετήσειεν ἢ παρ' οὗ χάριν ἀπολήψεσθαι νομίζει; τῷ δ' ἄν τις βούλοιτο μᾶλλον φίλος εἶναι ἢ τῷ τοιούτῳ ἢ τῷ ἧττον ἐχθρός; τῷ δ' ἄν τις ἧττον

---

20. Τούτοις τῶν πολιτῶν ἐμμενόντων. Quand les citoyens leur restent fidèles.

πολεμήσειεν ἢ ᾧ μάλιστα μὲν φίλος εἶναι βούλοιτο, ἥκιστα δ' ἐχθρός, καὶ ᾧ πλεῖστοι μὲν φίλοι καὶ σύμμαχοι βούλοιντο εἶναι, ἐλάχιστοι δ' ἐχθροὶ καὶ πολέμιοι; 18. Ἐγὼ μὲν οὖν, ὦ Ἱππία, τὸ αὐτὸ ἀποδείκνυμαι νόμιμόν τε καὶ δίκαιον εἶναι· σὺ δ' εἰ τἀναντία γιγνώσκεις²¹, δίδασκε. — Καὶ ὁ Ἱππίας, Ἀλλὰ μὰ τὸν Δί', ἔφη, ὦ Σώκρατες, οὔ μοι δοκῶ τἀναντία γιγνώσκειν οἷς εἴρηκας περὶ τοῦ δικαίου. — 19. Ἀγράφους δέ τινας οἶσθα, ἔφη, ὦ Ἱππία, νόμους²²; — Τούς γ' ἐν πάσῃ, ἔφη, χώρᾳ κατὰ ταὐτὰ νομιζομένους²³. — Ἔχοις ἂν οὖν εἰπεῖν, ἔφη, ὅτι οἱ ἄν-

---

21. Εἰ τἀναντία γιγνώσκεις. Transition socratique, pour inviter Hippias à dire lui-même ce qui va être expliqué un peu plus loin. — Littéralement : Si tu connais, si tu es en mesure de nous expliquer la contre-partie. — Il s'agit, on le voit, d'examiner l'autre face de la question ; de passer, comme on dirait aujourd'hui dans un langage philosophique un peu abstrait, de la *thèse* à l'*antithèse.* Cette nuance ne nous parait pas rendue par la traduction : « *Si tu as un avis contraire.* »
22. Ἀγράφους νόμους. Il suffit de rappeler, au sujet des lois non écrites le passage si connu de l'*Antigone* de Sophocle, v. 448-455 :

> Οὐ γάρ τί μοι Ζεὺς ἦν ὁ κηρύξας τάδε,
> οὐδ' ἡ ξύνοικος τῶν κάτω θεῶν Δίκη·
> οἱ τούσδ' ἐν ἀνθρώποισιν ὥρισαν νόμους·
> οὐδὲ σθένειν τοσοῦτον ᾠόμην τὰ σὰ
> κηρύγματ' ὥστ' ἄγραπτα κἀσφαλῆ θεῶν
> νόμιμα δύνασθαι θνητὸν ὄντ' ὑπερδραμεῖν.
> Οὐ γάρ τι νῦν γε κἀχθές, ἀλλ' ἀεί ποτε
> ζῇ ταῦτα, κοὐδεὶς οἶδεν ἐξ ὅτου 'φάνη.

Cicéron, dans le II° livre du *De Legibus* et dans le III° livre du *De Republica*, a écrit sur ces lois éternelles deux passages bien connus, que nous avons cités dans la *Préface* et dans l'*Appendice* de notre édition du *De Legibus* (1er livre) ; *Belin*, 1882.
23. Ἐν πάσῃ χώρᾳ νομιζομένους. Plus loin : Θεοὺς τοῖς ἀνθρώποις θεῖναι. Ces passages sont fort importants au point de vue de la discussion qui se continue entre les historiens sur la manière dont on doit apprécier l'enseignement et le caractère des sophistes. M. Grote fait remarquer, dans un très ingénieux raisonnement *à fortiori*, qu'Hippias est le plus décrié des sophistes et que la façon sarcastique et méprisante dont Platon le traite ne ressemble nullement au ton qu'il emploie à l'égard de Protagoras. Malgré cela, on ne trouve, ni dans Platon ni ailleurs, aucune imputation dirigée contre Hippias comme ayant prêché une morale basse, égoïste et corrompue. Tout\|au contraire, le *Protagoras* contient l'esquisse d'une leçon, d'un discours d'Hippias sur les occupations d'un jeune homme, et il semble que ce discours n'aurait pas été indigne de figurer auprès du fameux « Choix d'Hercule » de Pro-

θρωποι αὐτοὺς ἔθεντο; — Καὶ πῶς ἄν, ἔφη, οἵ γε οὔτε συνελθεῖν ἅπαντες ἂν δυνηθεῖεν οὔτε ὁμόφωνοί εἰσι; — Τίνας οὖν, ἔφη, νομίζεις τεθεικέναι τοὺς νόμους τούτους; — Ἐγὼ μέν, ἔφη, θεοὺς οἶμαι τοὺς νόμους τούτους τοῖς ἀνθρώποις θεῖναι· καὶ γὰρ παρὰ πᾶσιν ἀνθρώποις πρῶτον νομίζεται[24] θεοὺς σέβειν. — 20. Οὐκοῦν καὶ γονέας τιμᾶν πανταχοῦ νομίζεται; — Καὶ τοῦτο, ἔφη. — .... Οὗτος θεοῦ νόμος... — Τί δή; ἔφη. — Ὅτι, ἔφη, αἰσθάνομαί τινας παραβαίνοντας αὐτόν. — 21. Καὶ γὰρ ἄλλα πολλά, ἔφη, παρανομοῦσιν· ἀλλὰ δίκην γέ τοι διδόασιν οἱ παραβαίνοντες τοὺς ὑπὸ τῶν θεῶν κειμένους νόμους, ἣν οὐδενὶ τρόπῳ δυνατὸν ἀνθρώπῳ διαφυγεῖν, ὥσπερ τοὺς ὑπ' ἀνθρώπων κειμένους νόμους ἔνιοι παραβαίνοντες διαφεύγουσι τὸ δίκην διδόναι, οἱ μὲν λανθάνοντες, οἱ δὲ βιαζόμενοι. — 22... 23... 24. Τί δέ; τοὺς εὖ ποιοῦντας ἀντευεργετεῖν οὐ πανταχοῦ νόμιμόν ἐστι; — Νόμιμον [μέν], ἔφη, παραβαίνεται δὲ καὶ τοῦτο. — Οὐκοῦν καὶ οἱ τοῦτο παραβαίνοντες δίκην διδόασι, φίλων μὲν ἀγαθῶν ἔρημοι γιγνόμενοι, τοὺς δὲ μισοῦντας ἑαυτοὺς ἀναγκαζόμενοι διώκειν· ἢ οὐχ, οἱ μὲν εὖ ποιοῦντες τοὺς χρωμένους ἑαυτοῖς ἀγαθοὶ φίλοι εἰσίν, οἱ δὲ μὴ ἀντευεργετοῦντες τοὺς τοιούτους διὰ μὲν τὴν ἀχαριστίαν μισοῦνται ὑπ' αὐτῶν, διὰ δὲ τὸ μάλιστα λυσιτελεῖν τοῖς τοιούτοις χρῆσθαι τούτους μάλιστα διώκουσι; — Νὴ τὸν Δί', ὦ Σώκρατες, ἔφη, θεοῖς ταῦτα πάντα ἔοικε·

dicus. Les passages que nous signalons ici confirment ce jugement de M. Grote. Lorsque Socrate confond, momentanément et à dessein, le *légal* et le *légitime*, Hippias relève cette confusion. Lorsque Socrate parle de lois non écrites, Hippias en accepte et en développe immédiatement l'idée. Nous ne trouvons donc là aucun indice de cette *élimination de l'absolu* qu'on présente d'ordinaire comme le premier article de la doctrine des sophistes; et s'il est douteux qu'Hippias ait soutenu cette doctrine toute négative, à plus forte raison est-ce douteux en ce qui concerne les autres.

24. Νομίζεται τοὺς θεοὺς σέβειν. *Il est établi par la loi qu'il faut honorer les dieux.* La forme active σέβειν est rare.

τὸ γὰρ τοὺς νόμους αὐτοὺς τοῖς παραβαίνουσι τὰς τιμωρίας ἔχειν[25] βελτίους ἢ κατ' ἄνθρωπον νομοθέτου δοκεῖ μοι εἶναι. — 25. Πότερον οὖν, ὦ Ἱππία, τοὺς θεοὺς ἡγεῖ τὰ δίκαια νομοθετεῖν ἢ ἄλλα τῶν δικαίων; — Οὐκ ἄλλα μὰ Δί', ἔφη· σχολῇ γὰρ ἂν ἄλλος γέ τις τὰ δίκαια νομοθετήσειεν εἰ μὴ θεός. — Καὶ τοῖς θεοῖς ἄρα, ὦ Ἱππία, τὸ αὐτὸ δίκαιόν τε καὶ νόμιμον εἶναι ἀρέσκει.

[Τοιαῦτα λέγων τε καὶ πράττων δικαιοτέρους ἐποίει τοὺς πλησιάζοντας.]

V. — Funestes effets de l'intempérance; avantages de la vertu contraire.

1. [Ὡς δὲ καὶ πρακτικωτέρους ἐποίει τοὺς συνόντας ἑαυτῷ, νῦν αὖ τοῦτο λέξω. Νομίζων γὰρ ἐγκράτειαν[1] ὑπάρχειν ἀγαθὸν εἶναι τῷ μέλλοντι καλόν τι πράξειν, πρῶτον μὲν αὐτὸς φανερὸς ἦν τοῖς συνοῦσιν ἠσκηκὼς αὐτὸν μάλιστα πάντων ἀνθρώπων, ἔπειτα διαλεγόμενος προέτρεπετο πάντων μάλιστα[2] τοὺς συνόντας πρὸς ἐγκράτειαν. 2. Ἀεὶ μὲν οὖν περὶ τῶν πρὸς ἀρετὴν χρησίμων αὐτός τε διετέλει μεμνημένος καὶ τοὺς συνόντας πάντας ὑπομιμνήσκων· οἶδα δέ ποτε αὐτὸν καὶ πρὸς Εὐθύδημον περὶ ἐγκρατείας τοιάδε διαλεχθέντα· Εἰπέ μοι, ἔφη, ὦ Εὐθύ-

---

25. Τοῖς παραβαίνουσι τὰς τιμωρίας ἔχειν. Il s'agit ici de ce que nous appelons la *sanction naturelle*. Dans les exemples qui précèdent, Socrate n'a pas fait allusion à autre chose. Il voit dans le jeu même des lois de la nature dans la nécessité en vertu de laquelle ces lois amènent toujours une punition pour les coupables, quelque chose qui concilie le *légitime* et le *légal*, ce qui doit être absolument et ce qui doit être dans l'intérêt de la société, dont les législateurs sont les gardiens.

V. — 1. Νομίζων ἐγκράτειαν. Construisez : Νομίζων ἀγαθὸν εἶναι ἐγκράτειαν ὑπάρχειν. *Existimans bonum esse temperantiam adesse.* On ne fait rien de grand, si l'on n'est pas tempérant; les vrais grands hommes sont sévères pour eux-mêmes. Il y a des exceptions, mais elles sont rares.

2. Πάντων μάλιστα. Non pas : plus que tous les autres, mais : *par dessus tout*.

δῆμε, ἆρα καλὸν καὶ μεγαλεῖον νομίζεις εἶναι καὶ ἀνδρὶ καὶ πόλει κτῆμα ἐλευθερίαν ; — Ὡς οἷόν τέ γε μάλιστα, ἔφη. — 3. Ὅστις οὖν ἄρχεται ὑπὸ τῶν διὰ τοῦ σώματος ἡδονῶν καὶ διὰ ταύτας μὴ δύναται πράττειν τὰ βέλτιστα, νομίζεις τοῦτον ἐλεύθερον εἶναι ; — Ἥκιστα, ἔφη. — Ἴσως γὰρ ἐλευθέριον φαίνεταί σοι τὸ πράττειν τὰ βέλτιστα, εἶτα τὸ ἔχειν τοὺς κωλύσοντας·[3] τὰ τοιαῦτα ποιεῖν ἀνελεύθερον νομίζεις ; — Παντάπασί γ', ἔφη. — 4. Παντάπασιν ἄρα σοι δοκοῦσιν οἱ ἀκρατεῖς ἀνελεύθεροι εἶναι ; — Νὴ τὸν Δί' εἰκότως. — Πότερα δέ σοι δοκοῦσιν οἱ ἀκρατεῖς κωλύεσθαι μόνον τὰ κάλλιστα πράττειν, ἢ καὶ ἀναγκάζεσθαι τὰ αἴσχιστα ποιεῖν ; — Οὐδὲν ἧττον ἔμοιγ', ἔφη, δοκοῦσι ταῦτα ἀναγκάζεσθαι ἢ ἐκεῖνα κωλύεσθαι. — 5. Ποίους δέ τινας δεσπότας ἡγεῖ τοὺς τὰ μὲν ἄριστα κωλύοντας, τὰ δὲ κάκιστα ἀναγκάζοντας ; — Ὡς δυνατὸν νὴ Δί', ἔφη, κακίστους. — Δουλείαν δὲ ποίαν κακίστην νομίζεις εἶναι ; — Ἐγὼ μέν, ἔφη, τὴν παρὰ τοῖς κακίστοις δεσπόταις. — Τὴν κακίστην ἄρα δουλείαν οἱ ἀκρατεῖς δουλεύουσιν ; — Ἔμοιγε δοκεῖ, ἔφη. — 6. Σοφίαν δὲ τὸ μέγιστον ἀγαθὸν οὐ δοκεῖ σοι ἀπείργουσα τῶν ἀνθρώπων ἡ ἀκρασία εἰς τοὐναντίον αὐτοὺς ἐμβάλλειν ; ἢ οὐ δοκεῖ σοι προσέχειν τε τοῖς ὠφελοῦσι καὶ καταμανθάνειν αὐτὰ κωλύειν ἀφέλκουσα ἐπὶ τὰ ἡδέα, καὶ πολλάκις αἰσθανομένους τῶν ἀγαθῶν τε καὶ τῶν κακῶν ἐκπλήξασα[4] ποιεῖν τὸ χεῖρον ἀντὶ τοῦ βελτίονος αἱρεῖσθαι ; — Γίγνεται τοῦτ',

---

3. Τοὺς κωλύσοντας. L'article s'emploie directement avec le participe, quand le sens est analogue à celui qu'expriment en latin les mots : Is qui. Des maîtres capables d'empêcher. Ces maîtres, ce sont les voluptés ; ce sont les passions. De même, Sénèque, dans le De Vita beata : « Voluptates, incertissima impotentissimaque dominia ». L'idée de maîtres n'est pas directement exprimée ici ; mais on la trouve quelques lignes plus loin : Ποίους δέ τινας δεσπότας ἡγῇ.

4. Ἐκπλήξασα. Frappant l'esprit non de terreur, mais d'une sorte de séduction et d'éblouissement. Construisez : ἐκπλήξασα (ὥστε) αἱρεῖσθαι ποιεῖν.

ἔφη. — 7. Σωφροσύνης δέ, ὦ Εὐθύδημε, τίνι ἂν φαῖμεν ἧττον ἢ τῷ ἀκρατεῖ προσήκειν; αὐτὰ γὰρ δήπου τὰ ἐναντία σωφροσύνης καὶ ἀκρασίας ἔργα ἐστίν. — Ὁμολογῶ καὶ τοῦτο, ἔφη. — Τοῦ δ' ἐπιμελεῖσθαι ὧν προσήκει οἴει τι κωλυτικώτερον εἶναι ἀκρασίας; — Οὔκουν ἔγωγ', ἔφη. — Τοῦ δὲ ἀντὶ τῶν ὠφελούντων τὰ βλάπτοντα προαιρεῖσθαι ποιοῦντος, καὶ τούτων μὲν ἐπιμελεῖσθαι, ἐκείνων δὲ ἀμελεῖν πείθοντος, καὶ τοῖς σωφρονοῦσι τὰ ἐναντία ποιεῖν ἀναγκάζοντος οἴει τι ἀνθρώπῳ κάκιον εἶναι; — Οὐδέν, ἔφη. — 8. Οὐκοῦν τὴν ἐγκράτειαν τῶν ἐναντίων ἢ τὴν ἀκρασίαν εἰκὸς τοῖς ἀνθρώποις αἰτίαν εἶναι; — Πάνυ μὲν οὖν, ἔφη. — Οὐκοῦν καὶ τῶν ἐναντίων τὸ αἴτιον εἰκὸς ἄριστον εἶναι; — Εἰκὸς γάρ, ἔφη. — Ἔοικεν ἄρ', ἔφη, ὦ Εὐθύδημε, ἄριστον ἀνθρώπῳ ἐγκράτεια εἶναι; — Εἰκότως γάρ, ἔφη, ὦ Σώκρατες. — 9. Ἐκεῖνο δέ, ὦ Εὐθύδημε, ἤδη πώποτε ἐνεθυμήθης; — Ποῖον; ἔφη. — Ὅτι καὶ ἐπὶ τὰ ἡδέα, ἐφ' ἅπερ μόνα δοκεῖ ἡ ἀκρασία τοὺς ἀνθρώπους ἄγειν, αὐτὴ μὲν οὐ δύναται ἄγειν, ἡ δ' ἐγκράτεια πάντων μάλιστα ἥδεσθαι ποιεῖ⁵. — Πῶς; ἔφη. — Ὥσπερ ἡ μὲν ἀκρασία οὐκ ἐῶσα καρτερεῖν οὔτε λιμὸν οὔτε δίψος⁶... οὔτε ἀγρυπνίαν, δι' ὧν μόνων ἔστιν ἡδέως μὲν φαγεῖν τε καὶ πιεῖν.., ἡδέως δ' ἀναπαύσασθαί τε καὶ κοιμηθῆναι, περιμείναντας καὶ ἀνασχομένους ἕως ἂν ταῦτα ὡς ἔνι ἥδιστα γένηται, κωλύει τοῖς ἀναγκαιοτάτοις τε καὶ συνεχεστάτοις⁷ ἀξιολόγως

---

5. Ἡ ἐγκράτεια... ἥδεσθαι ποιεῖ. C'est à la tempérance que nous devons nos plaisirs. Le plaisir est attaché à l'affranchissement du besoin. Donc l'intempérant qui étouffe le besoin dès sa naissance est l'ennemi du plaisir ; il lui enlève tout son charme en faisant disparaître le contraste de la douleur.

6. Δίψος. Préférable à la forme δίψαν, donnée par un certain nombre de manuscrits et reproduite par plusieurs éditions.

7. Συνεχεστάτοις. Ceux qui tiennent le plus de place dans la vie, ceux qui remplissent le plus la trame de l'existence. — Cela n'empêche pas ces plaisirs d'être périodiques comme les autres. Il n'est pas ques-

ἥδεσθαι· ἡ δ' ἐγκράτεια μόνη ποιοῦσα καρτερεῖν τὰ εἰρημένα μόνη καὶ ἥδεσθαι ποιεῖ ἀξίως μνήμης ἐπὶ τοῖς εἰρημένοις. — Παντάπασιν, ἔφη, ἀληθῆ λέγεις. — 10. Ἀλλὰ μὴν τοῦ μαθεῖν τι καλὸν κἀγαθὸν καὶ τοῦ ἐπιμεληθῆναι τῶν τοιούτων τινὸς δι' ὧν ἄν τις καὶ τὸ ἑαυτοῦ σῶμα καλῶς διοικήσειε καὶ τὸν ἑαυτοῦ οἶκον καλῶς οἰκονομήσειε καὶ φίλοις καὶ πόλει ὠφέλιμος γένοιτο καὶ ἐχθροὺς κρατήσειεν, ἀφ' ὧν οὐ μόνον ὠφέλειαι, ἀλλὰ καὶ ἡδοναὶ μέγισται γίγνονται, οἱ μὲν ἐγκρατεῖς ἀπολαύουσι πράττοντες αὐτά, οἱ δ' ἀκρατεῖς οὐδενὸς μετέχουσι. Τῷ γὰρ ἂν ἧττον φήσαιμεν τῶν τοιούτων προσήκειν ἢ ᾧ ἥκιστα ἔξεστι ταῦτα πράττειν, καὶ ἐχομένῳ ἐπὶ τῷ σπουδάζειν περὶ τὰς ἐγγυτάτω ἡδονάς; — 11. Καὶ ὁ Εὐθύδημος, Δοκεῖς μοι, ἔφη, ὦ Σώκρατες, λέγειν ὡς ἀνδρὶ ἥττονι τῶν διὰ τοῦ σώματος ἡδονῶν πάμπαν οὐδεμιᾶς ἀρετῆς προσήκει. — Τί γὰρ διαφέρει, ἔφη, ὦ Εὐθύδημε, ἄνθρωπος ἀκρατὴς θηρίου τοῦ ἀμαθεστάτου; ὅστις γὰρ τὰ μὲν κράτιστα μὴ σκοπεῖ, τὰ ἥδιστα δ' ἐκ παντὸς τρόπου ζητεῖ [ποιεῖν], τί ἂν διαφέροι τῶν ἀφρονεστάτων βοσκημάτων; ἀλλὰ τοῖς ἐγκρατέσι μόνοις ἔξεστι σκοπεῖν τὰ κράτιστα τῶν πραγμάτων, καὶ λόγῳ καὶ ἔργῳ διαλέγοντας κατὰ γένη τὰ μὲν ἀγαθὰ προαιρεῖσθαι, τῶν δὲ κακῶν ἀπέχεσθαι. 12. Καὶ οὕτως ἔφη ἀρίστους τε καὶ εὐδαιμονεστάτους ἄνδρας γίγνεσθαι καὶ διαλέγεσθαι δυνατωτάτους.] Ἔφη δὲ καὶ τὸ διαλέγεσθαι ὀνομασθῆναι ἐκ τοῦ συνιόντας κοινῇ βουλεύεσθαι διαλέγοντας[8] κατὰ γένη τὰ πράγματα. Δεῖν οὖν πει-

---

tion ici d'une continuité absolue, puisque Socrate démontre précisément qu'ils tirent leur charme de leur interruption même.

8. Διαλέγοντας. On voit par tout ce passage la relation qui unit entre eux les divers sens donnés au mot *dialectique*. La dialectique est essentiellement pour Socrate l'art de distribuer les choses en genres et en espèces; mais la dialectique ne se fait pas seulement par la pensée; elle se fait aussi par l'action; l'homme vertueux, par cela seul qu'il pratique séparément des actes de justice au moment où il convient

ρᾶσθαι ὅτι μάλιστα πρὸς τοῦτο ἑαυτὸν ἕτοιμον παρασκευάζειν καὶ τούτου μάλιστα ἐπιμελεῖσθαι· ἐκ τούτου γὰρ γίγνεσθαι ἄνδρας ἀρίστους τε καὶ ἡγεμονικωτάτους καὶ διαλεκτικωτάτους.

VI. — Avantages de la dialectique; définition de la justice, de la sagesse, du bien, du beau, du courage, de la royauté et de la tyrannie.

1. Ὡς δὲ καὶ διαλεκτικωτέρους ἐποίει τοὺς συνόντας, πειράσομαι καὶ τοῦτο λέγειν. Σωκράτης γὰρ τοὺς μὲν εἰδότας τί ἕκαστον εἴη τῶν ὄντων ἐνόμιζε καὶ τοῖς ἄλλοις ἂν ἐξηγεῖσθαι δύνασθαι· τοὺς δὲ μὴ εἰδότας οὐδὲν ἔφη θαυμαστὸν εἶναι αὐτούς τε σφάλλεσθαι καὶ ἄλλους σφάλλειν· ὧν ἕνεκα σκοπῶν σὺν τοῖς συνοῦσι τί ἕκαστον εἴη τῶν ὄντων οὐδέποτ' ἔληγε. Πάντα μὲν οὖν ᾗ διωρίζετο[1] πολὺ ἔργον ἂν εἴη διεξελθεῖν· ἐν ὅσοις δὲ τὸν τρόπον τῆς ἐπισκέψεως δηλώσειν οἶμαι, τοσαῦτα λέξω[2]. 2. Πρῶτον δὲ περὶ εὐσεβείας ὧδέ πως ἐσκόπει. Εἰπέ μοι, ἔφη, ὦ Εὐθύδημε, ποῖόν τι[3] νομίζεις εὐσέβειαν εἶναι; — Καὶ ὅς, Κάλλιστον νὴ Δί', ἔφη. — Ἔχεις οὖν εἰπεῖν ὁποῖός τις ὁ εὐσεβής ἐστιν; — Ἐμοὶ μὲν δοκεῖ, ἔφη, ὁ τοὺς θεοὺς τιμῶν. — Ἔξεστι δὲ ὃν ἄν τις βούληται τρόπον τοὺς θεοὺς τιμᾶν; — Οὐκ, ἀλλὰ νόμοι εἰσί[4] καθ' οὓς δεῖ τοὺς θεοὺς

---

d'être juste, des actes de courage au moment où il convient d'être courageux, est le meilleur des dialecticiens. Enfin, la dialectique est aussi l'art qui fixe la distinction des pensées. — Nous ne croyons pas que tout ce passage soit une interpolation. Il y a cependant quelque redondance.

VI. — 1. Διωρίζετο. *Il définissait les choses*; c'est-à-dire il en déterminait les limites, il en dégageait l'essence.

2. Ἐν ὅσοις δὲ... τοσαῦτα λέξω. *Il suffira d'en citer ce qui est nécessaire pour faire comprendre sa méthode d'examen.*

3. Ποῖόν τι. Cette expression n'est pas un simple synonyme de τι; elle s'applique tout particulièrement à la détermination de l'essence, c'est-à-dire de l'idée. — *Quel genre de choses est la piété?* et, par conséquent: *Quelle idée faut-il s'en faire?*

4. Οὐκ, ἀλλὰ νόμοι εἰσί. Nous avons remarqué déjà que ce n'était

τιμᾶν. — 3. Οὐκοῦν ὁ τοὺς νόμους τούτους εἰδὼς εἰδείη ἂν ὡς δεῖ τοὺς θεοὺς τιμᾶν; — Οἶμαι ἔγωγ', ἔφη. — Ἆρ' οὖν ὁ εἰδὼς ὡς δεῖ τοὺς θεοὺς τιμᾶν οὐκ ἄλλως οἴεται δεῖν τοῦτο ποιεῖν ἢ ὡς οἶδεν; — Οὐ γὰρ οὖν, ἔφη. — Ἄλλως δέ τις θεοὺς τιμᾷ ἢ ὡς οἴεται δεῖν; — Οὐκ οἶμαι, ἔφη. — 4. Ὁ ἄρα τὰ περὶ τοὺς θεοὺς νόμιμα εἰδὼς νομίμως ἂν τοὺς θεοὺς τιμῴη; — Πάνυ μὲν οὖν. — Οὐκοῦν ὅ γε νομίμως τιμῶν ὡς δεῖ τιμᾷ; — Πῶς γὰρ οὔ; — Ὁ δέ γε ὡς δεῖ τιμῶν εὐσεβής ἐστι; — Πάνυ μὲν οὖν, ἔφη. — Ὁ ἄρα τὰ περὶ τοὺς θεοὺς νόμιμα εἰδὼς ὀρθῶς ἂν ἡμῖν εὐσεβὴς ὡρισμένος εἴη⁵; — Ἐμοὶ γοῦν, ἔφη, δοκεῖ.

5. Ἀνθρώποις δὲ ἆρα ἔξεστιν ὃν ἄν τις τρόπον βούληται χρῆσθαι; — Οὐκ, ἀλλὰ καὶ περὶ τούτους [ὁ εἰδὼς ἃ] ἐστι νόμιμα, καθ' ἃ δεῖ [πρὸς ἀλλήλους χρῆσθαι, νόμιμος ἂν εἴη.] — Οὐκοῦν οἱ κατὰ ταῦτα χρώμενοι ἀλλήλοις ὡς δεῖ χρῶνται; — Πῶς γὰρ οὔ; — Οὐκοῦν οἵ γε ὡς δεῖ χρώμενοι καλῶς χρῶνται; — Πάνυ μὲν οὖν, ἔφη. — Οὐκοῦν οἵ γε τοῖς ἀνθρώποις καλῶς χρώμενοι καλῶς πράττουσι τὰ ἀνθρώπεια πράγματα; — Εἰκός γ', ἔφη. — Οὐκοῦν οἱ τοῖς νόμοις πειθόμενοι δίκαια οὗτοι ποιοῦσι; — Πάνυ μὲν οὖν, ἔφη. — 6. Δίκαια δέ, ἔφη, οἶσθα ὁποῖα καλεῖται; — Ἃ οἱ νόμοι κελεύουσιν, ἔφη. — Οἱ ἄρα ποιοῦντες ἃ οἱ νόμοι κελεύουσι δίκαιά τε ποιοῦσι καὶ ἃ δεῖ; — Πῶς γὰρ οὔ; — Οὐκοῦν οἵ γε τὰ δίκαια ποιοῦντες δίκαιοί εἰσιν; — Οἶμαι ἔγωγ', ἔφη. — Οἴει οὖν τινας πείθεσθαι τοῖς νόμοις μὴ εἰδότας ἃ οἱ νόμοι κελεύουσιν; —

---

pas délibérément, en vertu d'une sorte de déisme vague et de cosmopolitisme religieux, que Socrate minait la croyance aux dieux de sa patrie. Il était d'accord avec ses adversaires sur ce principe qu'il faut honorer les dieux conformément aux lois de l'État.

5. Ὀρθῶς ἂν ἡμῖν ὡρισμένος εἴη. *Nous sommes donc autorisés à définir.* — Ici, comme dans tout le reste de ce passage se développe la grande erreur morale du système de Socrate, la confusion de la vertu et de la science.

Οὐκ ἔγωγ', ἔφη. — Εἰδότας δὲ ἃ δεῖ ποιεῖν οἴει τινὰς οἴεσθαι δεῖν μὴ ποιεῖν ταῦτα; — Οὐκ οἶμαι, ἔφη. — Οἶσθα δέ τινας ἄλλα ποιοῦντας ἢ ἃ οἴονται δεῖν; — Οὐκ ἔγωγ', ἔφη. — Οἱ ἄρα τὰ περὶ ἀνθρώπους νόμιμα εἰδότες οὗτοι τὰ δίκαια ποιοῦσι; — Πάνυ μὲν οὖν, ἔφη. — Οὐκοῦν οἵ γε τὰ δίκαια ποιοῦντες δίκαιοί εἰσι; — Τίνες γὰρ ἄλλοι; ἔφη. — Ὀρθῶς ἄν ποτε ἄρα ὁριζοίμεθα ὁριζόμενοι δικαίους εἶναι τοὺς εἰδότας τὰ περὶ ἀνθρώπους νόμιμα; — Ἔμοιγε δοκεῖ, ἔφη.

7. Σοφίαν δὲ τί ἂν φήσαιμεν εἶναι; εἰπέ μοι, πότερά σοι δοκοῦσιν οἱ σοφοὶ ἃ ἐπίστανται, ταῦτα σοφοὶ εἶναι, ἢ εἰσί τινες ἃ μὴ ἐπίστανται σοφοί; — Ἃ ἐπίστανται δῆλον ὅτι, ἔφη. Πῶς γὰρ ἄν τις ἅ γε μὴ ἐπίσταιτο, ταῦτα σοφὸς εἴη; — Ἆρ' οὖν οἱ σοφοὶ ἐπιστήμῃ σοφοί εἰσι[6]; — Τίνι γὰρ ἄν, ἔφη, ἄλλῳ τις εἴη σοφός, εἴ γε μὴ ἐπιστήμῃ; — Ἄλλο δέ τι σοφίαν οἴει εἶναι ἢ ᾧ σοφοί εἰσιν; — Οὐκ ἔγωγε. — Ἐπιστήμη ἄρα σοφία ἐστίν; — Ἔμοιγε δοκεῖ. — Ἆρ' οὖν δοκεῖ σοι ἀνθρώπῳ δυνατὸν εἶναι τὰ ὄντα πάντα ἐπίστασθαι; — Οὐδὲ μὰ Δί' ἔμοιγε πολλοστὸν μέρος αὐτῶν. — Πάντα μὲν ἄρα σοφὸν οὐχ οἷόν τε ἄνθρωπον εἶναι; — Μὰ Δί' οὐ δῆτα, ἔφη. — Ὃ ἄρα ἐπίσταται ἕκαστος, τοῦτο καὶ σοφός ἐστιν; — Ἔμοιγε δοκεῖ.

8. Ἆρ' οὖν, ὦ Εὐθύδημε, καὶ τἀγαθὸν οὕτω ζητητέον ἐστί; — Πῶς; ἔφη. — Δοκεῖ σοι τὸ αὐτὸ πᾶσιν ὠφέλιμον εἶναι; — Οὐκ ἔμοιγε. — Τί δέ; τὸ ἄλλῳ ὠφέλιμον οὐ δοκεῖ σοι ἐνίοτε ἄλλῳ βλαβερὸν εἶναι; — Καὶ μάλα, ἔφη. — Ἄλλο δ' ἄν τι φαίης ἀγαθὸν εἶναι ἢ τὸ ὠφέλιμον; — Οὐκ ἔγωγ', ἔφη. — Τὸ ἄρα ὠφέλιμον ἀγαθόν ἐστιν ὅτῳ ἂν ὠφέλιμον ᾖ; — Δοκεῖ μοι, ἔφη.

---

6. Ἐπιστήμῃ σοφοί εἰσι. Il faut, pourrait-on dire à Socrate, reconnaître une sagesse du cœur, aussi bien qu'une sagesse de l'esprit. Il y a une sagesse instinctive qui précède la sagesse réfléchie et qui, pratiquement, en tient lieu chez la plupart des hommes.

9. Τὸ δὲ καλὸν ἔχοις ἂν πως ἄλλως εἰπεῖν ἢ [ἔστιν ὃ] ὀνομάζεις καλὸν ἢ σῶμα ἢ σκεῦος ἢ ἄλλ' ὁτιοῦν, ὃ οἶσθα πρὸς πάντα καλὸν ὄν; — Μὰ Δι' οὐκ ἔγωγ', ἔφη. — Ἆρ' οὖν πρὸς ὃ ἂν ἕκαστον χρήσιμον ᾖ, πρὸς τοῦτο ἑκάστῳ καλῶς ἔχει χρῆσθαι; — Πάνυ μὲν οὖν, ἔφη. — Καλὸν δὲ πρὸς ἄλλο τι ἐστὶν ἕκαστον ἢ πρὸς ὃ ἑκάστῳ καλῶς ἔχει χρῆσθαι; — Οὐδὲ πρὸς ἓν ἄλλο, ἔφη. — Τὸ χρήσιμον ἄρα καλόν ἐστι πρὸς ὃ ἂν ᾖ χρήσιμον; — Ἔμοιγε δοκεῖ, ἔφη.

10. Ἀνδρείαν δέ, ὦ Εὐθύδημε, ἆρα τῶν καλῶν νομίζεις εἶναι; — Κάλλιστον μὲν οὖν ἔγωγ', ἔφη. — Χρήσιμον ἄρα οὐ πρὸς τὰ ἐλάχιστα νομίζεις τὴν ἀνδρείαν; — Νὴ Δι', ἔφη, πρὸς τὰ μέγιστα μὲν οὖν. — Ἆρ' οὖν δοκεῖ σοι πρὸς τὰ δεινά τε καὶ ἐπικίνδυνα χρήσιμον εἶναι τὸ ἀγνοεῖν αὐτά; — Ἥκιστά γ', ἔφη. — Οἱ ἄρα μὴ φοβούμενοι τὰ τοιαῦτα διὰ τὸ μὴ εἰδέναι τί ἐστιν οὐκ ἀνδρεῖοί εἰσι[7]; — Νὴ[8] Δι', ἔφη· πολλοὶ γὰρ ἂν οὕτω γε τῶν τε μαινομένων καὶ τῶν δειλῶν ἀνδρεῖοι εἶεν. — Τί δὲ οἱ καὶ τὰ μὴ δεινὰ δεδοικότες; — Ἔτι γε νὴ Δία, ἔφη, ἧττον. — Ἆρ' οὖν τοὺς μὲν ἀγαθοὺς πρὸς τὰ δεινὰ καὶ

---

7. Διὰ τὸ μὴ εἰδέναι, οὐκ ἀνδρεῖοί εἰσιν. C'est la définition qui est non pas précisément adoptée, mais au moins développée avec complaisance dans le *Lachès* : « Le courage est la science des choses qui sont à craindre et de celles qui ne le sont pas ». Aristote n'est pas très éloigné sur ce point des idées de son maître. « On tombe, dit-il, dans diverses fautes, tantôt parce qu'on craint ce que l'on ne doit pas craindre, tantôt parce qu'on craint autrement qu'on ne devrait, tantôt parce que la crainte n'est pas justifiée dans le moment où on l'a. Celui qui sait à la fois supporter et craindre ce qu'il faut craindre et supporter ; qui le fait pour une juste cause ; de la manière et dans le moment convenables ; et qui sait également avoir une sage assurance dans toutes ces conditions, celui-là est l'homme de courage. *Morale à Nicomaque*, III, VIII, 4 et 5. » Il dit encore ailleurs : « Le courage véritable est une soumission aux ordres de la raison. *Morale à Eudème*, III, 1, 12. »

8. Νὴ Δία, *Oui, par Jupiter*, peut être employé ici aussi bien que Μὰ Δία, *Non par Jupiter*, puisque la proposition précédente : οὐκ ἀνδρεῖοί εἰσιν, peut être également traduite de ces deux façons : *Ils ne sont pas courageux*, ou : *ils sont non courageux*.

ἐπικίνδυνα ὄντας ἀνδρείους ἡγεῖ εἶναι, τοὺς δὲ κακοὺς δειλούς; — 11. Πάνυ μὲν οὖν, ἔφη. — Ἀγαθοὺς δὲ πρὸς τὰ τοιαῦτα νομίζεις ἄλλους τινὰς ἢ τοὺς δυναμένους αὐτοῖς καλῶς χρῆσθαι; — Οὐκ, ἀλλὰ τούτους, ἔφη. — Κακοὺς δὲ ἄρα τοὺς οἵους τούτοις κακῶς χρῆσθαι; — Τίνας γὰρ ἄλλους; ἔφη. — Ἆρ' οὖν ἕκαστοι χρῶνται ὡς οἴονται δεῖν; — Πῶς γὰρ ἄλλως, ἔφη; — Ἆρ' οὖν οἱ μὴ δυνάμενοι καλῶς χρῆσθαι ἴσασιν ὡς δεῖ χρῆσθαι; — Οὐ δήπου γε, ἔφη. — Οἱ ἄρα εἰδότες ὡς δεῖ χρῆσθαι, οὗτοι καὶ δύνανται; — Μόνοι γ', ἔφη. — Τί δὲ οἱ μὴ διημαρτηκότες, ἆρα κακῶς χρῶνται τοῖς τοιούτοις; — Οὐκ οἶμαι ἔφη. — Οἱ ἄρα κακῶς χρώμενοι διημαρτήκασιν; — Εἰκός γ', ἔφη. — Οἱ μὲν ἄρα ἐπιστάμενοι τοῖς δεινοῖς τε καὶ ἐπικινδύνοις καλῶς χρῆσθαι ἀνδρεῖοί εἰσιν, οἱ δὲ διαμαρτάνοντες τούτου δειλοί; — Ἔμοιγε δοκοῦσιν, ἔφη.

12. Βασιλείαν δὲ καὶ τυραννίδα ἀρχὰς μὲν ἀμφοτέρας ἡγεῖτο εἶναι, διαφέρειν δὲ ἀλλήλων ἐνόμιζε. Τὴν μὲν γὰρ ἑκόντων τε τῶν ἀνθρώπων καὶ κατὰ νόμους τῶν πόλεων ἀρχὴν βασιλείαν ἡγεῖτο, τὴν δὲ ἀκόντων τε καὶ μὴ κατὰ νόμους, ἀλλ' ὅπως ὁ ἄρχων βούλοιτο, τυραννίδα[9]. Καὶ ὅπου μὲν ἐκ τῶν τὰ νόμιμα ἐπιτελούντων αἱ ἀρχαὶ καθίστανται, ταύτην μὲν τὴν πολιτείαν ἀριστοκρατίαν ἐνόμιζεν εἶναι, ὅπου δ' ἐκ τιμημάτων, πλουτοκρατίαν[10], ὅπου δ' ἐκ πάντων, δημοκρατίαν[11].

13. Εἰ δέ τις αὐτῷ περὶ του ἀντιλέγοι μηδὲν ἔχων σα-

---

9. Τυραννίδα. Voir, au sujet des théories de Platon sur la royauté et la tyrannie, le *Politique* et les VIII° et IX° livres de la *République*. Sur le développement des idées de Platon en matière d'organisation politique, Voir notre *introduction* au VIII° livre de la *République*, § III.

10. Πλουτοκρατίαν. Dans le VIII° livre de la *République*, la ploutocratie, ou gouvernement fondé sur le cens, ἐκ τιμημάτων, est appelée simplement *oligarchie*.

11. Ὅπου δ' ἐκ πάντων, δημοκρατίαν. Cicéron : *De Republica*, I : *Illa autem est civitas popularis (sic enim appellant) in qua in populo sunt omnia*.

φὲς λέγειν, ἀλλ' ἄνευ ἀποδείξεως ἤτοι σοφώτερον φάσκων εἶναι ὃν αὐτὸς λέγοι ἢ πολιτικώτερον ἢ ἀνδρειότερον ἢ ἄλλο τι τῶν τοιούτων, ἐπὶ τὴν ὑπόθεσιν ἐπανῆγεν ἂν[12] πάντα τὸν λόγον ὧδέ πως · 14. Φὴς σὺ ἀμείνω πολίτην εἶναι ὃν σὺ ἐπαινεῖς ἢ ὃν ἐγώ; — Φημὶ γὰρ οὖν. — Τί οὖν οὐκ ἐκεῖνο πρῶτον ἐπεσκεψάμεθα, τί ἐστιν ἔργον ἀγαθοῦ πολίτου; — Ποιῶμεν τοῦτο. — Οὐκοῦν ἐν μὲν χρημάτων διοικήσει κρατοίη ἂν ὁ χρήμασιν εὐπορωτέραν τὴν πόλιν ποιῶν; — Πάνυ μὲν οὖν. — Ἐν δέ γε πολέμῳ ὁ καθυπερτέραν τῶν ἀντιπάλων; — Πῶς γὰρ οὔ; — Ἐν δὲ πρεσβείᾳ ἆρ' ὃς ἂν φίλους ἀντὶ πολεμίων παρασκευάζῃ; — Εἰκός γε. — Οὐκοῦν καὶ ἐν δημηγορίᾳ ὁ στάσεις τε παύων καὶ ὁμόνοιαν ἐμποιῶν; — Ἔμοιγε δοκεῖ.

Οὕτω δὲ τῶν λόγων ἐπαναγομένων καὶ τοῖς ἀντιλέγουσιν αὐτοῖς φανερὸν ἐγίγνετο τἀληθές. 15. Ὁπότε δὲ αὐτός τι τῷ λόγῳ διεξίοι, διὰ τῶν μάλιστα ὁμολογουμένων ἐπορεύετο, νομίζων ταύτην [τὴν] ἀσφάλειαν εἶναι λόγου. Τοιγαροῦν πολὺ μάλιστα ὧν ἐγὼ οἶδα, ὅτε λέγοι, τοὺς ἀκούοντας ὁμολογοῦντας παρεῖχε. Ἔφη δὲ καὶ Ὅμηρον τῷ Ὀδυσσεῖ ἀναθεῖναι τὸ ἀσφαλῆ ῥήτορα[13] εἶναι, ὡς ἱκανὸν αὐτὸν ὄντα διὰ τῶν δοκούντων τοῖς ἀνθρώποις ἄγειν τοὺς λόγους.

---

12. Ἐπὶ τὴν ὑπόθεσιν ἐπανῆγεν ἄν. Il ramenait la discussion à un point de départ, à un principe, à une définition. — Plus loin : Τί οὖν οὐκ ἐκεῖνο πρῶτον ἐπεσκεψάμεθα. On peut discuter indéfiniment sur le mérite relatif de deux citoyens. Mais quand une fois on a fixé dans une définition l'idée du vrai politique ou celle du véritable homme de courage, il suffit de rapporter à cette idée les deux hommes sur lesquels on discute, pour savoir lequel des deux en participe le plus.

13. Ἀσφαλῆ ῥήτορα. Odyssée, VIII, 171 : Ὁ δ' ἀσφαλέως ἀγορεύει. Denys d'Halicarnasse, De Arte rhetorica, XI, 8, signale ce rapprochement entre la parole d'Homère sur Ulysse et le jugement de Socrate sur sa propre dialectique : Καὶ Ὅμηρος δ' εἶπε· ὁ δ' ἀσφαλέως ἀγορεύει· τῇ ἀποδείξει τῶν ὁμολογουμένων ἀμφισβητούμενον λύειν δυνάμενος· τοῦτο καὶ Ξενοφῶν καὶ Πλάτων λέγουσι περὶ Σωκράτους, ὅτι διὰ τῶν ὁμολογουμένων ἐπορεύετο, ἐπεὶ διδάσκειν ἐβούλετο. — Plus loin : Διὰ τῶν δοκούντων, comme s'il y avait : διὰ τῶν ὁμολογουμένων. Littéralement : A l'aide des choses qui semblent vraies aux uns comme aux autres, qui sont acceptées d'un commun accord.

VII. — Mépris de Socrate pour toute science inutile dans la pratique ; ce qu'il faut savoir en géométrie, en astronomie, en arithmétique et en médecine ; utilité de la divination.

1. Ὅτι μὲν οὖν ἁπλῶς τὴν ἑαυτοῦ γνώμην ἀπεφαίνετο Σωκράτης πρὸς τοὺς ὁμιλοῦντας αὐτῷ δοκεῖ μοι δῆλον ἐκ τῶν εἰρημένων εἶναι· ὅτι δὲ καὶ αὐτάρκεις[1] ἐν ταῖς προσηκούσαις πράξεσιν αὐτοὺς εἶναι ἐπεμελεῖτο, νῦν τοῦτο λέξω. Πάντων μὲν γὰρ ὧν ἐγὼ οἶδα μάλιστα ἔμελεν αὐτῷ εἰδέναι ὅτου τις ἐπιστήμων εἴη τῶν συνόντων αὐτῷ· ὧν δὲ προσήκει ἀνδρὶ καλῷ κἀγαθῷ εἰδέναι, ὅ τι μὲν αὐτὸς εἰδείη, πάντων προθυμότατα ἐδίδασκεν· ὅτου δὲ αὐτὸς ἀπειρότερος εἴη, πρὸς τοὺς ἐπισταμένους ἦγεν αὐτούς. 2. Ἐδίδασκε δὲ καὶ μέχρι ὅτου δέοι ἔμπειρον εἶναι ἑκάστου πράγματος τὸν ὀρθῶς πεπαιδευμένον. Αὐτίκα[2] γεωμετρίαν μέχρι μὲν τούτου ἔφη δεῖν μανθάνειν, ἕως ἱκανός τις γένοιτο, εἴ ποτε δεήσειε, γῆν μέτρῳ ὀρθῶς ἢ παραλαβεῖν[3] ἢ παραδοῦναι ἢ διανεῖμαι ἢ ἔργον ἀποδείξασθαι. Οὕτω δὲ τοῦτο ῥᾴδιον εἶναι μαθεῖν ὥστε τὸν προσέχοντα τὸν νοῦν τῇ μετρήσει ἅμα τήν τε γῆν ὁπόση ἐστὶν εἰδέναι καὶ ὡς μετρεῖται ἐπιστάμενον ἀπιέναι. 3. Τὸ δὲ μέχρι τῶν δυσσυνέτων διαγραμμάτων[4] γεωμετρίαν μανθάνειν ἀπεδοκίμαζεν. Ὅ τι μὲν γὰρ ὠφελοίη ταῦτα οὐκ ἔφη ὁρᾶν. Καίτοι οὐκ ἄπειρός γε αὐτῶν ἦν· ἔφη δὲ ταῦτα ἱκανὰ εἶναι ἀνθρώπου βίον κατατρίβειν καὶ ἄλλων πολλῶν τε καὶ

VII. — 1. Αὐτάρκεις. *Capables de se suffire à eux-mêmes.* Plus haut : μηχανικούς.

2. Αὐτίκα. *Statim, continuo*; i. e. : *exempli causa.*

3. Παραλαβεῖν. Recevoir d'un autre, *acheter*; παραδοῦναι, transmettre à un autre, *vendre*; διανεῖμαι, diviser; ἔργον ἀποδείξασθαι, littéralement : désigner une partie de terrain comme tâche; donner à labourer par portions.

4. Τῶν δυσσυνέτων διαγραμμάτων. Des figures et par conséquent des théorèmes de géométrie difficiles à comprendre. *In discendâ geometriâ progressum ad descriptiones intellectu difficiles improbabat.*

ὠφελίμων μαθημάτων ἀποκωλύειν. 4. Ἐκέλευε δὲ καὶ ἀστρονομίας ἐμπείρους γίγνεσθαι, καὶ ταύτης μέντοι μέχρι τοῦ νυκτός τε ὥραν καὶ μηνὸς καὶ ἐνιαυτοῦ δύνασθαι γιγνώσκειν ἕνεκα [τοῦ] πορείας τε καὶ πλοῦ καὶ φυλακῆς[5], καὶ ὅσα ἄλλα ἢ νυκτὸς ἢ μηνὸς ἢ ἐνιαυτοῦ πράττεται, πρὸς ταῦτ' ἔχειν τεκμηρίοις χρῆσθαι, τὰς ὥρας τῶν εἰρημένων διαγιγνώσκοντας. Καὶ ταῦτα δὲ ῥᾴδια εἶναι μαθεῖν παρά τε νυκτοθηρῶν καὶ κυβερνητῶν καὶ ἄλλων πολλῶν οἷς ἐπιμελὲς ταῦτα εἰδέναι. 5. Τὸ δὲ μέχρι τούτου ἀστρονομίαν μανθάνειν, μέχρι τοῦ καὶ τὰ μὴ ἐν τῇ αὐτῇ περιφορᾷ ὄντα[6] καὶ τοὺς πλάνητάς τε καὶ ἀσταθμήτους ἀστέρας[7] γνῶναι, καὶ τὰς ἀποστάσεις αὐτῶν ἀπὸ τῆς γῆς[8] καὶ τὰς περιόδους καὶ τὰς αἰτίας αὐτῶν[9] ζητοῦντας κατατρίβεσθαι, ἰσχυρῶς ἀπέτρεπεν. Ὠφέλειαν μὲν γὰρ οὐδεμίαν οὐδ' ἐν τούτοις ἔφη ὁρᾶν. Καίτοι οὐδὲ τούτων γε ἀνήκοος ἦν[10]· ἔφη δὲ καὶ ταῦτα ἱκανὰ εἶναι κατατρίβειν[11]

---

5. Καὶ φυλακῆς. Les soldats de garde consultaient la position des astres pour se relever de faction. Cf. *Hamlet*, acte 1er, scène 1 : La dernière nuit, lorsque cette même étoile à l'ouest du pôle avait accompli son voyage pour venir illuminer cette partie du ciel où elle brille à cette heure, etc. — Après [τοῦ], sous-entendre : ὥραν γιγνώσκειν.

6. Τὰ μὴ ἐν τῇ αὐτῇ περιφορᾷ ὄντα. *Les corps célestes qui ne sont pas dans le même mouvement de révolution circulaire que les autres :* c'est-à-dire le soleil, la lune et les planètes, qui ne suivent pas le même mouvement général dont les étoiles fixes ne s'écartent jamais, et qui, coupant en deux points le cercle de l'écliptique, s'approchent et s'éloignent alternativement du pôle.

7. Τοὺς πλάνητάς τε καὶ ἀσταθμήτους ἀστέρας. *Les astres errants et sans règle* (ἀ et στάθμη); ce ne sont pas les planètes, mais les comètes qui sont désignées ici.

8. Τὰς ἀποστάσεις αὐτῶν ἀπὸ τῆς γῆς. Non pas : leur distance absolue de la terre; car les anciens eux-mêmes devaient penser qu'elle n'est pas fixe; mais : *leur éloignement progressif jusqu'à l'apogée.* — Ceci s'applique à l'ensemble des corps célestes.

9. Τὰς αἰτίας αὐτῶν. *Les causes qui ont produit ces corps célestes.* C'était un des sujets sur lesquels s'exerçaient de préférence les spéculations des philosophes d'Ionie. Anaxagore, dont il sera question tout à l'heure, considérait les astres comme des pierres enflammées, que l'action du Νοῦς a dégagées du chaos primitif et qui sont emportées par la révolution de l'éther.

10. Καίτοι οὐδὲ τούτων ἀνήκοος ἦν. Comme plus haut, § 3 : Κατα

ἀνθρώπου βίον καὶ πολλῶν καὶ ὠφελίμων ἀποκωλύειν.
6. Ὅλως δὲ τῶν οὐρανίων, ᾗ ἕκαστα ὁ θεὸς μηχανᾶται, φροντιστὴν γίγνεσθαι ἀπέτρεπεν· οὔτε γὰρ εὑρετὰ ἀνθρώποις αὐτὰ ἐνόμιζεν εἶναι οὔτε χαρίζεσθαι θεοῖς ἂν ἡγεῖτο τὸν ζητοῦντα ἃ ἐκεῖνοι σαφηνίσαι οὐκ ἐβουλήθησαν. Κινδυνεῦσαι δ' ἂν ἔφη καὶ παραφρονῆσαι τὸν ταῦτα μεριμνῶντα οὐδὲν ἧττον ἢ Ἀναξαγόρας[12] παρεφρόνησεν ὁ μέγιστον φρονήσας ἐπὶ τῷ τὰς τῶν θεῶν μηχανὰς ἐξηγεῖσθαι.
7. Ἐκεῖνος γὰρ λέγων μὲν τὸ αὐτὸ εἶναι πῦρ τε καὶ ἥλιον ἠγνόει ὅτι τὸ μὲν πῦρ[13] οἱ ἄνθρωποι ῥᾳδίως καθορῶσιν, εἰς δὲ τὸν ἥλιον οὐ δύνανται ἀντιβλέπειν, καὶ ὑπὸ μὲν τοῦ ἡλίου καταλαμπόμενοι τὰ χρώματα μελάντερα ἔχουσιν, ὑπὸ δὲ τοῦ πυρὸς οὔ· ἠγνόει δὲ καὶ ὅτι τῶν ἐκ τῆς γῆς φυομένων ἄνευ μὲν ἡλίου αὐγῆς οὐδὲν δύναται καλῶς αὔξεσθαι, ὑπὸ δὲ τοῦ πυρὸς θερμαινόμενα πάντα ἀπόλλυται· φάσκων δὲ τὸν ἥλιον λίθον διάπυρον εἶναι καὶ τοῦτο ἠγνόει ὅτι λίθος

οὐκ ἀπειρός γε αὐτῶν ἦν. Non qu'il fût étranger à ces questions, qu'il n'en eût point entendu parler.

11. Κατατρίβειν: réduire en pièces, en morceaux; gaspiller la vie humaine, la rendre stérile.

12. Ἀναξαγόρας. Anaxagore de Clazomènes florissait environ 500 ans avant J.-C. Le premier des philosophes ioniens il introduisit dans la conception de la nature l'idée de Dieu, ou plutôt du divin; car ses accusateurs lui ont reproché précisément de ne pas donner le nom de Dieu à ce principe intelligent, le Νοῦς, qu'il considérait comme la cause du débrouillement du chaos et de l'organisation de l'univers. Nous avons déjà vu, dans le chapitre précédent, quel était le principal grief de Socrate contre Anaxagore; il le blâmait de ne pas s'être élevé, comme le veut une saine logique, de l'idée de l'intelligence à celle des causes finales; Aristote lui adresse aussi le même reproche: «Anaxagore, dit-il, se sert de l'intelligence comme d'une machine pour la formation du monde, et quand il est embarrassé d'expliquer pour quelle cause ceci ou cela est nécessaire, alors il produit l'intelligence sur la scène; mais partout ailleurs, c'est à toute autre cause plutôt qu'à l'intelligence qu'il attribue la production des phénomènes.» — Anaxagore vint se fixer à Athènes vers l'âge de 45 ans et y vécut 30 ans. Il fut le maître de Périclès et l'ami d'Aspasie. L'accusation d'athéisme qu'on lui intenta fut combattue par Périclès, mais elle n'aboutit pas moins à une condamnation. Anaxagore se retira à Lampsaque, où il ne tarda point à mourir.

13. Ἠγνόει ὡς τὸ μὲν πῦρ. Xénophon met ici dans la bouche de Socrate toute une série d'objections absolument puériles.

μὲν ἐν πυρὶ ὢν οὔτε λάμπει οὔτε πολὺν χρόνον ἀντέχει, ὁ δὲ ἥλιος τὸν πάντα χρόνον πάντων λαμπρότατος ὢν διαμένει. 8. Ἐκέλευε δὲ καὶ λογισμοὺς[14] μανθάνειν· καὶ τούτων δὲ ὁμοίως τοῖς ἄλλοις ἐκέλευε φυλάττεσθαι τὴν ματαίαν πραγματείαν[15], μέχρι δὲ τοῦ ὠφελίμου πάντα καὶ αὐτὸς συνεσκόπει καὶ συνδιεξῄει τοῖς συνοῦσι. Προύτρεπε δὲ σφόδρα καὶ ὑγιείας ἐπιμελεῖσθαι τοὺς συνόντας παρά τε τῶν εἰδότων μανθάνοντας ὁπόσα ἐνδέχοιτο καὶ ἑαυτῷ ἕκαστον προσέχοντα διὰ παντὸς τοῦ βίου τί βρῶμα ἢ τί πῶμα ἢ ποῖος πόνος συμφέροι αὐτῷ, καὶ πῶς τούτοις χρώμενος ὑγιεινότατ' ἂν διάγοι. Τοῦ γὰρ οὕτω προσέχοντος ἑαυτῷ ἔργον ἔφη εἶναι εὑρεῖν ἰατρὸν τὰ πρὸς ὑγίειαν συμφέροντα αὐτῷ μᾶλλον διαγιγνώσκοντα [αὐτοῦ].

10. [Εἰ δέ τις μᾶλλον ἢ κατὰ τὴν ἀνθρωπίνην σοφίαν ὠφελεῖσθαι βούλοιτο, συνεβούλευε μαντικῆς ἐπιμελεῖσθαι. Τὸν γὰρ εἰδότα δι' ὧν οἱ θεοὶ τοῖς ἀνθρώποις περὶ τῶν πραγμάτων σημαίνουσιν οὐδέποτ' ἔρημον ἔφη γίγνεσθαι συμβουλῆς θεῶν.

VIII. — La condamnation de Socrate ne prouve rien contre la voix intérieure dont il disait recevoir les conseils. — Résumé et conclusion des *Mémoires*.

1. Εἰ δέ τις, ὅτι φάσκοντος αὐτοῦ τὸ δαιμόνιον ἑαυτῷ

---

14. Λογισμούς. Il ne s'agit pas ici des raisonnements en général, mais des raisonnements sur les nombres, du calcul pratique.

15. Τὴν ματαίον πραγματείαν. Xénophon exagère évidemment ici le dédain de Socrate pour la science pure et désintéressée : « Socrate, dit à ce sujet M. Fouillée, était beaucoup moins ennemi de la spéculation que Xénophon ne le représente en cet endroit, où il a pour but de réfuter ses accusateurs. Seulement la spéculation de Socrate consistait à chercher la définition rationnelle et la valeur morale de toutes choses, et à remonter jusqu'au point culminant où la théorie la plus haute devient aussi la pratique la plus utile. Considérant comme secondaire la curiosité des causes mécaniques et nécessaires, il n'était guère curieux lui-même que des fins et du bien. C'était assez, en définitive, pour que la spéculation ne fût pas gravement compromise par son influence ; car la recherche des fins devait ramener celle des moyens et conséquemment des causes secondes. »

προσημαίνειν ἅ τε δέοι καὶ ἃ μὴ δέοι ποιεῖν ὑπὸ τῶν δικαστῶν κατεγνώσθη θάνατος, οἴεται αὐτὸν ἐλέγχεσθαι περὶ
τοῦ δαιμονίου ψευδόμενον[1], ἐννοησάτω πρῶτον μὲν ὅτι
οὕτως ἤδη τότε πόρρω τῆς ἡλικίας ἦν ὥστ' εἰ καὶ μὴ τότε,
οὐκ ἂν πολλῷ ὕστερον τελευτῆσαι τὸν βίον· εἶτα ὅτι τὸ
μὲν ἀχθεινότατον τοῦ βίου καὶ ἐν ᾧ πάντες τὴν διάνοιαν
μειοῦνται ἀπέλιπεν, ἀντὶ δὲ τούτου τῆς ψυχῆς τὴν ῥώμην
ἐπιδειξάμενος εὔκλειαν προσεκτήσατο, τήν τε δίκην πάντων ἀνθρώπων ἀληθέστατα καὶ ἐλευθεριώτατα καὶ δικαιό-
τατα εἰπὼν καὶ τὴν κατάγνωσιν τοῦ θανάτου πρᾳότατα
καὶ ἀνδρωδέστατα ἐνεγκών. 2. Ὁμολογεῖται γὰρ οὐδένα
πω τῶν μνημονευομένων ἀνθρώπων κάλλιον θάνατον ἐνεγ-
κεῖν. Ἀνάγκη μὲν γὰρ ἐγένετο αὐτῷ[2] μετὰ τὴν κρίσιν
τριάκοντα ἡμέρας βιῶναι διὰ τὸ Δήλια μὲν ἐκείνου τοῦ
μηνὸς εἶναι[3], τὸν δὲ νόμον μηδένα ἐᾶν δημοσίᾳ ἀπο-

VIII. — 1. Περὶ τοῦ δαιμονίου ψευδόμενον. Ce chapitre est, en général, considéré comme un des plus faibles de l'ouvrage et comme un de ceux dont l'authenticité est le plus douteuse. On voit, par exemple, que Schenkl le regarde tout entier comme apocryphe. Malgré cela, nous sommes tenté de croire, avec M. D'Eichthal, qu'une condamnation aussi sommaire est un peu injuste et que ce chapitre, bien que faiblement écrit dans quelques passages, n'est pas sans valeur, ni surtout sans raison d'être. Il faut remarquer, en effet, qu'il se justifie à certains égards par l'importance du rôle que joue dans ces entretiens le démon de Socrate, et que, malgré l'apparent désordre des développements, la conclusion y est, en somme, assez habile. Platon nous raconte dans l'*Apologie*, et Xénophon le répète un peu plus loin, que, pendant le procès de Socrate, son démon lui apparut et le détourna de se défendre. L'inspiration fut, en apparence, mauvaise. On conçoit donc que Xénophon tienne à nous montrer, dans un dernier chapitre, ce que Socrate a gagné en suivant cette inspiration, et à mettre ce qu'il a gagné en regard de ce qu'il a perdu; or, il a perdu quelques années d'une vie déjà avancée; il a gagné l'immortalité.

2. Ἀνάγκη μὲν γὰρ ἐγένετο αὐτῷ. Ce fut, en effet, pour lui une nécessité pénible. Il pouvait craindre que les jours, en s'accumulant, n'ôtassent quelque chose à son courage et à sa gloire. On sait qu'il supporta en philosophe et qu'il employa en sage ce répit inutile.

3. Διὰ τὸ Δήλια μὲν ἐκείνου τοῦ μηνὸς εἶναι. *Quod in illo mense Delia essent.* Les fêtes d'Apollon à Délos consistaient surtout dans des chants, pour lesquels les principales villes de la Grèce envoyaient des chœurs, et dans une danse sacrée, appelée γέρανος, sorte de farandole qui rappelait les détours du Labyrinthe de Crète.

θνήσκειν ἕως ἂν ἡ θεωρία ἐκ Δήλου ἐπανέλθῃ⁴, καὶ τὸν χρόνον τοῦτον ἅπασι τοῖς συνήθεσι φανερὸς ἐγένετο οὐδὲν ἀλλοιότερον διαβιοὺς ἢ τὸν ἔμπροσθεν χρόνον· καίτοι τὸν ἔμπροσθέν γε πάντων ἀνθρώπων μάλιστα ἐθαυμάζετο ἐπὶ τῷ εὐθύμως τε καὶ εὐκόλως ζῆν. Καὶ πῶς ἄν τις κάλλιον ἢ οὕτως ἀποθάνοι; ἢ ποῖος ἂν εἴη θάνατος καλλίων ἢ ὃν κάλλιστά τις ἀποθάνοι; ποῖος δ' ἂν γένοιτο θάνατος εὐδαιμονέστερος τοῦ καλλίστου; ἢ ποῖος θεοφιλέστερος τοῦ εὐδαιμονεστάτου; 4. Λέξω δὲ καὶ ἃ Ἑρμογένους τοῦ Ἱππονίκου ἤκουσα περὶ αὐτοῦ. Ἔφη γάρ, ἤδη Μελήτου γεγραμμένου αὐτὸν τὴν γραφήν, αὐτὸς⁵ ἀκούων αὐτοῦ πάντα μᾶλλον ἢ περὶ τῆς δίκης διαλεγομένου λέγειν αὐτῷ ὡς χρὴ σκοπεῖν ὅ τι ἀπολογήσεται. Τὸν δὲ τὸ μὲν πρῶτον εἰπεῖν, Οὐ γὰρ δοκῶ σοι τοῦτο μελετῶν διαβεβιωκέναι; ἐπεὶ δὲ αὐτὸν ἤρετο, ὅπως, εἰπεῖν αὐτὸν ὅτι οὐδὲν ἄλλο ποιῶν διαγεγένηται ἢ διασκοπῶν μὲν τά τε δίκαια καὶ τὰ ἄδικα, πράττων δὲ τὰ δίκαια καὶ τῶν ἀδίκων ἀπεχόμενος, ἥνπερ νομίζοι καλλίστην μελέτην ἀπολογίας εἶναι. 5. Αὐτὸς δὲ πάλιν εἰπεῖν, Οὐχ ὁρᾷς, ὦ Σώκρατες, ὅτι οἱ Ἀθήνησι δικασταὶ πολλοὺς μὲν ἤδη μηδὲν ἀδικοῦντας λόγῳ παραχθέντες⁶ ἀπέκτειναν, πολλοὺς δὲ ἀδικοῦντας ἀπέλυσαν; Ἀλλὰ νὴ τὸν Δία, φάναι αὐτόν, ὦ Ἑρμόγενες, ἤδη μου ἐπιχειροῦντος φροντίσαι τῆς πρὸς τοὺς δικαστὰς ἀπολο-

---

4. Ἕως ἂν ἡ θεωρία ἐπανέλθῃ. « Quand vient l'époque de la *Théorie*, une loi ordonne que la ville soit pure, et défend d'exécuter aucune sentence de mort avant que le vaisseau soit arrivé à Délos et revenu; et quelquefois le voyage dure longtemps, lorsque les vents sont contraires ». Platon, *Apologie*.

5. Αὐτός... αὐτοῦ. Cette phrase semble assez négligée; αὐτός se rapporte à Hermogène, αὐτοῦ à Socrate. — Λέγειν αὐτῷ ὡς χρὴ σκοπεῖν ὅ τι ἀπολογήσεται. Il lui dit qu'il ferait bien, que c'était bien le moment de penser un peu à son apologie.

6. Λόγῳ παραχθέντες. *Gagnés par le discours de l'accusateur.* — Autre leçon : Λόγῳ ἀχθεσθέντες, choqués par la défense de Socrate. Mais il n'y a rien ici qui fasse allusion aux paroles fières ou blessantes de Socrate.

γίας ἠναντιώθη τὸ δαιμόνιον⁷. 6. Καὶ αὐτὸς εἰπεῖν, Θαυμαστὰ λέγεις. Τὸν δέ, Θαυμάζεις, φάναι, εἰ τῷ θεῷ δοκεῖ βέλτιον εἶναι ἐμὲ τελευτᾶν τὸν βίον ἤδη; οὐκ οἶσθ᾽ ὅτι μέχρι μὲν τοῦδε τοῦ χρόνου ἐγὼ οὐδενὶ ἀνθρώπων ὑφείμην ἂν⁸ οὔτε βέλτιον οὔθ᾽ ἥδιον ἐμοῦ βεβιωκέναι; ἄριστα μὲν γὰρ οἶμαι ζῆν τοὺς ἄριστα ἐπιμελομένους τοῦ ὡς βελτίστους γίγνεσθαι, ἥδιστα δὲ τοὺς μάλιστα αἰσθανομένους ὅτι βελτίους γίγνονται. 7. Ἃ ἐγὼ μέχρι τοῦδε τοῦ χρόνου ἠσθανόμην ἐμαυτῷ συμβαίνοντα, καὶ τοῖς ἄλλοις ἀνθρώποις ἐντυγχάνων καὶ πρὸς τοὺς ἄλλους παραθεωρῶν ἐμαυτὸν οὕτω διατετέλεκα περὶ ἐμαυτοῦ γιγνώσκων· καὶ οὐ μόνον ἐγώ, ἀλλὰ καὶ οἱ ἐμοὶ φίλοι οὕτως ἔχοντες περὶ ἐμοῦ διατελοῦσιν, οὐ διὰ τὸ φιλεῖν ἐμέ⁹, καὶ γὰρ οἱ τοὺς ἄλλους φιλοῦντες οὕτως ἂν εἶχον πρὸς τοὺς ἑαυτῶν φίλους, ἀλλὰ διόπερ καὶ αὐτοὶ ἂν οἴονται ἐμοὶ συνόντες βέλτιστοι γίγνεσθαι. 8. Εἰ δὲ βιώσομαι πλείω χρόνον, ἴσως ἀναγκαῖον ἔσται τὰ τοῦ γήρως ἐπιτελεῖσθαι, καὶ ὁρᾶν τε καὶ ἀκούειν ἧττον¹⁰, καὶ διανοεῖσθαι χεῖρον, καὶ δυσμαθέστερον ἀποβαίνειν καὶ ἐπιλησμονέστερον¹¹, καὶ ὧν πρότερον βελ-

---

7. Ἠναντιώθη τὸ δαιμόνιον. Voici le passage de l'*Apologie* qui concerne ce fait : Καὶ δὶς ἤδη ἐπιχειρήσαντός μου σκοπεῖν περὶ τῆς ἀπολογίας, ἐναντιοῦταί μοι τὸ δαιμόνιον.

8. Οὐδενὶ ἀνθρώπων ὑφείμην ἄν. Ce passage et les lignes suivantes semblent être en opposition avec la modestie habituelle de Socrate. On peut croire cependant qu'il ne parle pas ici exclusivement de sa supériorité morale. On voit, par ce qui vient après, qu'il pense surtout à l'accroissement continu de ses forces physiques et intellectuelles jusqu'à cette époque de sa vie. Il n'a pas connu la décadence ; il la connaîtrait désormais. C'est en cela que l'inspiration de son démon a encore été la bonne, cette fois comme les autres.

9. Οὐ διὰ τὸ φιλεῖν ἐμέ. *Non par une illusion de l'amitié.*

10. Ὁρᾶν τε καὶ ἀκούειν ἧττον. Cf. Lafontaine :

Plus de goût, plus d'ouïe ;
Toute chose pour toi semble être évanouie ;
Pour toi l'astre du jour prend des soins superflus.

11. Δυσμαθέστερον καὶ ἐπιλησμονέστερον. Ceci se rapporte nettement aux deux formes de l'affaiblissement sénile de la mémoire. Les impres-

τίων ἦν, τούτων χείρω γίγνεσθαι. Ἀλλὰ μὴν ταῦτά γε μὴ αἰσθανομένῳ μὲν ἀβίωτος ἂν εἴη ὁ βίος[12], αἰσθανόμενον δὲ πῶς οὐκ ἀνάγκη χεῖρόν τε καὶ ἀηδέστερον ζῆν; 9. Ἀλλὰ μὴν εἴ γε ἀδίκως ἀποθανοῦμαι[13], τοῖς μὲν ἀδίκως ἐμὲ ἀποκτείνασιν αἰσχρὸν ἂν εἴη τοῦτο· εἰ γὰρ τὸ ἀδικεῖν αἰσχρόν ἐστι, πῶς οὐκ αἰσχρὸν καὶ τὸ ἀδίκως ὁτιοῦν ποιεῖν[14]; ἐμοὶ δὲ τί αἰσχρὸν τὸ ἑτέρους μὴ δύνασθαι περὶ ἐμοῦ τὰ δίκαια μήτε γνῶναι μήτε ποιῆσαι; 10. Ὁρῶ δ' ἔγωγε καὶ τὴν δόξαν τῶν προγεγονότων ἀνθρώπων ἐν τοῖς ἐπιγιγνομένοις οὐχ ὁμοίαν καταλειπομένην τῶν τε ἀδικησάντων καὶ τῶν ἀδικηθέντων. Οἶδα δὲ ὅτι καὶ ἐγὼ ἐπιμελείας τεύξομαι ὑπ' ἀνθρώπων[15], καὶ ἐὰν νῦν ἀποθάνω, οὐχ ὁμοίως τοῖς ἐμὲ ἀποκτείνασιν· οἶδα γὰρ ἀεὶ μαρτυρήσεσθαί μοι ὅτι ἐγὼ ἠδίκησα μὲν οὐδένα πώποτε ἀνθρώπων οὐδὲ χείρω ἐποίησα, βελτίους δὲ ποιεῖν ἐπειρώμην ἀεὶ τοὺς ἐμοὶ συνόντας. Τοιαῦτα μὲν πρὸς Ἑρμογένην τε διελέχθη καὶ πρὸς τοὺς ἄλλους. 11. Τῶν δὲ Σωκράτην γιγνωσκόντων οἷος ἦν οἱ ἀρετῆς ἐφιέμενοι πάντες ἔτι καὶ νῦν διατελοῦσι πάντων μάλιστα ποθοῦντες[16] ἐκεῖνον, ὡς

sions nouvelles sont moins vives, elles pénètrent moins profondément dans le cerveau; et, en même temps elles s'effacent plus vite que les anciennes. (Voir Ribot, *Les Maladies de la mémoire*.)

12. Βίος ἀβίωτος. Cicéron, d'après Ennius : *Vita non vitalis*. Une vie non viable ; une vie qui n'en est pas une ; qu'il ne vaut pas la peine de vivre.

13. Εἴ γε ἀδίκως ἀποθανοῦμαι. Des idées analogues sont développées dans les derniers chapitres de l'*Apologie*.

14. Πῶς οὐκ αἰσχρὸν καὶ τὸ ἀδίκως ὁτιοῦν ποιεῖν. Il est certain qu'il y a ici une véritable tautologie ; mais il ne faut pas y attacher trop d'importance ; elle ne suffirait pas à démontrer la non-authenticité de ce chapitre. La théorie de la participation, en germe dans l'enseignement de Socrate, explique des pensées de ce genre. L'essence de l'injustice, qui est en soi une chose honteuse, se retrouve dans toutes les manifestations particulières de l'injuste.

15. Ἐπιμελείας τεύξομαι ὑπ' ἀνθρώπων. Même emploi de ὑπό dans d'autres passages de Xénophon : Συγγνώμης ὑπὸ σοῦ τύχέτω. *Hellen*., V, IV, 3⁴ ; ἄλλων αἰδοῦς τεύξῃ. *Cyrop*., I, VI, 40. — On voit par ces p... que Socrate comptait sur une réaction prochaine de l'opinion ...lique en sa faveur. M. Grote et M. Fouillée pensent que cette réaction ne se produisit pas immédiatement à Athènes.

16. Ποθοῦντες ἐκεῖνον. Il y a dans ce passage un accent sincère

ὠφελιμώτατον ὄντα πρὸς ἀρετῆς ἐπιμέλειαν. Ἐμοὶ μὲν δὴ τοιοῦτος ὢν οἷον ἐγὼ διήγημαι, εὐσεβὴς μὲν οὕτως ὥστε μηδὲν ἄνευ τῆς τῶν θεῶν γνώμης ποιεῖν, δίκαιος δὲ ὥστε βλάπτειν μὲν μηδὲ μικρὸν μηδένα, ὠφελεῖν δὲ τὰ μέγιστα τοὺς χρωμένους αὐτῷ, ἐγκρατὴς δὲ ὥστε μηδέποτε προαιρεῖσθαι τὸ ἥδιον ἀντὶ τοῦ βελτίονος, φρόνιμος δὲ ὥστε μὴ διαμαρτάνειν κρίνων τὰ βελτίω καὶ τὰ χείρω, μηδὲ ἄλλου προσδεῖσθαι, ἀλλ' αὐτάρκης εἶναι πρὸς τὴν τούτων γνῶσιν, ἱκανὸς δὲ καὶ λόγῳ εἰπεῖν τε καὶ διορίσασθαι τὰ τοιαῦτα, ἱκανὸς δὲ καὶ ἄλλους δοκιμάσαι τε καὶ ἁμαρτάνοντας ἐλέγξαι καὶ προτρέψασθαι ἐπ' ἀρετὴν καὶ καλοκἀγαθίαν, ἐδόκει τοιοῦτος εἶναι οἷος ἂν εἴη ἄριστός τε ἀνὴρ καὶ εὐδαιμονέστατος [17]. Εἰ δέ τῳ μὴ ἀρέσκει ταῦτα, παραβάλλων τὸ ἄλλων ἦθος πρὸς ταῦτα οὕτω κρινέτω.]

d'émotion et de tendresse, qui plaide en faveur de l'authenticité. — M. Max Müller, dédiant à la mémoire d'un maître et ami vénéré, le baron Bunsen, ses *Etudes sur l'histoire des religions*, rappelle une pensée analogue exprimée par un poète latin :

Quanto diutius
Abes, magis cupio tanto et magis desidero.

17. *Ἄριστός τε καὶ εὐδαιμονέστατος*. Continuation de la pensée exposée précédemment au sujet de la dernière inspiration du démon de Socrate. Xénophon (ou l'auteur, quel qu'il soit, de ce dernier chapitre) tient à établir que Socrate, même calomnié et condamné, a été jusqu'au bout le plus heureux en même temps que le meilleur des hommes. C'est, d'ailleurs, la théorie de Socrate sur l'identité du bien et de l'utile, de la vertu et du bonheur, théorie qui se continuera dans la *République*, où Platon démontre que le bonheur est inséparable de la justice.

www.ingramcontent.com/pod-product-compliance
Lightning Source LLC
Chambersburg PA
CBHW060128190426
43200CB00038B/1809